U0534977

四川美术学院学术出版基金资助

乡土社会的人类学视野

彭兆荣 著

中国社会科学出版社

图书在版编目（CIP）数据

乡土社会的人类学视野/彭兆荣著. —北京：中国社会科学出版社，2021.2（2022.8 重印）

ISBN 978-7-5203-7790-4

Ⅰ.①乡… Ⅱ.①彭… Ⅲ.①农村文化—文化人类学—研究 Ⅳ.①C958

中国版本图书馆 CIP 数据核字（2021）第 018329 号

出 版 人	赵剑英
责任编辑	王莎莎
责任校对	张爱华
责任印制	张雪娇

出　　版	中国社会科学出版社
社　　址	北京鼓楼西大街甲 158 号
邮　　编	100720
网　　址	http://www.csspw.cn
发 行 部	010-84083685
门 市 部	010-84029450
经　　销	新华书店及其他书店
印刷装订	北京市十月印刷有限公司
版　　次	2021 年 2 月第 1 版
印　　次	2022 年 8 月第 2 次印刷
开　　本	710×1000　1/16
印　　张	31.5
插　　页	2
字　　数	500 千字
定　　价	188.00 元

凡购买中国社会科学出版社图书，如有质量问题请与本社营销中心联系调换
电话：010-84083683
版权所有　侵权必究

目　　录

导言　丰足的粮食　永远的农业 ··· 1

第一部分　乡土社会

第一章　认知乡土与乡土知识 ··· 37
　　第一节　乡土之义疏 ··· 37
　　第二节　乡土与五行 ··· 40
　　第三节　乡土与地方 ··· 43
　　第四节　乡土与田地 ··· 46
　　第五节　乡土与宗族 ··· 50
　　第六节　栖居与家园 ··· 54
　　第七节　乡土与风水 ··· 58
　　第八节　乡土与城邑 ··· 61
　　第九节　乡野与田园 ··· 64
　　第十节　人类学与家园研究 ··· 67

第二章　天时、物候与和土 ··· 71
　　第一节　天时与气候 ··· 71
　　第二节　地辰与物候 ··· 76

第三节　嘉禾与和土 ··································· 81

第三章　乡土社会中之诸二元关系 ·································· 85
　　　第一节　定义乡土社会 ··································· 85
　　　第二节　认知乡土社会 ··································· 88
　　　第三节　乡土景观的学科维度 ····························· 91
　　　第四节　新乡土景观之悖 ································· 94

第四章　振兴乡土　回归民俗 ······································ 98
　　　第一节　"活态"民俗 ··································· 98
　　　第二节　俗者，圣也 ··································· 101
　　　第三节　新民俗景观 ··································· 104

第五章　乡土社会·家园遗产·村落公园 ···························· 108
　　　第一节　乡土社会 ····································· 108
　　　第二节　家园遗产 ····································· 111
　　　第三节　村落公园 ····································· 114

第六章　魂之归兮，乡土中国
　　　　　——费孝通的乡土情结 ····························· 119
　　　第一节　何以表述"中国"于乡土 ······················· 119
　　　第二节　何以宅兹"中国"于乡土 ······················· 123
　　　第三节　何以中国"乡土"于贫困？ ····················· 127

第二部分　以农为本

第七章　我侬　我农 ·· 135
　　　第一节　农—社之协 ··································· 135
　　　第二节　田—疆之政 ··································· 138

第三节　农商之间……141
　　　第四节　中西之范……144

第八章　土地哲学：中国农耕传统中的乡土智慧……148
　　　第一节　农夫哲学……148
　　　第二节　地方之田……150
　　　第三节　生命之托……152

第九章　"生态"三农：含混中的坚守……155
　　　第一节　生态：母题与命题……155
　　　第二节　田土：生态与形态……159
　　　第三节　形势：造化与景观……162

第十章　嘉禾之诉与耕读之说
　　　　——兼说江西稻作文化……166
　　　第一节　禾谷之说……166
　　　第二节　禾—和之缘……168
　　　第三节　江西与稻谷……170
　　　第四节　耕读传统……176

第十一章　永远的"有机"　永续的农业
　　　　——"农家肥"的人类学解读……179
　　　第一节　固我社稷　沃野千里……179
　　　第二节　有机农业　制肥技术……184
　　　第三节　永续农业　世界榜样……189

第十二章　农业遗产的生态智慧：梯田的例子……193
　　　第一节　农业遗产……193
　　　第二节　水土沟洫……197
　　　第三节　造化梯田……201

第三部分　农仪　农艺

第十三章　君仪田方
　　——古代天子亲耕之耤田礼 ····· 211
第一节　耤田礼综述 ····· 211
第二节　耤田礼之仪轨 ····· 217
第三节　耤田礼之仪表 ····· 222

第十四章　蚕、桑、丝绸与线路遗产 ····· 228
第一节　认知农桑 ····· 228
第二节　表述桑蚕 ····· 232
第三节　丝绸之路 ····· 235
第四节　南方佳物 ····· 238

第十五章　艺者　农也 ····· 243
第一节　"藝""農"之辨 ····· 243
第二节　文化逻辑 ····· 245
第三节　风土知识 ····· 247
第四节　经验技艺 ····· 250

第十六章　农家器乐：王祯《农书》之叙体 ····· 253
第一节　农事诗体 ····· 254
第二节　图画耕织 ····· 258
第三节　农器乐来 ····· 263

第十七章　"农—工"：中国传统工具中的农业背景 ····· 270
第一节　从一本书说起 ····· 270
第二节　"工"之简谱 ····· 272

第三节　农耕智慧 ………………………………………………… 277
　　第四节　农工协作 ………………………………………………… 285

第十八章　器二不匮：再述农器之重 ………………………………… 287
　　第一节　耒耜述评 ………………………………………………… 288
　　第二节　器之形制 ………………………………………………… 296
　　第三节　器之识谱 ………………………………………………… 301

第四部分　城乡多维

第十九章　西方城政我乡政 …………………………………………… 311
　　第一节　中西方的城乡模式 ……………………………………… 311
　　第二节　正—政之同与异 ………………………………………… 313
　　第三节　乡土与乡政 ……………………………………………… 316

第二十章　农正之政 …………………………………………………… 321
　　第一节　粮农—社稷—世界 ……………………………………… 321
　　第二节　方正—井田—田政 ……………………………………… 325
　　第三节　农正—乡政—礼治 ……………………………………… 328

第二十一章　邑，城在乡土
　　　　　　——中国城镇化的自我逻辑 …………………………… 332
　　第一节　邑之溯源 ………………………………………………… 332
　　第二节　城邑之政 ………………………………………………… 336
　　第三节　邑之乡野 ………………………………………………… 339

第二十二章　城镇化/逆城镇化：新型的双向对流
　　　　　　——以厦门城中村曾厝垵为例 ………………………… 347
　　第一节　城与乡 …………………………………………………… 347

第二节　城中村："村落的终结"? …………………………………350
第三节　大传统/小传统 …………………………………………353

第二十三章　黄土文明之"介休范例"的民族志表述 ……………357
第一节　"黄土"之义 ……………………………………………357
第二节　以"社"之名 ……………………………………………361
第三节　"后土"之制 ……………………………………………364

第二十四章　家园筑在边境上
　　　　　　——京族的例子 …………………………………371
第一节　真实的共同体：家 ……………………………………371
第二节　真实—想象的共同体：村落 …………………………375
第三节　想象的共同体：国家 …………………………………378

第五部分　乡村振兴

第二十五章　论乡村振兴战略落实路线图 ……………………385
第一节　乡村振兴认知结构 ……………………………………385
第二节　乡村振兴落实路线图 …………………………………388
第三节　乡村振兴微观构件及名目 ……………………………393

第二十六章　论乡村振兴战略中的"新三农化" ………………398
第一节　农民公民化 ……………………………………………398
第二节　农村城市化 ……………………………………………402
第三节　农业产业化 ……………………………………………405

第二十七章　论乡村振兴战略的三个层面 ……………………410
第一节　江村：传统的传承与创新 ……………………………411
第二节　曾厝垵：变迁中的坚守与维持 ………………………416

第三节　桑日麻：村落（部落）的传统恢复与修正 ………………… 422

第二十八章　回归　弥合　传承：新耕读传统中的家园遗产 ………… 427
　　第一节　回归：农耕传统中的文化基因 ………………………………… 427
　　第二节　弥合：耕读传统中被撕裂的因素 ……………………………… 432
　　第三节　传承：新耕读传统中的家园遗产 ……………………………… 436

第二十九章　乡村振兴战略中"新耕读传家"的家园遗产 …………… 441
　　第一节　释义耕读 ………………………………………………………… 441
　　第二节　认知耕读 ………………………………………………………… 443
　　第三节　耕读与宗族 ……………………………………………………… 445
　　第四节　耕读基因 ………………………………………………………… 447
　　第五节　新耕读 …………………………………………………………… 449

第三十章　走回"三野"
　　　　　　——荒野　原野　田野 ………………………………………… 452
　　第一节　荒野之诉 ………………………………………………………… 452
　　第二节　原野放歌 ………………………………………………………… 456
　　第三节　物我田野 ………………………………………………………… 459
　　第四节　田园牧歌 ………………………………………………………… 462
　　第五节　找寻农家乐 ……………………………………………………… 466
　　第六节　到乡野去 ………………………………………………………… 468

参考文献 …………………………………………………………………… 471
后　　记 …………………………………………………………………… 495

导言　丰足的粮食　永远的农业

一

人，每天都得吃饭，差一顿都不行。粮食生长在土地上，承担粮食生产的是农业。这样，**"粮食—土地—农业"**就成了一组人类命运攸关的关联词。中国是一个有着悠久传统农耕文明的国家，也是世界农业大国，以世界上7%的土地，养活了超过20%的人口。中国人懂得一个朴素的道理：土地是根，粮食是命。这也是为什么自古以来所有的帝王、政治家，无论他们在其他方面的政见有何不同，几乎无一例外地都把土地视为国之大计，把粮食问题放在万事的首位，把农业当作社稷之第一政务——**"农正之政"**。中华人民共和国成立以来，每年伊始发布的"（第）一号文件"，大抵皆与农有关。

中国古代把国家称为"社稷"。我们可以把**"社稷"**的复杂关系简化为：国家最重要的事务是祭土（社），最紧要的事务是粮食（稷）。根据学者的考述："从原始农业时代中期起，粟就居于粮作的首位，北方人民最大众化的粮食。粟的别名为稷，用以称呼农神和农官，而'社（土地神）稷'则成为国家的代称。"① 古代通称粮食为"五谷"，"五谷"究竟指哪几种粮食作物，学界有不同的意见，一种较有代表性意见认为，五谷指黍、稷、豆、麦、稻。② 更为重要的是，农耕传统文明将人们对宇宙

---

① 李根蟠：《中国古代农业》，商务印书馆2005（1998）年版，第27页。
② [美]许倬云：《汉代农业——中国早期农业经济的形成》，程农等译，江苏人民出版社2012年版，第81页。

的认知植入了土地与粮食之中。

"地"通常与"天"并说,是"天时—地利—人和"三位一体的基本结构要件。《说文解字》:"地,元气初分,轻清阳为天,重浊阴为地。万物所陈列也。从土,也声。""气"是生命——中国式的生命哲学观,阳气、阴气流动、通缀、益损,构成是"中国知识"的有机部分。"阴为地(也)",生产万物。《说文解字》故有:"也,女阴也。象形。ㄟ,秦刻石也字。"农耕文化素来"厚土",我国一直保持着"**后土—厚土**"的传统。"社",即为典型意象。《说文解字》释之"地主也。从示、土"。"社稷"故为"家国"代称。《白虎通义·社稷》释:"人非土不立,非谷不食。土地广博不可遍敬也……故封土立社,示有土尊。""地"的原象为"土"。《说文解字》释:"土,地之吐生物者也。"

就农业而言,土地的主要表现形式为田畴,并形成了"田理"之**土地哲学**。我们相信,哲理从现实中产生,从日常生活中而来。土地作为一种自然资源的性质为人类所公认。由是可知,对于一个农业国家而言,"田"是一个绕不过去的关键概念,尤其在我国;因为,中国"道理"之大者从"田"而来;"田理"不仅涉及认知价值、国家方略、管理制度、知识谱系等,更关乎民生大计。我国一些重要领域皆与田土存在着历史的关联,诸如田地、疆界、井田、城邑、里甲、邻里、坊市等皆与之有涉。简言之,地为"方","田"为"方"之样榜,是为"**天下田理**"。可以这么说,要了解中国,需明鉴"田理",因为,"理"从"田"来,"理"在"田"中。

就功能论,人们要维持生命,延续生计,首要就是满足果腹的基本需求,那就要以粮为本,所谓"土地生物",首先指粮食。迄今为止,人们的主食由农业提供,即传统的粮食构成主要以土地种植的农作物为主,"中国人90%以上的食物来自谷物和蔬菜,2%—3%来自肉类,而这深刻影响着中国农业经济乃至整个民族文化的特征"[①]。"**谷物食品**"因此成为最重要的食物来源。从历史演化的线索看,食物的种类主要为肉类食物、谷类食物和鱼类食物,这样的粗糙分类原与地理情形与文明形态有关,比如在寒冷的地带,或游牧文明类型中,以动物肉类食物为主,而在海洋、河湖地

---

① [美]易劳逸:《家庭、土地与祖先》,苑杰译,重庆出版社2019年版,第128页。

带则较多以食鱼为主。我国属于传统的农耕文明，谷物食物无疑为重要的食物来源。

吕思勉在《中国文化史》中强调，在三类食物中，最主要的是**草木之实**，即农业生产的作物，因为植物种类多，生长容易，故而素食。① 可见我国的自然形态适合于农业生产。然而这种状况在今天有了很大的变化，特别是肉类食物的消费有直线上升的趋势，却也带来了历史上从未有过的饮食健康问题，比如肥胖症以及许多心血管类疾病高发。但从全球范围和历史上来看，大多数传统饮食中 75%—80%的能量来自全粒谷物；即使在美国这样的国家也是在鼓励食用全粒谷物。② 换言之，农业生产的食物作为满足人类维持生命的需求的地位并没有发生根本改变，只是食物结构发生一些变化，这种变化也基本上发生在农业之内。

由于地理环境的多样性，粮食的种类也是多种多样的。从世界范围看，人类最具代表性的主食是麦子和稻子。我国传统的农耕文明主要以**北方麦作**与**南方稻作**为代表。考古材料证明，小麦、大麦为外来作物，古代谷物从"禾"旁，唯"麦"从"来"旁，说明其为外来。③ 大约1000年前小麦在中东从一种野草被人工培植化，然后传遍了全世界。④ 约4000年前，小麦从西亚传入中国，并在中原腹地推广。因为小麦产量是粟的数倍，小麦逐渐替代粟成为中国北方地区主要的粮食作物。⑤ 稻作文明则起源于我国，起源地为长江中下游地区。2019年浙江的良渚古城遗址获得世界文化遗产，为世界展现了5000年前中国的稻作文化。"稻"作为粮食在历史上的地位和作用，经历了三个阶段：即稻在五谷之外；稻列五谷之中；稻成五谷之首。⑥ 至于黄河流域的麦作和长江流域的稻作，在新石器时代，似乎就有界限了。⑦ 这也反映了对中华文明黄河流域和长河流域的历史认知与评价。

---

① 吕思勉：《中国文化史》，新世界出版社2016年版，第208页。
② [美]约翰·罗宾斯：《食物革命》，李尼译，北方文艺出版社2011年版，第92页。
③ 李根蟠：《中国古代农业》，商务印书馆2005年版，第28页。
④ [以色列]尤瓦尔·赫拉利：《人类简史：从动物到上帝》，林俊宏译，中信出版集团2017年版，第77页。
⑤ 庞乾林等：《稻文化的再思考Ⅰ：无粮不稳之稻与社稷》，《中国稻米》2013年第19卷第3期。
⑥ 同上。
⑦ 李济：《中国早期文明》，上海人民出版社2017年版，第101页。

无论"麦作"还是"稻作",首先是土地问题。这也是"**土地正义**"的道理。①土地正义首先意味着土地所具有的天经地义性质,不以人的意志为转移,是自然天成的。其次,土地存在人们生产资源的权利范畴和使用归属问题。最后,特定范围内的人们对土地之于生产和保育有责任和义务。对于农民而言,土地意味着生计的全部,所以,土地的所有权性质自古就是至上的。归根结底,土地所有制根本性地制约着农业。土地所有制检验着土地与人的归属程度和关系的远近。平实的表述是:如果特定范围内的土地完全是"我的",就像住在自己的房屋里;如果土地部分是"我的",就像住在亲戚朋友家里;如果土地不是"我的",宛若住在客栈。从世界范围看是如此,从中国的历史观之亦复如此。这里涉及了"**土地产权**"问题。

关于土地产权问题,首先必须回答土地作为"财产"的哲学、道德、伦理,即**土地财产**被提到了哲学认知的高度。一般而言,在自然资源中,土地与人类的关系最为亲近、朴实,它不仅是人类栖居之所,且具有生产性。所以,将土地占为己有,这并不是简单以"公/私"两种概念划分就可以说清楚的。法国思想家卢梭有一句著名的箴言:谁第一个把一块土地圈起来说:"这是我的",私有制就产生了。也有人(如法国政治家蒲鲁东)干脆对财产做出决绝性的回答:"财产即盗窃。"② 如果我们把两个法国人的逻辑关系并列在一起,似乎可以听到对财产决然、愤然的看法和判断;他们的论述在他们的逻辑表述中有着各自的道理。

今天,人们在讨论"财产"时,总是会将其与"权利"同置,通俗地表述为:我拥有我的财产是我的权利。这已经成为世界上许多国家宪法中的重要条目。然而,当土地被视为财产与权利并联系在一起时,很少有人关注到"**土地的权利**"问题——土地作为"主体"的权利。就像人们将土地视为"母亲"(中国的"后土"),她有生产的权利,人们却忽视了"母亲"主体的权利一样。母亲成了生产的工具,是被"占有"的。在西方哲学史上,论及财产与人权的关系问题,洛克是一位重要的代表,他曾经

---

① 徐世荣:《土地正义》,台湾远足文化出版有限公司2016年版。
② [英]彼得·甘西:《反思财产:从古代到革命时代》,陈高华译,北京大学出版社2011年版,第123页。

说:"土地和所有低等动物,为一切人所共有,每个人对自己的人身拥有一种所有权,这是除他自己以外无人可以拥有的权利。"[①] 于是,土地作为财产为人所有,成了一个哲理的悖论:人具有"天赋人权",这似乎是基理,所以,人生而平等;然而,财产是不平等的,但维护财产的不平等权利却是"平等"的。这听起来有些荒谬。土地作为财产也一样,土地是天然的,西方学者将土地视为上帝的赠品,[②] 所以,人们使用土地,就像拥有自己的财产一样。

为什么在自然的各种形态中,诸如高山、海洋、沙漠、草原、冰川等,人类没有像对待土地那样试图将其"财产化"?根本原因是土地能够生产粮食,满足人类生存需要。回到农业的层面,农民耕作土地也是一种权利,但是,这种权利与其对土地的支配权利有关,农民对土地的"天然拥有权利"与农民"被给予土地的权利"完全可以并可能是撕裂的。这里出现了另一种权利:政治权利——由它来告诉农民拥有土地和使用土地的权利终究有多大。政治成为凌驾在"天赋人权"之上的实在权利,"天赋人权"只是虚设的权利。在我国的历史和现实生活中,农民的土地拥有权利与"天赋"无关,他们的权利就像他们的社会地位一样。因为,历代王朝、国家、政府知道,如果土地为农民所有,那些各种各样的赋税就难以保障。所以,农民只是有耕作土地的权利,没有拥有土地的权利。我国自古一直说的"**耕者有其田**",说的其实只是使用权而不是所有权。今天,我国的土地为国家所有,是"大家"的。

生物最根本的权利是生存权利。人的生命一旦受到威胁,突破生存底线,无论是理性选择还是感性冲动,都是生命抗争的结果;这也是一个哲学问题。许多人对于**农夫哲学**不以为然,亦鲜见从农民的视角成立、建立宏大的哲学体系,原因是他们只是生活在日常的、为了生计而日复一日进行相同劳作的人们,那些束之高阁的哲学与他们似难发生关系。美国(农民)作家吉恩·洛格斯登在他罹患癌症期间写下的《农夫哲学:关于大自

---

① 转引自[英]彼得·甘西《反思财产:从古代到革命时代》,陈高华译,北京大学出版社2011年版,第164页。

② 同上书,第161页。

然与生死的沉思》一书，为我们提供了一个生动的哲学教案。^① 他把农夫哲学简化为生命哲学——"草根生命"的日常和平凡。农夫每天都在迎接生命的诞生，又在送别生命的离世——那些动物、植物的弱小生命。所以他们最懂得生命的原理。某种意义上说，乡土社会的基本属性正是"草根性"。如果说最深层的哲学是关乎生命的道理，那么，农夫的哲学就是最平凡、平实的。其实，平凡时的非凡，日常中的非常，才是最为实在的哲学。

有意思的是，法国作家纪德也在病重期间想要"逃避和解脱"时，写下了《人间食粮》一本充满哲理与荒诞的小说。^② 这两个故事的巧合之处在于：是否人到了即将离开这个世界时才会想到最为日常和朴素的"农夫哲学"。如果说，生与死是人类思考的根本问题，也是哲学的重大问题，仿佛莎士比亚的经典著作《哈姆莱特》中提出的人类基本命题："是生还是死，这是一个问题（to be or not to be, that is a question）。"那么，对于农夫和园丁，接受生命中的"生死"比其他人更简单和平易，因为，每天他们都在帮助动植物迎接新生命的诞生，又在帮助它们结束生命而成为其他生命延续的"肥料"和"营养"。我的生命化作土地上的"养料"，转化为其他形式的生命延续。自然、生态、土地成了生物、生命、生机共同的舞台。生物群体俨然是一个"**生命共同体**"；他们之间的关系是**共生关系**（symbiosis）。这不是思辨，是直观，是经验，是永恒，也是最高礼赞的生命哲学。而这个道理是农夫向世人布道的，道理全部写在土地上，附在粮食中。

土地虽然是一个通用概念，却生产出丰富的多样性，也产生不同的价值观。尽管世界农业都有其共同的地方，但中西方农业范式差异甚殊。土地首先被视为经济性资源，土地经济学于是成了西方经济学中重要的内容。我国的土地伦理全部反映在"中式"的道理中：农夫在土地上耕作，建筑了自己的田园、家园，并在这种友好的关系中保持与自然和谐，过着恬淡平静、辛劳的生活；政客们追求"普天之下，莫非王土"的理想；儒生雅士们则在道德沉湎中"成仁"；商贾们以产于土地上的产品为"商

---

① [美]吉恩·洛格斯登：《农夫哲学：关于大自然与生死的沉思》，译者序，刘映希译，广西师范大学出版社2016年版。
② [法]安德烈·纪德：《人间食粮》"序言"，陈阳译，云南人民出版社2017年版，第4页。

品"……他们无不在"中土"中表现出了传统农耕文明哲学中的生命伦理——**安天乐土**:"不能安土,不能乐天下;不能乐天下,不能成其身"等。① 土地养育万物,是为人们最为直觉的认知,《管子·形势解》:"地生养万物。"土地生长粮食,养育生命,我故尊之、贵之、祀之。我国早在先秦时期,就以稷(粟)为谷物的代表,谷物之神和土地之神(社)合为社稷共同接受人们的祭祀的礼拜。社稷之祀成为国家之祀。②

可是,对于农业生产的主体——农民却历来没有受到应有的尊敬。农民有被对待的态度,也有应对的态度。无论中外,人们对于农民的态度相对是低的,他们是黎民百姓的主体,是最辛劳的人群,是少数精英的对立面,是受剥削最深重的社会群体。其中,土地仍然是衡量之秤砣,掌握在统治阶级手里,无论是古代帝王还是近现政府,他们是"地主",农民是佃户。只要不剥削和欺侮太甚,农民可以勉强通过劳动得以生计,反之,**农民起义**就会发生。所以,中国历史上农民起义成为推动社会变革的一个重要因素。中国的农民是天然的小型经济,主要原因是他们的构成是宗族村落型的,这种社会结构因此也是天然的小群体,却可以在需要的时候扩展为大的群体行动。导致历史上农民起义的原因很多,点燃起义的导火线也各不相同,无论是剥削压迫论、阶级斗争论、地方政治论、天灾人祸论,根本原因都是农民受苦受难。如果需要,他们又有组织起来的能力。只有这两者同时成立,起义方才可能实现。

二

"民以食为天" 常用于形容人们吃饭的天经地义,人们也常在其后配以 **"邦以农为本"** 之说。说明人类生存的首要事务是果腹,国家的首要事务是农业。人作为生物物种之一类——人类(man-kind),其生物性第一要义就是获取食物,满足人类作为生物的基本需求。当我们看到周遭的所有生物、动物,以毕生之力寻找、寻获、寻求食物,维持生存,延续后代时,就明白作为动物的人类与其他种类的生物性需求一致。所谓人类的社会性,

---

① 参见郑重《中国古文明探源》,东方出版社 2016 年版,第 267 页。
② 刘兴林:《历史与考古——农史研究新视野》,生活·读书·新知三联书店 2013 年版,第 43 页。

其实是建立在人类生物性需求满足的基础之上的关系总和。这是马克思主义辩证唯物论的基本观点;也是人类学功能学派的基本理由。在人类进化序列中,多以获取、生产食物的特征而命名,如"狩猎采集时代""农业驯养时代"等。

这样的逻辑推导出农耕文明的关联序列:永远的农业指望永续的土地,永续的土地生产丰足的食品,丰足的食物提供人类身体能量维持和延续生命。这也是社会伦理之第一要义。中国是一个"礼仪之邦",任何祭祀、祭典,任何礼仪、礼义,无不祈求、诉求,希望、企望风调雨顺,五谷丰登。管子有一句著名的箴言:"仓廪实而知礼节,衣食足而知荣辱。"(《管子·牧民》)说明传统的礼仪建立在田粮富足之上。在中国,维护社会秩序之"禮",原本与饮食有着内在关联。①《礼记·礼运》言之凿凿:"**夫礼之初,始诸饮食**。"表面上粮食与礼仪并重,甚至有"礼"同于"邦"之假义;但二者相形,实食前礼后。

在一般人的眼里,"三农"(农业、农村、农民)之农事平常、平凡,故常被人们置于"世俗"范畴。然而,中国文化与西方文化的迥异之处在于:"俗"者亦"圣"。所谓"俗",其象形为"人"靠着"谷"。《说文解字》:"俗,习也。从人,谷声。"文字学阐释,"俗"与"欲"有关,本义为指有七情六欲的俗人。白川静释俗中的"谷"为"容",表示在祭祀祖先之时的祖庙和祭器𠙶。祭器上隐约出现神的身影,是为一般性的信仰和仪礼内容。而"俗—欲"之通,有世俗、习俗和凡俗之义,亦有卑贱、低俗之义。② 这反而说明农业中的"**神圣—世俗**"并没有被二元对峙化。"俗"常与"风"构词,即风俗。法国作家纪德把天上的食粮比作宗教,把人间的食粮比作欲望,③ "食"与"欲"同构。

农业与食物生产首先是满足人之自然生存,在此基础上产生的食物之美味体验(文化)。中国饮食的最大特点是,多元饮食本味与反哺之中和。从农业的角度,"和土"是要紧的。"**和土—天时**"配合,养育土地。所谓"阴阳之化,四时之数",是为文化之核。"味"有一个前提,

---

① 彭兆荣:《饮食人类学》,北京大学出版社2013年版,第209页。
② [日]白川静:《常用字解》,苏冰译,九州出版社2010年版,第285—286页。
③ [法]安德烈·纪德:《人间食粮》,陈阳译,云南人民出版社2017年版。

由"尝（嘗）"来实现。《说文解字》："尝，口味之也。"张光直说，到达一个文化核心的最好方法之一，就是通过它的肠胃。① 说的就是品尝食物。笔者增加一款，通过品尝食品，体验农业。古时，"尝"也是一种祭礼，即在秋收时节祭天帝和社稷的礼数。《礼记·王制》云："天子、诸侯宗庙之祭，春曰礿、夏曰禘、秋曰尝、冬曰烝。"在这里，"品尝"已经超出了纯粹的生理"品味"，而成了一种对"时"的遵从。

由是可知，中华传统之农耕文明有一条明显的关系链接——"**农本**"。"洪范九畴"的"八政"中，以食为先（《尚书·洪范》）。"**中和**"——借粮食和饮食的道理以追求万物和谐。"和"由"禾"与"口"组合而成，"禾"特指"稻子"，泛指粮食；也称"耕作"。"口"指吃、食，二者合并有祥和之意之景。② "和为贵"，"**反哺**"突出中华饮食与外在、外部、外围因素和关系的友好、互助、互补的亲和性。反哺作为中国农耕文明的经验理性，包括人与自然一体的造化和回馈原理。在中华社会伦理的代际秩序：父母养育孩子，孩子赡养父母（养育←→反哺）为**孝**的原理。也就是说，食物"喂养"羼入了传统的社会伦理规范。

近时，粮食、食品骤然成为"热议"的话题。显然"**粮食问题**"是一个老而弥新话题，所谓"老"，指人类自成其为"人类"以来，食物就一直是追求的对象。这也是人类的生物性所决定的。对于"人"而言，任何其他的属性都必须建立在满足基本的食物需求的基础之上。没有食物遑论其他。对于人类的生存和生活境遇，粮食是一个制衡的指标，说明人类生存状况的基本数据。据联合国报告，现在世界上仍有逾 8.2 亿人在挨饿。迄今为止，全球实现"零饥饿"还任重道远。更有甚者，随着全世界人口增长，饥饿人口连续三年呈增加趋势。③ 也就是说，即使到了 21 世纪的今天，人类的温饱问题仍然未能彻底解决，而且这一问题还将长期存在。

所谓"新"，主要指"**食品安全**"问题在近一个历史时期凸显。在一定程度上，现代的科学技术在粮食食物的生产、制作、供给等领域的应用

---

① ［美］张光直：《中国文化中的饮食——人类学与历史学的透视》（郭于华译），载［美］尤金·N. 安德森《中国食物》附篇一，马孆等译，江苏人民出版社 2003 年版，第 250 页。
② ［瑞典］林西莉：《汉字王国》，李之义译，生活·读书·新知三联书店 2007 年版，第 177、179 页。
③ 《联合国报告称逾 8.2 亿人"挨饿"》，《参考消息》2019 年 7 月 17 日第 8 版。

技术，比如转基因技术，一方面使粮食食品在生产数量上达到了空前的提升；另一方面，这些"技术奇迹"又带给人类史无前例的紧张感——具体地说，对食品产生了不安全感。因为转基因食物对人伤害与否，或伤害的程度如何，迄今仍然未能被充分证明。其中包含着科技异化的人类"自残"情结，这种"自残"情结仿佛武器制造技术不断地提升、升级，最终总是要用于残害人类自己。而历史越往后推，社会越是"落后"，这种"自残"越是轻微；反之，历史越是朝向现代，科技越是发达，"自残"就可能越是严重。

对粮食、食品问题的升温，并非简单的转基因、食品污染、各类添加剂、反季节等技术问题，更大的问题是历史语境问题，涉及土地—粮食—农业这一连锁性链条的转变与转化，也涉及传统农业向现代农业转型的问题。以中国传统的农耕文明背景而论，粮食的主体是所谓的"五谷"，它们无一例外地生产在土地上。所以，要谈粮食，绕不开土地。"在数量上占着最高地位的神，无疑是土地。"① 土地与人的关系包含着**不变之变**：一方面，土地"养人"，人也"反哺"土地，这是不变的；另一方面，"地球村"（以"农村"为借喻）的全球化对中国三农提出了挑战，也带来了契机，这是变通的。

粮食食品除了供养人类的生计这一共性外，也羼入了不同文化的个性。中国的饮食文化极为独特，诸如"五谷"与"五方"之哲学认知，以及生态智慧、养育养生、地方菜系、烹饪技艺、品尝认同等。② 值得一提的是，我国在饮食方面的**粮食浪费**已经成为一种变相的公害。中国科学院地理科学与资源研究所成升魁教授的研究数据（2015年）表明，我国的食物浪费的组成为：蔬菜（29%），主食（24%），肉类（18%），水产品（11%），累计占总量的82%；其中，肉类主要剩余为猪肉（8%）和禽肉（6%）。这就是说，粮食的生产与食物的消费除了生存需求之外，还语境性地生成出许多伦理悖论和矛盾，其中食物浪费无疑最具有表象特征，中国的餐桌尤甚。

其代表性的社会现象是食物浪费与"**面子文化**"，二者形成了一种特殊的关系。我国的调查数据表明，仅"面子"一项就导致以下后果：人均

---

① 费孝通：《乡土中国 生育制度》，北京大学出版社1998年版，第7页。
② 参见彭兆荣《饮食人类学》，北京大学出版社2014年版。

在外消费时多产生显性浪费 28 克/餐,约相当于全国每年因此浪费掉 280 万人一年的口粮。同时,为照顾请客人的"面子",客人会比平时需求消费得多,造成约 80 克/餐的隐性浪费。① 悖论的是,当我们的成年人在餐桌上大肆铺张的时候,却没有忘记教自己的孩子背诵古诗:"锄禾日当午,汗滴禾下土,谁知盘中餐,粒粒皆辛苦。"中国的稚童大都能够背诵此诗,成年后却实践着浪费。人类皆有"面子",只是特殊的社会价值在"面子文化"中加入了各种不同的"添加剂",致使"食物—面子"之间成了一种特定文化的说明。

人类食物主要来自农业,如果"农业"指传统的、广义的"农",即包括林业、畜牧业,甚至矿业的话;几乎所有的食物都来自"农业"。农业之重于"田",所以,《齐民要术》首章为"耕田第一"。"田"在刘熙《释名》中曰:"田,填也,五谷填满其中。"② 粮仓充实就富了。人们常用"**富甲一方**"来表示地方最富裕者。《说文解字》释:"富,备也。一曰厚。"《礼记·郊特牲》:"富也者,福也。" 无论"富""甲""备""福"等皆从田,说的都是粮食。也就是说,在传统的农耕社会里,人们对"富裕""福气"的期待与追求皆在农作事业中;具体地说,"田"决定人们的生活水平。

农业生产粮食,粮食生产于田地。这也便是古代政治之以"田"为"政"——即"**田政**"。甚至古代的帝王无不亲躬,天子还要行"耤田"礼仪。这种仪式,从周延续到清末。古籍上说:"天子亲耕之田也。古者耤田千亩,天子亲耕用供郊、庙齍盛,亲躬天下之农。"③ 天子亲耕,虽为表率,实为政务。古代"农政"之要务,是根据田地的大小、土壤等级的高低,农户的农作情形实行税收。"税"者,从"禾"也。就是用**禾谷兑换**田赋;而"田赋"的另一种形式,"租"亦从"禾"(税的省略)加上"且"(组织、征收),本义为征收作为赋税的谷物。《说文解字》释:"租,田赋也。"《广雅》:"租,税也。"

---

① 数据引自成升魁教授在广州中山大学"饮食文化国际会议"(2019 年 7 月 6 日)上的主旨发言"中国食物浪费变化与城市餐饮业食物浪费"。
② (北朝)贾思勰:《齐民要术》,缪启愉等译注,上海古籍出版社 2009 年版,第 25 页。
③ (元)王祯撰,缪启愉、缪桂龙译注:《农书译注》(上),齐鲁书社 2009 年版,第 389 页。

中国的农业是**大农协作**机理下的**小农经济**机制。以往在讲我国的传统农业时大都只说到"小农经济",即自给自足的家庭作坊式的经济方式。这固然不错,却不周延。鲜见提到这种小农经济何以具有如此韧性,数千年基本不变?其中一个重要的原因就是"大农协作"。所谓大农协作指以下几个方面:1. 我国农业本身就是协作配合型的;比如农业包含着耕织协作,比如"农桑"的分工与协作自然天成。"耕织"是两个无法拆卸的有机构造的组成部分。故我国古代全书类农书说农必言桑,王祯《农书》即以"农桑通诀"贯通之:"《农谱》有蚕事者,盖农桑衣食之本,不可偏废。"[①] 2. 配合自然生态的耕作生产,什么样的自然条件生成什么样的生产方式。3. 乡村基本生活必需品可以通过互通有无的"互惠性"交流获得。4. 可以和可能与社会需求密切协作,机动灵活地进行调配。费孝通先生的《江村经济——中国农民的生活》为我们提供了一个经典例证,说明农业本身具备着跨行业的内在机制与变通性。

三

中西方分属不同的文明体制,因此,在文化、文明中的原象、原义、原型差异甚殊,其中"农业"扮演的角色不同。从概念上看,西方的"文化"(culture)有"培育""改良""纯化"的意思,看一下农业这个词agriculture就明白。中国的文化是初于"纹画",一种说法是在身体上"文身"(纹画)。[②] 西方的"文明"(civilization),一种解释是,由集约粮食生产维持,围绕提供管理、商业、艺术等有组织的复杂社会。[③] 我国古代的"文明"与田地关系密切。"文明"一词初见于《易经·乾卦》:"**见龙在田、天下文明**。"孔颖达释:"天下文明者,阳气在田,始生万物,故天下有文章而光明也。"由是,农业的根本问题就是人与土地的关系,并由此生成和演化出复杂的土地与"佃户"的关系。"佃"的意思是人耕治

---

① (元)王祯撰,缪启愉、缪桂龙译注:齐鲁书社2009年版,第701页。
② [日]白川静:《汉字》,林琦等译,厦门大学出版社2005年版,第20页。
③ 参见[美]约翰·奥莫亨德罗《像人类学家一样思考》,张经纬等译,北京大学出版社2017年版,第36页。

田。① 我国是人口大国，人口与土地的紧张关系早在南宋时期就已经出现端倪。②

田地的关键性不独反映在人民生计方式上，"家国天下"的根本皆在其中；甚至国之疆界也以"田"为计量单位；即以田土和沟洫为依据建立疆界，并与"疆理"（划分边界）形成了关联，③造就了我国以农业田畴为范式的疆界体系。我们的边疆、边界与西方的 frontier，border，boundary 都不一样；"界""疆""理"等都从"田"，皆以"田"为分割、分界、分制。我国古代就有自己的"**疆理体系**"。其实，这些原理早在《禹贡》中就已经阐明。"疆理体系"是将"天下体系"——普天之下，莫非王土"有形化"：即除了划分地理区域外，还有确认人群亲疏远近的依据；人群的亲疏远近大体上是根据与"中邦"的方位和远近来确认的。其实，所谓的"华夷之辨"亦包括其中。

我们大致了解一下"九州""五服"等就能够明白。"九州"是地理区域，"五服"则是以"中邦"——具体地说是帝都（"王畿"）为中心，画了一个两千五百里的大圆圈，每五百里为一"服"，是为"五服"。这也是后来的"疆理体系"都以"田"为计量的原因，即使是"京畿"亦无例外。所谓"贡"就是提供粮食，"服"就是提供服务，以"米"作为贡献来提供服务。简言之，就是**贡献服务**。《尚书·禹贡》载："五百里甸服：百里赋纳緫，二百里纳铚，三百里纳秸服，四百里粟，五百里米。"大意是说靠近王城的一百里区域，提供整捆连穗带秸的粮食作为纳税；二百里以内的缴纳禾穗，秸秆不需要；三百里以内缴纳去了秸芒的穗；四百里以内缴纳带壳的谷粒；五百里以内缴纳去了壳的米粒。④ 有三点值得注意：1. 所谓甸服，其实就是天子的粮仓。2. 所谓纳税，其实就是上交粮食。3. 根据地理的远近，缴纳的粮食不同。其实，这就是"中国"的原型。

水之于农业的重要性，人尽皆知。没有水，便无农。这也是大禹治水之"利害"，划分"九州"的道理。从古代几个重要的文明来看，无例外

---

① 谷衍奎编：《汉字源流字典》，语文出版社 2008 年版，第 451 页。
② 参见梁庚尧《南宋的农村经济》，新星出版社 2006 年版，第 73 页。
③ 李根蟠：《中国古代农业》，商务印书馆 2005 年版，第 20—22 页。
④ [美]夏维东：《上古迷思：三皇五帝到夏商》，广西师范大学出版社 2019 年版，第 97—99 页。

地都在用河流命名,因为河水灌溉农田。所以,人类的文明是写在水上的。"大禹治水"与其说是"故事",不如说是真实的历史。水包含着哲理与智慧,先哲们以水论理,大有人在,"上善若水"可谓极致。水之利害更是政治学,美国人卡尔·魏特夫(Karl August Wittfogel)甚至将"水利灌溉"与"东方专制"联系到了一起。① 此学说虽极端,亦颇受学界质疑,却不妨碍其强调水利灌溉对于农业之重,而封建制农耕国家因基于此而重之,形成一个基本关系链条原理的立论。人类生存基于最外在的两个"生":生存、生计。人要生存,首先依靠水。古人滨水而居,为的就是便于取水。没有滨水的条件,就凿井,有水方可成乡。故"井"与"乡"成为连带,"背井离乡"可疏之。没有水便无以生计。农业生产是生计之重者,而农业如果没有水,便无法维持和继续。因此,**水利灌溉**也是农业的基本主题;更为具体的技术包括水土保持等。

就传统的农业而言,"**水土保持**"成了农业生产的关键因素。保持水土,体现了其与自然的可持续性关系;首先表现为"**有机农业**"。所谓"有机",指事物的各部分互相关联协调而不可分,就像一个生物体那样有机联系。可推导的逻辑是:社会的"有机发展"建立在"有机粮食"的基础上,"有机粮食"生长于"有机土地"上,"有机土地"需要"有机肥料"的永续供给。肥料于是成为基本。这也是我们常说的"肥沃"的本义。中国地域辽阔,人口众多,有机肥料资源十分丰富,农业在历史上使用农家肥形成了传统,农民在储积、制作和使用有机肥方面积累了丰富的经验,被西方学者称为世界农业之"楷模"。②

中国传统的三农无疑是生态的模范,与自然保持着**友好关系**。以"自然村"为代表。自然村以自然为前提,是包括农业生产资源、以农耕文化为主要生产生活方式的人口聚居群落。自然村是由村民经过长时间聚居而自然形成的村落,这里的"自然"包括两种基本意思,既是自然环境的生成过程;又是人们对自然选择的结果。前者偏重于自然,后者偏重于文化,

---

① [美]卡尔·A.魏特夫(K.Wittfogel):《东方专制主义》,徐式谷等译,中国社会科学出版社1989年版。

② 参见[美]富兰克林·H.金《四千年农夫:中国、朝鲜和日本的永续农业》,程存旺等译,东方出版社2017年版。

二者融会贯通在传统的"**风水形势**"中。自然村是以家族为中心的亲属共同体,分享着具有鲜明特色的地缘文化与习俗。我国现行的村落有两种:自然村与行政村。自然村是"自然的"、原生的;行政村是"行政的"、后续的。"自然"首先是对生命的关照,对环境的适应。

生命是平等的。当我们了解到螳螂在捕食前酷似"祈祷"的动作,就知道为什么古希腊人将这种昆虫称为"占卜者"和"先知";① 当我们看到夏天晚上飞在洁净空气中的萤火虫那梦幻般的景观时,才知道为什么古希腊人将这种昆虫称为"郎皮里斯"——屁股上挂灯笼者。而萤火虫与蜗牛的关系,构成了鲜为人知的生命与生存关系。② **昆虫世界**既是一个自己的王国,又与人类共同巢筑了一个生命与生存的互惠共同体。昆虫的故事生动,因为它们小;因为它们"小",才被人们所轻视;而生命的哲理尽在其中,包括人的生命。在人的世界里,农民被轻视的情形宛若昆虫;可是,人类在地球上的生命和生存哪一刻能够离得开"他们—它们"。昆虫虽小,昆虫的世界却不小,之于人类,昆虫不仅形成了生命共生、共体的"人与生物圈"(MAB,联合国教科文组织的一种遗产类行动计划);也是人类的朋友,是人类学习的榜样。当我们看到直升机在天空中盘旋,了解潜水艇潜入海底的奥秘,就能够明白人类是怎样从那些生物中得到了"仿生学"的启示。而昆虫王国的大半尽在农中,与农业,比如土壤、种子的传送等关系非常密切。昆虫自身不仅是生命奇迹的多样表达,同时也构成与其他物种的各种形态和形式的关系。博物学家梭罗在《种子的信仰》一书中,描述了各种"种子"在自然界的传播,特别是与各种动物、昆虫、植物、风、水等形成了协作关系,使得种子插上了神奇的"翅膀",成为大自然的奇观。③

这样的自然不啻为一种"艺术"。无独有偶,我国的农艺是"艺术"的原生形态。在中国,欲述艺,先说"农",因为"藝"从"農"——艺从农来;或曰,艺的本源为农。从汉字源流演化可知,"爇"(農)与"蓐"同源,后分化;"農"是"爇"的异体字。辱,既是声旁也是形旁,表示持

---

① [法]亨利·法布尔:《昆虫记》,陈筱卿译,人民教育出版社2019年版,第42—43页。
② 同上书,第154页。
③ 参见[美]亨利·戴维·梭罗《种子的信仰》,陈义仁译,湖南文艺出版社2019年版。

锄下地，耕植劳作的"耨"。薅，甲骨文即艸（草丛）加上辱（辱，持锄劳作），表示锄草垦荒，而耨即锄草的农具，指从事农耕之意。[①] 所谓"农耕"，即农作的意象和意思，徐中舒认为，甲骨文"力"之象为农具耒形，金文中从力之字，有时即从耒，如"男"字。[②] 而"藝"字中也有执农具而作，说明**艺在农中**的道理。这里涉及一个重要的农业价值，即"时—地—艺"的关系。在土地上植艺也是根据这一主旨而进行的。虽然这里所说的艺术品已经超出了纯然的农耕背景，但置于传统的"农艺"而言，亦符合道理。在当代农业院校的学科与专业设置中就有一个"农艺"科系。

逻辑性的，"艺—美"同畴，即农艺与农美相辅相成。"美"从"羊"，我国文字中凡与"美"有关者不少皆从"羊"，義、善、羨、祥等。[③]"羊"为农牧之产物；其背景、范畴、意义皆与农有关。我国近期提出"美丽乡村"，在2013年中央"一号文件"中，第一次提出了要建设**美丽乡村**的奋斗目标。百度对"美丽乡村"的定义为：

> 是指中国共产党第十六届五中全会提出的建设社会主义新农村的重大历史任务时提出的"生产发展、生活宽裕、乡风文明、村容整洁、管理民主"等具体要求。具体而言这十大模式分别为：产业发展型、生态保护型、城郊集约型、社会综治型、文化传承型、渔业开发型、草原牧场型、环境整治型、休闲旅游型、高效农业型。

在我看来，这不是"美丽乡村"的定义，而是口号、政策、措施。事实上，迄今我仍没有看到真正意义上以农为本的"美丽乡村"定义。然而，在没有完整的定义范畴的情况下，我们的各路大军——企业、商业、地产业、建筑业、制造业、旅游业、服务业等纷纷涌入。

其实，"农"的艺—美之本义不是别的，首要者为生命自然。所以，**天人养育**——涉及"养生"的理念。庄子留给我们一篇《养生主》，究其要

---

① 参见谷衍奎编《汉字源流字典》，语文出版社2008年版，第337页。
② 徐中舒：《古器物中的古代文化制度》，商务印书馆2015年版，第4页。
③ 参见彭兆荣《生生遗产续 代代相承——中国非物质文化遗产体系研究》，北京大学出版社2018年版。

者,"养生主"就是养生圭臬,养生之旨在于顺应自然,自然化我,保持与天地的协作。今日之"养生"大多以"我"为本,忘却了回归自然才是真正的养生秘诀。我国古代的先贤伦理、道家理想、士绅归宿皆践行返归乡土之道。原因是,我国的传统农业原本就是"养生"的典范:与自然节律保持一致,与天地保持和谐、享受自然馈赠(空气、水、食品),体验田园风光,亲身参与劳动。而"城镇化"的诸多指标恰恰与之相背:节律加速,空气污染,食品存在不安全之虞,人工代替自然。在这样的环境中,何以奢谈"养生"?笔者因此可以预言,在未来的10—20年,对于颐养天年的中式养生理想而言,"返乡养生"将成为一种趋势;因此,中华文明农业遗产中包含着数千年中国人民对生命的朴素理念和实践。

如果说,中国的农业是顺应自然、配合环境的典范的话,那么在今天,**农业遗产**成为当世之"遗产事业"的一个重要组成部分。我国的农业是世界榜样,在许多方面有值得标榜之处,其中一个突出特点是与生态相谐的可持续性,比如梯田即为典范。2002年,联合国粮农组织启动了"全球重要农业文化遗产"(Globally Important Agricultural Heritage Systems)项目,我国南方的一些有代表性的梯田入选,如广西龙胜龙脊梯田、福建尤溪联合梯田、江西崇义客家梯田、湖南新化紫鹊界梯田,特别是云南哈尼梯田,层层叠叠交错在哀牢山中,这种田制造化成了生态的一种样榜。① 梯田的水稻种植首先是生态智慧的反映,它们大都遵照生态循环的原理,将人的生命、生养、生计、生业融入生态之中。而梯田作为遗产,只是我国农业遗产之一范,还有大量遗产类型,值得予以特别关注。

近来看电视,偶翻到厦门电视台频道,看到一个纪录片《大地的艺术 远去的梯田》,主旨大意是梯田存在着耕作上的诸多缺点:破碎、效率低、无法大面积耕种等,故将被遗弃。影片中也播放了一些被遗弃的梯田场景。笔者认为,这样的判断委实武断。当今我国山区乡村,确实存在一些人进城,放弃了田地、家园,这是历史语境中的选择问题。现在时兴城镇化,这样的选择会是"时态性"的。其实,平原也存在遗弃农田的问题,这与梯田形式并无直接关系。最重要的是,梯田农业是生态的产物,也是人们

---

① 王清华:《梯田文化论——哈尼族生态农业》,云南大学出版社2011年版,第1页。

在特定生态中的生存性历史选择。进城的人选择城市谋生方式，与在山区选择梯田的谋生方式其实是一样的。同样的梯田，哈尼人并没有放弃，至少当下没有。

中国的农业——过去和现在都是世界的榜样。我们今天遇到了史无前例的挑战，包括：农业生态的优化，传统农业的产业化，"小农经济"向"大农经济"转化，土地的局促与人口增长的关系，粮食自给程度所带来的隐忧，科技引入（如转基因技术）带来的发展和防范，城镇化对"三农"的冲击，农民的自主权与知识更新，等等。具体而言，**"小农—大农"**转变要面临传统的农业内部结构问题；这不容易，却是可能的。其实，西方从家庭—村落式农业向集约性农业转变，历史上也存在着、经历了机制的转变问题。

四

中华民族文明类型本质上属于农耕文明，因此富裕的前提是农民必须富裕，因为农民是社会构造的主体。所谓"民富国强"，说的正是这番道理。就社会的行业分工而论，世界上没有一个理论家有胆量在正式的场合做出这样的定论：农必贫。如果从事解决和保障人类生存最基本的需求的行业必然贫困的话，那么人类本身一定出了问题。然而，残酷的现实是：**贫困问题**一直历史性地存在着，而这一问题主要反映于"农"。今日之"扶贫"的主要对象也是"农"。"中国农村的基本问题，简单地说，就是农民的收入降低至不足以维持最低生活水平所需的程度。"[①] 对于中国农民的贫困化问题，主要有两种不同的观点：一是"剥削"派，认为各种对农民的苛赋税役太多，致使农民长期处于贫困中；二是"人口过剩"和"技术落后"等导致农民贫困。此外还有诸如"天灾人祸"等问题。[②]

客观地说，对于农民的贫困问题，多数学者都从客体、客观、客位的角度去分析，无论是"剥削"论，还是"人口过剩"论，抑或"技术落后"论，都没有从农民的主体、主观和主位的角度去分析。近来有学者提

---

① Tawney, R. H., *Land and Labor in China*, Boston: Beacon Press, 1932, p.77.
② [美]易劳逸：《家庭、土地与祖先》，苑杰译，重庆出版社2019年版，第153—154页。

出了"**道义经济**"问题,① 其前提是**生存伦理**。道义经济假定,人们创造社会制度的目的是保护穷困的农民免受生存危机。另一个代表性的理论是理性原则。"道义"与"理性"成了不同视域、不同学科、不同村落案例所产生的不同主张。近来我国也有学者开始更加关注这些问题,比如徐勇教授的所谓"**生存理性**"的观点,即以往从事农业生产的农民在面对工业化、城市化出现的替代性机会时,基于生存理性,主动放弃了效率和效益十分低下的农业产业。②

这里需要厘清两点,第一,"理性"为舶来,西方学者在研究中常常使用这一概念。但是,西方人在使用一个概念时,并不试图使之"共识化",只要具有启发性就可以了。其实,"理性"一直是西方哲学社会科学中使用得最为广泛的概念之一,却没有一个完全一样的共识性表述。康德对理性的使用最为有名,理性的前提是道德法则。第二,"理性"作为工具在使用上具有广泛价值,但"工具"是被操纵、操作的。美国哲学家李丹(Daniel Little)在《理解农民中国——社会科学的案例研究》一书中试图"通过关注农业社会,我希望能检验两个社会解释的一般模型:理性选择理论和历史唯物主义"③。即便在西方,将理性选择理论应用于社会科学的就有不少学者,概念亦不相同。④ 波普金(Samuel Popkin)曾经对"理性"做了这样的定义:"个人对基于其偏好和价值观的选择所可能产生的结果进行评估。在这个过程中,他们根据对结果概率的主观估计来预估每一次的结果。最后,他们做出自认为能够最大化其预期效用的选择。"⑤ 事实上,理性选择的范围是有限的,无论是对小农的描述、解释还是选择模式都是限制的。⑥

---

① [美]詹姆斯·C.斯科特:《农民的道义经济学——东南亚的反叛与生存》,程立显等译,译林出版社 2013 年版。
② 参见徐勇《农民的理性扩张——"中国奇迹"的创造主体分析》,载《中国社会科学》2010 年第 1 期。
③ [美]李丹:《理解农民中国——社会科学的案例研究》,张天虹等译,江苏人民出版社 2009 年版,第 2 页。
④ 同上书,第 14 页注 2。
⑤ Popkin, S., *The Rational Peasant: The Political Economy of Rural Society in Vienan*, Berkeley: University of California Press, 1979, p.31.
⑥ [美]李丹:《理解农民中国——社会科学的案例研究》,张天虹等译,江苏人民出版社 2009 年版,第 288—291 页。

值得一说的是，在 20 世纪 20 年代初，我国一批知识分子推展了一场轰轰烈烈的**乡村建设运动**。在我国近代乡村建设的运动中，也有不少知识分子选择了"理性"这一概念来阐释中国的农民。乡村建设的一个历史工作是创办《乡村建设》杂志，这个杂志为我们留下了值得参考的材料，我们可以通过这一杂志了解当时的情形。梁漱溟先生是最重要的成员。① 某种意义上说，所谓乡村建设，狭义上是指建设乡村、繁荣乡村；广义上说，这里的"乡村"实指整个中国。在梁漱溟看来，"乡村建设，实际上不是单指建设乡村，而是指整个中国社会建设，或者说是一种建国运动"②。这样的背景契合着帝国主义列强、封建遗留的强权和天灾人祸的侵扰下的国情和背景，一批爱国的知识分子发动了走向农村、建设农村的运动。

在这场乡村建设运动中，这一批知识分子虽然形成了不同的乡村建设流派，但他们有一个共识，就是"认识中国"从"认识乡村"入手。而要建设中国乡村，则要从基层组织入手，培养农民的精神，教育农民，进而以科学介入，带动农村经济。而无论是组织建设还是精神改造，都绕不过"理性"问题。③ 换言之，"理性"成了乡村建设的武器。梁漱溟在《乡村建设理论》中详尽地提出了"理性"问题，认为教化、礼俗和自力三者内容皆为理性。④ 这或许也是这场乡村建设运动本身所存在的局限。笔者认为，"理性"是否足以真切地说明农民的贫困仍是个问题。简言之，"**理性受限**"。这一"理性工具"在今天仍然为一些学者所热衷，并用于解释农民工进城这一社会现象。农民自愿放弃农业而投身到工业、商业、城镇化的事实，主要原因是特定历史时段中的社会主导价值，特别是经济价值引导。然而，进城的"农民工"是否以背井离乡的代价能够得以"富裕"，这也是个问题。所以，对于中国的情形，农民放弃农业而进城从事其他事业、行业是出于"生存理性"之说，是可存疑的，至多是有限的。改革开

---

① 颜昌盛、汪睿：《民国时期农村经济问题研究——以〈乡村建设〉为考察对象》，商务印书馆 2018 年版，第 6 页。

② 梁漱溟：《乡村建设理论》，《乡村建设》1935 年第 5 卷第 2 期；引自颜昌盛、汪睿《民国时期农村经济问题研究——以〈乡村建设〉为考察对象》，商务印书馆 2018 年版，第 74 页。

③ 颜昌盛、汪睿：《民国时期农村经济问题研究——以〈乡村建设〉为考察对象》，商务印书馆 2018 年版，第 75 页。

④ 梁漱溟：《乡村建设理论》，商务印书馆 2015（1937）年版，第 45 页。

放初期，社会上曾经出现"盲流"之事、之说，说明中国人存在着"从众"现象。何况，当代的"城镇化"，导致许多农民进城的事实，与其说是"理性选择"，不如说是政府行为。

勿须讳言，这些理论、观点和判断各自有其道理，但都难以解释"长时段"的全局历史情势。中国以农耕文明为主体——不仅指人的**生态—生命—生养—生产—生业**，也指主要生计来源为农业；农民的体量大，做好中国的事情的基础和前提是做好"三农"的事情。所以，中国的农民贫困，就是中国贫困；而贫困问题也不是单一的原因就能够造成农民"整体贫困"的事实。显然，贫困问题也是一个历史遗存和遗留的问题。虽然现在的情形已经发生巨大的改变，城市化使得"三农"在整个国民生产中的比重在大幅下降，从长远看，这样的社会结构调整是否具有长久的保障性；以人口与土地关系而论，这样的社会变迁是否具有经久的安全性，需由历史评说。但作为当下的国策而论，"**小康—扶贫**"的主体和整体性所面对的形势仍然没有发生根本变化，仍然是"三农"。

需要特别加以强调的是，"贫困"不只是一种生态状态的客观和平面表述，如果我们反问：中国在历史上曾经有过很繁荣、发达的历史时段吗，若上述所谓的"贫困"背景、基础和前提都并没有变化，国家却是相对富强的，答案是：有的，比如唐代。为什么世界上有中国人的地方把自己叫作"唐人"，华人聚集的街区叫作"唐人街"，一个原因就是唐代发达。回看当下，中华民族伟大崛起，成为世界第二大经济体，中华民族的背景、基础和前提也没有发生根本改变。是什么原因使中国在这么短的时间里能够如此迅速地"富裕"起来？在笔者看来，"贫困"似乎又可以得到一种"**动态语境**"中的解释。换言之，在特定的历史语境中，"贫困"只是一个时期历史的表述情状，在特殊的文化背景下，贫困恰恰是一种推动变化的动力，"穷则思变"，是谓也。

这里必然延伸出"**城乡关系**"问题，二者似乎是对峙的，甚至是对立的。事实上，学术界的研究表明，城市化与农业的衰落并不一定是此消彼长的关系，以美国为例，在 1980 年，美国城市地区生产的农产品产值占到全美农产品总值的 30%，到 1990 年，这一比重上升到 40%。在柏林大都会区，共有近十万名社区农夫。新加坡的蔬菜自给率高达 25%。莫斯科在 1970

年有 20%的家庭从事一定程度的农业生产,而这一数字在 20 世纪 90 年代中期则上升到 65%。① 甚至像香港这样的大都会近年来都在进行农业复兴计划。今天,"城市农业"(urban agriculture)正在许多国家悄然兴起。这就是说,城乡关系正在拉近,我国也必将迎来这一趋势。

从根源上看,中式的城乡关系不是西方的模式,即城市在中心,中心的边缘是农村(country-side);城市是主导,乡村是屈从。我国的城市与乡村属于各自滥觞,又互为同构形态。学者甚至有一种解释,中国古代国家为"城邑国家"。② 在此,"邑"为关键,强调人的聚集之所为城邑,③ 即**城乡同构**模型。传统的封建制就是以"采邑""封邑""食邑"为特征。换言之,邑的基本语义以井田为背景,即乡土。采邑盛行于周朝,对后世影响深远。④ 在邑的建制中包含着城郭的特性与特征。邑的形制也成了古代"国"(城郭)的模型与雏形。古代国家一般规模较小,在周代,"邑"与"国"有时可以互指,在"国家"意义上使用的"邑"的概念。⑤ 其实,邑既可指"城",又成型于"乡";"邑"毋宁为城乡的黏合性媒体与媒介。

甚至我国古代的城建也都是参照田地的形制营建的。《说文解字》:"田,陈也。树谷曰田。象四口。十,阡陌之制也。""田"为方者,平地的田畴可以规整为**"阡陌格式"**。当我们把这一格式用于参照我国都城形制时,发现原来中国古代的城郭正是按照这一"阡陌格式"(设计界通常用"棋盘式")设计的。在《周礼》的王城建制中,人们可以很清晰地看到其与田垄之间的紧密关联。城郭的营建无不以井田秩序和格局为互本;形制都是方形或长方形(如"坊市""里坊"),与传统农耕作业的井田制相互配合。比如长安是中国为数不多保持其最初布局的城市之一。作为古都,她保留下了棋盘式的街道布局。⑥ 北京也是棋盘式设计的典型。

---

① 参见薛浩然主编《香港农业的复兴》,利源书报社 2015 年版,第 22 页。
② 李学勤主编:《中国古代文明与国家形成研究》,云南人民出版社 1997 年版,第 8 页。
③ 徐中舒:《甲骨文字典》,四川人民出版集团、四川辞书出版社 2014 年版,第 710 页。
④ 参见许倬云《西周史》(增补二版),第五章"封建制度",生活·读书·新知三联书店 2012 年版。
⑤ 李学勤主编:《字源》,天津古籍出版社 2015 年版,第 582 页。
⑥ [美]韩森:《开放的帝国:1600 年前的中国历史》,梁侃等译,凤凰出版传媒集团、江苏人民出版社 2009 年版,第 190 页。

都城为正长方形，皇城居中，"左祖右社，面朝后市"，中轴南北定向，形成东西南北格局，配以城门。这其实是《考工记》中确定的形制，基本要理为井田制，特别是城中"经涂"（南北向的道路）就是田畴"阡陌格式"的翻版。

五

人类学是专门研究"人类"的学科，人类以什么方式获取食物，以保证自己的生存并得以延续，这必然是人类在漫长的演化过程中首先遇到的问题。人类曾有过长达 250 万年的采集狩猎的获取食物方式，即使在今天世界上仍然还有这种获取食物方式的残余。人类学家萨林斯在《石器时代经济学》一书中，一反传统进化论的观点，对人类的原初时代给予了反思性的评价。① 其中一个观点就是人类原始获取食物的方式对于环境（资源）的平衡和可持续性，以及人们在这样的环境中的和平心态等都是值得表彰的，比如书中以布须曼部落的人民和他们的首领为例子加以证明。相比今天的情势，人类反而在许多方面相比都与之不及。沿着这样的线索来看，人类因"进化"而带动的领域性发展便未必全然都是"进步"。这样的**反思原则**正是来自对食物获取关系的思考。

这涉及对于进化（演化）的不同看法，**农业革命**即被视为一种进化——是对人类更为原始的采集狩猎的一种进化。作为比前一种更为先进的产生食物的方式，通常被看作"进步"。这里需要做一个注释，即无论是进化论还是"突变论"，文明形态的交替并不是简单的、决然的。作为常识，农耕文明之先尚有采集狩猎阶段；而且，采集狩猎阶段与农耕文明阶段的交替并不是泾渭分明的，二者存在历史性的交错。比如在商代，狩猎成风，却已进入农业阶段。我国考古人类学家在安阳考古发掘中同时发现狩猎时代的遗存、遗风与农耕文明的大量材料，比如稻米的种植、水牛的耕作等。② 因此，如果非要使用"革命"的话，那么，它是一个极其漫长的、渐进式的、交错性的"取代"。

---

① [美]马歇尔·萨林斯：《石器时代经济学》，张经纬等译，生活·读书·新知三联书店 2009 年版。
② 李济：《中国早期文明》，上海人民出版社 2017 年版，第 23、27、28 页。

即使有一个所谓的"农业革命",也有一些学者持反面态度,特别是新派的学者;其中最具代表性之一就近年来的新锐学者——以色列的赫拉利在他的书中以大篇幅讨论有关"农业革命"的问题。在他看来,农业革命可能是史上最具争议的事件。有些人认为它是人类迈向繁荣的进步,也有人认为这条路终将导致灭亡。显然,作者主张农业革命是一种历史的错误的观点,甚至就是"灾难"。其中重要的论点之一是对"未来"的态度:采集时代的人们可以不管未来,不需要储藏,不必要积累财物,而农业革命将"未来"的重要性提到了史上新高,因而担忧。这种对"未来"的悲观主义确实不乏其人。农业革命还建构了大规模的政治和社会制度,而农民一年的辛苦劳动的收获大部分都被征收抢光;正是这些征收来的粮食养活一小撮政客和社会精英。①

如果说人类学家萨林斯对于采集狩猎时代的反思,特别是生态平衡、人口平衡,不需要囤积,甚至没有私有财产,那么人们和平相处、互相帮助等就会成为当今社会的一面镜子。传统人类学将这些人视为"野蛮人",今天则需要彻底反思。人类学影片《上帝也疯狂》正是部分地取材于布须曼人的采集生活和这样的反思意见。然而,年轻的历史学家赫拉利的观点不是反思性的,而是颠覆性的,他对农业革命所带来的历史变化与变迁几乎给予全盘否定,甚至称之为"史上最大的骗局":

> 学者曾宣称农业革命是人类的"大跃进",是由人脑所推动的进步故事。他们说演化让人越来越聪明,解开大自然的秘密,于是能够驯化绵羊、种植小麦。等到这件事情发生,人类就开开心心地放弃狩猎采集的艰苦、危险、简陋,安定下来,享受农民愉快而饱足的生活……确实,农业革命让人类的食物总量增加,但量的增加并不代表吃得更好,过得更悠闲,反而只是造成人口爆炸,而且产生一群养尊处优、娇生惯养的精英分子。普遍来说,农民的工作要比采集者更辛苦,而且到头来的饮食还要更糟。农业革命可说是史上最大的一桩骗局。②

---

① [以色列]尤瓦尔·赫拉利:《人类简史:从动物到上帝》,林俊宏译,中信出版集团 2017 年版,第 96—99 页。
② 同上书,第 77 页。

像这样的"**农业骗局**"的观点很突兀,有点让人觉得"故作惊人之句"的嫌疑。但这样的评价有一个依据是成立的,这就是,产业越是发展,人类越是辛苦,农业也有这样的历史趋势。至于对于"未来"的态度总是分为悲观与乐观两种,这很正常。历史上的所有革命——农业革命、工业革命、科技革命、信息革命等,是人类社会之福祉抑或是悲剧,见仁见智,不求共识。

当然有更多的人对农业革命大唱赞歌,比如剑桥大学的著名历史学家甘西就从"财产"的角度进行分析,认为凡是历史上重大的变革都会带给人类伟大的进步。农业革命使得农业经济达到了高峰,带给农业训练有素的分工,对财产的承认,以及"最初的正义法则"。它们是,每一个自己的财物,都是耕作劳作者自己劳动的果实。① 这里出现了对"财产"认知的巨大鸿沟,进而产生对农业革命所带来的收获在理解和阐释上的背离。这样,"财产"也就成了一个重要的切入口。如果从对财产的占有和囤积属于人权范畴的话,那么,财产越多,社会就越"进步",这里的衡量标准是人。如果财产获得的多寡取决于对自然资源的耗损,那么,多余的财产就值得商榷,这里的衡量标准是自然资源。正是从这一认知上的差异,导致了不同的学者对农业革命产生截然不同的观点。

毫无疑义,既然农业—粮食—正义的母题对人类如此攸关,人类学对于相关的话题、问题必然无法侧身绕过;更不会视而不见。对于"人类的基本问题"必然囊括其中。而这一学科对"三农"研究原本擅长,乡土、村落、族群、宗族、世系等皆是在大的范围内属于传统的农耕文明。对农业的人类学研究,或包含人类学因素、因子的研究——**农业范式**,西方学者的研究可资为鉴。有意思的是,似乎在对农业的研究中,学者们会在观点上大相径庭。当笔者阅读 100 年前美国学者富兰克林·金和当代学者詹姆斯·斯科特的著作时,看到了不同学者对农业研究的巨大沟壑,说明农业本身复杂的多样性样态。前者将中国农业作为"世界典范",② 后者却认为"情势堪忧"。③

---

① [英]彼得·甘西:《反思财产:从古代到革命时代》,陈高华译,北京大学出版社 2011 年版,第 186 页。
② [美]富兰克林·H. 金:《四千年农夫:中国、朝鲜和日本的永续农业》,程存旺等译,东方出版社 2017 年版。
③ [美]詹姆斯·C. 斯科特:《农民的道义经济学——东南亚的反叛与生存》,程立显等译,译林出版社 2013 年版。

人类学对"三农"的研究自学科诞生以来,形成并保持着学科的特点。"农"的问题首先是政治经济问题。在西方政治经济学文献中,所谓"**农民问题**"在18世纪末始于西欧。农民问题并非一个争端,并且为诸如斯密和李嘉图这样的学者所忽略。但在世界的其他地区,都广泛继续着非资本主义农业与资本主义农业的并存状态,并很快在19世纪的欧洲成为一个政治话题,在政治经济学中也成为理论性争论的主题。经济人类学对这一问题的研究,承续经济学和经济史的大量成果,也以多元化的视角,尤其是对具体情境的理解,作出了独特的贡献。然而,对于欧洲传统的"城市国家"背景,特别是拉丁系国家,"海洋文明""城市扩张""工业革命""殖民主义""资本主义"等皆为政治经济之重者;相对而言,"轻农"有其宽宥的理由,地主成了讥讽的对象;看一看莎士比亚的《威尼斯商人》便有恍然彻悟之感。

人类学家雷德菲尔德(Redfield,R.)于20世纪50年代对农民进行过专题研究,开拓了现代人类学对农业研究的典范。他以**小共同体**(little community)的存在形式概括农业社会组织结构的基本特征——"小共同体"为农业社会的分析基点,即它是一个整体,一个生态系统,一个典型的地方志,一种社会结构,一种生活观和一种历史;并提出了"小传统"(little trandition)与"大传统"(great trandition)的概念,确立一种"概括和比较的观察"[①]——**田野作业**(field work)的具体化。此后,利奇(E. R. Leach)的《普尔伊里亚:斯里兰卡的一个村庄——对土地占用与亲属关系的研究》,哈里斯(J. Harriss)的《资本主义与农民农场:泰米尔纳都北部的农业结构和意识形态》,格尔兹(C. Geertz)的《农业内卷:印度尼西亚的生态变化过程》、斯格特(J. C. Scott.)的《农民的道义经济学》等,对"三农"的研究卓有成就。[②]

人类学的**民族志**工作更是成为区别于其他学科的组成要素。[③] 传统的人类学研究对象主要是原始的部落、村落、海岛和相对独立的社区,即所谓"静

---

① Redfield,R.,*The Little Community/Peasant Society and Culture*,Chicago: The University of Chicago Press,1960,p.1.
② 参见陈庆德《农业社会和农民经济的人类学分析》,《社会学研究》2001年第1期。
③ [美]古塔、弗格森:《人类学定位——田野科学的界限与基础》,骆建建等译,华夏出版社2005年版,第3页。

止的社区"。今天这里出现了两个需要革新的维度：1. 方法上的创新。传统的人类学如何将民族志方法运用于农业研究。农业是一种超越部落、村落、社群的应用性整合研究；2. 材料上的更新。今天的"史料"已经不再是文献记录，特别是近代以降，我国传统以文献为主的"一重考据"治学方式受到了重大的挑战，特别是考古学引入中国以后，寻找"证据"对传统的治学方式是一种打击，学者们开始注重地下的"哑巴材料"。[①] 多重考据已经悄然进入了现代治学理念与范式中，物种的、地方的、经验的、口述的、文字的、器物的、地上的、地下的、民俗的等，可以最大限度地"回归"农业的人类学研究。

从 20 世纪 60 年代美国人类学会正式将**农业人类学**设立为人类学分支学科算起，农业人类学发展已有将近 60 年时间。有学者将它分为三个发展阶段，即第一阶段（1960—1970），后殖民时代背景下第三世界农业研究。这一时期的研究具有明确的反思和批判视角，对农民的权利、平等、农业的经济形态等研究相对突出。第二阶段（1970—1990），农业技术推广评估与研究，将人类学的认识论与方法论应用性地引入，形成具有人类学特性的研究范式。第三阶段（1990—至今），可持续农业和生态保护成了人类学农业研究的重点。相对而言，我国的农业人类学研究严格说来虽然处于空白，但是具有农业人类学性质的研究早已起步。[②] 然而，这样的阶段划分似乎未将中国的情况纳入其中。

西方人类学家对我国**乡土社会**的基层研究都围绕着一个基础的社会结构进行，比如葛学溥的《华南的乡村生活：家族主义的社会学》、施坚雅的《中国农村的市场和社会结构》、莫里斯·弗里德曼的《中国东南的宗族组织》等。我国的人类学家大都自觉对"三农"进行调研，如杨懋春、杨庆堃、田汝康等，具有代表性的包括费孝通先生的《江村经济——中国农民的生活》、林耀华先生的《金翼——中国家庭制度的社会研究》、黄树民的《林村的故事——一九四九年后的中国农村变革》、阎云翔的《私人生活的变革：一个中国村庄里的爱情、家庭与亲密关系 1949—1999》、庄孔韶的《银翅：中国的地方社会与文化变迁（1920—1990）》、王铭铭的《村落视野中的文化权力：闽台三

[①] 李济：《中国早期文明》，上海人民出版社 2017 年版，第 10、64 页。
[②] 参见马威等《农业人类学发展五十年》，《华中农业大学学报》2010 年第 4 期。

村五论》、周大鸣的《凤凰村的变迁：〈华南的乡村生活〉追踪研究》等。此外，以萧凤霞为代表的对珠江三角洲的乡村研究，从早期的"华南研究"升格成为今天的"华南学派"，也有刘志伟、陈春生、罗一星、郑振满、科大卫等学者。可以说，我国人类学家对乡土社会的研究已经形成了中国人类学"乡土社会"的本土范式。

在我国的乡土社会中，最有代表性的村落构成是**宗族世系**。我国的村落，特别是汉族村落，典型的形制是由宗族分支所形成——即随着人口的增长，与土地资源的关系呈现紧张局势，人们不得不离开原乡到外面寻找新的土地资源，宗族分支于是形成。当一个分支到一个新的地方建立村落时，开创者就成为"开基祖"。因此，许多村落以宗族姓氏为村名；我国传统的村落名称最具有特色即以姓氏为名。开村后再不断地推展，姓氏、人群也随之扩大，而成了"族"。"族这个单位的另一个特征是，它的成员资格是家。"① 所以，汉族村落的基本结构就是一个亲属性的人群共同体——一个真正意义上的"家园"，这不是修饰词，而是实体。

也就是说，乡土社会的基础是所谓的"宗法制度"。就组织制度而言，宗族事实上承担着乡村的管理责任。在传统的村落社会，宗族制度是一种最重要的基层管理模式，它属于民众的自我管理，"基层社会的自治"式管理模式。② 费孝通先生将乡土社会的治理方式称为"无治而治"——"礼治秩序"。所遵循的是**"同意权力"**。③ 也就是说，在传统乡村的重要事务由宗族代表在协商中解决，形成了各种乡规民约，大家共遵守。乡村中的"公共事务"，比如修路、修桥、宗庙的修建等，也由宗族自行解决，所需的费用，除了"公田"（族田）收成所产生的经费外，族内还以捐款的方式集资解决。今天，村落的政治权力由"两委"掌控，导致了以国法为代表的"横暴权力"与传统宗法的"同意权力"相遇于基层，冲突必然发生；因此，农村工作最重要的是协调好这两种权力，即**"宗法—国法"**相协调。

实际上，在中国，最有代表性的传统村落就是一个真正意义上的家园

---

① 费孝通：《江村经济——中国农民的生活》，上海人民出版社2006年版，第61—62页。
② 韩茂莉：《十里八邨：近代山西乡村社会地理研究》，生活·读书·新知三联书店2017年版，第106页。
③ 费孝通：《乡土中国 生育制度》，北京大学出版社1998年版，第48—50页。

形制，即是由家族（同宗）分支而来的，是同宗同祖的一家人；"公产"（族产）被特定人群共同体视为祖先遗产，具有家园所属关系，成为**"家园遗产"**，被特定群体作为集体认同的纽带和体现忠诚的对象。作为遗产的象征成为人们代际传承，且具有稳定的价值归属和纽带。① 当今，传统的乡村形制与格局已经发生重大变化与变革，"两委"下沉到了基层乡村，这也为政府管理乡村提出了挑战，其中三个因素需要考量：1. 下派的政府代表、代理如何与宗族、地方精英取得协同，特别是吸取传统的乡村管理经验。2. 确认乡民为乡村的主体，毕竟那是他们的家园；他们是"东道主"，外派来的是"客人"。如果外来人喧宾夺主，"主人"失去主人翁意识，任何政府工程都将失败或事倍功半。3. 调适、疏导因土地所有权变更导致地方民众的危机感、紧张感和空虚感。

中国的历史形态中永远存在着区域差异，"三农"当然不能例外。有关中国区域体系的问题，美国人类学家施坚雅（William G. Skinner）的经济人类学研究具有重要的影响，他建构了多种多样的常规模型用于分析和解释中国农业的情形，特别是村庄、乡镇和城市的关系方面，创建了所谓的"**地理巨区**"（physiographic macroregion）的体系和模型，"我们需要重点关注该体系对农民自身以及农民与其他群体间关系所产生的社会意义"②。尽管不少学者对此提出质疑，但都承认这一理论模式的创建与创意。施坚雅通过对中国乡村市场结构的分析，表明中国不是毫无差别地、随机连接在一起的"一些地方"，而是一个空间配置呈规则排列的等级体系。③ 重要的是，传统村落和农业通过这一区域性的市场体系，在一定程度上使得"自给自足"的小农经济得以相对稳定地支撑。尽管施坚雅的相关理论存在某种缺陷，但对我国广大乡村确实具有认知上的重要价值。

勿须讳言，我国的农业人类学研究也存在着明显的**"窄化现象"**，除了传统人类学擅长的对地方的宗族、家族、家庭、社会组织、地方宗教、

---

① Lowenthal，D., *The Heritage Crusade and the Spoils of History*，Cambridge: Cambridge University Press，1997，p.10.

② Skinner，G. W. ，Marketing and Social Structure in Rural China，*Journal of Asian Studies*，1964，65: 32.

③ ［美］李丹：《理解农民中国——社会科学的案例研究》，张天虹等译，江苏人民出版社 2009 年版，第 85—86 页。

社会分工、性别、生育等方面的研究外，当代重要的议题，包括农业生态、可持续性等方面的研究也在快速跟进。然而，总体上说，一些学者对农业的知识，包括对古代的农业专书相对生疏；而现代的学院派对专业领域分工的精细化，都导致学者难以对"三农"进行更为整体、整合的研究。

中国的农业人类学的使命，就是用人类学知识体系，以传统的中华农耕文明为背景，探索乡土社会的内部规律，包括天地人和、宗法社会、土地伦理、小农经济、耕读传家等，特别是在社会转型的今天，配合乡村振兴战略，寻求中华社稷推展中的文化和历史法则。

六

我国的农业现代化必然包含着"传统"与"创新"两项基本的工作，其中认知与知识，需求与发展是践行二者的重要根据。从传统看，既然我国是一个传统的农业国家，古代知识分子的主要知识构造和仕途追求来自于耕读；所以，**"耕读传统"** 构成了我国古代最重要的一种伦理价值。一方面，"耕"与"读"形成了一个难以分隔的关系链条；另一方面，士绅阶层从来没有完全脱离农业，即使是为朝政所御用，也必须俯身向下，关心体察民情。退而言之，那些读书人步入仕途，到了退休，他们中的大多数都"告老还乡"；有些因为政见不符，可以隐居乡野，还俗于农；毕竟他们的父老乡亲还在原乡，他们可以将知识返还于乡土社会。然而，随着社会的快速发展，特别是西方教育科制进入我国，耕读传统已经不适应于知识的"大批量生产"。然而，耕读传统毕竟是中华民族的教育基因与基型。如何将二者协调好是摆在我们这一代学者面前的任务。

这涉及整个社会对于农业的态度问题。换言之，对于"三农"的态度不仅只是"重农—轻农"的历史时段社会价值，或团体、个人喜好问题，而是描绘出整个社会**"道德伦理"** 的趋向。中国既然是农耕文明的传统社会，"重农"在道德和道理上必然是社会的主导性价值。德国学者薛凤对比了中国知识分子在对待农业与工匠态度上的差别时有这样一段评述："一位学者如果考虑农业问题，讨论秧苗的培育或者盛赞水利的益处，那么就显示了这位学者在道德上的完美无瑕以及对国家和社会的高度的责任感。对于工匠人们的工作，精英们经常避而远之。"① 然而，在历代社会变革、变化和变迁中，"轻农"却在现实生活中客观存在着，这表现在诸如农民的生活水平最低，受剥削最多，属于最贫穷的阶层。在社会伦理的评传体系中，农民的社会地位也最低，形成了耕读传统中的背离与悖论。

可以这么说，中国的农耕文明中的"重农"——社会道德的塑造，与"轻农"——实际生活中的农民待遇存在严重分离。如果说古代的知识分子对于农业都是热衷的、热心的，那言之过矣。事实上，中国古代的知识分子总体上还是轻视农业的，只有那些明白事理的，尤其是中低层读书人，或无役士绅，或县衙府吏，或遭受贬抑之类，由于与农民的接触多而更怜农、惜农，农业知识也相对较为充分。也正是因为如此，薛凤在评述宋应星的《天工开物》时如是说："读书人往往忽视农业知识，宋应星对此很是不屑。"在《天工开物》的第一卷《乃粒》篇，他指出了自神农以来农业方面经历的各种变化：

> 神农支陶唐，食已千年，耒耜之利，以教天下……纨绔之子，以赭衣视笠蓑；经生之家，以农夫不诟詈。（从神农时代到唐尧时代，人们食用五谷已经长达千年之久了，神农氏将使用耒耜等耕作工具的便利方法教给天下人……那些不务正业的富贵人家子弟，将种田人看成囚犯一般；那些读书人家把"农夫"二字当成辱骂人的话。）②

宋应星是少数知识分子中了解民情、关心农民、了解农业知识的一员。重要的是，他将中国传统的知识和技术与农业置于同畴，也因此成就了伟大的经世之作。我国传统的农业知识也自然成为重要的、代表性的**知识体系**。从著述方面看，中国古代除了"农业全书类"著作，诸如《齐民要术》《农桑辑要》、王祯的《农书》《农政全书》《授时通考》等，还有大量的农业专书，以及散布在各个时代、各类著述中有关农业的知识。早在春秋战国时期的诸子百家中就有"为神农之言"的农家学派。事实上诸

---

① [德]薛凤：《工开万物——17世纪中国的知识与技术》，吴秀杰等译，江苏人民出版社2015年版，第112页。
② 同上书，第104页。

子"百家"几乎皆涉及农业,比如言及"月令",必说农,管子的著述中就有大量的农业知识。至于历代的农书和"涉农"著述更是汗牛充栋。中国古代知识分子的知识构造属于"百科全书"式,其中农业知识必在其列,甚至连《聊斋志异》的作者蒲松龄都留下了《农桑经》《捕蝗虫要法》;① 而像古代著名的诗人李白、词人苏轼、王安石、辛弃疾等都有一批与农业有关的作品,他们都熟悉农业。

在当今世界的产业调整和全球化影响之下,世界上许多国家的农业都面临着新的挑战、再造和"活化"问题。"**他山之石**"或许让我们对自己看得更清楚;比如邻国日本 30 年来的经验值得借鉴。随着日本社会"过疏化"趋势,② 为了活化农业,自 1980 年代推广"一村一品运动"(One Village One Product movement,OVOP)③,日本乡村振兴进入地方主导时代。1999 年国会颁布的《粮食、农业、农村基本法》重新审视农业对于日本社会的重要性,在保护继承农业传统的前提下,发展生态农业、观光农业与休闲农业成为第二阶段日本乡村振兴的主要手段。2011 年后兴起的"创造农村论"(Creative Village),强调乡村振兴的出路应以地域生活文化为基础,通过丰富多样的交流创造活动,保全自然生态系统、保育传统文化。现阶段的乡村振兴对策不仅是农村经济结构的改革,更可视为农村、农业、农民观念的根本变革。"农"从传统概念中解放出来:"农业"不只是培养动植物,提供食料的生产方式,"农地"不只是种植单一作物的生产场地,"农民"不只是长期从事农业生产的职人,"农村"也不只是封闭的小农聚集区域。人们逐渐开始将"农"作为整体化的"生命产业"加以考虑,成为一种生命志向与生活方式的命题。④

现代农业是一个完整的知识体系,其分支越来越细,进而建构出越来

---

① 参见彭世奖《中国农业:历史与文献研究》,世界图书出版公司 2016 年版,第 44—49 页。
② 昭和三十年以后,在日本经济高度成长过程中出现了以年轻人为中心,从农山渔村地域向都市地区的大幅人口移动。所谓"过疏",就是伴随地域人口减少,在该地区生活的人的生活水准和生产机能为此陷入困难状态,呈现这一状态的地区被称为"过疏地域"。
③ "一村一品"是 1979 年大分县为解决乡村过疏问题(58 个市町村中有 44 个团体处于过疏状态)发起、并向日本全国和世界推广的地域振兴运动。项目要求每个乡村根据自身条件和优势,挖掘或者创造可以称为本地区标志性的产品或传统文化活动。至 2002 年大分县农民人均收入达到 2.7 万美元,特产品类超过 336 个,其中年销售额达到 1 亿日元以上的产品 131 项,生产总额超过 1400 亿日元。
④ [日]竹中久二雄:「農を'生命'の産業として考える」,東京学陽書房 1990 年版,第 14 頁。

越多宏大的**农业学体系**，这个体系在专业方面包含许多分支学科，而且是一个连续体。这需要从两个层面加以考虑，一是传统的**博物学**。传统农业中有许多内容、因素、元素属于博物学范畴，比如土壤种类、山石的构造、地方气候、雨量情形、林木的种类、动植物的分布、独特物种、地质情况、河流水系、物种适应等，这些都是"地方性"的博物学原理，而区域性农业其实是建立在这些因素之上的。① 现代农业的知识体系虽然越来越细，却整体上是建立在博物学之上的。我国在历史上对博物学知识的记录方面是有缺失的；虽然地方志、村志、族谱等文字记录为后人填补了博物学的空白，但仍然有不少历史情况和数据并不被重视，未被采纳；分类上也过于粗糙。所以，今天的乡村研究必须增补这一空白和缺陷。

二是现代农学知识体系。日本学者为我们描绘的一个现代农学体系分布可供参考：1. 农学原论（农学史、农林水产业·农村·农学的本质与课题、价值目标、研究方法、体系关联学科）；2. 生物生产环境科学［围绕生物生产的环境条件关联学科、气象学、宇宙情报学、水文学、杂草学、鸟兽害学、害虫（昆虫）学、农地生态学、森林生态学、海洋生态学、微生物环境学、栽培植物起源学、地球环境学、地理情报体系学等］；3. 农学生命科学（分子、细胞水平领域的生物机能利用关联学科、应用生化学、分子细胞育种学、生物情报学、微生物科学、生物机能科学、食品生命科学等）；4. 生物生产科学（植物、动物、海洋生物、微生物育成·管理·利用的关联学科，作物生产学：作物学、育种学、果树、蔬菜、花卉、园艺、栽培学、热带农学、干燥地农学等，森林育成学：森林学、育林学等，动物生产学：遗传育种学、生殖生理学、动物营养科学、生体机构学、草地管理学、动物生产管理学、兽医学等，海洋生物生产学：海洋生物资源学、海洋资源利用学、水产资源管理学等，微生物生产学：酵素化学、微生物育种学、发酵化学、酿造学等）；5. 关联产业科学（支持生物生产的资材产业，以及生物材料的流通、加工关联学科，农艺化学：肥料学、农业学、化学生产资材学等，生物生产机械学：生产·加工机械学、设施工学、作业系统学、作业机器人工学，生产能源科学等）；6. 生物生产·社会—经济

---

① 参见［英］吉尔伯特·怀特《塞尔伯恩博物志》，梅静译，上海文化出版社2019年版。

学〔围绕生物生产·利用的经营、经济、社会关联学科人口学、食料经济学、农林环境经济学、农林水产经营会计学、农业金融论、生物资源经济学、经营信息学、地域经济学、农村社会学、都市·农村关系论、国际农林水产经济学、农史学、农业地理学、生物生产伦理学、家政学（家庭经营学）、食文化学、健康学等〕；7.环境创造学（生物生产·生活·生态环境的综合性环境创造关联学科，环境整备学：农地整备学、水环境工学、地域环境创造学、森林环境学、造园学、环境设计学、景观学、农村地域规划学等，环境保全·修复学：水质保全学、绿地环境保全学、森林·山地保全学、地域环境保全学、沙漠化防治学、干燥地绿化学、农地修复学、水质净化学、大气净化学、废弃物利用学等）。① 我们相信，随着现代农业的发展，未来延伸的分支学科还会与日俱增。

  我国正在进行"**乡村振兴**"战略，应用人类学需要更自觉、积极地进入这一领域进行探索。无论从人类生存的角度，文明的视野，中国农业的特点和范式，以及当今面临的重大挑战等方面，我们都没有理由不加强关注土地、农业和粮食。世界农业的近代发展和变化——发达国家和发展中国家的情形是："发达国家已经从第二次世界大战以前的粮食净进口成为向低收入国家输出粮食的净出口。"② 这似在告诉人们："发达"与粮食"净出口"是一个约同关系。对于中国的国情来说，只要土地—农民—农业—农村还健在、健康、健行、健美，天就塌不下来。这个道理，过去、现在、将来都不会发生根本变化。

彭兆荣

2019 年 10 月 1 日

---

① 〔日〕祖田修：《农学原论》，东京岩波书店 2000 年版，第 285 页。
② 〔日〕速水佑次郎、〔美〕弗农·拉坦：《农业发展：国际前景》，商务印书馆 2018 年版，第 4 页。

第一部分　乡土社会

第一章 认知乡土与乡土知识

第一节 乡土之义疏

人类的生存与自然环境相适应，人类的生计与劳作方式相配合，人类的生活与社会关系相协调，这些决定了文明的差异与多样。中国是一个传统的农耕社会，费孝通先生谓之"乡土中国"，① 至为精准。换言之，若要研究"中国"，便从乡土入手。诚如梁漱溟所云："中国这个国家，仿佛是集家而成乡，集乡而成国。"所以要"从乡入手"。②

在西文中，"乡土"（vernacular）一词，来源于拉丁语"verna"，可以理解为"本地的"，有别于"外地的"；或是"乡村的"，区别于"城市的"；抑或是"寻常的"，对应于"正统的"。乡土文化（vernacular culture）意指一种遵守传统和习惯的生活方式，与更宏大的政治和法律统治的世界隔离。③ 总之，"乡土"一词通常意味着农家、自产和传统。④ 在视觉认知上，乡土是一种独特的景观。在拉丁语中，"景观"一词的对应几乎都来自拉丁词"pagus"，后者意指一块界定的乡村区域。在法语中，"景观"一词事实上有几个对应词，每一个都不外乎这些词义：土

---

① 费孝通：《乡土中国　生育制度》，北京大学出版社2008年版。
② 梁漱溟：《乡村建设理论》，商务印书馆2015（1937）年版，第182页。
③ [美]约翰·布林克霍夫·杰克逊：《发现乡土景观》，俞孔坚等译，商务印书馆2015年版，第197页。
④ 同上。

地（terroir）、村庄（pays）、风景（paysage）、乡村（campagne）。在英语中，这些区别出现在两种景观形式之间：树林（woodland）和田野（champion），后者来自法语 campagne，意指一处乡间田野。① 从西文的词义演变的基本线索，可以清晰地发现，乡土是最具有普世价值的原生土壤。

对照西方的"乡土"，中国的情况有所不同。让我们对中国的"乡土"做一个认知上的梳理。"土"的字形构造简单，意义却重大。土是个象形字，像地面突出的土堆，字下部之"一"表示地面。甲骨文因契刻不便肥笔，只勾画出土堆的轮廓，作 形。盂鼎作 形，更为形象。所有与土相关的字，都采用"土"作偏旁。②《说文解字》："土，大地用以吐生物者也。"上下两横的"二"，像地之下、地之中，中间的一竖"丨"，像植物从地面长出的样子。

"鄉"从字源考与"卿"同源。卿，甲骨文 像主宾 、 围着餐桌的食物 相向而坐，一同进餐。金文 省去"口"。金文作" "，即"卿"字。"卿"古音为溪纽、阳部字，与"鄉"声音接近。当"卿"的"亲密共餐"本义消失后，篆文 在两个"人" 再加"口" 变成两个"邑" （村镇）另造"鄉"代替。"乡"是一个会意字。它是"饗"（飨）字的象形初文，偶尔也用为"方向"的"嚮"。如"戍其宿遼于西方东郷（嚮）"。（《合集》28190）在金文中多用作"饗"或"嚮"（向）字。七年赵曹鼎："赵曹立中廷，北郷（向）……用作宝鼎，用郷（飨）朋友。"（《集成》5.2783）《论语·雍也》："以与尔邻里乡党乎？"春秋时期齐国则以二千家为一"乡"。《国语·齐语》："五家为轨，轨为之长。十轨为里，里有司。四里为连，连为之长。十连为乡，乡有良人焉。"而《管子·小匡》则以三千家为一乡："制五家为轨，轨有长。六轨为邑，邑有司。十邑为率，率有长。十率为乡，乡有良人。"《孟子·告子上》："出入无时，莫知其乡。"注："乡，犹里也。以喻居也。"引申为"家乡""故乡"等义。也泛指"地方""处所"。《诗·小雅·殷武》："于此中乡。"《毛传》："乡，所也。"也可指人。《礼记·缁衣》："故君子之朋友有乡，其恶有方。"郑玄注："乡、

---

① [美]约翰·布林克霍夫·杰克逊：《发现乡土景观》，俞孔坚等译，商务印书馆2015年版，第7页。
② 王平、李建廷编著：《说文解字标点整理本》，上海书店出版社2016年版，第357页。

方,喻辈类也。"也假借为"曏(嚮、向)",表示过去、以前之义。"鄉"今简化为"乡"。① 依据字形的含义,杨宽提出乡起源于周代共同饮食的氏族聚落。②《说文解字》:"乡国离邑,民所封乡。"有学者解释,"乡,向也。民之所向也。"更接近于地方上的邑、聚落。③ 而在古代的聚落社会,"聚""乡""邑"相互关联,同中有异。④

"乡土"在传统的中国文化中与西方迥异:首先,指代家乡、故土。《列子·天瑞》:"有人去乡土,离六亲,废家业。"《南齐书·卷四十九·列传第三十》:"祭我必以乡土所产,无用牲物。"《金史·卷六十四·列传第二》:"乡土之念,人情所同。"次者,指地方、区域三国魏曹操《步出夏门行》:"乡土不同,河朔隆寒。"东晋葛洪《抱朴子内篇·黄白》:"彼乡土之人,作土釜以炊食,自多也。"《隋书·卷二十四·志第十九》:"每岁春月,各依乡土早晚,课人农桑。"就使用的情形而言,"鄉土"连用,唐宋增多,以清末民国为最盛。清光绪令天下郡县编撰乡土志。仅光绪三十一年至宣统三年(1905—1911)7 年间,全国共修乡土志 481 种,其所及范围大至一省,小至一区一乡。朝廷颁布的乡土志例目分为:历史、政绩录、兵事录、耆旧录、人类、户口、民族、宗教、实业、地理、山、水、道路、物产、商务。与地方志相比,乡土志内容简易、语言通俗,在小学课堂上取代四书五经、三字经、百家姓、千字文等,与国文、算数、修身等构成必修科目。

"乡土"历来为国家之本。《管子·权修》故有:"国者,乡之本也。""乡土"之"土"的核心是农耕,故我国的农耕传统一直将土地与粮食作为国家之头等大事,其重要价值包括:1. **指代国家**。《管子》曰:"后稷为田。"后稷为周代始祖,亦为农神。我国自古便将"社稷"作为"国家"的代称,其中"社"表示"土地"(祭土)的农业伦理,构成了中国封建社会政治中的至高事务。"**稷**"为古代一种粮食作物,指粟或黍属,为百谷之长,帝王奉祀为谷神,故有社稷之称。2. **礼制统治**。礼在社会中

---

① 李学勤主编:《字源》,天津古籍出版社 2015 年版,第 598 页。
② 杨宽:《古史新探》,中华书局 1965 年版,第 89 页。
③ [日]池田雄一:《中国古代的聚落与地方行政》,郑威译,复旦大学出版社 2017 年版,第 75 页。
④ 同上书,第 70—83 页。

起到了重要的统治作用。《说文解字·示部》："禮，履也，所以事神致福也。从示从豊，豊亦声。"《礼记·礼运》："夫禮之初，始诸饮食。"形成了以土地、粮食为根本的礼化制度。3. **和谐秩序**。"和谐"一直是中国传统社会追求的最高境界。"和"由禾与口组合而成，与食物有关；传统文化从来也以**和平、和睦、和谐**的"致中和"为最高境界。4. **自然本性**。欲乃人之本，为自然本性。孔子有"饮食男女，人之大欲存焉"（《礼记》）。"欲"为会意字，从欠，人张口，表示不足，从谷，表示贪于不足。《说文·欠部》："欲，贪也。从欠，谷声。"5. **民俗事象**。"民以食为天"不啻为民事民俗中既神圣又世俗的概括。"俗"的文字构造是"人依靠谷"的造型与照相。《说文·人部》释："俗，习也。从人，谷声。"本义为长期形成的风尚和习惯。所谓"甘其食，美其服，安其居，乐其俗"为太平之象。①

第二节　乡土与五行

中国的"土（地）"与"天"是一组对应概念，同时也是"九州"的构造。《淮南子·地形训》：

> 地形之所载，六合之间，四极之内，昭之以日月，经之以星辰，纪之以四时，要之以太岁。天地之间，九州八极。土有九山，山有九塞，泽有九薮，风有八等，水有六品。何谓九州？东南神州曰农土，正南次州曰沃土，西南戎州曰滔土，正西弇州曰并土，正中冀州曰中土，西北台州曰肥土，正北济州曰成土，东北薄州曰隐土，正东阳州曰申土。

传统的文化表述中有所谓"五色土"的形制——与"五方"配

---

① 参见彭兆荣《饮食人类学》，"食物之格物求本"，北京大学出版社2013年版。

说。"五色土"通常与社稷以及祭土仪式有关。北京中山公园内有一座被称为"五色土"的大土坛,实为社稷坛,即祭祀社稷时所用。社指社神,即土地之神;稷是稷神,即五谷之神。社稷也成国家的代词。正是"五色土"的社稷坛。① 黄土代表五行五色之中土。传统的"五方"空间观经常表现在建筑,特别是祭祀建筑上,比如东汉的灵台遗址,地处河南偃师岗上村和大郊寨之间,灵台的最高层与天际相偕,廊房四周运用不同的色彩,壁北面饰黑色,南面饰朱色,东面饰青色,西面饰白色;意在表示东方青土,南方红土,西方白土,北方黑土。灵台中央起自大地,国黄土。五种颜色象征国土。灵台一方面祭祀社稷土地之神,另一方面表示稳固的皇权统治。② 同时,不同朝代也赋予其相应的内容,西汉儒生认为,黄帝代表了朝代的开端,金、木、水、火、土五行之中,"黄"安象征着"金",其崛起对应着"土",汉代再一次对应着"土",标志着一个新的朝代的开始,以及合法性。③

"阴阳五行"在我国传统的乡土社会中起着重要的作用,哪怕经历了历代不同的政治运动,它仍然可以存活。其所以如此,因为阴阳五行原本生长于我国乡土社会的肥沃土壤中,反映在乡土社会的方方面面;既是日常,又是非常。"阴阳五行"首先是观念、经验、知识和实践,然后才是经院、理论、术数和方技。对于普通百姓,阴阳五行是生活的内容:"在人家门头上,在小孩的帽饰上,我们常见到八卦那种东西,八卦是圣物,放在门头上,放在帽饰里,是可以辟邪的。辟邪还只是小神通;它的大神通在能够因往知来,预言吉凶。算命的,卜课的,都用得着它。他们普通只用五行相克就行了。但要详细推算,就得用阴阳五行和八卦的道理。八卦及阴阳五行和我们非常熟习,这些道理直到现在还是我们大部分人的信仰。我们大部分人的日常生活不知不觉教这些道理支配着。"④

乡土社会与"五行"(作为自然元素)有着天然的链接,其中"家"成为实现的实体。家是人们的生命、生活、生长、生产、生计最落实的地方;

---

① 参见刘德谦《从"五色土"说起——古代社稷坛小史》,载文史知识编辑部编《古代礼制风俗漫谈》,中华书局1986年版,第1—2页。
② 黄雅峰:《汉画图像与艺术史学研究》,中国社会科学出版社2012年版,第198—199页。
③ 同上书,第144页。
④ 朱自清:《经典常谈》,云南出版集团、云南人民出版社2015年版,第21页。

也因此成为人们文化认同的最后根据。乡土景观虽然只是日常生活的场景，与自然协调的风景，却是体现一个特定地方的精神，体现文化的多样性。①在乡土景观中，民居在历史上所起到的创造和确立地方感，传承家园遗产等方面都扮演着重要的角色。② 同时，它也是人们对"精神家园"的认同。乡土景观也因此成为人们生活和生命中记忆最为深刻的部分。我们每一个人倘若在自己的记忆中搜索最为真实的部分，呈现最为鲜明的形象，回味最为亲切的经历，"家乡"的场景、风景、景观必在其中。

吴良镛院士在《中国人居史》之"农耕生产基础上的乡土社会"有这样的段落：

> 农业是中国文明展开的根基，也是社会乡土性的根源。中国农业的起源可以追溯到距今一万年前，农业为人们提供了稳定的食物来源，从此人们从不稳定的采集狩猎经济过渡到以种植为主的农耕经济，定居下来，形成聚落……农耕社会的生产方式，塑造了中国人天然的对自然万物的依附感和亲近感。中国人在利用自然、改造自然的过程中，与西方把物质视为孤立的客观存在不同，更注重从人对物的使用、人与物的关系的角度去认识自然物的特性。《尚书大传》这样描写金木水火土"五材"："水火者，百姓之所饮食也；金木者，百姓之所兴作也；土者，万物之所资生，是为人用。"《国语·郑语》："故先王以土与金木水火杂，以成百物。"这种重实用的认识，固然在一定程度上造成了中国古人对物质内在结构肌理研究的不足，但在另一方面，也促成了中国古代社会人对物尊重、人与物协调观念的形成。③

中国的"乡土"是一个非常复杂的，集各种元素、材料、符号、关系于一体的结构系统。如果要在中国传统的乡土景观中确认最具普遍性的元素，也就是说在最高层次上的共性——应该是"五行"价值。这些价值总

---

① Melissa M. Bel., *Unconscious Landscapes: Identifying with a Changing Vernacular in Kinnaur Himachal Pradesh, India* in Material Culture, Vol.45, No.2, 2013, p.1.

② Jackson, John B., Many Mansions:Introducing Three Essays on Architecture, *Landscape Winter*, 1952, 1(3): 10-31.

③ 吴良镛：《中国人居史》，中国建筑工业出版社 2014 年版，第 443—444 页。

会表现在乡土景观的各个方面，比如风水景观，所遵循的主要就是传统的阴阳五行的观念。这也构成中西方乡土景观的重要差异。"五行"与"乡土"并非原生、缘生、源生性的，也就是说，乡土作为人类这一特殊生物物种的自然生存，"以土地（方）为原乡"的原生性几乎是普遍的，而"五行"之中国特色，除了表述其文化的独特性外，也表明其生成的过程性，即存在一个"生长过程"。有的学者认为中国的"五行"在生成过程中受到外来影响，甚至是外来影响的产物。①"文化"是采借性的，在人类学的视野中，"文化是一件百衲衣"，意思是说文化本身就是多元文化交流和影响的产物，这不假。但是，采借存在一个"本体性—原真性"问题。如果说中国的"道家"与"佛家"都存在历史性的采借，二者的"本体—原真"却是大相径庭。

第三节　乡土与地方

"地方"指大地，比如"方舆"（指领域，亦指大地）。有资料显示，甲骨文卜辞记载的"多方"之中，属于卜辞第一期的最多，第一期的方国名33个；第二期的2个；第三期有13个；第四期23个。其中舌方486次。其次是土方，92次。此外还有诸如羌方、周方、召方等。② 这些方国以交易、进贡土等方式表示臣服。③ 将"工"与"土（社）""方"并置作考释，作为"国之大事"的祭祀，贡献、牺牲为祭祀的构造之重要程序和元素，即使在后来的祭祀大典中，仍然保留诸如"献殿"（储存、造册、登记牺牲贡献专门的殿堂）之制。在商代，家养动物是商人的一个非常重要的物质来源。祭祀中所用的牛的数量相当惊人，据胡厚宣统计，在一次祭祀中用1000牛，500牛、400牛各一次，300牛的三次，100牛的九次。④

---

① 参见徐中舒《古器物中的古代文化制度》，商务印书馆2015年版，第80—83页。
② 张光直：《商文明》，生活·读书·新知三联书店2013年版，第275页。
③ 同上书，第237页。
④ 同上书，第147页。

说明当时有一整套的登记造册制度，否则后人是无法了解的。从今天可供参考的资料看，刻制甲骨当为史前最具代表性的档案记录。①

"地方"是一个具有巨大包容性的概念体系，主要有以下几种指喻：（1）认知性二元对峙。"天圆/地方"结构形成了认知和感知世界之特殊模式。这种古老的认知模式在华夏文明中有着发生学意义，即使在今天，人们仍可在许多文化表述习惯上瞥见这一模式的痕迹。如许多纪念和祭祀性建筑的主旨设想和主体都贯彻"天圆—地方"的理念（如华夏始祖黄帝陵祭祀殿堂）。最著名的、以"方圆"造型的文物是"琮"。张光直认为，琮是古代巫师用来沟通天地时用的法器。②（2）行政区划和管理体制。"中央/地方"形成了一套特有的政治管理体系，它既是帝国疆域形貌，也形成了中国传统"一点四方"的行政区划——"一点"为中，中心、中央、中原、中州，乃至中国、中华皆缘此而出，"四方"为"东西南北"方位，不啻为封建帝国"大一统"的形象注疏。（3）地域和范围。强调帝王的"国家—家国"疆域广大，《管子·地势》有："桀、纣贵为天子，富有四海，地方甚大。"（4）田地和阡陌。中华文明是一个传统的农耕文明，所谓"农耕"，某种意义上说，是指农地。农地的标准形态就是田畴；阡陌则指田畴中的纵横交错的田埂。这也是"地方"的一种体现。（5）地缘管理和地方首长。"地方"既可指某一特殊的可计量区域，也特指地区内的管理体系和"地方官"，故，"地方"间或指称地方的管理者。（6）方国贡献形制。中国自《禹贡》始，就设计并实施了"方国贡献"的朝贡制度，并一直贯穿于整个封建朝代阶段。（7）语用的多义性。在语言使用上，"地方"一般指某一个具体的地理范围，作名词，但它亦可用于形容词、副词甚至动词，如"地，方××里"等。

我国的政治地理学有一个特点：人群与地缘相结合成为区分"我群/他群"的一道识别边界。这一根本属性与"地方人群"紧密结合，形成重要的历史结构，也是所谓"地方性力量"（regional force）的根本动力。因此，要理解中国的农业文明的历史，"地方"是一把钥匙，中华文明的千年史

---

① 参见周鸿翔《殷代刻字刀的推测》，转引自张光直《商文明》，生活·读书·新知三联书店 2013 年版，第 36 页。

② 张光直：《考古学专题六讲》，文物出版社 1986 年版，第 10 页。

就是地方的文明史；而诸如"中央/地方"等都是在此之上建立起来的政治、历史、人群和地缘等关系链条。所以，只要保证人民有土地，"地方感"就不会丧失。今天，"地方感"已然成为一种新的表述，可以称作"一种经过社会的方式建构和保持的地方感"①。"地方感"经常被理解成包含个人或群体及其（本土的或借居的）居住区域（包括他们的住房）之间的感情纽带。但是被赋予意图的还不仅仅是此类居住区域。对大多数人来说，还必须构筑一些重要的空间区域来形成一个生活世界。② 在"人本主义者"的眼里，"地方感是理所当然世界中的一个基本要素"。且以"公理为基础"：

> 地方确定是世界上大多数存在的一个基本方面……对个人和对人的群体来说，地方都是安全感和身份认同的源泉……重要的是，经历、创造并维护各种重要的地方的方法并没有丢失。但又有很多迹象表明，正是这些方法在消逝，而"无地方感"——地区的淡化和地方经验的多样化——现在成为一种优势力量。③

"地方"作为区域的另一种表述，一直为人类学研究所关注，因为它是人类最为"贴身"和"亲近"处所，包括物理的空间存在，地理的位置，生态的环境等，文化人类学则更为关注地方的社会和文化等"无形"要素和构造。④"景观"的人类学研究之至为重者正是以"地方"与"空间"的景观形制。⑤ 作为一个完整的表述单位，"地方性空间"是民族志研究最小的落实单位——无论是"主位"还是"客位"。也因此，"地方性知识"成为当地文化的直观写照。人类学家吉尔兹（也译作格尔兹）用这样

---

① [美]爱德华·W. 萨义德：《虚构、记忆和地方》，见[美]W. J. T. 米切尔《风景与权力》，杨丽等译，译林出版社2014年版，第266页。
② [英]R. J. 约翰斯顿：《哲学与人文地理学》，蔡运龙等译，商务印书馆2010年版，第144页。
③ Relph, E., *Place and Placelessness*, London: Pion, 1976, p.6.
④ Barfield, T. (ed.), *The Dictionary of Anthropology*, MA(USA): Blackwell Publishing Ltd., 1997, p.360.
⑤ Hirsch, E., "Introduction Landscape: Between Place and Space", in E. Hirsch and M. O'Hanlon(ed.), *The Anthropology of Landscape: Perspectives on Place and Space*, Oxford: Oxford Unovesity Press, 1995, pp. 8-13.

的文字表述获得非同寻常的意义,而且超出人类学的学科边界和范畴。① 与其说这是一个学术用词,还不如说是一个文化宣言。"地方性知识"不是指任何特定的、具有地方特征的知识,而是一种新型的知识观念,是重新认知世界的一种角度。乡土景观必然是地方性的;也是"地方知识"的有效融汇。

"地方性知识"的特点在于:第一,强调任何知识总是在特定的情境中,在特定的群体中生成并得到保护,因此着眼于如何形成知识的具体情境和条件的研究比关注普遍准则更重要。具体而言,任何普遍的意义提升都需要建立在具体的"落地"之上。第二,"地方性"指由特定的历史条件所形成的文化与亚文化群体的价值观,由特定的利益关系所决定的立场和视域。我国古代早就有所谓"方物志"和"方志"②,有些学者,比如王充在《论衡》中就将《山海经》视为实用性的地理书——方物志。③ 无论"方物志"还是"方志"等,都羼入了政治地理学的形制和理念:"方志者,即地方之志,盖以区别于国史也。依诸向例,在中央者谓之史,在地方者,谓之志。"④ 可知,这种史志的分类,贯彻的仍是"一点四方"政治地理观念,仿佛今日人们仍然沿袭"中央/地方"之说。

第四节 乡土与田地

"土"指土地、土壤、田地。《尔雅》:"土,田也。"《易·象传》:"百谷草木丽乎土。"《书·禹贡》:"(徐州)厥贡惟土五色。"引申为土地、疆土、土田等,引申为乡土、本土,由乡土、本土引申为"洋"相对的土气、俗气等。"土"又是"社"的古文,甲骨文亳土、唐土等皆指其地之

---

① [美]克利福德·吉尔兹:《地方性知识:阐释人类学论文集》,王海龙、张家瑄译,中央编译出版社2004年版。
② 大致上说,"方志"是专门记载某地方的事物。"方物志"特指记载某一地方的特别物产,如记述名山的称"山志",记述水体及水利的称"水志"等。
③ 参见刘宝山《黄河流域史前考古与传说时代》,三秦出版社2003年版,第4页。
④ 李泰棻:《方志学》,商务印书馆1935年版,第1页。

土地神，即社神。"土"又特指"水火木金土"五行之一。又特指古代埙类土制的乐器。《诗·风·鸱鸮》："彻彼桑土，绸缪牖户。"《毛传》："桑土，桑根也。"陆德明释文："土，音杜。《韩诗》作'杜'，义同。"① 从"土"的字形和语义的演变线索观察之，"乡土本色"一直都在，它是传统的、民俗的、土气的，但却是根本的。

"田"在甲骨文中为田，在一大片垄亩□上画出三横三纵的九个方格，表示阡（竖线代表纵向田埂）陌（横线代表横向田埂）纵横无数的田垄（陇）。有的甲骨文田像畸形的地亩。有的甲骨文将阡陌简化为一纵一横十。造字本义为阡陌纵横的农耕之地。金文田、篆文田承续甲骨文字形。甲骨文田字就是一个方块田的象形，方块内的纵横笔画表示田间的阡陌或田埂。也是井田的反映。②《说文解字》："田，陈也。树谷曰田。象四口。十，阡陌之制也。凡田之属皆从田。"《释名·释地》："已耕者曰田。"赵诚释："田，象田地之中有阡陌之形。甲骨文用作职官之名，则为借音字。"③

田在传统的文字造型中不是一个简单的单体字，它同时也是"田族"基础部件；比如"男"，甲骨文男，即田（田，田野，庄稼地）加力（力，体力），表示种地的劳力，即在田间出力做事的劳动者。《说文解字》："男，丈夫也。从田，从力。言男用力于田也。凡男之属皆从男。"于省吾考察了"男"的各种语义及演变，认为："男字的造字起源，涉及古代劳动人民从事农田耕作，关系重要。"只是"男"本该是左田右力，而不是上田下力的造字结构。④"田"在造字上与里、甲、佃、亩、畋、甸、畿（王城周围的地方）、稷、苗、畺（即"疆界"之意）、畴、壘等相关联；也与田地、耕田、里甲、国家、边疆等历史和制度皆有关联。由田所构造的景观不啻为乡土景观之核心。

"田"在农耕文明的形成中，其景观形制非一蹴而就，而是经过由零到整、由生到熟的田土化过程。钱穆说："我们莫错想为古代中国，已有了阡陌相连，农田相接，鸡犬相闻的境界，这须直到战国时代，在齐、魏

---

① 李学勤主编：《字源》，天津古籍出版社2015年版，第1177—1178页。
② 刘兴林：《历史与考古——农史研究视野》，生活·读书·新知三联书店2013年版，第271页。
③ 赵诚：《甲骨文简明词典》，中华书局2009年版，第81页。
④ 于省吾：《甲骨文字释林》，商务印书馆2012（2000）年版，第260页。

境内开始的景况。古时的农耕区域，只如海洋中的岛屿，沙漠里的沃洲，一块隔绝分散，在广大的土地上。又如下棋般，开始是零零落落几颗子，下在棋盘的各处，互不相连，渐渐愈下愈密，遂造成整片的局势。中国古代的农耕事业，直到春秋时代，还是东一块，西一块，没有下成整片，依然是耕作与游牧两种社会到处错杂相间。"① 其间道理不难理解，田地是需要人工开垦的，人与土地的亲密关系，至少从狩猎时期转型至农耕时期，需要一个相当长的时期。其实，农耕文明讲述的道理是人依靠田地的密切程度，这与农耕之前的狩猎和其后的工业形态相比，对田地的依赖程度不一样。

在我国古代社会，"田"与"井"结构出了一系列相关的社会关系——即"田"相属的传统乡土社会中的"农户—家族—宗族"群体。"井"也成了"家"的代表，"背井离乡"被描绘成失去家园的凄惨情状。"井"是乡土观景至为重要的生活必需，久之，也变成了"家乡"代表性符号。在现实生活中，它通常指代一个关系密切的人口聚居的村邑。《易·井》："改邑不改井"（改建城邑而不改水井），词义缩小，就仅指井栏。井栏不能随意越过，因此引申为法度、法则、惩罚，这些意义在周金文多有用例，而在典籍则写作"刑"或"型"。"井"由本义比喻引申，可指类似井的建筑，如盐井、矿井、天井等。

甲骨文井像两纵两横构成的方形框架。造字本义是，人工开凿的提取地下水、有方形护栏的水坑。金文井在方形框架井中加一点指事符号，表示坑中有水。篆文井承续金文字形。《说文解字》："井，八家一井。象构韩形，瓮之象也。古者伯益初作井。凡井之属皆从井。""井"为象形字。"构韩（井栏）形"，指用四木交搭像井口围栏。钱穆考释："井的发明者，《世本》既说是伯益，又说是黄帝。或者是两个独立的发明，或许有前后的改进。井解决了水的问题。"② "井"字早已行于商代，入西周后，或在中空处添加圆点为饰；"瓮（汲瓶）之象也"，可备一说。而在民居建筑中，特别是四合院，中间的庭院被形象地称为"天井"，以示"四水归堂"。在南方，住宅

---

① 钱穆：《中国文化史导论》（修订本），商务印书馆 1996（1994）年版，第 56 页。
② 钱穆：《黄帝》，生活·读书·新知三联书店 2005 年版，第 30 页。

重在防晒通风，故厅多为敞厅，在空间感上与"天井"连为一体。①

当然，由于水作为我们生存和生活的必需物质，"井"也就成为首先确立的物质形态。这不仅在我国传统的乡土社会是这样，在其他国家、民族也一样。英国博物学家怀特对自己的家乡塞尔伯恩地区村落在 18 世纪时的水井情况，有过博物志的细致记录，其中多处讲到水井的情况："村里的水井，平均深度为 63 英尺。到达此深度的井，便绝少枯竭。井水清澈、甘洌，喝过的人无不称赞。"② 另外，在有些毛石很厚的地方掘井，挖到深处，经常会挖到大扇贝，反映出特殊的地质特征。③

我国古代的"井田"，无论是指生活中的功能性需求，还是指一种制度，抑或指具有某种特殊的文化寓意，道理非常复杂，包括重要的宇宙观（天圆地方）、政治制度（井田制）、都城形制（城邑—国）、管理制度（里甲制度）、乡村聚落（邻里关系），都城街区（里坊区划）等，都与"田"有着千丝万缕的交织。先秦用"井"之字形描述一种土地制度——井田制：把一里见方的土地划分成如"井"字形的九块，每块百亩，八家各分一块，中间一块为公田，所以《说文》说"八家一井"。④ 在中国，井田制起初就是部落所有制，是一种公有土地制度，进入宗族社会以后，由于中国特殊的社会形态，土地讲起来归国王代表的国家所有，但实际上归各级宗子所有，"周天子把王畿以外的土地分封给诸侯后，诸侯也就成了自己封国土地和人民的最高所有者"。⑤ 而"邻里"又构成了"若干'家'联合在一起形成较大的地域群体"。"邻里，就是一组户的联合，他们日常有着最亲密的接触并且相互帮助。"⑥

里，金文里即田（田，田畴）加土（土，墙，代表民居），表示赖以生存的住宅与田地。其造字本义：田园，居住、耕种、生活的地方。篆文里承续金文字形。"里"作为居住区，与外部世界相对，也有"内部"的意

---

① 傅熹年：《中国古代建筑概说》，北京出版集团公司、北京出版社 2016 年版，第 48 页。
② [英]吉尔伯特·怀特：《塞尔伯恩博物志》，梅静译，上海文化出版社 2019 年版，第 3 页（笔者在援引时注意到井深"63"后没有单位，不知是米还是英制单位，是为译者所失）。
③ 同上书，第 8 页。
④ 李学勤主编：《字源》，天津古籍出版社 2015 年版，第 450 页。
⑤ 徐喜辰：《井田制度研究》，吉林人民出版社 1982 年版，第 126 页。
⑥ 费孝通：《江村经济——中国农民的生活》，上海人民出版社 2006 年版，第 69—70 页。

思,《汉字简化方案》用"里"合并"裏"。《说文解字》:"里,居也。从田从土。凡里之属皆从里。"《尔雅》:"里,邑也。"《汉书·食货志》:"在野曰庐,在邑曰里。"由此可知,在中国古代,"里"也是行政单位,也是计量单位。虽不同时代、不同地方、不同记录中有所出入,通常所知一里八十户。《公羊传·宣公十五年》:"一里八十户。"《论语·譔考文》:"古者七十二家为里。"《管子·度地》:"百家为里。"一家一户以田为界,故"里"也成了以田为邻的计量转喻——"邻里"。《尚书大传》:"八家为邻,三邻为朋,三朋为里。"简言之,"邻里"也是由"田"为单位所构成的农户联系,是与"田"互为你我的共同体景观。

第五节　乡土与宗族

要深入研究中国传统的乡土社会,宗族必为关键词。首先,宗族与村落建立起了最为原始的关系纽带。中国村落建立的一种最有代表性的发生模式是宗族。宗族的扩大,是原有地方资源不足以供养宗族不断扩大的人口数量,在这种情况下,宗族分支便必然发生。当一个分支到一个新的地方建立新的村落时,开创者就成为"开基祖"。也因此许多村落以宗族姓氏为村名。其次,一般汉人宗族的建立,是以所到地方的土地为基础。没有土地,农业无以成立,乡土无以成就。所以,土地资源也自然成为宗族定义中的基本要件。最后,宗族的繁衍和发展形成了代际关系,即所谓的"世系"(lineage)传承。在乡土社会,"传宗接代的重要性往往用宗教和伦理的词汇表达出来。传宗接代用当地的话说就是'香火'绵续,即不断有人继续祀奉祖先"[1]。

我们所说中国传统社会是"宗法社会",它与等级制度及其观念成为贯穿整个中国历史的两个大制度及观念,而体现宗法(宗法性)制度与观念的宗族,无疑成为中国历史的极其重要的成分。[2] 由此,在乡土社会中,

---

[1] 费孝通:《江村经济——中国农民的生活》,上海人民出版社2006年版,第29页。
[2] 冯尔康等:《中国宗族史》,上海人民出版社2009年版,第1页。

宗族很自然地成为最具影响力的因素，并成为联结具有社会关系结构的、始终的贯穿性特质。所谓"宗族"，一种说法是："根据已接受的原则，五代以内同一祖宗的所有父系后代及其妻，属于一个亲属关系集团称为'族'，互相间称'祖宗门中'，意思是'我同族门中的人'。""族这个单位的另一个特征是，它的成员资格是家。"① 我们也可以这样简化宗族：纵向上，它是同宗共祖的成员共同认可的线索，五代之内为直接计量规则。②

人人都有祖宗，也都有宗族，只是情况不同。历史上对宗族的限定和定义是变化和变迁的，经典和史籍在表述的时候也各有侧重。《说文·宀部》释："宗，尊祖庙也。从宀，从示。"宗是会意字，甲骨文 ⍍，外部是房舍，内有祭台，表示这里就是宗庙。"宗"本意为祭祀祖先的庙，又引申为祖宗，后引申为宗族。③ 关于"族"字，《说文解字》载："矢鋒也。束之族，族也。从旗从矢。旗所以标众，众矢之所集。"段玉裁注："旗所以标众者，亦谓旌旗所以属人耳目，旌旗所在而矢咸在焉，众之意也。"④ "宗"是共同祭祀祖先的亲属团体，而"族"以"旗"为手段来凝聚、集合的"群"和"众"，其范围远远大于"宗"，其中也未必含有亲属关系。《白虎通》中的记载表明"宗"与"族"是既相区别又有联系的两个概念：

> "宗者何谓也？宗者尊也。为先祖主者，宗人之所尊也。礼曰：宗人将有事，族人皆侍。古代所以必有宗何也？所以长和睦也。大宗能率小宗，小宗能率群弟，通其有无，所以经理族人者也。"族者何也？族者凑也，聚也，谓恩爱相流凑也，上凑高祖，下凑玄孙，一家有吉，百家聚之，合而为亲，生相亲爱，死相哀痛，有合聚之道，古谓之族。⑤

以上论述中，"族"是上至高祖，下至玄孙的亲属聚合，"宗"之功能在于管理族人，使之服从尊长。这里"族"已超越以其子作为标志的概

---

① 费孝通：《江村经济——中国农民的生活》，上海人民出版社2006年版，第61—62页。
② 同上书，第61页。
③ 《新编说文解字大全集》编委会编：《新编说文解字大全集》，中国华侨出版社2011年版。
④ 段玉裁：《说文解字注》，上海古籍出版社1981年版，第312页。
⑤ 《白虎通》卷8《宗族》。

念，是以实践亲属关系进行"合聚"的群体。然而，这些群体是按照怎样的原则组织起来？《尔雅·释亲》记载"父之党为宗族"，第一次按照父系继嗣原则系统地梳理出以"己"为中心上至高祖，下至子孙的直系宗亲关系，明确指出"族人"以"父系"为主轴成为"宗"之延续。需要明确的是，宗族并不只是具有亲属关系的一群人，而是将父系单边继嗣系统作为认定成员的首要准则。对此，陈其南指出：

> 宗族的"宗"字，用今天人类学的术语来说，就是 descent，而"族"即为具有共同认同指标（identity）的一群人之谓，实际上即是近日吾人所谓群体或团体。"宗族"之谓不过是说明以父系继嗣关系，即所谓"宗"所界定出来的群体。①

"宗"作为"族"的修饰语，将"族"的范围限定于"以父系继嗣关系"所界定的群体或团体。这一观点强调，宗族是以父系作为认定成员资格和确立行为规范的标准。宗族是以父系线索为传递方式，在古代常与"氏"称。② 今日之"姓氏"仍可瞥见痕迹。从"继嗣"一词亦可看出，宗族是基于血缘而构成的直系亲属团体。然而，宗族不仅仅包含血缘关系的直系亲属关系，还包括旁系亲属关系和姻亲关系（指男性配偶）。换言之，宗族是以"父系世系"为原则，涵盖"纵"（直系）与"横"（旁系、姻亲）两条线索的亲属系统。

历史上的宗族系统遵循"大宗世系学"和"小宗世系学"的类型标准。《礼记·大传》中"别子为祖""继别为宗"是大宗世系的纲领；而"继祢者为小宗，则是小宗世系的纲领。"别子为祖""继别为宗"是指在周代的层级分封制下，长子承袭父亲之君位（或侯位）；未能继位的次子（或称公子、庶子、支子），除留居担任要职外，其余将受封并世代食采于另地。其政治身份在父系亲属集团的世系上，他们被其后裔尊奉为始迁于该地的"始祖"；因其有"别"于继承君位的长子，故称为"别子"。到了别

---

① 陈其南：《家族与社会——台湾与中国社会研究的基础理念》，台湾联经出版事业公司1990年版，第217页。
② 冯尔康等：《中国宗族史》，上海人民出版社2009年版，第62页。

子的第二代，其位亦由长子继承，遂成"继别"者，"继别"者为其后裔尊奉为"宗"。此即"祖""宗"两个字的由来和本意。① 有是可知，大宗是宗族的世系主干。《礼记·大传》载："人道，亲亲也。亲亲故尊祖、尊祖故敬宗，敬宗故收族"以及"从宗合族属"之说。阐明了大宗对于宗族世系所具有的本体意义。②

宗族的形制大致如下：即以同一"祖宗"的父系线索传递，以"五代"为基本的"族"群框架，以"家"为资格的栖居关系，以及宗族对婚姻的制约与控制。冯尔康等人认为，宗族的基本要素包括：1. 父系血缘系统的人员关系；2. 家庭为单位；3. 聚族而居或相对稳定的居住区；4. 有组织原则、组织机构和领导人进行管理。③ 钱杭在《宗族建构过程中的血缘与世系》一文中，给出一个相对全面的定义：

> 宗族是一个父系世系集团。它以某一男性先祖作为始祖，以出自这位始祖的父系世系为成员身份的认定原则，所有的男性成员均包含其配偶。虽然在理论上，宗族的基本价值是对世系的延续和维系，但在实践上，其成员的范围则受到明确的限定。④

如上所述，宗族的概念既要体现以父系世系作为划分亲属的原则，又要包含直系、旁系和姻亲关系，同时亦突出了宗族的建构性，充分反映出宗族具有的本质性特征。研究表明，"宗族"所形成的一套体系会随着社会的变迁和需要而表现出极强的适应性和灵活性，已突破了宗族的传统建构。一些没有亲属关系的人群也往往为适应环境和现实的需要，冠以"宗族"这一名目，并利用"宗族"作为文化框架来实现特定的利益。⑤ 这些研究足以窥见宗族的复杂性及丰富性。

在很多情况下，"宗族"的含义和指涉历时性的发生变化；在不同的

---

① 钱杭：《血缘与地缘之间：中国历史上的联宗与联宗组织》，上海社会科学院出版社 2001 年版，第 185—186 页。
② 同上书，第 189 页。
③ 冯尔康等：《中国宗族史》，上海人民出版社 2009 年版，第 14—17 页。
④ 钱杭：《宗族建构过程中的血缘与世系》，《历史研究》2009 年第 4 期。
⑤ 郑振满：《明清福建家族组织与社会变迁》，中国人民大学出版社 2009 年版。

地区也会体现出地缘性特色。宗族不仅是一个特定群体的世系单位，传承纽带，认同依据，更重要的是，宗族是一个象征和功能的二重结构，具有在不同语境之下的再生产能力，根植于一种"本体性需求"。① 因此，"宗族是一种社会实践"。② 总体上说，宗庙、族产和族谱构成其三个基本要件。宗族虽然不属于乡村组织范畴，但在传统社会中却具有与乡村组织等同的作用。也就是说，在传统的村落社会，宗族制度是一种最重要的基层管理模式，它属于民众的自我管理，是"基层社会的自治"式的管理。③

第六节　栖居与家园

在传统的乡土社会里，尤其是汉人社会，村落与"家（家族）"是原生的。"家"作为最根本的表述单位、落实单位。就字的构造来看，汉字取象构型为我们完整地保留着上古初民某种思维的活化石材料；"家"是一个意蕴丰厚的文化之象，其"从宀从豕"的意象造型，直观再现了农耕文化的生存方式。在中国的语言文化系统中，"家"是可分析性最强的语象之一，"家"字具象地保留下人类生存方式的历史记忆。家的甲骨文⌂，即∩（宀，房屋）加上ʓ（豕，猪），造字本义是蓄养生猪的稳定居所。其实，这一图像符号承载着复杂的文化元素和亲属关系。

古文字学家中有一种意见认为，不应从后代世俗意义来看"家"字的起源，而应采取历史还原的视角，透视出家畜在上古宗教生活中的作用。陈梦家先生指出：

《尔雅·释宫》："牖户之间谓之房，其内谓之家。"家指门以内之居室。卜辞"某某家"当指先王庙中正室以内。④

---

① 钱杭：《中国当代宗族的重建与重建环境》，《中国社会科学季刊》（香港）1994年第1期。
② 参见张小军《象征资本的再生产——从阳村宗族论民国基层社会》，《社会学研究》2001年第3期。
③ 韩茂莉：《十里八邨：近代山西乡村社会地理研究》，生活·读书·新知三联书店2017年版，第106页。
④ 陈梦家：《殷虚卜辞综述》，科学出版社1958年版，第471页。

唐兰先生认为，早在新石器时代的陶文中就可以辨认出"家"字，其结构与甲骨文的家字一样。①"村落"作为"家—家庭—家族"的归属性，所包含的东西和关系非常复杂：诸如时间、空间、方位、归属、居所、家庭构造、财产、环境、"神龛化"等。

作为"家园"的实体性表述，栖居是人类生活中至关重要的部分。它虽然日常、平常，却在视觉上最直观地呈现乡土景观中的基本形貌。人要生存，栖住事务，至为攸关；它是"家"的落实。在我国，"家居"首先是一个"**生命单位**"。"家"是一个会意字，甲骨文⊕，表示房子里有猪而成家居的标志。《说文解字》："家，居也。""家"的本义即屋内、住所，且有多种生命形式。其次，"家"是一个"**空间单位**"。它也是空间形制中"地方"的最基层部分。《正志通》："家，居其地曰家。"家居表现为具体的地方性处所。人类学史上所谓的"聚落"表明一个群体的聚集空间格局和由此建立的社会关系。再次，"家"是一个"**亲属单位**"。它是一个家庭、家族血缘群体代际传承的具体实施；以血亲与姻亲为主要线索，并向外、向下不断地传递。复次，"家"是一个"**社会单位**"。它是构成与其他社会关系进行交往与联络的中心，也是"内"与"外"的礼制社会的缩影。最后，"家"是一个"**政治单位**"。在特定的政治伦理中，可指"国""天下"；"家国天下"即指这层意义。《礼记·礼运》："今大道既隐，天下为家。"

居所是家的存在单位，也是地方的产物，甚至是地区的标识。② 就研究而言，栖居构成了"人居学"的组织构造。"人居（human settlement）是指包括乡村、集镇、城市、区域等在内的所有人类聚落及其环境。人居由两个大部分组成：一是人，包括个体的人和由人组成的社会；二是由自然的或人工的元素所组成的有形聚落及周围环境。如果细分的话，人居包括自然、社会、人、居住和支撑网络五个要素。广义地讲，人居是人类为了自身的生活而利用或营建的任何类型场所，只要是人生活的地方，就有人

---

① 唐兰：《再论大汶口文化的社会性质和大汶口陶器文字》，见《光明日报》1978年2月23日。
② Melissa M. Bel., Unconscious Landscapes: Identifying with a Changing Vernacular in Kinnaur Himachal Pradesh, *India in Material Culture*, Vol.45, No.2, 2013, p.2.

居。"① 栖居在《宅经》序言中说得完整:

> 夫宅者,乃是阴阳枢纽、人伦之轨模。非夫博物明贤,未能悟斯道也。就此五种,② 其最要者,唯有宅法为真秘术。
>
> 凡人所居,无不在宅。虽只大小不等,阴阳有殊;纵然客居一室之中,亦有善恶。大者大说,小者小论。犯者有灾,镇而祸止,犹药病之效也。
>
> 故宅者,人之本。人以宅为家。居若安,即家代昌吉。若不安,即门族衰微。坟墓川岗,并同兹说。上之军国,次及州郡县邑,下之村坊署栅,乃至山居,但人所处,皆其例焉。目见耳闻,古制非一。③

在汉语的构词方面,《象形字典》释:"居"与"育"原本同源,后来分化。居,甲骨文居,其中𠂉(人,指妇女)加上𠮷(倒写的"子"𠮷,表示刚降生的婴儿),即妇女生子。造字本义为妇女在家生育,休养生息。《说文解字》:"居,蹲也。从尸古者,居从古。踞,俗居从足。"《谷梁传·僖公二十四年》:"居者,居其所也。"日本的白川静则另有一番解释:"居"原为"尸"与"几"的组合。"尸"乃祭祀先祖时,代表先祖之灵领受祭祀的巫师。"几"乃凳子。表示参加仪式时要取蹲踞(蹲坐)的姿势。"居"有处在、蹲坐的意思,后来逐渐衍化出日常居所、邻居之义。④《汉字源流字典》则将二者意思糅合。⑤ 无论学者对其做何训诂,"居"之"家"是恒定的。居之所依者,宅也。《说文解字》释:"宅,所托也。"

逻辑性地,"人居"与"环境"相携与共。按照人文地理学家杰克逊的观点,栖居景观乃是不断适应和冲突的产物:适应新奇而复杂的自然环境,并协调对环境适应模式持迥异观点的人群,特别是对政治性相左的平衡。政治景观虽然是人工的,却是对某个原型的实现,是受到哲学或宗教理念激发的连贯设计,有其视觉上独特的目的。而栖居景观,用一个常被

---

① 吴良镛:《中国人居史》,中国建筑工业出版社2014年版,第3页。
② 指五种术数方法——笔者注。
③ 王玉德、王锐编:《宅经》,中华书局2011年版,第9页。
④ [日]白川静:《常用字解》,苏冰译,九州出版社2010年版,第81页。
⑤ 谷衍奎:《汉字源流字典》,语文出版社2008年版,第744—745页。

曲解的词来形容，是存在主义的景观：在存在的过程中确定自我的身份。只有当它停止演化，我们才能说清它到底是什么。早先的移民或定居者首要寻找的空间总是放牧的土地和耕作的土地。事实上，他们关注四种空间：村庄选址、耕地、牧场，最后是林地。① 也就是说，人们在历史的演化中选择什么样的居式，大半是环境帮助人们做出的选择。"人居环境"本身就是人与自然的协作描述。

在古代人居环境中，"树木"常常充当着无可替代的作用。中国古代更赋予树木超常的表达。在中国传统的乡土社会里，"民社"是乡土村落的具体形制，树也是重要的标志。王祯《农书》对"民社"做此描述：

> 古有里社，树以土地所宜之木，如夏后氏以松，殷人以柏，周人以栗。《庄子》"见栎社树，"汉高祖"祷丰"榆社，唐有枫林社，皆以树为主也。自朝廷至于郡县，坛壝制度，皆有定例，惟民有社以立神树，春秋祈报，莫不群祭于此。②

由是可知，乡土村落必有社树，《社稷坛记》有："社坛必受霜露风雨，以达天地之气，其表则木松柏栗。"③ 显然，我国传统的村社林木，已经超出了自然景观的范畴，成为一种与天地交通的神木。

在人类学对部落的研究中，也大量地描述了林木对于当地人民的"神性"，弗雷泽的《金枝》以内米湖畔树木之王（the King of the Wood），即狄安娜女神（Diana of the Wood）的神话故事开场，讲述了古代罗马人对于神树的崇拜与祭祀，以及"金枝"所具有的神性与法力。④ 意大利人类学家皮丘基、安杰利在对太平洋岛国基里巴斯的调研中发现，当地的树叶具有特殊的法术——具有对疾病的治疗作用，即所谓的"植物疗法"。⑤ 当

---

① [美]约翰·布林克霍夫·杰克逊：《发现乡土景观》，俞孔坚等译，商务印书馆2015年版，第60—63页。
② （元）王祯撰，缪启愉、缪桂龙译注：《农书译注》，齐鲁书社2009年版，第396页。
③ 同上书，第397页。
④ Frazer, J. G., *The Golden Bough: A Story in Magic and Religion*, New York: the Macmillan Company, 1947, p.1.
⑤ [意]阿丽切·皮丘基、安德烈·安杰利：《即将消失的世界——海岛人类学笔记》，刘湃等译，新星出版社2018年版，第18页。

地人给一种植物，即曲籽芋赋予了特别的价值："这种植物具有重要的象征意义，一度被认为是经济和社会的标识。一个人拥有越多曲籽芋，就会得到越多尊重。有时曲籽芋甚至可以代替货币使用，如果没有钱支付，可以用它来抵。"① 在年轻人举行成年礼时，长辈也会送给受礼人曲籽芋作为其成年礼物。

第七节　乡土与风水

在乡土社会，栖居与风水无法分开。"风水"的意思有多种，首要意思是"风和水""风和雨"。"风水"一词，最早在晋郭璞所作的《葬经》中，其云："气乘风则散，界水则止。古人聚之使不散，行之使有止，故谓之风水。风水之法，得水为上，藏风次之。"风水在漫长的历史沿革中，曾产生诸多流派，其中主要代表为"形势派"和"理气派"。② 堪舆是其中有代表性的，故风水也称为堪舆。东汉许慎注云："堪，天道也；舆，地道也。"可知堪舆的意思为天地之道。具体而言，"观天法地"。即便是到了汉代堪舆成为术数，亦主要采用五行法则的数术，是一门涉及天地万物的学问。③ 而具体的堪舆术主要指宅基地或坟地周围的风向、水流、山脉等形势。因此，"风水"是中国传统的乡土社会中常见的景观，也是中国古代的一种认知自然的方式。

在乡土社会，"风水"常常只是一个统称，是一种牢固的观念，并由民俗无形地坚持传承着。风水作为一门技术，为相地之术，即临场校察地理的方法，古称堪舆术。它是一种研究环境与宇宙规律的哲学，人既然是自然的一部分，自然也是人的一部分，达到"天人合一"的境界是再平常不过的了。风水的核心思想是人与大自然的和谐，早期的风水主要关乎宫

---

① [意]阿丽切·皮丘基、安德烈·安杰利：《即将消失的世界——海岛人类学笔记》，刘湃等译，新星出版社2018年版，第58页。
② 王其亨等：《风水理论研究》（第2版），天津大学出版社2005年版，第16—17页。
③ 参见关传友《风水景观——风水林的文化解读》，东南大学出版社2012年版，第1—2页。

殿、住宅、村落、墓地的选址、座向、建设等方法及原则，为选择合适地方的一门学问。可见风水之术也即相地之术，核心即是人们对居住或者埋葬环境进行的选择和宇宙变化规律的处理，以达到趋吉避凶的目的。风水学又有阳宅和阴宅之分。比如在阳宅的选择中，《阳宅集成》中主张"阳宅须择地形，背山面水称人心，山骨来龙昂秀发，水须围抱作环形，明堂宽大斯为福，水口收藏积万金。关煞二方无障碍，光明正在旺门庭。"① 即使在今天风水择址的观念和实践依然在乡土社会中盛行。

无论是"风水"还是"堪舆"，首先是人们一种经验性认知和数术表述，是古代先祖与天地沟通的一门特殊的技术。以"堪舆"这一概念看，虽然存在着一个衍变过程，意义也随之发生巨大变化，但始终是以"天地人"为主位的认知性表述。我国自古讲究"天象地形"，而地形之势符合者，称为"形胜"。汉代《地理指蒙》将地势文化"形胜"理念赋予人居风水学内涵。在相土度地中，用"土会之法"以辨认五地——山林、川泽、丘陵、坟衍②、湿地。"土会之法"指计算的意思，以计算各种生物适应生活的环境。③ 日本常用"风土"来表达。④"风水"与"风土"的差异是在不同的语境中的特指与文化属性，其客体内容大致上是相同的，即"我们都生存在某一块土地上，不管情愿与否，这块土地的自然环境总是'包围'着我们，这一事实从常识上看显而易见"⑤。但中国的风水除了表现这块土地上人们对其的认识，还形成了一门技术，即数术。

"风水是中国文化对不确定环境的适应方式，一种景观认知模式，包括对环境的解释系统，趋吉避凶的控制和操作系统。"⑥ 在现实生活中，风水是一种玄术、技术。风水术所反映出来的空间观念中，水是山之外最重要的元素。"如有水无山，则不易察辨气从何处来；有山无水，则难以审定气于何处而止"。风水家认为"未看山时先看水，有山无水休寻地""风水之法，得水为上"。在风水术中，气随山势而走，水则用以止

---

① （清）姚延銮：《阳宅集成》，台湾武陵出版社1999年版。
② 坟衍古称水边和低下平坦的土地。
③ 佟裕哲、刘晖编著：《中国地景文化史纲图说》，中国建筑工业出版社2013年版，第34页。
④ [日]和辻哲郎：《风土》，陈力卫译，商务印书馆2018年版，第5页。
⑤ 同上书，第9页。
⑥ 俞孔坚：《回到土地》，生活·读书·新知三联书店2016年版，第236页。

气。气凝聚在山水交合的地方，因此，山水"大交则大聚，小交则小聚，不交则不聚，也就没有什么风水宝地了"。①《管式地理指蒙》说：

> 水随山而行，山界水而止。界分其域，止其逾越，聚其气而施耳。水无山则气散而不附。山无水则气塞而不理。……山为实气，水为虚气。土逾高，其气逾厚水，水逾深，其气逾大。土薄则气微，水浅则气弱。②

"风水"其实也可理解为我国早期的地理。值得一说的是，"地理"就是我国古代风水的重要别称之一。景观与地理学关系密切。"地理"在中国古籍中很早就已出现，《周易·系辞》中有这样："仰以观于天文，俯以察于地理。"唐孔颖达释之："天有悬象而成文章，故称文也；地有山川原隰，各有条理，故称理也。"③ 比如"龙脉"就与之关系密切。龙脉即山脉，也指水的流向，是风水理论中最为重要的概念。古代风水理论常借龙的名称代表山川的走向、起伏、转折、变化。《管氏地理指蒙》说："指山为龙兮，象形势之腾伏。""借龙之全体，以喻夫山之形真。"成语"来龙去脉"即与风水有关。④

风水其实也是一种人化自然的景观，它遵循一个原则：自然固有神性，不可违背。人造景观必须服从。它隐约包含了"生态优先"的意思。而在具体的方法上，风水讲究因循地势。这是风水文化中至为重要的，比如相信河流的曲折蜿蜒和连续是"吉"的，而现代生态学研究表明，蜿蜒的河流有利于消减洪水能量，减弱自然灾害。⑤ 事实上，就自然形态而言，河流的蜿蜒原本即属于"势"，自古而来，因势利导既是对待治理洪水的方法（大禹治水），也是人们在自然面前的一种遵守规则。而现代的许多工程性景观，严重背离了这一规则，因生硬的"直"而让自然服从，由此的后

---

① 叶春荣：《风水与空间：一个台湾农村的考察》，载黄应贵《空间、力与社会》，台北"中研院"民族学研究所 1995 年，第 323 页。
② （三国）管辂：《管式地理指蒙》，齐鲁书社 2015 年版。
③ 关传友：《风水景观——风水林的文化解读》，东南大学出版社 2012 年版，第 2 页。
④ 同上书，第 46 页。
⑤ 俞孔坚：《回到土地》，生活·读书·新知三联书店 2016 年版，第 241 页。

果是：自然灾害大幅度增加。

　　风水的观念在乡土社会中的许多方面都有所反映，比如风水树。古人认为，家园居所周围要树来庇荫，四方都要有树，那是四神具足之处。神居之处，自然便是人居的纳福之处。正是这个原因，人们将风水树与村落的命脉相关联。在南方，包括少数民族村寨都有风水树（林），多种植樟、松、柏、楠等常青树。西南少数民族村寨前大都有风水树或风水林。人类学家弗雷泽在《金枝》中都提到这一点。对于风水树，当地的民众视之为神圣，外人不可轻易碰它们，更别说砍伐。砍伐风水树无异于截断整个村落的命脉，甚至祖脉。上述苗族的村寨以枫香树为保寨树，传说与苗族始祖蚩尤有关，故称为"蚩血树"。① 由于风水树大都立于村头，也是风景树。

第八节　乡土与城邑

　　"城乡"是一个难以分开的"共同体"，但中西方有着根本的差异，特别是相对于西方的城市形态，我国的城郭形制在类型上属于农耕文明。农耕的特点也自然而然地融入了我国传统的都城形制中，化在了**城邑**景观中。首先，中国乡土的农耕文明是以水为基础的耕作场景，从我国史前考古资料所提供的资料来看，古代的氏族聚落遗址就已经出现了与农耕和水利灌溉体系相配合的城郭遗址。其中，良渚古城不啻为范。在北方，水利与耕作的关系显得更为攸关。史实表明，在秦汉时期，以西北关中地区为中心的农田水利蓬勃发展。城郭文明从一开始就与水、与农耕建立了特殊关系，早在商代的卜辞中就有大量的记录。

　　20世纪我国的考古材料佐证了黄帝时期的城池、宫屋建筑的形制。湖南澧县城头山古遗址、河南郑州西山古遗址，是迄今发现的我国最早的新石器时代的古城遗址，分别属于新石器时期的大溪文化和仰韶文化。在城

---

① 参见关传友《风水景观——风水树的文化解读》，东南大学出版社2012年版，第145页。

头山古城遗址里，发现有夯筑的城门、门道，城内有人工夯筑的土台，台上有近似方形的建筑基址。另有一些遗迹表明，城内修建有水塘、排水沟、居住区、祭坛、制陶作坊以及水稻田和灌溉系统。① 这在商代的卜辞中就有大量的记录，其中不少涉及田猎，其并非与我们今天观念中的"农田"一致，而是包括了田地、丘林的广大区域。② 在《周礼》的王城建制中，我们已经可以很清晰地看到其与农耕田作之间的紧密关联。具体地说，城郭的营建无不以井田之秩序和格局为模本。形制都是方形（长方形），与传统农耕作业的井田制相互配合。《考工记》述之甚详：

  匠人为沟洫，耜广五寸，二耜为耦，一耦之伐，广尺，深尺，谓之畖；田首倍之，广二尺，深二尺，谓之遂；九夫为井，井间广四尺，深四尺，谓之沟；方十里为成，成间广八尺，深八尺，谓之洫；方百里为同，同间广二寻，深二仞，谓之浍……。③

  城之经营与农业耕作为"国家"统筹的大事。"国"之营建与经营，以井田之制为据。疏云："井田之法，畖纵遂横，沟纵洫横，浍纵自然川横。其夫间纵者，分夫间之界耳。无遂，其遂注沟，沟注入洫，洫注入浍，浍注自然入川。此图略举一成于一角，以三隅反之，一同可见矣。"④ 中华文明最突出的特点是农耕文明，这也决定了"国"的性质。这是与西方早期城市"王国"的不同之处。虽然城市与经济活动、货物流通、专业行会等都存在关系，但中西方在此有本质上的不同。这也在形制上与我国传统都城的"棋盘式"有关。比如古代长安是我国为数不多保持其最初布局的城市之一。作为古都，她保留下了棋盘式的街道布局。⑤ 北京城也是棋盘式设计的典型。其都城为正长方形，皇城居中，"左祖右社，面朝后市"，

---

① 参见雷从云、陈绍棣、林秀贞《中国宫殿史》（修订本），百花文艺出版社 2008 年版，第 6 页。
② 陈梦家：《殷虚卜辞综述》"殷的王都与沁阳田猎区"，中华书局 2008（1988）年版，第 255—264 页。
③ （汉）郑玄注，（唐）贾公彦疏：《周礼注疏》（下）"周礼注疏"卷第四十九，上海古籍出版社 2010 年版，第 1673—1674 页。
④ 同上书，第 1675 页。
⑤ [美]韩森：《开放的帝国：1600 年前的中国历史》，梁侃等译，凤凰出版传媒集团、江苏人民出版社 2009 年版，第 190 页。

中轴南北定向，形成东西南北格局，配以城门。这其实是《考工记》中确定的形制，基本要理即是井田式的翻版。

我国古代的"城邑"（大致上以宗族分支和传承为原则）和"城郭"（大致上以王城的建筑形制为原则）共同形成了古代中国式的"城市模式"。不少学者认为用"城邑制"概念来概括我国古代的城郭形制更为恰当，因为"中国的早期城邑，作为政治、宗教、文化和权力的中心是十分显著的，而商品集散功能并不突出，为此可称之为城邑国家或都邑国家文明"①。邑，会意字，甲骨文𗂟，囗（囗，四面围墙的聚居区）；𗁉（人），表示众人的聚居区。初文从囗（囗），从卩（卩）。其中"囗"字表示城市，而下面的"卩"字表示跪坐臣服的人，有城有人，这就是"邑"。《释名·释周国》云："邑……邑人聚会之称也。"

所以，"邑"字的造字本义就是指城及其周边的居民。《周礼·地官·小司徒》："四井为邑，邑方三里。"《论语·公冶长》："十室之邑，必有忠信如丘者焉。"这就是"小邑"了。《说文解字》："邑，国也。先王之制，尊卑有大小。"这里所说的"国"是狭义的"国"，也就是"邑"字的引申义。古代国家一般规模较小，国家往往同时就是城市，甲骨文中屡见"大邑商"，《书》中作"天邑商"，也就是"大国商"的意思，与此相对的是"小邦周"。这是在"国家"意义上使用的"邑"的概念。②张光直说："甲骨文中的'作邑'卜辞与《诗经·绵》等文献资料都清楚地表明古代城邑的建造乃政治行为的表现，而不是聚落自然成长的结果。这种特性便决定了聚落布局的规则性。"③

"邑"的雏形原与聚落联系在一起，④通常，邑与郊野是连通的。《尔雅》："邑外谓之郊。"换言之，不论"邑"为"国"、为"乡"，都衍生于农作，衍生于井田，而且演示出了宗法制度的特殊景观。邑与农耕、季节相互配合，吕思勉说："春、夏、秋三季，百姓都在外种田，冬天则住在邑内，一邑之中，有两个老年人做领袖。这两个领袖，后世的人，用当

---

① 李学勤主编：《中国古代文明与国家形成研究》，云南人民出版社1997年版，第8页。
② 李学勤主编：《字源》，天津古籍出版社2015年版，第582页。
③ 张光直：《中国青铜时代》，生活·读书·新知三联书店2014年版，第33页。
④ 参见王玉德、王锐编著《宅经》，中华书局2011年版，第2页。

时的名称称呼他,谓之父老、里正。古代的建筑,在街的两头都有门,谓之闾。闾的旁边有两间屋子,谓塾。当大家出去种田的时候,天亮透了,父老和里正开了闾门,一个坐在左塾里,一个坐在右塾里,监督着出去的人。出去得太晚了,或者晚上回来时,不带着薪樵以预备做晚饭,都是要被诘责的。出入的时候,该大家互相照应。"①

值得注意的是,城郭的方形建制,也配合着我国传统农耕文明的特点。这其实是《考工记》中确定的形制,基本要理即为井田式翻版。要之,我国传统的农耕文明并不仅仅表述乡土社会自身,同时也在强调城市与乡土之间的连带和亲缘关系。尤其是,乡土、乡村、乡野直接构成"中邦"(《尚书·禹贡》)、"都城"、王城、"城邑"等基础。

词源上,"乡"和"村"都包含"邑"。《说文解字》释:"乡,国离邑,民所封乡也。啬夫别治。封圻之内六乡,六乡治之。从𨛜,皀声。"意思是说,乡是与国都相距遥远之邑,为百姓开荒封建之乡,由乡官啬夫分别管理。国都四周划分成六个乡,由六个乡官管理。大致上,"乡邑"包含着几层相关的语义:1. 家国和家园所在地。也是乡愁、乡井、乡里、乡亲、乡情的依附,即家乡、乡土,亦为"家国之本"。《管子·权修》:"国者,乡之本也。"2. 乡村与邑同源,邑与城同指。说明我国古代城乡的原景是一体化的。3. 城郊外的区域,泛指乡野。有乡僻、乡间、乡下。4. 县与村之间的行政区单位,如乡村、乡镇、乡绅、乡试。《广雅》曰:"十邑为乡,是三千六百家为一乡。"《周礼·大司徒》:"五州为乡。"

第九节 乡野与田园

"乡"既通"城邑",又连"郊野"。②"野"与"土"相属,故属土族。乡野的趣味是一种天然的情致,"田园牧歌"即为表述。对于现代社会,"田园牧歌"(the rural idyll)需要加注。它一方面是对传统"桃花

---

① 吕思勉:《中国文化史》,新世界出版社2016年版,第70—71页。
② 参见彭兆荣《论"城—镇—乡"历史话语的新表述》,《贵州社会科学》2016年第3期。

源"式的村落景观的赞赏；另一方面，又带有某种"怀旧"的情愫。在西方，还要加上一款：对城市喧嚣的逃避而想象的乌托邦，但有时又是"文化他者"的一种代表性景观。① 在现代化的狂涛中，那种"采菊东篱下，悠然见南山"的悠然还有吗？② 陶渊明是第一个将田园生活描写在诗里的人。他从躬耕里领略自然的恬美和人生的道理。③ 如果"田园牧歌"侧重于个体性诗意情怀或怀旧情结的话，我们所说的乡土景观，则更趋向于将田园牧歌作为一种实景。我们相信，传统的乡土社会确实存在田园牧歌。在中国传统村落的景观中，如果是对土地赞颂，那么大致属于诗意景观，如果是丧失土地的田园牧歌，那只能是怀旧的挽歌。今天，土地的丧失或丧失之虞、之忧而对田园牧歌的唱咏，那多半是后者的情形，即怀旧的挽歌。

具体的乡土景观是"活态"的，它不仅指人民生活的实景，也指传统村落与自然成趣所形成的"活力"景观。"小桥流水"非常诗意，也是非常实景。村落正是这样的。田园牧歌作为景观的可视性，决定了景观的各种可能性，其中以尊重自然为原则。在我们所说的景观中，人的因素如果不强加于自然，而是服从、配合、融洽于自然，则无疑是和谐景观。"小桥流水人家"可视为范本。我们形容这样的景观为"如画"，因而"入画"。在西方学术史上"如画美"甚至形成了专门的研究主题，"现代的如画美研究发轫于半个世纪之前伊丽莎白·曼沃灵的《18世纪英国的意大利风景》（1925）和胡瑟的《如画美》"④。我国的绘画史似乎没有这样的研究专题，但我国的乡土景观中从来不缺乏田园牧歌式的类型，它也构成传统中国画的一种重要形式。

文人骚客将田野牧歌理想化、文学化有一个原因，即诗歌从现实场景中被区隔开来。类似的田园牧歌的风光、风土和风景，原来就是从村民、

---

① ［美］W. J. T. 米切尔：《风景与权力》（*Landscape and Power*），杨丽等译，译林出版社2014年版，第23—25页。
② 陶渊明诗作："结庐在人境，而无车马喧。问君何能尔？心远地自偏。采菊东篱下，悠然见南山。山气日夕佳，飞鸟相与还。此中有真意，欲辨已忘言。"
③ 朱自清：《经典常谈》，云南出版集团、云南人民出版社2015年版，第139页。
④ ［英］马尔科姆·安德鲁斯：《寻找如画美：英国的风景美学现旅游，1760—1800》，"前言"，张箭飞等译，译林出版社2014年版，第3页。

农民甚至农妇那儿咏唱出来的。农村男女相会奔情，与农时必有关系，故可以认为这是劳动人民自己的诗歌。而文人骚客的相会根本无须迁就于农时。事实上，《诗经》中的多数，尤其是"风"，多为劳动人民的作品，只不过经过文人的"采风"、修辞。①

田园牧歌无论是实景，还是怀旧，抑或是逍遥于寄情，都存在着语境问题。"小桥流水人家"的意义和意思会随着时间和空间的变动产生巨大变化，人们对于田园牧歌的态度随着"城市化"的迅猛而变得越来越不同。事实上，在传统的乡土社会，自给自足的生产方式，恬淡的生活节律，伴着时节的变化，配合着相应的农耕劳动，这其实就是真正的田园牧歌。这种田园牧歌来自"不动的社区"的自然与稳定。"农业和游牧或工业不同，它是直接取资于土地的。游牧的人可以逐水草而居，飘忽无定；做工业的人可以择地而居，迁移无碍；而种地的人却搬不动地，长在土里的庄稼行动不得，侍候庄稼的老农也因之像是半身插入了土里，土气是因为不流动而发生的。"②

"静止"的景观满足的是人们对于过去的一种怀念，"田园牧歌"也因此常常被现代人用于怀旧。也就是说，"田园牧歌"无异于是乡土村落的**怀旧景观**。怀旧是人类永远的心态——对过往美好景色的"停止性景观"的怀念。西文中的怀旧（nostalgia）一词，源于两个希腊词根 nostas 和 algia，noatas 是回家、返乡的意思；algia 则指一种痛苦的状态，即思慕回家的焦灼感。③ 田园牧歌于是成了"不动的动景"。所谓"不动景"，指的是传统的乡土景观——与土地和家园所形成的油画般迷人景色。所谓"动景"指有岁月流逝，特别在现代城镇化的快速行进之中，田园牧歌成了"车窗外的景观"。

所谓的"田园牧歌"必然、必定与"乡野"相映成趣。"野性"与"人工"在性质上可以历史性地相互言说。这里有三个基本意思：1. "田园牧歌"指所呈现、记忆的对象是"乡野"的，特别是环境、动物和植物。它主要比较的对象是"人工"。2. "田园牧歌"特指乡土社会的性质，它主要

---

① 参见彭兆荣《乡土景观中的田园牧歌》，《民族文学研究》2018 年第 1 期。
② 费孝通：《乡土中国 生育制度》，北京大学出版社 1998 年版，第 7 页。
③ 赵静蓉：《怀旧——永恒的文化乡愁》，商务印书馆 2009 年版，第 13 页。

对比的对象是"城市"。3."田园牧歌"指曾经经历的历史记忆,它主要比较的对象是"现代"。

第十节 人类学与家园研究

近年来人类学研究提出的最深刻的问题之一就是差异的空间化问题。"家乡"从一开始便是文化差异之地。① 这对传统人类学"异文化"定位产生了新的认识。以往人们认为不能从事标准化的民族志田野地点的"家乡",现在也可以成为田野地。这种"内视性"的田野地点让人们重新审视在观念中认为已经非常熟悉的环境中仍有许多令你陌生、令你诧异的东西。另外,"田野现在有时也意味着'回来'。民族志变成了一个关于家乡的记录。在学者各地散居的情况下,'回归'就个人而言可能是从来就不受重视的,但他或者她充满了矛盾的而强烈的'归属感'"②。同时,"家"是一个具有地方特点和色彩的意义表达,与"风土"的关系天然地交织在一起。③

传统的以固定的、不变的态度与方式参与到选择对象中,以稳定的、静止的眼光去观察所选择的对象,在今天发生了变异。传统的民族志方式有一个潜在的逻辑,即对一个封闭、边远、落后、小规模的村落或社会进行研究,形同费孝通先生所说的"解剖麻雀"的方法,其潜在的逻辑是:"麻雀虽小,五脏俱全。"而今天,在社会的流动性、人员的流动性、资讯的流动性、观念的流动性、文化的流动性、商品的流动性如此迅速的时代,传统的"麻雀性社区"已经越来越少,越来越丧失特色,越来越没有代表性,反而是那些不断变化的人群、不断移动的社区、不断外出的旅游者、不断从农村加入城市流动的农民、不断扩大的社会行业的群体、不

---

① [美]古塔、弗格森:《人类学定位——田野科学的界限与基础》,骆建建等译,华夏出版社 2005 年版,第 40 页。
② [美]克里弗德:《广泛的实践:田野、旅行与人类学训练》,见[美]古塔、弗格森《人类学定位——田野科学的界限与基础》,骆建建等译,华夏出版社 2005 年版,第 217 页。
③ [日]和辻哲郎:《风土》,陈力卫译,商务印书馆 2018 年版,第 14 页。

断扩大的中产阶级和社会休闲阶层，都促使人类学研究对田野点的选择和方法进行重新思考。

另外，从空间的研究角度看，有关"家屋"的定义也处于争论之中。在局部/全球的环境下，空间中的移动逐渐成为一种标准，集体的居住地怎样保持和重新建立等问题，需要对家屋与外界、停留与移动之间的二元对立进行质疑。这里涉及性别、家庭空间、流动性等的问题的讨论。① 现代移动性对传统"家—家园"的结构和价值的改变无疑非常巨大。按照博格的观点，移动性完全改变了传统"家"的观念。在某种意义上说，传统的"固定的家"随着人群的移动而如影随形，处在一种新的、特殊的实践之中；也反映在诸如语言的使用、看待问题的观点、开玩笑的方式等生活细节方面。"家"已经不再是一个简单的住所，而是不断发生的、难以言说的生活故事。②

"家园"有一个具体的可计量范围和要素，比如共同生活在一个地方，有共同的传统，有共同的利益等。今天，"家园"已经与"社区"发生混淆。在现代的社会人类学研究领域，"社区"是最广泛使用的概念之一。虽然不同的学者对它有不同的定义，但比较有影响的是雷德菲尔德对"社区"四个特点的界定：小规模的范围，内部成员具有思想和行为的共性，在确定的时间和范围内的自给自足，对共同特质的认识。③ 传统的人类学大致确定社区有以下几个特点：1. 拥有共同的利益；2. 共同居住在一个生态和地理上的地方；3. 具有共同的社会体系或结构。④ 所以，传统的以"家庭"为基础和作为社会人类学的基本概念，"家园"需要有一个稳定的物理维度和与"原始社区"相符的地理空间和时间延续。⑤ 但笔者对"社区"这一概念在我国的"长驱直入"，特别对传统乡土社会的侵扰有不同见解，认为乡土社会在中国历史上已经形成的存在和表述形制不能因"社

---

① [美]克里弗德：《广泛的实践：田野、旅行与人类学训练》，见[美]古塔、弗格森《人类学定位——田野科学的界限与基础》，骆建建等译，华夏出版社 2005 年版，第 221—222 页。

② Berger, J., *And Our Faces, My hear, Brief as photos*, London: Writers & Readers, 1984, p.64.

③ Redfield, R., *The Little Community, and Peasant Society and Culture*, Chicago: Chicago University Press, 1960, p.3.

④ Rapport, N. and Overing J., *Social and Cultural Anthropology: The Key Concepts*, New York: Routledge, 2000, p.61.

⑤ Douglas, M., The Idea of Home: A Kind of Space, In *Social Research*, 1991, 58, 1, pp.289-290.

区"而失效。①

另外，"家园"的边界并不是唯一的，它在不同的语境中和背景下会出现多条边界的重叠和套用；因为"家园"与认同有着密切的关系，而人们的认同也不是单一性的。首先，我们可以在"国家"层面上确定"家园"："国家就是'家园'。"② 在这个意义上，国家为所属的社会群体承担和提供安全保障和利益需求。与此同时，这种国家的"家园"也可能构成民族主义的"形体逻辑"。换言之，当国家所属的社会群体将他们的情愿投入其中，将他们的利益关系引入其中，这个"家园"就有了形体上的依附性，而当这个"家园"出现了与其他民族国家的冲突、矛盾、角力、抗争、紧张、友好、争取、释善、结盟等各种阶段性、事件性、战略性的关系时，"家园"中的成员会出现相对一致的力量集合，民族主义遂成一种习惯性的表述。"它是一种正式的、抽象的关系，一种社会契约。"③

因此，"家园感"和"家园关系"又产生了新的变化，特别是"地球村"的出现，一种更大意义、更高层次的"家园"宣告出现。随着现代社会移动性的不断扩大，随着世界范围内的移民、难民、流浪者、侨民、离散者、城市打工族等大量出现，所谓"跨国主义"现象越来越成为一种常相，"家—家庭"的定义和认识维度也要重新进行审视，即不仅要在传统的意义上认识和理解它，而且对超越时空的、个体性移动和迁徙社会现象要给予足够的研究。通过对"家"重新认识和把握，了解和理解他们在新的语境中的文化上的多重性、身份上的矛盾和交叉现象。"家"成了人类学家观察超越个体与群体、记忆与期待、传统与创造、生理与心理、空间与时间、地方与全球、积极与消极等的表现形式。④

在人类学研究视野里，"家园建构"存在着悖论：首先，随着世界性的迁移性的扩大，即往"家园"的固定边界已经逐渐淡化，人们对"家园"的那些记忆、期待已经被许多移动性所带来的特殊化现象所融合。其

---

① 参见彭兆荣《社区的"维度"与"限度"》，《思想战线》2019年第1期。
② [英] 戴维·莫利等：《认同的空间——全球媒介、电子世界景观和文化边界》，司艳译，南京大学出版社2001年版，第248—249页。
③ 同上书，第247页。
④ Rapport, N. and Overing J., *Social and Cultural Anthropology: The Key Concepts*, New York: Routledge, 2000, pp.157-158.

次，以往那种认为通过个人的短暂的生活方式以获得对家的归属感已经被一种更大、更广阔意义上的"家园"所替代，"我"的个人化归属已经融汇了"我们"的意义和价值。最后，现代旅行使得"家"的线性和循环的回归过程和超越成为一种非单一性关系。[1] 换言之，以往具有相对单一社会结构的、具有稳定的地理空间的、具有相对一致的族群集体记忆的、具有确定的人群共同体的、具有个体生活化的体认等对"家—家园"的认识和认同在当今社会已经累加了许多与之相矛盾的特点和品质；使"家—家园"产生了更复杂而多样的关系和意义。

今天，"家园"被重新认识。在传统的意义上，"家园"是一个固定的居所，是一个人们赖以为生的物质空间，是一个人类心理的依托，是一个以确定范围为核心的移动边界。然而，在后现代的今天，移动甚至"离散"（diaspora）已经成为一种常见现象。从离散的新视角来看，家园既是实际的地缘所在，也可以是想象的空间；家园不一定是叶落归根的地方，也可以是生命旅程的一站。离散甚至成为一种具有时代性的思维特征。"离散"有各种译法，诸如飞散、游离、华散等。离散的词源来自于希腊词 diaspeirein，首次使用是在《旧约》中以大写形式出现。原意指植物通过花粉的飞散和种子的传播繁衍生长。在《旧约》中的使用已经是一种隐喻，指上帝让以色列人"飞散"到世界各地。现在，这个词获得了这样的含义：某个民族的人离开了自己的故土家园（homeland）到异乡生活，却始终保持着故土文化的特征。[2] 因此，"家园"也有可能在"他乡"。"家园"已经从传统意义上的具体空间转变成为一种特定的文化情结。

---

[1] Rapport, N. and Overing J., *Social and Cultural Anthropology: The Key Concepts*, New York: Routledge, 2000, p.161.

[2] 参见童明《家园的跨民族译本：论"后"时代的飞散视角》，《中国比较文学》2005 年第 3 期。

第二章 天时、物候与和土

第一节 天时与气候

"天时地利人和"时常总是被人挂在嘴边,宛若箴言,皆知其为道理、哲理。窃以为,这当然对,却不够。若问,怎么未见世界其他国家,特别是那些有悠久传统的农业国家和农耕文明类型,并没有如此的哲学总结?源生、原生、缘生于中国的"三才"观是中式的,是世界独有的。季羡林先生据此认为,中国文化的特点在于天与人配合,所以"天人合一"是中国文化对人类最大的贡献。[①]

"天人合一"既是我国传统宇宙观的纪要,也是现实生活的反映。是认知,亦是经验;是神圣,也是日常;是知识,却在表现。至为重要的是,这些皆与农业存有关涉,或大抵是从农耕文明总结而来的。在中国传统的农耕文明中,存在着几组相互关联的重要关系:天时与气候,地辰与物候,嘉禾与和土等。在这几组关系中,二十四节气,月令体系,耕读传统等都有机地嵌入协同,造化出了博大精深的独特的中华农耕文明。

人类学在研究时间制度时,主要的贡献之一是有关时间如何被社会文化所建构,[②] 包括时间的不同方式(different ways)和类型(different

---

[①] 季羡林:《"天人合一"新解》,载《传统文化与现代化》创刊号,中华书局1993年版,第9—16页。

[②] 黄应贵主编:《时间、历史与记忆》"导论",台北"中研院"民族研究所1999年版,第1页。

kinds），① 诸如物理时间、社会时间、宗教时间、族群时间、地方时间、心理时间等。中国传统的时间制度至为重要。其中最有特色者为**农时**——在农耕文明的背景下，"天时"即"农时"，且"天子"的"授时"之礼就是将天时传授于民。② 当然也表明帝王授命于天。中国的时间不仅表现为宇宙观（所谓：上下四方为"宇"，古往今来为"宙"），呈现为农时中的二十四节气，也体现在人们日常生活的细节之中。自成一系，养育出了独特的"三才观"，并将其务实性地反映在人们的全部生活和整个生命当中。这或许是中国人类学研究时间制度可能对世界有大贡献的地方。

"天时地利人和"被冠以"三才"，成为中华民族伟大智慧最经典的浓缩。就认知而论，所谓"天时"，最根本的关系，是指农业生产以"天"为创生性、缘生性、原发性、源流性纽带和线索。清初大儒顾炎武在《日知录》中说："三代以上，人人皆知天文……后世文人学士，有问之而茫然不知者。"如是饱满之辞，人们或不以为尽然。虽然，这一说法并非顾氏首述，早在司马迁的《史记·天官书》中就如是说："自初生民以来，世主曷尝不历日月星辰？"虽然，是说与帝王政治中的"天命"观不无关系，③ 却是深刻地反映了中国古代宇宙认知的形制。换言之，此说反映出上古人民亲近自然，并以天地为认知背景，创立了"天时"与"气候"在农业生产方面的认知性协同关系。

"时"为"日族"，我国的时间体系皆从"日"；所有与时间有关的词汇、词语皆有"日"。传统的农事、农耕、农作无不以其为准、为据。时（時），甲骨文 ⿱止日 即 ⿱止日（止，行进），加上 ⊙（日，太阳），表示太阳运行。造字本义为太阳运行的节奏、季节。《说文解字》释："时，四时也。从日，寺声。"《管子·山权数》："时者，所以记岁也。"《淮南子·天文》："四时者，天之吏也。"《韵会》云："时，时辰也。十二时也。""辰"有天辰和地辰之分，二者相辅相成。天辰是星象，地辰是农

---

① Thomas Barfield(ed.), *The Dictionary of Anthropology*, Malden，MA: Blackwell Publishing Ltd., 1997, p.467.
② 参见周星《乡土生活的逻辑——人类学视野中的民俗研究》，北京大学出版社2011年版，第151页。
③ 参见泰祥洲《仰观垂象——山水画的观念与结构研究》，中华书局2011年版，第17—20页。

具、蛰虫。对于"天辰"的解释,《公羊传·昭公十七年》云:"大辰者何?大火也。"《尔雅·释天》:"大辰,房心、属也。"郭璞注:"龙星明者以为时候,故曰大辰。大火,心也,在中最明,故时候主焉。"即主春时、农时。《说文》:"晨,房星,为民田时者。""辰者,农之时也。故房星为辰,田候也。"有的学者认为,辰如龙象。①

中国的时序自古由"天日"来演化、演示,图象、图解,这也是中华农耕文明中极为独特的认知体系和文化表述。早在殷商时期就以农立国,农业与气候的关系十分紧密。殷人对天气的知识,对天文历法的掌握程度已经相当高,甲骨文有完整的干支表,他们就是以干支记日(时)的。② 在早期,农时的掌握之于农事活动具有特殊的重要性,以时令为线索的生产、生活经验促成了物候学、天文学以及历法知识的发展。"时"作为"天"的重要属性,往往代表着自然以及社会的运行秩序。这种天时与人事相联系的整体观念,贯穿于社会生活的各个具体层面,形成以时系事并具有普遍指导意义的月令文化体系。③ 通俗的表达为,农人的农事耕作,由"天时"指令。

由时可知,古代天、地、人之"三才"观念,同构成了一个时空整体合一的**"认知—知识—表述—实践"**体系。在"三才"之间,所有时空都以与现实交叠或参照的方式共存,从人与万物的关系来看,人处在一种能动的主导地位;但这种"主导"的前提,是建立在对"三才"的认识、服从、贯彻和实践的基础上。比如"月令体系"即为一范——人们根据四季,每季孟仲季三月要做和所做的事情,其中最为主要的是政务和农事。《礼记·月令》即是一篇讲究时令的篇章,其中大量记载与农时有关的事务:一年以春夏秋冬四季,每季具体分为孟、仲、季三月,依阴阳五行,阐述人们按时节、时辰活动的情形。《礼记·礼运》:"故人者,其天地之德,阴阳之交,鬼神之会,五行之秀气也。故天秉阳,垂日星;地秉阴,窍于山川。播五行于四时,和而后月生也。"④

作为农业生产,水稻与小麦这两种主要粮食作物的栽培和技术的发展,

---

① 参见郑重《中国古文明探源》,东方出版社2016年版,第260—261页。
② 参见胡厚宣、胡振宇《殷商史》,上海人民出版社2008年版,第297页。
③ 惠富平:《中国传统农业生态文化》,中国农业科学技术出版社2017年版,第33页。
④ 《礼记·王制》,张树国点注,青岛出版社2009年版,第101页。

为北、南中国奠定了农耕生产的基调;人们通常将二者以"文明"或"文化"称之:北方麦作文明(文化)和南方稻作文明(文化)。这涉及在一个认知体系中——同一个"天时"制度下不同地方和区域的气候差异。《吕氏春秋·当赏》云:"民无道知天,民以四时寒暑日月星辰之行知天。四时寒暑日月星辰之行当,则诸生有血气之类皆为得其处而安其产。"① 四时寒暑、日月星辰的运行,对国计民生实有重要影响,因为农耕生活的核心是春种秋收,而古代天文学、历学的发达与为农业播种收割提供准确时间有直接关系。②

"物候"于是成了一个非常独特的,与农耕直接关联的概念。物候指生物根据时序的演化所形成的与之相适应的生长发育节律,主要指动植物的生长、发育、活动规律等。在农耕文明的背景中,"物候"则主要指农作物与季候、节气之间的关系。《孟子·梁惠王上》:"不违农时,谷不可胜食也。"朱熹《集注》:"不可胜食,言多也。"③ 在此,"不违农时"已经包含了"地候"的认知和实践关系;所谓"得时之和,适地之宜,田虽薄恶,收可亩十石。"④ 有意思的是,中国的农耕文明也赋予天辰星象相协之称谓;有的星象干脆以"农"为名者,如《王祯农书》中有:"'农丈人'一星在斗西南,老农主稼穑也。"⑤ 今可译为:老农这颗星,在南斗的西南,是老农验证庄稼收成的星象。

在我国,"气"是一个至为重要的概念,与"天"契合,我们今天仍然沿袭"天气"的用法。人们通过时间的流动和空间的交互,体会宇宙万物的存在。这种时空整体的投射,正是通过"气"的观念来完成、来实现的。⑥ 中式之生命"命理"的代表性表述正是气。"气"在文字学中属于"天部",甲骨文 ☰ 是特殊指事字,字形在表示天地的"二"二的两横之间加一横指事符号━,代表天地之间的气流。《说文解字》:"气,云气也。象形。凡气之属皆从气。"《礼记·月令》:"天气下降,地气上腾。"《左

---

① 陈奇猷校释:《吕氏春秋校释》,台北华正书局1985年版,第1610页。
② 参见刘晓峰《二十四点节气的形成过程》,《文化遗产》2017年第2期。
③ 《孟子》,戚良德等点注,青岛出版社2009年版,第3页。
④ (北朝)贾思勰:《齐民要术》,缪启愉等译注,上海古籍出版社2009年版,第37页。
⑤ (元)王祯:《王祯农书》(上),浙江人民美术出版社2015年版,第33页。
⑥ 参见泰祥洲《仰观垂象——山水画的观念与结构研究》,中华书局2011年版,第39页。

传·昭公元年》:"天有六气……六气曰阴、阳、风、雨、晦、明也。"《礼记·礼运》:"故人者,其天地之德,阴阳之变,鬼神之会,五行之秀气也。""气"其实是"天"与"人"的命理(诸如"人之天命")演示。"气(氣)"中有"米"。日本学者白川静释,氣形示云流,即云气,为生命之源,万物之根本。古人相信,"米"(谷物)有滋养"气"之功,于是加"米"构成了"氣"。① 而谷物为农产品,乃气与土交合之产物。

我国的天时与节气的关系开创世界农耕文明的独特篇章。二十四节气为典型的体系;其中核心概念之一,正是"气"的观念。司马迁《史记·律书》云:"气始于冬至,周而复始。"② 古人认为,一岁之间,"本一气之周流耳。"一年的节气变化就是"一气"的循环。二十四节气的另一个重要概念,是"节"的观念,"节"就是为周流天地之间的"一气"画出刻度。③ "二十八宿周天之度,十二辰日月之会;二十四气之推移,七十二候之迁变,如环之循,如轮之转。农桑之节以此占之四时,各有其务。十二月各有其宜,先时而种则失之太早而不生;后时而植则失之太晚而不成。"④

我国古代人民在长期趋时营农的实践中,逐步认识到气候变化中各种气象因子的相互关系,进而加深了对"时"的本质认识。《尚书·洪范》中,周武王克商后箕子向他陈述天地大法,其中把"时"概括为雨、旸(阳,日出为旸)、燠(暖)、寒、风五种气候因素,相当于现在所说的降水量、日照、湿度、湿度、气流等,这五种因素按一定的数量配合,依一定的次序消长,万物为之繁盛。春秋时代发展为"六气"的概念,"气"是一种流动的精微物质,它构成"天"的本质。而"时"则是"气"运行所呈现的秩序。后来,按气候变化的时序制定的历法节气也被称为"时"。陈旉在《农书》中说:"万物因时受气、因气发生,时至气至、生理因之。"后来的历法中规定的四时八节二十节气等即由此出。⑤

二十四节气作为中华民族贡献给全世界的农业文化遗产,被誉为"中

---

① [日]白川静:《常用字解》,苏冰译,九州出版社2010年版,第62页。
② (西汉)司马迁:《史记·律书》,中华书局1959年版,第1251页。
③ 参见刘晓峰《二十四点节气的形成过程》,载《文化遗产》2017年第2期。
④ (元)王祯:《王祯农书》(上),浙江人民美术出版社2015年版,第45页。
⑤ 李根蟠:《中国古代农业》,商务印书馆2005年版,第161页。

国的第五大发明"。当今使用的农历吸收了干支历"二十四节气"成分作为历法补充,并通过"置闰法"调整以符合回归年,形成阴阳合历。而所谓"节气"宛如农业的时刻表,规定了何时根据气候做什么事情,由此演绎成了所谓的"三候":气候、物候和时候。"三候"正是根据"节气"运行和进行——每个节气,都表示着气候、物候、时候。"三候"的不同变化,也决定了农业活动的程序。笔者曾经当过"知青",当过生产队副队长,南方的农事耕作大抵皆熟悉并身体力行。虽然时过境迁,有一事却无法忘情:在福建种双季稻,如果第二季的秧苗不在"立秋"之前插到田里(精确到时辰,即晚上 12 点之前),水稻在扬花后就无法灌浆,如果那样,收获的只是稻穗的空壳。可见,二十四节气不啻为中华农耕文明中"认知+实践"的智慧结晶。2016 年,二十四节气正式被列入联合国教科文组织人类非物质文化遗产代表名录。实至名归。

第二节 地辰与物候

"地辰"在农耕文明中与"天辰"相配,共同演绎"天地"之宇宙图景;而"地利"之最具物象性的表述正是"物候"。贾思勰在《齐民要术·种谷》中云:"顺天时,量地利,则用力少而成功多。任情返道,劳而无获。"也因此,农人不仅要辛勤地劳作,也要根据节气和时辰的关系,还要了解天时与地候之间的连带关系,只有三者兼顾,方可保证劳而有获。个中的逻辑连西方的学者也为之赞叹:"农民就是一个勤劳的生物学家,他们总是努力根据农时安排自己的时间。东方的农民最会利用时间,每分每秒都不浪费。外国人嘲笑中国人总是长时间工作,从不焦虑,不匆忙。中国人也确实如此,但这也说明中华民族是个面向未来、走在时间前面的民族。"[①]"走在时间前面"显然不准确,应纠正为"动在时中"。

农作物从播种到收成,伴随着一年四季的"天辰"与"地辰"的周期

---

① [美]富兰克林·H. 金:《四千年农夫:中国、朝鲜和日本的永续农业》,程存旺等译,东方出版社 2017 年版,第 9—10 页。

变化，农人依据天象时运的律动而劳作，地产方可顺利。"年"于是成为一个四季周期完整的时间概括。我国古代的"年"是根据天时与地利的协作配合而产生的，其基本的结构因素之一是农作物。甲骨文"年"属"禾族"，甲骨文🔲即🔲（禾，借代谷物） 加🔲（人，农人），表示农人载谷而归。造字本义是，将收成的谷物搬运回家。"年"古时亦写作"秊"，《说文解字》："秊，谷孰也。从禾，千声。"《春秋传》曰："大有秊。"意思是说，年指的是禾谷成熟。字形采用"禾"作边旁，"千"是声旁。

"农时"之于农业便至为关键，不可误，更不可错。《周礼·保章氏》："保章氏，掌天星，以志星辰日月之变动，以观天下之迁，辨其吉凶。以星土辨九州之地，所封封域，皆有分星，以观妖祥。以十有二岁之相，观天下之妖祥。以五云之物，辨吉凶、水旱、降丰荒之祲象。以十有二风，察天地之和命，乖别之妖祥。凡此五物者，以诏救政，访序事。"① 而如果违背时序，错过农时，必将遭受损失，亦即耻辱，错失者也必将受到惩罚。《说文》释之："辱，耻辱也，从寸在辰下。失农时，于封疆上戮之也。"辱从辰，辰为农时，误失农耕季节，即观天象的失误，将影响一年的生计，所以把失职者杀掉。② 对于"辱"的意会，虽然学者们有不同的看法，比如日本学者白川静不以为然，却都认同"辱"与农事有关，认为"辱"的本义后来被"耨"字所替。③

如上所述，"年"是四季一个周期的计量，而"月"则更为细化。上述提及的"月令体系"，表明了农时与农事之间的相互关系。所谓"月令"，指农历在特定的月份的时节、气候和物候。"月令"采用"以时系事"的原则，体现了人们遵循自然节律安排社会生产和社会生活的观念思想，反映出古代中国人民对自然的认识以及人与自然的关系。总体上说，月令以四时为总纲、十二月为细目，以时记述天文历法、自然物候、物理时空。王者以此来安排生产生活的政令，故名"月令"。《月令》既是古代天文一部历法著作，也是上古时代的一种文章体裁，不少古代典籍中都有"月令"的记述，比如《礼记》中的"月令"篇，详细地记述了每个月

---

① （汉）郑玄注，（唐）贾公彦疏：《周礼注疏》（中），上海古籍出版社2010年版，第1024页。
② 参见郑重《中国古文明探源》，东方出版社2016年版，第260—261页。
③ [日]白川静：《常用字解》，苏冰译，九州出版社2010年版，第234页。

的农事与政事。择其一例,足见"月令"与物候的关联:

>是月也(孟春),① 天气下降,地气上腾,天地和同,草木萌动。王命布农事,命田舍东郊,皆修封疆,审端经术,善相丘陵、阪、险、原隰、土地所宜,五谷所殖,以教道,民必躬亲之,田事既饬,先定准直,农乃不惑。

表明春季的第一月物候的情形,天子根据农时命令掌管农事的官做好各种准备,切不可耽误农时。《王祯农书》中的授时图,更是"天地时物"之细致图释。

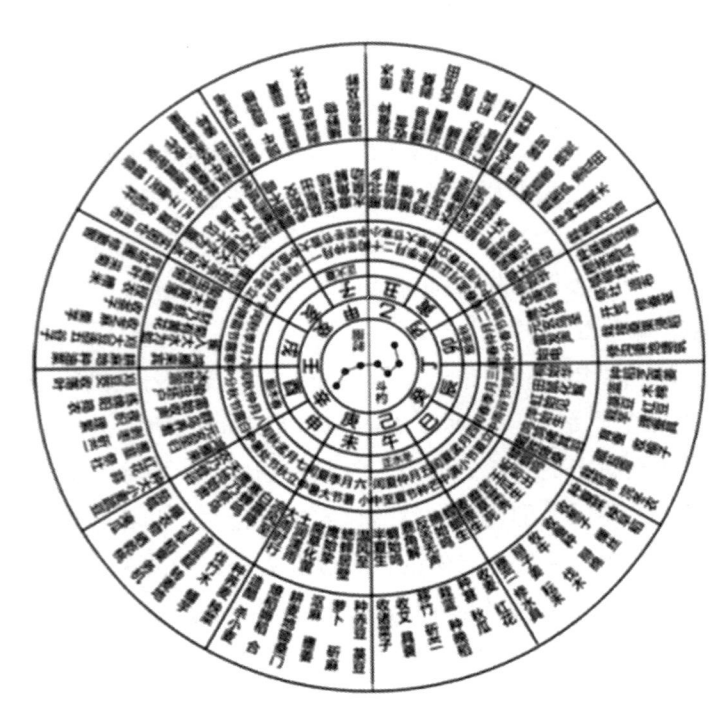

图 1 《王祯农书》中的授时图②

---

① 一年四季,每季三个月,第一月为孟,第二月为仲,第三月为季。
② "授时指掌活法之图",简称"授时图",是元代王祯(字伯善,山东东平人)于1313年完成的《王祯农书》中的首创,此书在我国古代农学遗产中占有重要地位。"不违农时"是农业生产的第一要诀,此图以平面上同一个轴的八重转盘,从内向外,分别代表北斗星斗构的指向、天干、地支、四季、(转下页)

第二章 天时、物候与和土

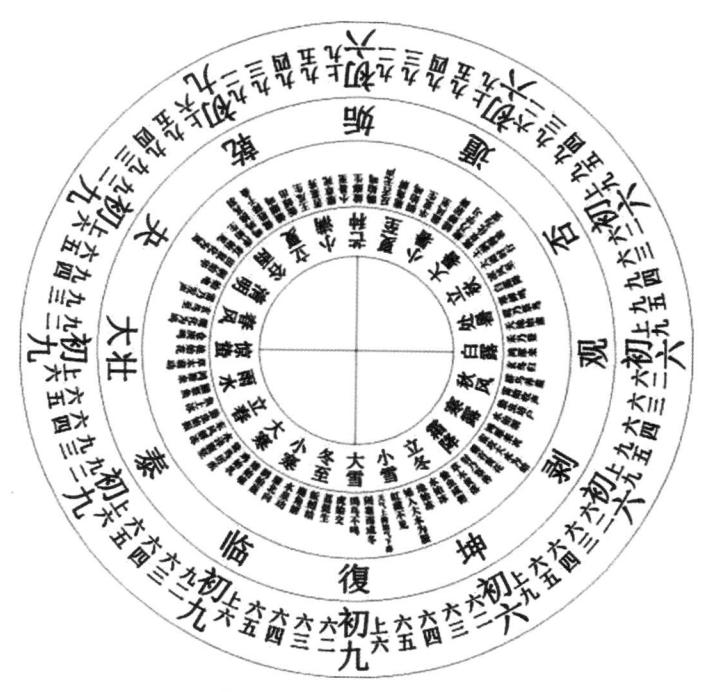

图 2 二十四节气候物图

中国地大物博，不同的地方有不同的物产，人们通常言之为"风物"——不同的地方生产不同的物产，产生独特的景物。"景"为日晷，原为计量时间的古代天文测具。①《王祯农书·地利篇》："由是观之，九州之内，田各有等，土各有差，山川阻隔，风气不同，凡物之种，各有所宜。故宜于冀兖者，不可以青徐论；宜于荆扬者，不可以雍豫拟。此圣人所谓分地之利者也。今按《淮南子》中央曰钧天，其星角亢氐；东方曰苍天，其星房心尾；东北曰变天，其星箕斗牵牛；北方曰玄天，其星须女虚危营室；西北方曰幽天，其星东壁奎娄；西方曰皓天，其星胃昴毕；西南

（接上页）十二个月、二十四节气七十二候，以及各物候所指示的应该进行的农事活动。把星躔、季节、物候、农业生产程序灵活而紧凑地联成一体。这种把"农家月令"的主要内容集中总结在小图中明确、经济、使用方便，是对历法和授时问题所作的简明小结，也是一个令人叹赏的绝妙构思。"授时图"见（元）王祯《王祯农书》（上），浙江人民美术出版社 2015 年版，第 42—43 页。

① 参见彭兆荣《生生遗续 代代相承——中国非物质文化遗产体系研究》，北京大学出版社 2018 年版，第 145 页。

方曰朱天，其星觜觿参东井；南方曰炎天，其星舆鬼柳七星；东南方曰阳天，其星张翼轸。"① 这正是奇妙之处：同一片天，同一个天时计量，在不同的"地方"形成精妙的变化，地候由是不同。

　　我国古代的物候计时体系就是根据天时与农事的关系形成的。人们在长期的观测中发现，某些恒星在天空中出现在不同的方位，与气候的季节变化规律吻合，并以天象为根据从事农作事业。天象中又以北斗星座的变化为重要观测和计量对象："斗柄东向，天下皆春；斗柄南向，天下皆夏；斗柄西向，天下皆秋；斗柄北向，天下皆冬。"（《鹖冠子》）俨然一个天然的大时钟。② 人们又掌握时令季节而产生多种方法和维度，可以仰观天象，也可俯察大地。所谓"天时在天，物候在地"。天与地共同演绎出中式的农耕图景。《诗经·小雅·鱼丽》："物其有矣，唯其时矣。"③

　　物候与物产在农业地方特色方面，表现出最为生动的实物生长和生产景观。是地方风物，同时也构成了物产的"地方性知识"④。可惜吉尔兹（又译为格尔兹）对中国传统风物并未深入了解，否则，或有助于对其"地方性知识"增添新的阐释维度。中国古代的物产也是古代学者、文人、士绅们了解"乡情"的重要内容，他们对所在地的物候与物产都有详细的记录，成了"耕读传统"中的重要内容。比如南宋淳熙七年和八年，浙江金华人吕祖谦（1137—1181）对金华地区的物候进行了实测，在他的观测记录中，载有蜡梅、樱桃、桃、梨、梅、杏、海棠、兰、竹、豆蓼、芙蓉、莲、菊、蜀葵、萱草等二十四种植物开花结果的物候。⑤ 与其说不同的地方特产唯其独有，毋宁说那是同一个"天时"与迥异的地方"物候"之间所形成了普遍关系——即物产是独特的，关系性质则是普遍的。

---

① （元）王祯：《王祯农书》（上），浙江人民美术出版社 2015 年版，第 50—51 页。
② 李根蟠：《中国古代农业》，商务印书馆 2005 年版，第 126—128 页。
③ 惠富平：《中国传统农业生态文化》，中国农业科学技术出版社 2014 年版，第 69 页。
④ [美]克利福德·吉尔兹：《地方性知识——阐释人类学论文集》，王海龙等译，中央编译出版社 2000 年版。
⑤ 惠富平：《中国传统农业生态文化》，中国农业科学技术出版社 2017 年版，第 71 页。

第三节 嘉禾与和土

农耕文明以农作物为重者,"禾"最具代表。汉文字中多现其迹。"禾族"中有许多极其重要的文化现象和表述概念:"天时地利人和"中的"利"与"和"皆从"禾"。第一个统一了"中国"的封建帝制名曰"秦"——由"秦国"统一六国之沿袭;"秦"亦从"禾"。至于"年""种""税""私""秩""科""秀"等皆从"禾",可知其作为农耕文明之关系的密切性和重要性。

由此可知,"嘉禾"既泛指予民以生计的农事;也指生长苗壮的稻谷。在古代,则通过"嘉禾"隐喻王者德绩,天下太平之景,即以一禾两穗,两苗共秀,三苗共穗等生长异常的禾苗称为"嘉禾";象征政治清廉、天下繁荣之年景。《宋书·符瑞志》:"嘉禾,五谷之长,王者德盛,则二苗共秀。于周德,三苗共穗;于商德,同本异穟;于夏德,异本同秀。"如上所述,"年"作为四季之总称,属禾族,可知二者的关系。陈梦家在《殷虚卜辞综述》中将"年"之"禾"释为"稔,谷熟也"。"年和稔同训谷熟。以年为谷熟,是假借为稔字。"① 《谷梁传·宣公十六年》:"五谷大熟为大有年。""丰年"是太平盛世的重要标志,亦为"王政"之业绩。

"和"从禾。"和"与"禾"同音,从口。"口"为廿,置有向神祷告的祷辞的祝咒之器。两个禾——"秝"义示军门。作为会意字,"和"有和平、缓和之义。在殷商卜辞里,"禾"与"年"交替使用,可知"年"的计量以"禾"为据,祈求丰年、韶年。古代在农事收获后,有行登尝之礼,比如在殷商时代,登尝之礼"就是以新获的谷物先荐于寝庙让祖先尝新"②。甚至不同"月令"——不同农作物的收获季节都有相应的尝新。《礼记·月令》中就有这样的记述:"是月(指秋季)也,农乃登谷。天子尝新,先荐寝庙。"而这一切辛勤的劳作,美好的期待、祈愿,丰收的喜悦皆化

---

① 陈梦家:《殷虚卜辞综述》,中华书局1988年版,第526页。
② 同上书,第529页。

入"和"中。而"和"在中国的道德哲学中到达最高的境界。《中庸》云："和也者,天下之达道也。""和"故被示为最高的德行。① 当我们把**"禾"(嘉谷)—"年"(丰年)—"礼"(登尝)—"祀"(神祝)—"秝"(和平)—"和"(达道)**置于同畴,便有幡然之感。原来"和"是从地上一直到达天上的。"和"为中华文明中的至高境界,今日"和谐社会"之主张,正是人类所欲追求的目标。从这一幅关系链中,我们仿佛看到了由田地的谷物,作为祭神之圣物,成为和平的礼物,进而到达天物;真乃"齐物"也。②

"和"作为中国古代所追求的最高的哲学理念,是古人心目中自然界和社会秩序和谐的理想状态,这正是脱胎于传统的农作文明的原型。在农业范畴里,"和"的最为"落地"的表达为"和土":"'和土'就是力求土壤达到肥瘠、刚柔、燥湿适中的最佳状态。"③西汉的氾胜之在《氾胜之书》中将上述总结为"和土":"凡耕之本,在于趣时,和土,务粪泽,早锄早获。""春冻解。地气始通,土一和解。夏至,天气始暑,阴气始盛,土复解。夏至后九十日,昼夜分,天地气和。以此时耕田,一而当五,名曰膏泽,皆得时功。"④ 这涉及农耕土地耕作的时机和方法问题,比如"春地气通,可耕坚硬强地黑垆土,辄平摩其块以生草,草生复耕之,天有小雨复耕和之,勿令有块以待时。所谓强土而弱之也。""春候地气始通:□橛木长尺二寸,埋尺,见其二寸;立春后,土块散,上没橛,陈根可拔。此时二十日以后,和气去,即土刚。以时耕,一而当四;和气去耕,四不当一。"⑤ 这里的"气和"实际上相当于土壤的水分和肥力。⑥

"和"之于中国传统的农业文明而言,首先是表达"天时—地利—人和"的协作关系。对此,人们常常从哲学的高度讲述"三才"之理,而忽

---

① [日]白川静:《常用字解》,苏冰译,九州出版社2010年版,第460页。
② 出自庄子的《齐物论》,"齐物"认为宇宙万物,是非得失,物我有无,皆有通缀,故需同以待之——笔者注。
③ 李根蟠:《中国古代农业》,商务印书馆2005年版,第138页。
④ (北朝)贾思勰:《齐民要术》,缪启愉等译注,上海古籍出版社2009年版,第36页。
⑤ 同上书,第37页。
⑥ 参见惠富平《中国传统农业生态文化》,中国农业科学技术出版社2014年版,第224—225页。

略了"三才"关系直接来自于农业,来自于地候,来自于**"生态—生计—生产"**关系。更为具体的甚至可以反映在与土地的和谐性上:如果没有这一个最为基本的,最为实在的"和气"与"和土",便遑论"生存—生活—生机"之要理。换言之,"和"首先是一种"有机"的生命形态(特别是古代中国的农业文明)。"夫稼为之者人也,生之者地也,养之者天也。"(《吕氏春秋·审时》)人们通过运用自己的体力和畜力,利用自然界提供的天时地利条件,以达到生产自己生存所需的产品。人们收获的对象主要是植物、动物、微生物等生命有机体,人类借此孕育出与此相适应的乡土文化。《孟子·滕文公上》所谓"死徙无出乡,乡田同井,出入相友,守望相助,疾病相扶持,则百姓亲睦"①。此乃古代和谐社会的形象表达。

总体上说,大凡以农耕文明为背景者,其文化理脉多与农业的关系紧密;大凡以中华文明为背景者,其文化理脉必与"天时—物候—和土"有关。因此,至为关键者——回到土地。俞孔坚教授在《回到土地》一书中列举了我们要回到土地的五种意义:1. 土地是美;2. 土地是人的栖居地,是我们的家园;3. 我们必须认识到土地是个系统,是活的;4. 土地是符号,它是历史与人文的书;5. 土地是神,任何一个人都需要有一种信仰。② 凡此列举,显然是合适的。没有"和气"的土地,难有喜庆的丰年,"和谐"的社会便难以指望,也就谈不上土和与人和。俞教授在面对我国当下的情形,特别是人地关系之危机,也列举了五种景象:1. 放弃祖宗的庇荫;2. 哭泣的母亲河;3. 离开土地的中国;4. 土地的挥霍;5. 我们在鄙视土地。③

然而,此五种景象的列举,虽在局部上属实,总体上可商榷;原因是有局部代表整体,表象代替本质,暂时代表经久之嫌。如果这五个景象真实存在,那么,"中国"便有消亡之虞。笔者更愿意相信,中华农耕文明数千年,原本经历、经受了过去,当然可以经过、经世当今。变迁是人类学研究的重要领域。在人类学的视域里,"变"是常项,总在发生。我们相信,乡土社会一直在变化之中,尽管在过去,其变迁幅度、速度、效度

---

① 严火其:《传统文明 传统科学 传统农业》,江苏人民出版社2016年版,第155页。
② 俞孔坚:《回到土地》,生活·读书·新知三联书店2014(2009)年版,第155—157页。
③ 同上书,第136—144页。

相对较小，但却一直在变化之中。今天的社会发展，使得乡村社会的变迁加剧，但"草根性"仍在，"乡土性"的脉络还在。尤其是"乡村振兴"战略正在进行之中；我们有理由续写中华民族未来之"希望的田野"，也有机会续写"和谐社会"之景观。

第三章 乡土社会中之诸二元关系

第一节 定义乡土社会

中国有着数千年传统的农耕文明,**"乡土性"** 是至为重要的特性。因此,认识好乡土性,守护好乡村家园,对于实践这一战略具有重要意义。

如果说,乡土性是农耕文明内在特性的话,那么,其外在形态则表现于**"乡土景观"**。巧合的是,联合国《国际古迹遗址理事会文化景观专业委员会—国际景观设计师联盟(ICOMOS-IFLA)有关乡村景观的遗产准则》,于 2017 年年底在印度举行的第 19 届大会上获得通过。该准则的序言有这样的表述:

> 乡村景观是人类遗产的重要组成部分,也是持续性文化景观最常见的类型之一。全世界有各种各样的乡村景观,它们代表了文化和文化传统。乡村景观是生产食物和其他可再生自然资源的场地……乡村景观既是一种承担多种功能的资源,也是一种文化景观。①

显然,我国"乡村振兴"战略契合着全球化背景下保护乡村遗产的原则与精神。然而,传统的乡土社会中包含着诸种**二元关系**,其中有些是传统的,有些则是新生成的。它们相互关涉,彼此影响,如果认识不足,处

---

① http://www.icomoschina.org.cn/news.php?class=411.

理不当,将严重地影响到这一战略的实施。

人类的生存与自然环境相适应,生计与劳作方式相配合,生活与社会关系相协调,这些决定了文明的差异与多样。农耕文明之所以选择稳定的居住方式,根本原因在于与土地捆绑在一起。离开土地就是失去了生计方式,没有土地也就没有家乡。农民聚居的地方被表述为"乡土"。费孝通先生以"乡土"概括中国,①为精准的定义。简言之,若要定位、定义"中国",需从乡土入手。诚如梁漱溟所云:"中国这个国家,仿佛是集家而成乡,集乡而成国。"所以要"从乡入手"。②

要认识乡村,前提是"乡土性"。"乡土性"指的是以土地为魂、以农耕为本、以农村为根的基本性质。其中"土地关系"成了乡土性中至为重要的关键因素,因为土地是农民生存、生计、生产、生活的基础。国家自古有"社稷"之称。我国历史上的许多概念,诸如"方田""井田""里甲""城邑""街坊"等,都深刻地镶入了中国传统宇宙观的"天圆地方"、农耕政治的"井田制"、农业管理制度之"里甲制"以及城乡关系的"城邑"等。可以这么说,我国所有重大的政治、智慧、谋略无不以传统"农正""农本"为思想根基。这也是为什么历史上所有帝王、领袖和政治家无不高调"农正""农本"的原因。③ 中国的历史可以简述为"土地史",从"禹稷躬稼而天下"(《论语·宪问》)到中国共产党的"打土豪分田地",无不围绕"土地"进行。

悖论的是,中国的历史既是土地革命史,却又是"农贫"史。"中国历代统治者没有人不标榜重农,可农业仍然是弱势产业,从事农业生产的劳动者总是社会上最贫困的群体。"④ 从春秋时期的管仲、孔子、墨子、商鞅、孟子、管子、荀子、韩非子,到现当代的几乎所有领袖们无不强调"农本";可是,**"农本/农贫"**的矛盾关系一直未能解决。当下我国"扶贫"的主要对象仍然是农民。这一对矛盾关系深刻地影响和制约着中国,致使"农业的内卷化"(Agriculture Involution)——呈现投入收益不成正比,耕作

---

① 费孝通:《乡土中国》,人民出版社2015年版。
② 梁漱溟:《乡村建设理论》,商务印书馆2015(1937)年版,第182页。
③ 参见钟祥财《中国农业思想史》,上海交通大学出版社2017年版。
④ 同上书,"前言",第1页。

模式停滞不前的内在退化现象。① 从另一方面看,"穷则思变"。中国的经济有今日的快速发展,无不反映了这一组矛盾的辩证、变通关系。

这一组基本矛盾推展出的二元关系,是所谓的"**城乡关系**"。在西方,城乡差别是政治性分类:即城市作为"大传统"与乡村作为"小传统"(the great tradition, the little tradition)的非平等主从关系;前者指城市具有强大的组织形态和历史意识;后者则指受限于地方性知识的生活方式,特指农民的生活。② 以世界范围的眼光看,农民的地位,历史性地由"城乡"的二元社会关系所"制造",这不啻是一种人为性"政治文明"的建构:"从农民的角度看,文明更多地体现为城市统治农村,城市居民凌驾于农民之上。"③ 问题是,中国的情形并非如此,④ 城乡在中国的关系是共生关系——从发生到发展一直如此。如果今天有人认为中国的成就主要源自于城市,那是一种误判。

对此,历史上的不少学人智士致力于探讨、解决这一基本矛盾关系。比如,20 世纪二三十年代,中国不少地区兴起了一场声势浩大的乡村建设运动,以晏阳初、梁漱溟为主要代表。他们认识到:"原来中国社会是以乡村为基础,并以乡村为主体的;所有文化,多半是从乡村而来,又为乡村而设——法制、礼俗、工商业等莫不如是。"⑤ 因此,要解决中国的问题,必须回到农村去。他们的乡建理论认为:第一,要改变中国必须从改造农村开始,要改造中国要从农村的组织入手;第二,从理性切入。然而,理性是西方的概念。显然,这一批知识分子最终未能在乡土社会找到切合实际的解决方案,根本原因在于以"我"为主的改造,而改造的抓手是所谓的"理性"。⑥ 定位上,无论是主位抑或客位都不准确;"工具"选择也不适用。

---

① Geertz, C., *Agricultural Involution*, Berkeley: University of California Press, 1963, p.82.
② Redfield, R., *The Little Community, and the Peasant Society and Culture*, Chicago, IL: University of Chicago Press, 1960.
③ [美]马克·B. 陶格(Mark B. Tanger):《世界历史上的农业》,刘健、李军译,商务印书馆 2015 年版,第 15 页。
④ 参见彭兆荣《论乡土中国的城镇化》,《北方民族大学学报》2017 年第 1 期;《论"城—镇—乡"历史话语的新表述》,《贵州社会科学》2016 年第 3 期;《乡土中国与城市遗产》,《北方民族大学学报》2015 年第 5 期等。
⑤ 梁漱溟:《乡村建设理论》,商务印书馆 2015(1937)年版,第 10—11 页。
⑥ 同上书,第 184 页。

笔者以为，在中国知识分子中，最了解中国的学者代表是费孝通。费先生一生都在乡村里进行"田野作业"，单是"江村"（江苏省吴江县开弦弓村）他就走访了28次。① 费先生的"江村"（还包括他一生调查过的许多不同民族、地区的村落）研究，不仅使之成为真正意义上的"乡土之子"；更为重要的是，他能够深切地了解和体察根植于乡土里的中国故事、中国道理、中国智慧、中国精神和中国技艺。他明白一个朴素的道理：要了解中国，要体察民情，要体恤农本，"志在富民"是根本的出路。费先生以其一生实践着这一理想。而这一结论正是基于**"农本/农贫"**矛盾的深度透析所作出的选项，前提是对"乡土性"的深度了解和体察。

值得特别一说的是，费孝通在《乡土中国》中以江村为例，生动地表明亦耕亦读、亦商亦儒的乡土传统从来不缺乏创造力，从来不缺乏从乡中发挥出在其他领域的拓展基因和动因。他曾指出，中国这一五千年来都同泥土打交道的民族，因泥土而辉煌，亦因泥土而没落。对于中国这一拥有丰富农耕文化的民族来讲，泥土是乡人的生命，中国人在泥土中形成了许许多多的优秀品质。而随着中国经济的快速发展，这种泥土性逐渐消失，由泥土性衍生的乡土环境也被围上了钢筋混凝土的藩篱。②

第二节　认知乡土社会

乡土社会的基础是农业传统。从世界历史的进程来看，农业的出现是人类从狩猎采集转向多物种耕作和饲养，最终定型于农业生产的过程。③ 换言之，历史上的农业是**生态—社会**环境的双重关系挤压下的生存选择。不少学者大都确认这样一个事实：农业是所有行业中受到压迫最为深重的。为此，陶格提出**"双重剥削"**的概念——自然环境与社会环境的各种挤压

---

① 王莎莎：《江村八十年：费孝通与一个江南村落的民族志追溯》，学苑出版社 2017 年版，第 44—45 页。
② 参见费孝通《乡土中国》，人民出版社 2015 年版，第 1—2 页。
③ [美]马克·B. 陶格（Mark B. Tanger）：《世界历史上的农业》，刘健、李军译，商务印书馆 2015 年版，第 11 页。

关系：

> 农民依附于自然环境，水、土壤和天气变化以及动物、植物及其他生物的行为都将对农业生产构成威胁。为了应对这些威胁，农民曾经改变耕作方式或规律，引进新品种，或者向别处迁徙寻找更适宜耕作的土地和更良好的环境。另一方面，大多数时候，农民臣服于村落之外的别人，这些人通常是城市中的权力人物，比如国王、军队、税务官、银行家或者市场。某种情况下，受到压迫的农民起义反抗市镇，推翻帝国，或者至少在国家存亡关头发挥重要作用。①

在谈到中国农业的"双重关系"时，陶格认为："中国农业具有两重性。中国古代是世界上最大的农耕社会，拥有私有化土地和市场，丰年粮食收成高。然而中国极易遭受自然灾害的侵袭，尤其是失常季风引发的旱灾和裹挟泥沙的黄河引发的洪灾。这时境遇悲惨的人民需要政府有效地介入，政府无能为力或胡乱介入可能招致大规模反抗。"②这大体符合我国历史的实情。

斯科特也使用了"双重剥削"的概念，他援引了托尼在《中国的土地与劳动力》一书中的话："有些地区农村人口的状况，就像一个人长久地站在齐脖深的河水中，只要涌来一阵细波，就会陷入灭顶之灾。"③这一表述形象地描绘了中国传统"三农"，农业、农村、农民的图像。其实，中国历史所说的"天灾人祸"主要即指对农业造成祸害的两个基本原因。

那么，何以传统的农民最容易受到伤害？不少学者给出不同的理由，斯科特认为，一个主要的原因在于，传统的农业活动是以生存为目的的农民家庭经济活动，其特点在于：农民家庭不仅是个生产单位，而且是个消费单位；是一种与资本主义企业完全不同的生产方式。④这大致契合传统

---

① [美]马克·B. 陶格（Mark B. Tanger）：《世界历史上的农业》，刘健、李军译，商务印书馆2015年版，第13页。
② 同上书，第101—102页。
③ [美]詹姆斯·C. 斯科特：《农民的道义经济学——东南亚的反叛与生存》"导论"，程立显等译，译林出版社2013年版，第1页。
④ 同上书，第16页。

的小农经济"**自给自足**"的基本情形。需要强调的是,这种传统的农业生产格局在今天的历史语境中已然被逐渐打破,现代农业的生产方式,即生产与消费越来越被分隔成不同的部分和单元,越来越趋向于产业化。这种变化将深刻地改变中国传统乡土社会的历史面貌。

传统乡土社会中的生产关系与社群关系是一个二元结构的整体,以汉族村落的基本关系结构为例,宗族关系是村落共同体中最为核心的部分;并以之为中枢,将各种社会关系与生产关系紧密地结合在一起,形成了一个以血缘、亲缘、地缘、神缘、业缘相联系的人群共同体——一个扩大的、家族单位的村落共同体。然而,快速的社会变迁极大地改变了这一关系,这使农民们出现了一种新的"双重恐慌",主要表现在以下几个方面:1. 以往的生态环境与社会环境的挤压依然存在,并以一种新的,更加迅猛、无法抗拒的方式进入乡村社会。2. 传统"自给自足"的小农经济结构逐渐被打破,农业生产越来越疏远了以往那种农民通过辛勤的劳动而收获的朴素道理,农业生产的经济活动被分化出了许多新的因素、元素、理念、科技和市场商业因素。"多劳多得"(指传统的田间劳作)的乡土伦理受到挑战。3. 依靠土地生产这一"躬稼天下"的耕作方式已经越来越受到观念和行为的冲击。农民不种地、无地种的恐慌悄悄地漫延到广大的乡土大地。4. 因为土地所有权的变更,使得原来以土地为家园的主人翁意识开始出现弱化、淡化现象。土地的"公家性"使得农民只是某种意义上的耕作者,而不是所有者。5. 在"城镇化"的当下,他们甚至可能在完全没有做好观念、价值、知识、技能以及综合生存能力准备的情况下,背井离乡,被搬迁到城市。对他们而言,传统意义上生存经济学中"安全第一"[①]的保障性降到了低谷。

于是,"国家"成为他们最后的依靠,这是天经地义的;因为土地是国家的。然而,民族国家作为"想象的共同体"[②]是无法真正完整兑现传统的"劳动—收获"这一最为简单、公平的原则。"国家与农民的生存道

[①] [美]詹姆斯·C. 斯科特:《农民的道义经济学——东南亚的反叛与生存》,程立显等译,译林出版社2013年版,第19页。

[②] [英]班纳迪克·安德森:《想象的共同体:民族主义的起源与散布》,吴睿人译,台北时报文化出版企业股份有限公司1999年版。

义之间的关系是微妙的，一方面国家靠盘剥农民而不是赐予人民；另一方面它与农民之间的社会距离。因此，国家的援助，如果说会有的话，也是很难靠得住的。"① 归根结底，乡土社会的"草根性"最终决定了农民的生存原则是自助和自救性的。这与农民的主人翁意识存在着直接的关联。这是一个新的矛盾：国家无力根本解决地域广大、人口众多的农民生计、生产和生活的问题，中国几千年的历史也证明了这一点。然而，土地权的变更，使得传统农民的主人翁意识弱化，农民成为"公民"（国家的人），但他们可能还没有准备好。

第三节 乡土景观的学科维度

不言而喻，乡土性的外在形态——表现在传统的乡土景观的价值嵌入和变化维度；所以，乡土景观是我们认识乡村家园的重要路径。"乡土"一词在汉语的狭义解释为"本乡本土"，广义则泛指"故土之地"。我们今天所说的乡土景观（vernacular landscape）在不同的学科中具有朝着不同方向扩展的趋势。但，无论如何推展，其本义中的"乡土性"和"田园牧歌式的风景"都是基本的，它包含着人民与土地所建立的纽带关系，并由此建造、建构出一种家乡的温馨情感；也是传统的乡土家园"定格般绘画"的图景。②

特别在现代社会，"田园牧歌式"（the rural idyll）的乡土景观成为另一种二元关系：**趋新/怀旧**。前者被一种现代节奏推着往前，后者却在历史记忆中保留着"静止"的乡土景观；而且非常美好。因此，在都市化加速的今天，振兴乡村还要加上一款：对城市喧嚣的逃避而遁入的田园牧歌："牧歌是一种方式，借此人们可想象自己逃避都市或宫廷生活的压力，躲进更加单纯的世界之中，或者也可以说是躲进一个苦心孤诣构想出来的、与城

---

① ［美］詹姆斯·C. 斯科特：《农民的道义经济学——东南亚的反叛与生存》，程立显等译，译林出版社2013年版，第35页。
② 参见彭兆荣《乡土景观中的田园牧歌》，《民族文学研究》2018年第1期。

市复杂社会形成对照的单纯的世界里去。"① 对于现实而言,"美丽乡村"已经不是文人笔下"小桥流水人家"的景致,而是实景。它不仅指人民生活的场景,也指传统村落与自然相谐所形成的文化景观。作为一种特殊的遗产类型,"桃花源"的乡村景观对于喧闹的城市生活毋宁是一种对"城市病"的治疗。

事实上,景观研究在我国是一种较新的研究视角。我国学者对乡土景观的关注始于20世纪80年代,迄今对其概念及内涵尚未形成一致的认识,其中重要原因来自于对乡土景观认知的差异和学科视角的不同。总体上说,"乡土景观"是生态、生产、生活的集合,包括自然生态景观、农业生产景观、农村生活景观三个层次,具体而言,由宏观整体人文生态系统、中观农田景观系统及微观聚落景观系统三大层面共同构成广义的乡土景观。乡土景观的研究涉及美学、社会学、文化地理学、景观生态学、建筑学、风景园林学等学科,不同学科从不同角度对"乡土景观"的概念进行了阐述,在"乡土景观"领域形成一个丰富、多样的认识,主要有五种理解。②

一是"乡土美学"。从美学的角度看,乡土景观是以乡村世界为对象,以追求自然美,人地关系和谐为目的的乡土美学。③ 二是"乡村社会"。社会学以乡村社会形态为研究对象,并与社会生活密切相关,体现的是人在社会中的生活方式和社会结构。三是"文化景观"。从文化地理学的视角看,乡土景观是生活在特定地域的人类活动对自然景观产生影响而形成的一种文化景观。它集中反映了组成要素之间的相关性特征。④ 四是"乡村景观"。景观生态学以具体的地域范围和视觉景观单元为研究对象,"农业是人类在自然景观的基础上建立起来的自然生态结构与人为特征的综合体"。⑤ 五是"聚落景观"。建筑学视角的乡土景观是农村聚落形态的体

---

① [英]马尔科姆·安德鲁斯:《寻找如画美:英国的风景美学现旅游,1760—1800》,张箭飞等译,译林出版社2014年版,第6页。
② 岳邦瑞、郎小龙、张婷婷、左臣:《我国乡土景观研究的发展历程、学科领域及其评述》,《中国生态农业学报》2012年第12期。
③ 杨豪中:《艺术与景观》,《中国园林》2010年第1期。
④ 金其铭:《试论文化景观》,《南京师大学报》(自然科学版)1987年第10期(增刊)。
⑤ 刘黎明、李振鹏、张虹波:《试论我国乡村景观的特点及乡村景观规划的目标和内容》,《生态环境》2004年第3期。

现，以聚落形态、聚落单体和群体形态的差异为研究对象,"传统村镇聚落其形态及景观正是自然、地理和人文、历史等多因素综合作用的结果和外在反映"。① 其实,人类学对乡土景观的研究是一个非常有特色的学科,它不只反映了学科交叉的旨趣,重要的是体现了人类学深度"田野作业"对乡土景观研究的不可或缺性。②

学科间的差异也导致了对乡土景观在理论观点、研究对象、研究目的、研究内容、研究方法、描述方式等方面存在一定的差异（表1）：③

表1　乡土景观研究的不同学科流派比较

学科领域	研究对象	研究目的	研究内容	研究方法	描述方式
景观生态学	生态系统	乡村景观资源利用	土地利用与覆盖	系统层级	地理学的格局描述与生态学的过程描述的组合
人文地理学	景观单元	文化景观演变规律	乡村人地关系	景观分类	通过基本空间单元的变化来体现景观的空间动态变化
社会学	社会形态	乡土社会重建	社会结构及关系	经验记录	通过分层归类研究"整体"社会和"个体"人的相互关系
美学	乡村环境	乡土美学评价	主客体的审美关系	类别划分	通过外部形态特征研究探寻乡土景观的内在美学属性
建筑学	聚落景观	乡土聚落营造	聚落构成和变迁	空间结构	通过形态（空间、布局、组织）的描述研究变迁规律
风景园林学	乡村景观	乡土景观营造	景观演变及模式	学科综合	多学科视角的要素分类描述、格局与过程描述结合

有的学者为乡土景观定制了"四生",即"生态景观""生产景观""生活景观"和"生命景观"四类,每一类别又细分为若干子项,归纳出"四生乡土景观"体系：

---

① 岳邦瑞、郎小龙、张婷婷、左臣：《我国乡土景观研究的发展历程、学科领域及其评述》,《中国生态农业学报》2012年第12期。
② 参见葛荣玲《景观的生产：一个西南屯堡村落旅游开发的十年》,北京大学出版社2014年版。
③ 表1引自岳邦瑞、郎小龙、张婷婷、左臣《我国乡土景观研究的发展历程、学科领域及其评述》,《中国生态农业学报》2012年第12期。

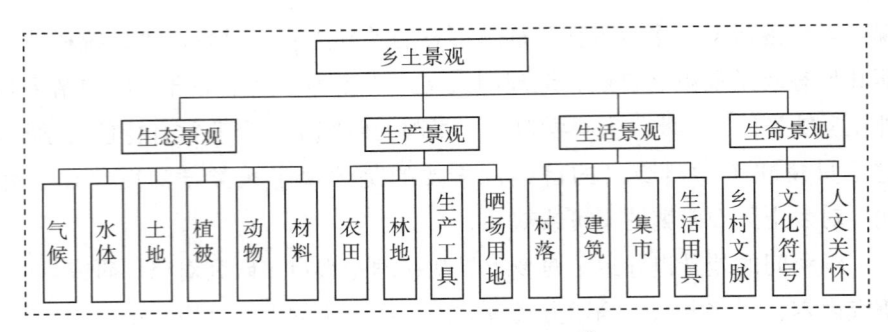

图3 乡土景观的要素构成①

以笔者观之，对于乡土景观的认知、理解和定义，似乎并非是最重要的，重要的是根据诸种二元关系，有目标、有目的地进行调研和评估。现在的问题是，规划师、设计师的模型和图纸具有极高的同类性、同质性，与乡土景观在不同的自然条件下，由不同的族群、人群、地方群体建立的"文化物种"之间存在矛盾。为了解决这一矛盾，不同学科的协同、协作至为重要。

第四节 新乡土景观之悖

在世界遗产委员会（UNESCO）对文化景观遗产的分类中，乡土景观对应"有机进化的景观"（organically evolving）中的连续景观（landscape-continuous）子项，而在美国国家公园管理局（NPS）的文化景观遗产划分中则直接对应历史乡土景观（historic vernacular landscape）一项，但不管怎样划分，乡土景观都是地域性"在自然景观背景下的人类活动和信念的有形证据"，并且由自下而上的因素所驱动，具有乡土的（vernacular）、无名的（anonymous）、自发的（spontaneous）、原著的（indigenous）、乡野的（rural）特征，而非自上而下因素所主导的城市、宫殿、园林等都市

---

① 李鹏波、雷大朋、张立杰、吴军：《乡土景观构成要素研究》，《生态经济》2016年第7期。

景观之政治性。①

西方国家对于乡土景观的研究是从20世纪四五十年代开始的，已经形成了自己独立的学科门类，涌现出许多的专家学者，形成了多样的研究方法。景观地理学家约翰·布林克霍夫·杰克逊是美国乡土景观研究的先驱者，在《发现乡土景观》中，他将乡土景观视为文化景观的一种重要表现形式，是西方关于乡土景观较早和具有权威性的系统论述。他通过分析栖居者的物理属性、社会文化生活习俗，提出了一种全新的解读评价景观的途径。② 学界对他在乡土景观领域的贡献给予了高度评价，称之为"乡土景观之父"。③

杰克逊在《发现乡土景观》一书中以一种全新的视角理解当代美国的乡土景观，建立了研究乡土景观的理论框架：三种景观原型。杰克逊构建的理论框架对中国的景观研究和景观设计也具有重要的参考意义。当代中国的景观，也可借鉴杰克逊的三种景观。特别是第一种景观，即传统的乡土景观，包括乡土村落、民居、农田、菜地、风水林、道路、桥梁、庙宇等，是普通人民的景观。它们是在数千年农业文明历程中，应对诸如洪水、干旱、地震、滑坡、泥石流等自然灾害，以及在择居、造田、耕作、灌溉、栽植等方面，无数次地适应、尝试、失败和胜利的经验产物。正是这门"生存的艺术"，使得我们的景观不仅安全、丰产而且美丽。④

杰克逊将当代美国的乡土景观的临时性、机动性与美国精神的自由、民主联系起来，并用美国文化理解美国乡土景观的形成。⑤ 从美国乡土景观的变化，人们可以更好地理解美国文化和美国精神。比如，他将西部开

---

① 李畅：《乡土聚落景观的场所性诠释——以巴渝沿江场镇为例》，博士学位论文，重庆大学，2015年。
② 美国 Gale 名人传记资料中心，John Brinckerhoff Jackson（1901—1996），（2008-07-16）[2011-12-15]，http://ic.galegroup.com/ic/bic1/MagazinesDetailsPage/MagazinesDetailsWindow?displayGroupName=Magazines&disableHighlighting=false&prodId=BIC1&action=e&windowstate=normal&catId=&documentId=GALE%7CA19719999&mode=view。
③ Wilson C., Groth P., *Everyday America: Cultural Landscape Studies after J. B. Jackson*, California: University of California press, 2003: 62-81.
④ 陈义勇、俞孔坚：《美国乡土景观研究理论与实践——〈发现乡土景观〉导读》，《人文地理》2013年第1期。
⑤ Hugill P. J., Review: Discovering the Vernacular Landscape, *Annals of the Association of American Geographers*, 1986, 76(3): 454-456.

发进程的特殊自然、社会背景与乡土建筑的临时性、可移动性联系起来，将当代美国的小镇带状空间、体育公园与青年一代的自由、好动特点结合在一起。乡村中的可移动住宅体现了美国的自由精神，来源于景观的移动性，适应变化。杰克逊十分欣赏机动性赋予的自由精神："他们希望从环境的约束中解脱，脱离社区的责任，脱离传统居家形式的束缚，脱离固定的社会等级，最重要的，就是得到搬迁的自由。"[①] 但是，杰克逊并没有讨论当今美国乡土景观的浪费问题，比如水平空间的发展、小镇沿路两层皮、郊区无序蔓延等，都造成了空间和资源的极大浪费。这恰恰是当今美国景观的普遍现象，国土面积大、耕地资源丰富，但是很多空间组织的方式有失高效、经济，这也体现了杰克逊思想的局限性。[②]

无论乡村建设采取何种方式，"景观设计"都绕不过去；这也成为我国现实中存在的最大的，最令人担忧的问题——不是指设计本身，而是指现在设计理念颠覆了**自然—自由/人工—人为**的二元关系。具体而言，传统的乡村景观是根据地势的形貌而建构的自然景观，是自由的、灵动的；而现在的"乡村工程"是人工的、模型的、死板的。更为严重的，现在的乡土景观，从设计规划到施工建造，基本上由设计师说了算。规划设计师的"强势"主要有两个缘由：一是政府意志的具体实施者；二是专业，即主要靠设计室中的专业"模版"。后果是，绝大多数项目工程都存在同质性的"人工造景"的弊病，表现为：人的主观意图潜藏在了规划理念、图纸的后面；反过来，设计图纸、模版又"囚禁"了学者的思想。这种情形早已被学者们所诟病："真正的专制统治者不是人，而规划"；[③] 人造景观是一种由规划、规划者和国家合力进行的"统治"。[④]

需要特别辨析的是，在**自然—自由/人工—人为**新的二元关系中，没有人怀疑在诸如"美丽乡村"等工程中政府和规划师们的"善意"，但那只

---

① [美]约翰·布林克霍夫·杰克逊：《发现乡土景观》，俞孔坚、陈义勇译，商务印书馆2015年版，第100—101页。
② 陈义勇、俞孔坚：《美国乡土景观研究理论与实践——〈发现乡土景观〉导读》，《人文地理》2013年第1期。
③ 参见[美]詹姆斯·C. 斯科特《国家的视角——那些试图改善人类状况的项目是如何失败的》，王晓毅译，社会科学文献出版社2017年版，第117页。
④ 同上书，第115页。

是一种"权力的善意",即努力进行乡村的现代化建设,竭力改善农民的生活。然而,在"规划、规划师和国家"权力面前,传统的村落本身,特别是祖祖辈辈生活在乡村的广大农民,却失去了对自己的家园设计和建设方案的发言权,家园的主人处在完全"失语"状态。这里涉及两个最为重要的权力抵触与平衡:传统的乡土社会是自治的,实行的"同意权力",而今天在广大农村实行的是"横暴权力"(费孝通语),两种权力全面聚会只在近时,因此需要特别谨慎地处理,尤其是后者对前者的尊重。

第四章 振兴乡土 回归民俗

第一节 "活态"民俗

乡土景观的常态是民俗，即将日常生活视为一种活态景观。它是非刻意的、自然的和人民的。是一种生命常青的景致；同时也是一种生活态度：它既是一种常态的——日常化的生活场景，又包括动态的——在新的语境中的转换能力。民俗作为乡土社会中与自然的契合，且还生活的本真和原真性表现形态和形式，都是最贴近民众生活，最温暖体贴的部分。在西方，"民俗"（folklore）由两个词合成，即 folk 和 lore。原义为"民众的知识""民间的智慧"（the lore of the folk）。在长期的研究过程中逐渐形成一门专门的学问和学科。虽然欧洲各国以及不同学派对民俗的意义和理解存在差异，边界范畴也不完全一样，但并未抵触"民众""民间""传统"等基本语义。[①]重要的是，民俗是全球化背景中保留地方性和文化多样性最后的"根据地"。邓迪斯提醒人们，"民俗"不独具有地方性，连"概念"都是地方的。他以美国的"民俗"概念为例，阐明 folk 和 lore 在美国特殊的意思、意味和意义。[②]

在中国，"乡土"的基本指喻范畴就是"风俗"，并被赋予特殊的内涵和特别的意义。"民俗"与"风俗"的表述和含义交错，有时可互

[①] 乌丙安：《中国民俗学》，辽宁大学出版社1985年版，第1—3页。
[②] ［美］阿兰•邓迪斯：《民俗解析》，户晓辉编译，广西师范大学出版社2005年版，第25—26页。

用。① 现在人经常将风俗视为具有地方特色的民俗生活，也就是老百姓的生活。由于中国传统的根本属性是乡土性，从这个意义上说，认可和认同民俗，也就是根本上认可和认同中国的传统文化。古代的"风"与"俗"不是同类词，是对照词。《汉书·地理志》有："上之所化为风，下之所化为俗。"意思是说"风"由自上而下的教化所生产；"俗"则是基层民众自我教化的结果。《汉书·地理志》还有另一种说法，意思是说"风"由自然因素促成；"俗"则由社会条件决定。孔子曾在论及礼乐时说过："移风易俗，莫善于乐；安上治民，莫善于礼。"风俗成了建立社会伦理基本的范畴。但却是自上而下的看法。其实，我们更需要反观或平视去看待、对待民俗现象，比如对"入乡随俗"的尊重。

民俗的构成包含了吉尔兹所说的"地方知识"与"民间智慧"。② "地方知识"与地理、地缘有关。在我国，"地方"首先为宇宙观，相对于"天圆"而言。其次，"地方"具有传统政治地理学的明确语义。"风俗"是一个重要的视角，即区域和空间叙事的差异。所谓"五里不同风，十里不同俗"。最后，"地"与"土"构造成不言而喻的"地形"含义，它是"中国"之所依。《淮南子·地形训》："凡地形，东西为纬，南北为经。山为积德，川为积刑，高者为生，下者为死。丘陵为牡，豁谷为牧……土地各以其类生。"值得一提的是，我国古代的"风土"概念，③ 虽然语义繁杂，却不妨碍其"地缘民风"的相关性。

众所周知，今日盛行于世的遗产事业，"活态遗产"作为非物质文化遗产的异称，纳民俗于保护范畴。从非物质遗产的五个分类情况看，大多可纳入民俗范畴。④ 事实上，从历史的角度看，联合国科文组织于1972年11月通过的《保护世界文化和自然遗产公约》即与民俗保护事件与事务存在关联，特别是其中民俗的活态性和真实性问题。1982年

---

① 乌丙安：《中国民俗学》，辽宁大学出版社1985年版，第3页。
② [美]克利福德·吉尔兹：《地方性知识——阐释人类学论文集》，王海龙等译，中央编译出版社2000年版。
③ 参见许兆昌、张亮《周代籍礼"风土"考》，载《吉林大学学报》2012年第3期。
④ 即1. 口头传统与表现形式，包括作为非物质文化遗产媒介的语言；2. 表演艺术；3. 社会实践、仪式、节庆活动；4. 有关自然界和宇宙的知识和实践；5. 传统手工艺。见《联合国教科文组织保护世界文化公约选编》，法律出版社2006年版，第22页。

由联合国教科文组织（UNESCO）和世界知识产权组织（WIPO）共同发起、组织、草拟并通过了《保护民俗表达免于非法开发和其他侵权行为的国家法律之标准条款》（*Draft Treaty for the Protection of Expressions of Folklore Against Illicit Exploitation and Other Prejudicial Actions*）；虽然联合国教科文组织成员国并未采纳这一条款，但作为保护原则，早已在世界范畴内引起关注。① 无论人们对非物质文化遗产的认知与概念有何争议，共识性见解却非常明确：如果民俗，特别是乡土民俗的加速消失与消亡，"保护"就只能成为一句空话。

民俗作为一种特殊的景观，把地方传统和人民生活纳入保护视野。某种意义上说，"民俗景观"成为传统文化中留驻最多的部分。比如，人们常说"天人合一"是中华民族的伟大智慧；然而，其最贴切的落实恰在乡土民俗中。比如，农历便是其中之一种。在乡土社会中，农历是广泛地用于传统社会活动的一套名称。在一些宗教活动上，人们主要使用阴历。② 每月初一及十五定期祭祀灶神，在祖先的生日、忌日和固定的节日要祭祖。这些节日都是根据节气来安排的。传统的节气并非用于记日子，而是用来记录气候变化。有了这一套体系，每个地方可根据当地的情况来安排农活。③ 我国的农业活动大体上遵循自己的历法来安排，而"农历"又是从时序，特别是二十四节气与农事活动的关系中总结出来。④

"俗"虽然常与"雅"对应，却并不对峙，特别是"礼俗"，雅俗共融。我国博物馆中的"礼器"专区，礼器的主体原大都为俗物。多数是装粮食的容器、餐饮的盛皿、斟酌的酒具等，它们都成了"雅""圣"之器物：鼎、尊、爵等。而且，"俗"不独表现为人民生活中的日常之物作为祭祀神圣之物，还演化为以祭祀为主干的礼仪仪轨。白川静认为，"俗"字中的"谷"是"容""浴"和"欲"的"谷"，表示在祭祀祖先的祖

---

① 参见彭兆荣《另一份遗产：民俗与非遗的历史交情》，《重庆文理学院学报》2017 年第 1 期。
② 农历与阴历并非完全一回事，农历是中国的一种传统历法，该历法中强调了二十四节气的划分，而节气对于农业生产有重要的指导意义。阴历则是最古老的历法，比如伊斯兰国家和地区中使用的回历，即阴历的一种。在我国民间，人们通常将农历视为阴历。
③ 参见费孝通《江村经济——中国农民的生活》，上海人民出版社 2006 年版，第 103 页。
④ 2016 年，联合国教科文组织将我国的"二十四节气"列入联合国教科文组织人类非物质文化遗产代表作名录。

庙（"宀"）中，供起"𠙴"（置有向神祷告和祝咒之器）进行祈祷。"𠙴"隐约朦胧地出现神之姿影；希望目睹神之姿影的尽情谓"欲"，"欲"意味着希望通过向神祷告而有幸目睹神的现身。这样的一般性信仰，常见的仪礼内容，即谓"俗"。①"民俗"是民众生活的样态，这个词在中国古代文献中早有出现。"俗"在生活中也表示人在不断学习，重复进行，也就是所谓的习惯。从古代文献记述的主体意思看，古今承袭了"民俗"的基本意义。②

我国经过历史漫长时间所演化的经院知识，虽然早已形成了独特的知识体制，但从知识的原型看，多数都与民俗存在着逻辑关联，有些直接来自于民俗传统，成为着"正装"的民俗。于是，民俗也就有了两种表现方式：1. 被文人、经院取之改造、转变为"正统"的部分，比如《诗经》《楚辞》等；2. 仍然遗留在乡土的土壤中，保持着原本的模样，是本色的。前者求之于规律；后者践行于经验。如果我们要重构乡土景观，民俗景观为重中之重。它不仅表现为"乡土本色"，也是经院知识的基本源泉，同时，也是当下"新农村"建设的重要理路。

第二节 俗者，圣也

在人类学的知识谱系中，"神圣—世俗"是一组重要的概念。在西方，"神圣/世俗"是对立、对峙的；杜尔凯姆（即涂尔干）说："人们把万事万物分成这样的两大类或两个对立的群体。它们一般是用两个相互有别的术语来标志的，而这两个术语大多可以转译为'世俗'和'神圣'。由此世界划分为两个领域，一个是神圣的事物，另一个则是世俗的。"③在这样的分类中，"圣—俗"泾渭分明，难以僭越。中国的情形则不同，总

---

① [日]白川静：《常用字解》，苏冰译，九州出版社2010年版，第285—286页。
② 韩敏：《人类学田野调查中的"衣食"民俗》，见周星主编《民俗学的历史、理论与方法》，商务印书馆2006年版，第168页。
③ [法]E. 杜尔凯姆：《宗教生活的基本形式》，金泽译，载史宗主编《20世纪西方宗教人类学文选》（上卷），上海三联书店1995年版，第61页。

体上说,"神圣—世俗"是一体性的,尽管在表述上有些也可以分成"圣"或"俗",但在特别的、正统的礼制中,却可清晰瞥见相互化合的因素;这与传统的农耕文明有关。中国古代的圣王都在世俗中表现出超凡的能力和秉性。换言之,圣王皆由世俗而来。比如神农的耕作能力非凡,大禹靠治水赢得天下,炎黄尧舜无不如此。在传统的乡土社会中,特别是与农耕相关的重要民俗活动,大多都成为中华文明重要的民俗节庆与仪礼,表现出"圣—俗"同置同构的情形;即世俗转化成为神圣,平凡转变成为非凡。

这种文化特性成为全世界独有的现象。我国被称作"礼仪之邦",礼仪本身既是国礼,又是民俗。比如《礼记·礼运》如是说:"夫礼之初,始诸饮食。"说明"礼"原本产生于人们的饮食,关乎民生,并成为"国之本位"——国之政治、政务、政要的根本。反过来说,政治之本就是保障人民的食物生计。《尚书大传》云:"八政何以先食,传曰:'食者万物之始,人事之本也'。"贾思勰《齐民要术》开章序言这样说:"盖神农为耒耜,以利天下,尧命四子,敬授民时;舜命后稷,农为政首;禹制土田,万国作乂。"① 人们通常是通过"礼"——礼制的经典化、伦理化来接受它,殊不知,礼更是一种"仪",其原生形态即仪式行为,属于人们的世俗性践行。而礼仪的展开和展示离不开器物,我们甚至可以说,"礼"本身来自器物,是一种特殊的器物性展示。"礼是按着仪式做的意思。礼字本是从豊从示。豊是一种祭器,示是指一种仪式。"②

物在礼的关系中最基本的特征,在于物可以享、可以用、可以交通。张光直认为,神属于天,民属于地,二者的交通靠巫觋的祭祀。而在祭祀上的"物"与"器"皆为重要工具。"民以物享",于是"神降这嘉生"。③ 如上所述,礼之雏形为饮食。它不仅强调人们在饮食中的礼节,也讲究饮食中的器物,甚至连菜肴的摆设等都有规矩和礼数,以区别长幼尊卑的等级关系。④ 所谓:"上公备物九锡:一、大辂各一,玄牡二驷。二、衮冕

---

① 贾思勰:《齐民要术》"序",缪启愉、缪桂龙译注,上海古籍出版社 2009 年版,第 1 页。
② 费孝通:《乡土中国 生育制度》,北京大学出版社 1998 年版,第 51 页。
③ 张光直:《考古学专题六讲》,文物出版社 1986 年版,第 99 页。
④ 参见彭兆荣《饮食人类学》,北京大学出版社 2013 年版,第 205—218 页。

之服、赤舄副之。三、轩悬之乐，六佾之舞。四、朱户以居。五、纳陛以登。六、虎贲之士三百人。七、鈇钺各一。八、彤弓一，彤矢百。九、秬鬯一，卣珪瓒副之。"（张华《博物志·典礼考》）大意是说，对待尊贵的人要备赏九种物品，每一种物品都被阶序化、制度化，并成为人们现实生活中的规约。

从此人们很清楚地看出，中国的礼仪之于民俗器物之间的相互关系。《老子·第十一章》如是说："三十幅共毂，当其无，有车之用。埏埴以为器，当其无，有器之用。凿户牖以为室，当其无，有室之用。故有之以为利，无之以为用。"此说也成为我国"无用之用"的原点性学说。《淮南子·说山训》对此说得更为清楚："鼻之所以息，耳之所以听，终以其无用者为用矣。物莫不因其所有，而用其所无。""物/用"一直是我国古代不同哲学流派讨论的重要话题。相对而言，出道者大多主张对实物之务实的超越，即所谓的"无用之用"。《庄子·人间世》总结得最清楚："人皆知有用之用，而莫知无用之用也。"入世者大致与之相反，强调对物的量材使用。中国自汉代以来，儒家学说便成为社会的主导性伦理。

这样，对历史的解释，物也就不只是一种实物的遗存，也是对历史负载的认知和评判；我国的"文物"于是有了特殊的言说语境，即民俗生活。文物属于物质遗产，对物的不同的文化价值体系、不同的分类原则和方法赋予"文物"与众不同的意义。比如我国古代的一些礼器有"礼藏于器"之说。最早的训诂典经《尔雅》中"释宫""释器""释乐"多与传统"礼仪"密不可分，比如"鼎"等礼器就成了国家和帝王最重要的祭祀仪式中的权力象征。迄今为止在考古发现中中国最大的礼器鼎叫"司母戊大鼎"。《尔雅正义》引《毛传》云："大鼎谓之鼐，是绝大的鼎，特王有之也。"[1] 所谓"商曰祀，周曰年，唐虞曰载"都与物的祭祀有关。[2]《左传》："国之大事，在祀与戎。"[3] 郑玄注《礼记·礼器》："大事，祭祀

---

[1] （清）邵晋涵：《尔雅正义》卷七，清乾隆五十三年面水层轩刻本。
[2] 《尔雅义疏》，王云五主编，卷三，台北商务印书馆1965年版，第46页。
[3] 见杨伯俊编著《春秋左传注》，中华书局1981年版，第861页。

也。"① 如果缺失了对物的认识和使用,"礼仪之邦"便无从谈起,民间生活也无从谈起。

概而言之,在我国传统文化中的由"俗"转"圣",或"圣—俗"同置的形态关系,基本的逻辑和理由为:乡土是"土壤",民俗是"源泉"。

第三节 新民俗景观

在全球化加速到来的今天,传统的乡土社会无例外地被卷入。而大众旅游相伴而至,致使传统"活态民俗"面临着巨大变化——包括发扬、存续、变迁和消亡的各种可能。与此同时,"新民俗"也乘势进入乡土社会。这对于传统的乡土社会是一个巨大的挑战与机遇。这与其说是所谓的"转型",不如说是对乡土价值的一种考验和检验。全球化的特质是"同质化",诸如现代科技方面的产品,网络交通、电子信息等的同质性,一方面,使得人们的生活更便携、舒适;另一方面,对传统的地方性民俗会起到挤兑,甚至威胁作用。面对所谓的"同质性",差异性和多样性在今天变得尤其重要。而在阻止"同质性"泛滥方面,民俗无妨为一剂良方。

新语境导致"新民俗",是为常态。今日之"新民俗"宛若网络信息,鱼龙混杂;其中时尚特征与人为价值成了催化剂。依据笔者的理解,新民俗要坚守和坚持的原则是"三民":民众、民情与民间。因为乡土民俗的主体为"民"。作为一种乡土景观,它本身不仅包含了"多样性"——生态多样性、生物多样性、文化多样性、景观多样性等,同时民俗作为特殊的遗产,尤其是非物质文化遗产,其原真的、活态的、草根的特点值得特别守护。在此,对所谓"新民俗"需要有一个大致的辨析:如果"新民俗"取自于乡土,有益于文化自信和认同,又惠及民众,还能兼顾时代语境的逻辑性,这样的新民俗值得促进和宣扬;但如果只是在景观设计中生硬地加入、注入一些"人造民俗""伪民俗""假民俗"元素,而没有充

---

① (汉)郑玄注,(唐)贾公彦疏:《礼记正义》,中华书局1980年版,第1243页。

分考虑乡土性,就需要特别警惕甚至阻止。

众所周知,对于游客来说,"新民俗"活动成了地方最有代表性的"表演"和"展示"。那自然只属于"前台理论"。① 对此民俗学家周星认为:

> 民俗主义的手法或状态,在人们将民俗文化或地方风情作为表演节目或展示的对象时,总是会有颇为活跃和突出的表现,当其分寸恰到好处,当它被受众乐于接受时,就会被赞美为古朴而典雅或是传统田园牧歌与现代社会时尚的结合等,但当它们过犹不及,就会被指责为胡编乱造,是人为拼凑的"伪民俗"与"假景观"。民俗主义的上述两个面向,反映在古村镇的保护与开发当中,既可能是保护与建设性的发展,也有可能是破坏或不可挽回的损失,而最终的一切均取决于古村镇居民在其日常生活中的实践、选择以及他们是如何与外来"他者"进行交流的。②

民俗反映于日常,乡土呈现于地方,三者无法截然分开。在乡村旅游的行为中,游客之所以被旅游目的地所吸引,"乡村民俗"无疑是一种旅游资源,即原来属于村民自己的民俗活动和事象,转而需要根据游客的需要、时尚等进行改造和调适。在旅游人类学家眼里,以民俗吸引旅游包含了一个完整的结构程序。按照麦克内尔的分析,旅游吸引力来自以下几个阶段,或曰程序:第一阶段被称作"神圣化景物的命名阶段"(naming phase of sight sacralization)。通常这一过程系由巨大的社会工程性工作来实现,包括对景物的评估、图片、摄影、拍照、宣传等一系列工作来确定景物或者景点的美学的、历史的、纪念的、再造的社会价值。第二个阶段是提升和框限(election and framing phase)。提升是在一个具体的景点案例中对某一

---

① 即所谓的"舞台真实"(staged authenticity)理论的核心部分。该理论认为游客在旅游经历中体验和认识"真实性"只是被装饰的,是东道主社会根据需要将"前台"的"虚假事件"(psuedo-events)展示给游客。所以,游客所经历的和所"看到"的是"不真实的"。真正东道主"真实的生活"(real lives)则被遮掩了"后台"。参见 MacCannell, D., *The Tourist: A New Theory of the Leisure Class*, Ch.5, Berkeley: University of California Press, 1999(1976)。

② 周星:《乡土生活的逻辑:人类学视野中的民俗研究》,北京大学出版社 2011 年版,第 258—259 页。

个特定物进行建构,对旅游景物进行基础性构架和展示。而框限主要指围绕着某一景物的官方边界。

当第一个程序,第二个程序在实施过程中,第三个阶段也自然介入。这一阶段被称为"奉祀秘藏"(enshrinement)。有些特别的参观物被神秘地放在一个地方,这样的景物都带有"奉祀圣物"的感觉,而圣物的秘藏也必然会产生一种庄严和肃穆的氛围。第四个阶段叫"机械性再生产"(mechanical reproduction),即圣物的神圣化过程,诸如印刷物、相片、景物的那些使自己的展示具有神圣性的必要的装饰和打理。这是一个神圣化的机械再生产所必需的程序和过程,是旅客在旅游活动中能够通过一个真实的景物以获得一种回报的方式,它可以使游客在观光中不至于感到失望。神圣化的景物标志的创立和修建过程与旅客不断的观光活动构成了一种不间断的过程。最后一个阶段的景物神圣化是指所谓的社会再生产(social reproduction)。当不同的人群、城市和地区开始根据著名景物的吸引原则开始命名自己的时候,社会再生产便随之产生。① 按照这样的程序,当"新民俗"成为旅游资源时,亦需要依据相应的"程序"进行。

就乡土景观的情形而言,那些原生性的景观原本只属于特定群体、区域范围历史遗留下来的部分,有些景观的"权力"也只限于特定人群的窄小范围,比如宗祠作为宗族景观的一部分,只分属和分享于特定的亲属共同体;然而,伴随着一些社会事件、运动、价值的到来和进入乡土社会,其作为一种社会化权力机制,便逐步进入乡土社会,并开始着同样的社会化权力再生产的程序之中。大众旅游进入村落,原生性小范围所属的景观开始扩大其适用范畴,成为"旅游资源"的一部分。贵州安顺屯堡的例子便可为证。原先的诸如"地戏"等民俗活动,伴随着的屯堡成为旅游目的地,骤然扩大了"民俗"的范畴和范围,由此生长的各种关系和权力便顺势滋生,特别是当有些民俗活动"被非遗化",事实上极大地改变和改造着传统的"民俗"而成为所谓的"新民俗"。

世界上只要还有人群共同体的存在,只要还在不同的地方、区域留下乡土社会的各种"草根",民俗便永远不会消亡。这并不意味着所有的,

---

① MacCannell, D., *The Tourist: A New Theory of the Leisure Class*, Berkeley: University of California Press, 1999 (1976), pp.44-45.

来自民间的民俗活动都会存留，都需要延续，其实，乡土社会本身具有宛如"水库"之存储与排泄的机能。某些民俗活动、事象会随着历史大河的汹涌而"流逝"，与此同时，新的民俗活动和事象又会生成。但是，民俗作为真正的"草根景观"，任何力量都无法根本地摧毁它；因为它根植于乡土土壤，其势如"野火烧不尽，春风吹又生"。

当代的经济学家给出了一个警示：任何事物，同质性越高，安全系数越低，风险越大；相反，同质性越高，安全系数越高，风险就越小。按此规则，诸如"城镇化"（特别是那些从设计师工作室或模版生成的人造景），因为同质性高而成为"危险产品"；而择取乡土滋养的，具有多样性"基因"的民间智慧、民俗类型，具有"活态"生命的民俗类型，也具有更高的"安全性"。从这个意义上说，保护乡土景观，留守民俗，也就不只是"新农村建设"需要重视的地方文化的"自留地"事务，它甚至提升到了关乎中华传统文化的"安全"问题，即如果"新农村"都变成一样的、同质化的"产品"，那么，借用经济学给出的警告：同质性的产品越高，风险越大。

第五章 乡土社会·家园遗产·村落公园

第一节 乡土社会

我国正在进行城镇化工程建设,这种"大工程"的推进方式具有高效、快速的特点,却也可能带来高昂代价的负面后果。今日我国之雾霾天气便是一个前车之鉴:快速的经济增长,且这种增长的一个重要特征是以过多地消耗能源,以破坏环境为代价。为此,中央在城镇化工作会议上提出,城镇化要"让居民望得见山、看得见水、记得住乡愁"。

目前存在的问题包括:城镇化过程(包括"新农村建设")模仿城市形制,简单把传统的农村按照工程项目"建设"为城市。一些乡村房屋被推毁,农民被以"迁村并点"的方式集中起来,本来形态丰富的各地乡村景观变成了千村一面的"新景观"。为此,不少学者提出了批评和建议,认为乡村记忆是人们认知家园空间、乡土历史与传统礼仪的主要载体,只有留住这些乡村记忆,才能留住乡愁。因此,城镇化要做到"既实现物质空间的现代化,又让人的情感得以安放,使家园空间具有高度的人文品质和良好的生态环境"[①]。

尽管善意的批评声不断,但总体上说,许多的批评要么停留于"高空作业",要么却未能切中其要;主要原因在于缺乏对"乡土社会"结构的深度认识和准确把握,即我们究竟要在乡土社会中继承什么,留住什么并

---

① 参见陆邵明《留住乡愁》,《人民日报》2016年7月24日第5版。

不明了，因此，隔靴搔痒式批评者众。依笔者之见，当下所说的"留住乡愁"其实包含着一个完整的形制：**以中国传统文明为底色的"乡土社会"；以地缘性文化多样为依据的"家园遗产"，和以宗法关系为纽带所形成自然景观的"村落公园"**。三者共同构成一个层次分明的"倒三角"。"城镇化"和"留住乡愁"都需要对这个结构有完整的认识。如下：

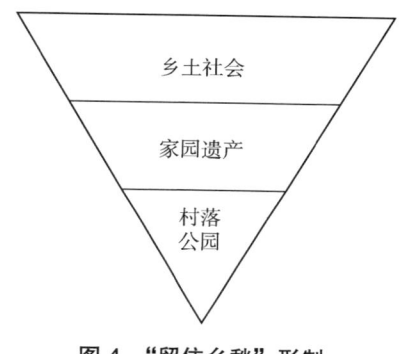

图4 "留住乡愁"形制

中国传统社会的本相是"农本"，今天我们所说"三农"（农村、农业、农民）不啻为农本的现代版。中国的乡土社会建立在"以农为本"根本属性之上。那么，农业之"本"是什么呢？是土地。费孝通准确地概括"乡土中国"。① 逻辑性地，"社"为核心。"社"的本义就是土——以土地为根本，以土地为神。在原始村落中，人们聚土成墩，以便围绕土墩进行祭祀活动，祭拜滋生万物的地神。白川静认为"社"的古代读法是"土"，"土"是"社"的初文。而"土"表示将土垒成馒头型的圆土堆，放到台上，为土主（土地神）之形。"示"表示祭祀时用的祭桌，表示祭祀土地神。于是"示"加"土"造出了"社"字，用来表示原有的神社概念。古人相信，山川丛林都居住着神，所以在土主所在地植树，进行祭拜；后来，建造成建筑物，在那里祭神，称之为"神社"；再后来，以社为中心结成各种集团，有了"结社""会社"之类的语汇，意指某种社会集团。② 简言之，"土—社"同义同源；以"社"为主干，社稷、社会、

---

① 费孝通：《乡土中国 生育制度》，北京大学出版社1998年版。
② ［日］白川静：《常用字解》，苏冰译，北京九州出版社2010年版，第185—186页。

社群、社火等皆从之。所以，要理解我国的乡土社会，"社"是一个关键词。而"祖—社"同构成一个稳定的结构。

"社"与"地方"存在认知上的关系——与"天圆"对应"地方"的结构类同。"四方"自然成了"社"的维度范畴，四方神与社神为不同的神祇，二者皆重要。《诗经·小雅》："以我齐明，与我牺羊，以社以方。"《诗经·大雅》有："祈年孔夙，方社不莫，昊天上帝，则不我虞。"丁山因此认为，"后土为社"，应祀于社壝之上，不必再祭于"四坎坛"。① "以四方之神合祭于邦社，恰与《左传·昭公二十九年》中的'五行之官，祀为贵神，社稷五祀，是尊是奉'，祀四方于社稷之典相合；足见四方之神，在商、周王朝的祭典里，本属地界，不隶天空……当是祭四方于社稷的遗制，与天神无涉。"② 四方之神在《国语·越语下》中亦称"四乡地主"，云："（王命）环会稽三百里者为范蠡地……皇天后土，四乡地主正之。"注解："乡，方也。"四方神主，见于盟誓。③ 概之，乡土的本义为神主地方之土地。

"社"是土地伦理的产物，是以土地为核心的社会和文化的建构。这也构成了"传统—正统"的社会关系，所以我国古代"圣王"在"正名"其为"英雄祖先"时常常采借其义。比如陶，《说文解字》释："陶，再成丘也，在济阴。从阜，匋声。"《夏书》曰："东至于陶丘。陶丘有尧城，尧尝所居，故尧号陶唐氏。"说明尧帝曾经居住在陶丘，因此尧帝也号称"陶唐氏"。尧帝既是土之圣，又同陶之祖。古人称主天者为"神"，称主地者为"圣"。《说文解字》："圣，汝颍之间致力于地曰圣。从又土。"于省吾以其考释，"圣"与"田""垦"有关。④ 显然，这是中国农本传统的缩影。说明古代以"神农"为本，以土地为本。人们也可以理解为何尧、舜、神农等先祖皆为"圣土"之王。"圣"的合并字为"聖"，即"圣—聖"的并转。甲骨文像长着大耳的人，表示耳聪大慧者。中国远古祖先认识到，善听是内心宁静敏感者的超凡能力，能在自然环境中辨音识相者，是大觉悟的成道者。由此可知，"神聖"原先圣土而后圣王。

---

① 丁山：《中国古代宗教与神话考》，上海辞书出版社 2011 年版，第 101 页。
② 同上书，第 169—170 页。
③ 同上书，第 157 页。
④ 于省吾：《甲骨文字释林》"释工"，商务印书馆 2010 年版，第 232—242 页。

就认知而言，中国传统的宇宙观为"天人合一"。具体而论，即天地人"三材"和谐一体。"天父"（祖）"地母"（社）有天地阴阳和谐之义。"后土"具有生产、生殖的意味和功能，即以土地为崇拜的具体对象。封土为社，故变名谓之"社"，利于众土也。（《白虎通·社稷》）我国传统以土地为本，将"自然崇拜"与"人神崇拜"合二为一，"社以地言，后土以神言"①。后土神由此成为影响农业生产与地域安危的决定性力量。在社会行为上，后土信仰构建出了一系列特定的礼仪制度和民间习俗。"后土"信仰、制度、行为的载体延伸出巨大的文化空间。山西介休后土庙的历史演变和衍化，可以为范。②

这便是"乡土本色"。③在中国的传统语境里，离开了"土地"，便失去了"社会"之根。费孝通说，我们的民族是和泥土分不开的，是从土里长出来的光荣历史，自然也会受到土的束缚。土是我们的命根，土地是最近于人性的神。④"中国人的生活是靠土地，传统的中国文化是土地里长出来的。"⑤但如果城镇化建设不顾及这数千年养育和传承下来的乡土伦理，这种城镇化最终将被摈弃。

第二节　家园遗产

如果说中国传统的根本属性是"乡土"，那么，"家园"就是乡土的归属，即有一个具体的地方范畴和空间形制，同时有着独特的、成形的地方知识。"家园遗产"以自然形成的地方性价值为认同依据，不完全以行政区划为标准。在表述上较为接近人们所认的"家乡"那个地方，也是成为文化遗产可以或可能最终成型和落地之处。概而言之，家园遗产有一个"地方""区域"的维度，具备完整的地方知识和地缘力量。"家园遗

---

① 陈垣编纂：《道家金石略》，《重修大宁宫记》，文物出版社1988年版，第1221—1222页。
② 参见彭兆荣等《天下一点：人类学"我者"研究之尝试》，中国社会科学出版社2016年版。
③ 费孝通：《乡土中国　生育制度》，北京大学出版社1998年版，第6页。
④ 费孝通：《乡土中国》，载《费孝通文集》第五卷，群言出版社1999年版，第316—317页。
⑤ 费孝通：《土地里长出来的文化》，载《费孝通文集》第四卷，群言出版社1999年版，第176页。

产"所以重要，还在于不仅承担"乡土社会"的地方演示——具体和具象化；同时又是连接最为基层的村落。也因此，是城镇化建设必须特别留意之所在。

"家园"已不再是"乡土中国"的抽象化表述，而具有实体性。首先它有一个空间范畴：一方面，它可以具有地理学意义上的指示；另一方面，它通常又凭附于一个地方传统文化之上。大体上与人们所说的"一方水土养一方人"相契合。家园的空间形制通常是人们所说的"地方"。换句话说，"家"总是要坐落于某一个地方。因此，"地方"常常被人们作为"家园"来对称。但是，"家"与"地方"虽然相携，所指却迥异。"家"是一个可以完全"做自己"的地方，而人们所说的"地方"——"就此意义而言，家通常充当地方的一种隐喻"①。具体而言，我国的"家"是以血缘、亲缘为纽带的连接，"地方"则是以地缘为纽带的关联，而"家园"则是将二者并置、并存的联合体。

家园遗产自然会与特定的人群相关联，特别对于那些有"原乡"和"迁移"关系的人群、族群。他们不仅生活在一起，而且创造了一种属于特定群体的文化遗产。比如在北美、澳大利亚、新西兰等地，原住民将"地方—地点"作为身份的标志。在加拿大，印第安人称自己是"第一公民"（the First Citizen），以区别外来族群，称自己是"某地"的印第安人，以区别其他地方的印第安"兄弟"。在澳大利亚，国家的遗产体系特色所强调的就是遗产的地方性，突出"有意义的地方"（the place of significance）价值，建立了符合国情、凝聚国力的有形和无形的文化遗产体系，也成为国家在外宣传上的重要形象。而在这样的遗产表述中。"有意义的地方"也因此变得具有非凡的价值。

既是"家园遗产"，就被认定为"财产"（遗产），就有创造、归属、认同和传承的问题。"财"在中国传统的认知中主要指实物，《说文解字》释："财，人所宝也。"《康熙字典》择录"财"之多义："可入用者"，包括食谷、货、赂、资物、贿、地财、土地之物、裁（《尔雅·释言疏》裁、财音义同）、祠（《史记·封禅书》民里社各自财以祠）。"产"即"生"，包

---

① Tim Cresswell：《地方：记忆、想象与认同》，徐苔玲等译，台北群学出版有限公司2006年版，第42页。

括人的生产和万物的生产。

综合而论，它有两个基本的意思：其一，参与、平衡与成就。在古代，"财"通"裁"，有裁成、参与之意，杜预《左传注》卷四十："製（制），裁也。"今日之"制裁"即由此而出。尤为重要的是，"财"有"参"之意，"参"可意为"三"，天地人也（我们通常也把"天地人"说成"三材"）。《周易·泰·象传》有："天地交泰，后以财成天地人道，辅相天地之宜，以左右民。"这里的"财"即剪裁、参与以合天地之道。《荀子·天论》："天有其时，地有其财，人有其治，夫是谓能参。""财"的"与天地参"的意义其实涉及了天人合一的核心价值，并演化为礼义之道。① 其二，珍宝。"宝"即"财"，但意义比"财"丰富。《说文解字》释："宝，珍也。"甲骨文宝（寶）的字形🔲，即⌒（宀，房屋）、🔲（贝，珠贝）、🔲（朋，玉串），造字本义是，藏在家里的珠贝玉石等奇珍。庙中贡献玉、贝（子安贝，属于财宝）、缶（陶制酒具、容器），谓"寶"，意味着贡献之物均为宝物。② "宝"原指"家中有玉"，即"传家宝"，并延伸到了各种不同价值中。

需要特别阐释的是，"传家宝"中的"家"包含着"家—国"复杂意义。作为"家国天下"的体性，自古即从整体上界定了"家"的边界范畴。所以，"家、国、天下"贯穿着家庭性原则而形成三位一体的结构。③ 这里需要特别注意：我国的"家"是一个立体构造，上接"国"（即"家国"），中接家园，即地缘性实体，下接家庭，指具体家户。而"传家宝"的所指也因对象的差异而有所不同。在现代遗产学范畴，如果其指国家，则是"公产"，如果指家庭，则是"私产"，如果指家园，则指地方文化。我国当下的非物质文化遗产之大部皆在"家园遗产"之中。今日的城镇化之所以令人有一种担心，主要原因是强大的"国家"力量替代、冲淡了其他两位"家"的价值，久而久之，人们的家园主人翁意识或将日趋淡化，将一切事务推给国家。

---

① 参见李申《道与气的哲学：中国哲学的内容提纯和逻辑进程》，中华书局2012年版，第54—55页。
② [日]白川静：《常用字解》，苏冰译，九州出版社2010年版，第400页。
③ 参见赵汀阳《天下体系：世界制度哲学导论》，中国人民大学出版社2011年版，第43—44页。

第三节 村落公园

与"家园"最为契合、具体的,"家—家族"共同生活的基层共同体是村落。人们分享着小范围的公共资源,土地、水流、山林等,形成了"公社"的居住方式,满足族人生存需求,有着共同的生计模式,形成并分享着公共文化。村落实际上成为真正意义上的,具有中国传统特色的"**公园**"(公共家园)——实行**公社**式居住,分享**公共**资源,执行**公信**"同意权力"[①],实行"**公摊**"方式,认同**公共**文化,还有"**公田**"(通常指族田),有的还有"**公墓**"(宗族坟地)。可见,此"公园"非彼"公园"(park),是具有中国特色的、本土化的村落景观。

在学术界,传统的村落常常被外来词汇所替换,诸如社区、社群等,以适应当下学术话语的表述范式。其实,这种各自表述和各自定义都不妨碍村落的原生形态,只是内涵和外延有些差异。比如吴文藻先生对传统社区(实为村落)的界定为:"社区即指一地人民的实际生活而言,至少包括下列三个要素:(一)人民,(二)人民所居处的地域,(三)人民生活的方式,或是文化。"这是吴先生为王同惠、费孝通所著《花篮瑶社会组织》而写的导言中所做的总结。[②] 瑶族是一个迁徙性山地民族,与汉族村落的情形有所不同。王铭铭将这个定义置于中国东南地区,以溪村为例,将汉族村落定格为"家族社区",因为它的人民、居住和生活方式全受家族制度的约定;社区是由血缘和婚缘关系为原则组成的。[③] 这里的所谓"社区"其实就是村落。只是社会学(社会人类学)偏爱使用"社区"。但实际上,社区的类型比村落多得多,比如街道办也称为"社区"。

在传统的乡土社会里,尤其是汉人社会,村落与"家(家族)"是原生的。"家"是最根本的表述单位、落实单位。就字的构造来看,汉字取

---

① 费孝通:《乡土中国 生育制度》,北京大学出版社1998年版,第60页。
② 吴文藻"导言",载王同惠、费孝通《花篮瑶社会组织》,江苏人民出版社1985年版,第5页。
③ 王铭铭:《社区的历程:溪村汉人家族的个案研究》,天津人民出版社1996年版,第6页。

象构型为我们完整地保留着上古初民某种思维的活化石材料，"家"是一个意蕴丰厚的文化之象，其"从宀从豕"的意象造型，直观再现了农耕文化的生存方式。在中国的语言文化系统中，"家"是可分析性最强的语象之一，"家"字具象地保留下人类生存方式的历史记忆，承载着复杂的文化元素和亲属关系。

古文字学家中有一种意见认为，不应从后代世俗意义来看"家"字的起源，而应采取历史还原的视角，透视出家畜在上古宗教生活中的作用。陈梦家先生指出：

> 《尔雅·释宫》："牖户之间谓之房，其内谓之家。"家指门以内之居室。卜辞"某某家"当指先王庙中正室以内。①

唐兰先生认为，早在新石器时代的陶文中就可以辨认出"家"字，其结构与甲骨文的家字一样。②"村落"作为"家—家庭—家族"的归属性，所包含的东西和关系非常复杂，诸如时间、空间、方位、归属、居所、家庭构造、财产、环境、"神龛"等。

这里的"家"主要指宗族规约和家族传承，它与村落是同构性的，只是指称的侧重有所不同，家更侧重于家族（同祖同宗）的亲属纽带及继嗣制度，而村更侧重于人群共同居住的情形。村落是最为基层的人群"共同体"（community）。在人类学的概念里，村落（village）是一个具有"公社"性质的单位，表述上二者常连用，即农村公社（village commune）。这个概念包含着在同一个人群共同体所属范围，曾经有过土地公有的经历。③ 在古文字中，村落原本并无特别意思，甲骨文、金文都无此字，"村"是"邨"的异体字。屯，既是声旁也是形旁，表示驻扎。邨，篆文即 （屯，驻扎）加 （邑，人口聚集的地区），表示人口驻扎的聚居区，人口聚集的自然屯落。《说文解字》释："邨，地名。"字形采用"邑"作边旁，采用"屯"作声旁。这说明，最早的"村落"是强调自然居落，分享着自然，特别是土地资源。

---

① 陈梦家：《殷虚卜辞综述》，科学出版社1958年版，第471页。
② 唐兰：《再论大汶口文化的社会性质和大汶口陶器文字》，《光明日报》1978年2月23日。
③ 参见陈国强主编《文化人类学词典》，浙江人民出版社1990年版，第230页。

第一部分 乡土社会

在传统的汉人社会，村落从"开基"到"扩大"主要遵循宗法制度下的家族演化。传统村落形成，通常是因为家族的扩大，人口增长。但聚居之处因资源不足无法承载、承受越来越大的家族规模和人口增长，在这种情况下，由原来的家族"分支"出去，到新的地方去生活。那个新的地方通常也就以特定开基祖的"姓氏"为标识，如黄村、曾村、李村，等等。这样的过程，一方面是宗族不断地扩大过程，也是村落建制的基本造型。这也是为什么在汉族村落宗族成为基本和根本的力量。因为"中国人的所谓宗族（lineage）、氏族（clan）就是由家的扩大或延伸而来"[①]。换言之，村落的主要历史形态是特定宗族不断扩大的过程。因此，村政的家族化控制手段也成为村落管理的一个重要特征。"从全国范围看，利用宗法制度的民间变形——家族制度——实施地方统治，是普遍现象。"[②]

村落是农业传统之自然选择的一种方式，特定人群（特别是有血缘、亲缘关系）选择一个自然的居处，固定下来。农耕需要土地，所以选择有土地的地方用于耕种，形成了固定的家园，这就是村落——相对稳定的居落。在这种关系中，**族群、土地、家庭**构成了村落相互关联的三个要件。而为了保证宗族的发展，**宗庙、族产和族谱**也构成了三个要件。在此基础上，人们根据自然所提供的条件生存、生计和生活。如果土地资源丰富、肥沃，人们自给自足，这就是小农经济的生产方式。在山海交接地带，形成了半渔半农的村落，如果在海边的居民，则完全以捕鱼为生计方式，形成渔村。由此可知，村落与环境提供的资源形成了最重要的关系纽带，是人们选择环境所形成的与自然协调的关系。

今天人们在言说自然环境时，又多是将其置于"人文"的背景之下。这当然是一个基本的视角，但是，我们更应该提示的是，人其实是"自然"的产物，"自然"造就、造化了地球上的所有生物物种。换言之，在人类诞生之前，就已经有了许多的生物物种。比如在美国加州的一片红杉树林，高达100公尺，大约有30层楼高，早在世界上还没有人类的时候，

[①] 参见庄英章《家族与婚姻：台湾北部两个闽客村落之研究》，台北"中研院"民族研究所1994年版，第6页。

[②] 参见王铭铭《村落视野中的文化与权力：闽台三村五论》，生活·读书·新知三联书店1997年版，第40页。

这片树木就已经生长。所以，当我们在讨论"自然村"作为村落公园的时候，必须将这一因素考虑进去，即"自然"是我们的母亲，而自然村作为村落公园的首要因素是自然生态先我们而在。人类是后续进入的，是"客人"，尊重自然便是尊重"主人"。这或许才是"自然村"的本义。

讨论：

1. 我国城镇化是否必须毁损乡土根基？

回答是否定的。任何传统都是文明的累叠，中国自古就有城市化的问题，并形成了独特的城市智慧。① 重要的是，中国的"城邑文明"② 与乡土文明并置同辉、相辅相成。也就是说，中国并非只在今天才有"城镇化"的问题，更不需要以毁损乡土社会的根基为代价。如果如上的表述逻辑可以成立，那么，"乡土—家园—村落"便是一个历经数千年所形成的历史性社会结构，仿佛地形地貌的形成一样，破坏这种结构，其后果是不难设想的。

2. 农耕文明必然会成为工业化的阻碍？

回答是否定的。农业传统与城镇化发展未必不相见容，也不见得农耕文明必然成为工业化的阻力和阻碍。以法国为例，法国今天仍是"农业国家"，是欧盟最大的农业生产国，也是世界主要农副产品出口国，农产品出口仅次于美国居世界第二位。法国保持农业大国的原因主要有：（1）地理原因：法国拥有欧洲最富饶的土地，气候好，水源充沛，利于灌溉。（2）历史原因：法国的农业是其立国根基，国家强大的理由就是因为农业的鼎盛——从封建国家到现代国家一直如此。（3）民生原因：法国是欧洲的人口大国，没有强力的农业支持无法维持其人口增长和国力强盛。今天，法国是一个工业大国，也是一个农业大国。

3. 城镇化是否为经济发展的必然形式？

回答是否定的。经济发展与城镇化并不构成逻辑关系。费孝通有一个

---

① 参见彭兆荣《城与国：中国特色的城市遗产》，《北方民族大学学报》2016年第1期。
② 李学勤等人认为，中国古代早期的城邑具有政治、宗教、文化和权力的中心功能，而商品集散地的功能不显著，故可称为城邑国家或都邑国家文明。参见李学勤主编《中国古代文明与国家形成研究》，云南人民出版社1997年版，第8页。

重要的观点，认为我国传统农村向城镇转变，农村人口向城镇流动是不自在的，不自愿的，是"被迫"的"逼上梁山"。[①] 他以近代苏南为例做了这样的论述："乡镇工业不仅与农业之间有着历史的内在的联系，而且与大中城市的经济体系之间存在着日益密切的联结。在旧中国，自从上海成为通商口岸的上百年间，外国资本和官僚买办资本就从这个商埠出发，沿着沪宁铁路把吸血管一直插到苏南的农村。首先被摧毁的是农民的家庭手工业；接着农业也独木难支；最后农民忍痛出卖土地，到上海去做工——走上西方资本主义工业化的道路，还要加上半殖民地的性质。"[②]

4. 我国城镇化是否必须采取大工程形式？

回答是否定的。如果城镇化是代表一种历史过程中的表现形式（这也需要存疑），那么，按历史的自然规律演进，人们只需配合演进的规律，这既是自然的，又是智慧的。人为的、主观的改变，特别是主导性的大工程介入和进入的"加速"，容易形成城市的趋同化，如在很短的时间里同时出现成群的**高楼大厦**、**高速公路**和**高空雾霾**。事实上，在当今我国的城镇化进程中，走在前面的是"工程师"。巨大的工程在拉动经济高速发展的同时，还转化成了地方任务指标和行政"业绩"。然而，这种城镇化工程的**"有形性"**却深深地伤害到乡土传统的**"无形性"**。

5. 我国的城镇化是否找到了自己的模式？

回答是否定的。之所以这么说，基于两个理由：（1）中华文明的历史从来没有经历这样"疑似"以工业取代农业、以城镇取代农村的突变性"转型"，我们在传统的价值认知、知识体制和历史经验等方面都没有做好准备。（2）工程化的"图纸—模版—程序"一体化方式，没有事先解决"本土化"的问题。意大利的佛罗伦萨，日本的京都等未必不经历现代的"城镇化"，可是，他们凝古、固古、存古、续古，没有高楼，不靠工程项目实现"城镇化"，这也是一种模式。窃以为，目前我国所进行的城镇化工程仍未找到"中国模式"，缺乏整体认知、深入调研、尊重民意、综合评估、学科协同等方面。然而，工程却已在快速地进展中。因此亟须补救这些工作。

---

① 费孝通：《行行重行行：乡镇发展论述》，宁夏人民出版社1992年版，第51页。
② 同上书，第52—53页。

第六章 魂之归兮，乡土中国
——费孝通的乡土情结[①]

第一节 何以表述"中国"于乡土

泱泱华夏，如何正名，何尊言之凿凿。[②] 浩浩中国，如何体示，"社稷"述之莽莽。然，令人困惑的是，中华传统，素以农为本、为先、为重、为大，又如何造就农贫、农困、农弱、农弃？这位中华民族的"乡土之子"穷其毕生以求寻，尽其生命以探索的乡土之情、乡土之理，嘱当世者重视、珍视、扬示、警示。然而，今日之城镇化，其势大有耗农、损农，甚至弃农之虞。"中国"之乡土凭照，嘱我辈慎之守之。

[①] 我国是一个有着数千年传统的农本社会，有着特殊的"乡土性"。为了配合我国的乡村振兴战略，近期，我到费孝通先生80年前调查过并写出《江村经济——中国农民的生活》一书的村——江村（苏州市吴江区开弦弓村）开展调研，对推进乡村振兴作了一些思考。窃以为，对于民族学、人类学者而言，回归乡村，在用行动保持、保护"乡土中国"，重新调查和认识我国的乡土性，关乎这一战略重要意义。同时，也是《乡土中国》出版70周年。2017年11月，我们一行六人再次到江苏省苏州市吴江区开弦弓村（江村），①走访费孝通先生曾经28次调研、走访的那个小村落。①某种意义上说，费先生的江村调查，不仅刻录了他个人成就卓越学者的每一步足迹；更为重要的是，他讲述了真正的中国故事、中国道理和中国智慧于"乡土"。他是少数最了解"中国"的学者之一——真正意义上的"乡土之子"。他明白，要了解中国，要体察民情，要体恤农本，必须从乡村开始。费先生用他的生命解释了一个"谜"：中国何以"宅兹"，农本何以"贫穷"。他也用一生揭示了一个道理：村落何以生动，乡土何以富强。

[②] 目前为止发现"中国"两字的最早出处见于"何尊"所铸铭文，记载了周成王在其亲政五年时，对其下属"宗小子"的训诰，提及周武王在世时决定迁都于洛邑，即"宅兹中国"。可参见葛兆光《宅兹中国：重建"中国"的历史论述》，中华书局2012年版，第2页。

· 119 ·

第一部分　乡土社会

"乡土中国"之表述所以得体，与其说由费孝通先生概括、提出，还不如说如此提法符合我国历史传统的实情。"乡土中国"的提出颇为有趣，费先生在《留英记》中讲述了这一段故事：

> 当时费先生的博士考试是在他的老师马林诺夫斯基的家里进行。考试通过后，老师留下他的中国学生在家吃饭。吃饭时，马老师想起了一件事，他打电话给伦敦一家出版公司的老板，说他的一个学生有一篇博士论文能否出版，对方回答"如果你能为这本书写一篇序，立刻拿去付印"。马林诺夫斯基回答了"当然"二字。这件事就这么定下了。"这本书就叫《中国农民的生活》，还加上一个中文书名《江村经济》。"当时老师放下电话，深思了一下，说"这本书叫什么名字？"他嘴里吐出了一个字来，Earthbound，后来又摇了摇头说："你下本书用这个书名也好。"Earthbound 直译起来是"土地限制的"，后来果真我第二本书就用了这个名字 Earthbound China，用中文说，意思可以翻译做"乡土的中国"。他这短短的一句话，不是为我第二本提名，而是在指引我今后的方向，他要我回国之后再去调查，再去写书。①

语境或许并非最重要的，至为重要的是，用"乡土"定位、定性中国的逻辑和理由，无论是老师无意的提示抑或是费孝通先生的生命自觉。

众所周知，我国古代把国家称为"社稷"，与"乡土中国"相吻合。"社稷"之说非一蹴而就，而有一个历史演化的背景，经历了奠基和积淀的过程。考古资料表明我国长江附近中原地区的遗址证明最晚在公元前12000年，人类已经采集野生水稻和黍稷。公元7世纪，中国中原和长江以南地区的早期村落已经出现人工栽培水稻和黍稷。② 说明我国自古就以农耕肇始和肇基。历史上故有"禹稷躬稼而有天下"之说（《论语·宪问》）。大禹治水始立"九州""中邦"，也成了历史上第一个夏王朝的开基帝王，以务农而治天下。稷是后稷，黄帝之后，周人始祖，因善种谷物稼穑，教民

---

① 见费孝通《江村经济——中国农民的生活》"附录"，上海人民出版社2006年版，第238—240页。
② [美]马克·B. 陶格：《世界历史上的农业》，刘健等译，商务印书馆2015年版，第7页。

耕种，被尊为稷麦种植始祖。西周时始被尊为五谷之长，与社并祭，合称"社稷"。祭土之"国之大事"①遂逐渐形成。"社稷"形象、形态和形制表明了我国以农耕为本、立国的历史实情。

"社"字意为祀土，"土"也是社的初文。②《论衡·顺鼓》："社，土也。"意思是祭祀土地神。土地与丰产、生殖有关，带给人们生计，人们故将其神化祭祀，社祭的神坛便称为"社"。从天子到诸侯，包括百姓，凡有土地者都可立社以祭祀土地。古时的君主为了祈求国事太平，五谷丰登，每年都要到郊外祭祀土地和五谷神。"社稷"也就逐渐代表国家。其中有三个关键点：1. 中国立于"四方四土"之"中"，这既羼入"天圆地方"的宇宙认知，也依是建立"一点四方"的政治地理学形制。这在殷商卜辞中常用。③ 2. 中国自古以农为本，传续至今，演为传统。3."农正"延伸出"政治"的原义与范畴，其明确地表示为：处理和解决好农业生产是国家的头等事务，亦为最大的政治。

因为此，从古至今，国家与农本的关系皆属头等事务。既如此，以乡土定义"中国"自成逻辑。就研究对象而言，它既包括本体论又兼说方法论。诚如费先生在《乡土中国》"重刊序言"中说："这本小册子④和我所写的《江村经济》《禄村农田》等调查报告性质不同，它不是一个具体社会的描写，而是从具体社会提炼出的一些概念。这里讲的乡土中国，并不是具体的中国社会的素描，而是包括在具体的中国基层传统社会里的一种特具的体系，支配着社会生活的各个方面。它并不排斥其他体系同样影响着中国的社会，那些影响同样可以在中国的基层社会发生作用。搞清楚我所谓乡土社会这个概念，就可以帮助我们去理解具体的中国社会。概念在这个意义上，是我们认识事物的工具。"⑤换言之，以"乡土"定性中国（本体论），以村落作为认知和体察的路径（方法论）。

---

① 典出：《左传·成公十三年》："国之大事，在祀与戎。"
② [日]白川静：《常用字解》，苏冰译，九州出版社2010年版，第185页。
③ 陈梦家：《殷虚卜辞综述》，中华书局1988年版，第316—321页。
④ 指《乡土中国》——笔者注。
⑤ 费孝通：《乡土中国　生育制度》"重刊序言"，北京大学出版社1998年版，第4页。

第一部分　乡土社会

图5　"中国江村"（彭兆荣摄）

用"乡土"定性中国的依据是什么？"从基层上看去，中国社会是乡土性的。"① 而乡土社会的根本是什么，是土地、农田。然而，"中国"之大，区域之广，乡村之繁，样态之多，单一的村落样本何足以囊括、代表？费孝通先生清楚地明白，江村作为一个村落案点不足反映中国农村的多样性全貌，毕竟江村靠近大城市，加上水路网络便达，除了农业，手工业和商贸活动也很活跃。所以，继《江村经济》之后，费先生又写下了《禄村农田》，按他的说法，围绕着土地制度这一中心。② "禄村和江村代表着两种形式。江村是靠近都市的农村，深受现代工商业的影响；而禄村则还是在开始受到现代工商业影响的初期。在禄村，我们可以看到一个差不多完全以农业为主要生产事业的内地农村结构。它的特色是众多人口挤在一块狭小的地面上，用着简单的农业技术，靠土地的生产来维持很低的生计。"③

事实上，费先生在云南的调研主要集中在"三村"，特别关注村落不同的社会形态（禄村农田、易村手工业和玉村农业和商业）。④ 除了汉族

---

① 费孝通：《乡土中国　生育制度》，北京大学出版社1998年版，第6页。
② 费孝通：《禄村农田》"导言"，见《江村经济——中国农民的生活》，上海人民出版社2006年版，第273页。
③ 同上书，第276页。
④ 参见费孝通、张之毅《云南三村》，社会科学文献出版社2006年版。

村落，少数民族村寨亦在他的调研范围。禄村虽是"汉族"村落，却地处楚雄彝族自治州，历史上经历了难以泾渭分明的汉彝交流、交错、交织的变迁。[①] 这表明，中国乡土社会本身包含着不同区域、不同族群、不同生态、不同生产方式等多样性，以及不同乡土样态之间的相互交融。费孝通从他第一个"异文化"——广西金秀县六巷乡瑶族村寨花蓝瑶的调研（费先生曾"五上瑶山"）[②]，作为他"学术生命的开始"[③]，到老年"行行重行行"的整个中国乡土"行走"，[④] 他无愧为中国的"乡土之子"。

第二节 何以宅兹"中国"于乡土

"宅兹"的意思就是"这里是我家"。宅，甲骨文𠆢，∩是房架，𠂆（乇），意为托举、支撑，表示托起的横梁。本义为建屋造房。《说文解字》："宅，所托也。""乡土"于是有了"家—家园"的意思。家是一个特殊的空间形制，"空间包含了归属的意义和方式，即通过分享共同的经历，分享共同的生活方式，分享共同的仪式以及创造共同的归属感来实现地方价值。一个特定的地方空间（one's 'location'），包括社会性别、年龄、种族/族性的阶级、宗教等，会产生不同的记忆和意义"[⑤]。"归属感"是"家—家园"最好的注释。

对于乡土社会而言，"家—家园"明显拥有两个层面的意思：首先，通常意义上的"家庭"。英文中的 family 与 familiar 有关，是一个具有血缘关系或主仆关系的群体。[⑥] 中国的家庭是宗族性的，其第一个特性是"同宗"的血缘关系。"他们生活在密切的血缘关系中"，这是中国人的本色。

---

① 参见钱成润等《费孝通禄村农田五十年》（彝族文化研究丛书），云南人民出版社1995年版，第11—16页。
② 参见莫金山《金秀大瑶山考察对费孝通一生学术研究的影响》，《广西民族研究》2005年第3期。
③ 费孝通：《简述我的民族研究的经历与思考》，《中央民族大学学报》2000年第1期。
④ 费孝通：《行行重行行：乡镇发展论述》，宁夏人民出版社1992年版。
⑤ Kenny M. L., "Deeply Rooted in the Present", In Laurajane Smith and Natsuko Akagawa(eds.), *Intangible Heritage*, London and New York: Routledge, 1987, p.159.
⑥ Williams, R., *Keywords: A Vocabulary of Culture and Society*, New York: Oxford University Press, 1983（1976），p.131.

也是人们重视血缘关系和乡土关系的原因。① 所谓血缘，是指具有血亲关系的亲属——凡出于同一祖先的血缘关系者，不论是父系还是母系都包括在内。可分为直系血亲和旁系血亲两类。也可指示具有一种世系关系，即所谓的"血统"。② 这构成了传统中最具代表性的"家"，也是村落原生的纽带。从这个意义上说，它构成了乡土社会中最实在的部分。

费孝通在《乡土中国》中论之详细："农村的基本社会群体就是家，一个扩大的家庭。这个群体成员占有共同的财产，有共同的收支预算，他们通过劳动的分工过着共同的生活。""家庭这个名词，人类学家普遍使用时，是指一个包括父母以及未成年子女的生育单位。中国人所说的家，基本上也是一个家庭，但它包括的子女有时甚至是成年或已婚的子女。有时，它还包括一些远房的父系亲属。之所以称它是一个扩大了的家庭，是因为儿子在结婚之后并不和他们的父母分居，因而把家庭扩大了。家，强调了父母和子女之间的相互依存。它给那些丧失劳动能力的老年人以生活保障。它有利于保证社会的延续和家庭成员之间的合作。"③ 因此，"家庭"也成为费孝通透视和追溯乡土社会的一个重要入口。家庭同时也是社会变迁最为直接呈现的社会窗口。费先生在20世纪80年代的几次回访江村，对当地家庭结构的变化又做了后继的研究，集中反映在其"家庭三论"中。④

其次，村落是另一种意义上的家园，可以视为在特定空间、群体和关系所组成的特殊共同体。弗里德曼在《中国东南的宗族组织》一书的开篇即是："几乎在中国的每一个地方，几个紧密相连的村落构成乡村社会的基本单位。"⑤ 所以，村庄成了农民的最初和最后的"家园"。正如梅因所说，村庄系"由共同体成员居住的家园群体"⑥。中国传统汉族村落的创始和发展主要由姓氏和家庭（包括从原始大家庭的分支）延伸而来的，随着村落发展的需要，从开基到扩大，包括社会关系扩大、遗产（财产）的

---

① [日]和辻哲郎：《风土》，陈力卫译，商务印书馆2018年版，第128页。
② 陈国强主编：《文化人类学词典》，浙江人民出版社1990年版，第207页。
③ 费孝通：《江村经济——中国农民的生活》，上海人民出版社2006年版，第27页。
④ "三论"分别是：《论中国家庭结构的变动》（1982）；《家庭结构变动中的老年赡养问题——再论中国家庭结构的变动》（1983）；《三论中国家庭结构变化》（1985），参见王莎莎《江村八十年：费孝通与一个江南村落的民族志追溯》，学苑出版社2017年版，第128—133页。
⑤ [英]莫里斯·弗里德曼：《中国东南的宗族组织》，刘晓春译，上海人民出版社2000年版，第1页。
⑥ [英]梅因：《东西方乡村社会》，刘莉译，知识产权出版社2016年版，第75页。

延伸等。村落家园从大到小主要包括以下四种特点：1. 无专属的财产，如空气、道路等。2. 村产。同属一个村落的居民共同享受并拥有同等权利的财产，如公共坟地等。3. 扩大的亲属群体的财产，如所谓的"族产"。4. 家产，指某一个特定家庭的财产。①

由于"乡土社会在地方性的限制下成了生于斯、死于斯的社会。常态的生活是终老是乡"②。而在乡土村落的结构中，宗族是纽带。弗里德曼通过地方性亲属制度的原则确定"公共财产"，形成了人类学对乡村家园的一个基本原则。在地方性村落和宗族组织范围内，"公共财产"首先表现为对公共土地的占有情况。在广东的凤凰村，公共所有土地分为三类：村田、族田和房支田。相同的情况是在福建北部的"族田"。"土地为特定的家户所耕种，既是'自己的财产'，也是单个或集体地主的财产。"确定的人群关系决定了明确的权属："首先，似乎在那些宗族成为大的地方宗族的地区，土地要么只能在宗族范围内转让，要么在宗族才能转让给族外人。其次，任何一个拥有土地的男人对他的儿子负有义务，任何土地的出卖都需要获得他们一致同意。"③

乡村家园的"公共财产"由以下几个基本要素所确定：1. 传统中国社会的农业伦理，决定了人与土地的关系为根本，费孝通称之为"土地捆绑"关系。2. 土地的所属关系成为人群共同体的标志性"家园财产"。3. 在汉人社会，以村落—姓氏相结合的宗族制度成为一种代表性社会关系；土地也很自然成为"公共财产"。4. 宗法制以男性为传承纽带，即所谓以"男性世系"（male line）为家庭和家户发展的原则。④ 房支分裂与家庭分家遵此原则。总体上说受"宗法"制约。宗法乃家庭制度下产生，内容包括根据亲属关系的远近确定祭祀范围、土地的继承、婚姻的原则等。简言之，"保留与淘汰法则即宗法"⑤。5. 同一个村落的人群共同体（有些地方体现为区域性村落的宗族联盟）对他们的财产既具有相应的责任，同时也赋予守护和传承的义务。6. "公产"被特定人群共同体视为祖先遗产，具

---

① 费孝通：《江村经济——中国农民的生活》，上海人民出版社2006年版，第45—46页。
② 费孝通：《乡土中国 生育制度》，北京大学出版社1998年版，第9页。
③ [英]莫里斯·弗里德曼：《中国东南的宗族组织》，刘晓春译，上海人民出版社2000年版，第16—18页。
④ 同上书，第27页。
⑤ 陈梦家：《殷虚卜辞综述》，中华书局1988年版，第497页。

有家园所属关系，也被特定群体作为集体认同的纽带和体现忠诚的对象。甚至对于离散人民和民族而言，家园可以唤起他们对祖先的回忆和认同感，比如我国汉族民系客家人便是如此。① 总之，"家园"作为遗产的象征成为人们代际传承，且具有稳定的价值归属和纽带。②

总体上说，人与土地的"捆绑关系"决定了乡土社会的流动特点："不流动是从人和空间的关系上说的。"③ 然而，"静止"是相对的，它与"流动"永远是一组对应的概念。即使是乡土社会，也并不妨碍"移动"的发生，只是移动的频率、速度和性质不及海洋文明那样。"近年来人类学研究提出的最深刻的问题之一就是差异的空间化问题。'家乡'是文化雷同之地以及'国外'才能发现文化差异等不言自明的看法，长期以来都是人类学常识的一部分内容。……'家乡'从一开始便是文化差异之地，从近期关于性别和性别研究中开始了他们的'田野工作'。"④ 换言之，"移动"与"家园"已然形成了"捆绑乡土"中的一种景观。它不仅是人类学家观察传统村落变迁的一个切入口，也成为民族志范式本身的一种体认。

现代移动性对传统"家—家园"的结构和价值的改变无疑非常巨大。按照博格的观点，移动性完全改变了传统"家"的观念。在某种意义上说，传统的"固定的家"随着人群的移动而如影随形，处在一种新的、特殊的实践之中，也反映在诸如语言的使用、看待问题的观点、开玩笑的方式等生活细节方面。"家"已经不再是一个简单的住所，而是不断发生的、难以言说的生活故事。⑤ 甚至"家—家园"也是一个"矛盾体"，特别是在全球化背景下，移动性使得既往"家—家园"稳固的边界关系发生松动和变化。⑥ 江村作为传统乡土社会的一个样榜，以及近代以降的变化与

---

① 参见彭兆荣《边际族群：远离帝国庇佑的客人》，第五章"客家社会的家庭及宗族组织：闽西三村"，黄山书社2006年版。
② Lowenthal, D., *The Heritage Crusade and the Spoils of History*, Cambridge: Cambridge University Press, 1997, p.10.
③ 费孝通：《乡土社会 生育制度》，北京大学出版社1998年版，第8—9页。
④ [美]古塔、弗格森：《人类学定位——田野科学的界限与基础》，骆建建等译，华夏出版社2005年版，第40页。
⑤ Berger, J., *And our Faces, My Heart, Brief as Photos*, London: Writers & Readers, 1984, p.64.
⑥ Rsppor, N. and J. Overing, *Social and Cultural Anthropology: the Key Concepts*, London and New York: Routledge, 2000, p.161.

变迁历程，表明在传统村落这样"静止的社区"是如何成为一个"移动的社区"。换言之，中国的乡土村落本质上并不缺乏"移动扩展"这一改变生计、改善生活的特性和能动性。

第三节　何以中国"乡土"于贫困？

古往今来，几乎中国历代所有的帝王、领袖、政治家、贤达，无不宣扬乡土，强调农业，各种思想层出不穷，"农本""固本""强本""务本""重农""农宗"等不一而足。① "中国历代统治者没有人不标榜重农，可农业仍然是弱势产业，从事农业生产的劳动者总是社会上最贫困的群体。"② 换言之，无论帝王、政治家如何表示重土亲农，"农"总是受压迫最重最深者。近代以降，情势依然，梁漱溟干脆说："中国近百年史，也可以说是一部乡村破坏史。"③ 毫不讳言，当今之城镇化，仍有破坏、耗损乡土之虞。而今日"扶贫"对象之主体依然是"农"。

对此的解释，不同的学者有不同的看法，斯科特以东南亚国家的农业为例，以"道义经济学"释之："生存伦理是根植于农民社会的经济实践和社会交易之中。作为道德原则，作为生存权利，我可以证明它是评价地主和政府盘剥农民剩余物的标准。"④ 而东南亚国家的农业，特别是有着被殖民历史背景的国家，实行的正是"违背农民生存原则的道义经济"。⑤ 而生存原则的另外一种表述是所谓的"安全第一的生存经济学"⑥。换言之，农民实际上遵循的是低限度的生存原则，即"安全第一"。然而，农民的这一底线是"挣扎性的"："安全第一原则特别适用于'已被河水淹

---

① 参见钟祥财《中国农业思想史》，上海交通大学出版社2017年版。
② 同上书，"前言"，第1页。
③ 梁漱溟：《乡村建设理论》，商务印书馆2015（1937）年版，第11页。
④ [美]詹姆斯·C.斯科特：《农民的道义经济学：东南亚的反叛与生存》，程立显等译，译林出版社2013年版，第8页。
⑤ 同上书，第9页。
⑥ 同上书，第19页。

到脖子'的处于生存边缘的小农主和佃户这一说法,也道出了东南亚有多数农业人口的情况。"① 斯科特说得很明白:农民所以处境艰难,是因为他们生存"已被河水淹到脖子"这一"安全底线"之内,而政府和地主只要守住这一底线即所谓"道义经济学"。

陶格将农业困境归结为所谓的"双重剥削"以"解释农民与自然环境和社会环境之间的各种关系"。具体而言,农业和农民"环境的变化和政治统治,又往往自我局限,自相矛盾"。② 这样情形势必导致如格尔兹所说的"农业的衰退":附带劳动的边际利润低得可怜,但这对于缺乏资本和土地,又必须从自己的资源中挤出家庭食物的农民来说,却无关紧要。③ 黄宗智以"内卷化生产"概念分析之,认为劳动力在农业之外基本上没有其他盈利机会,市场上劳动力的成本很低,甚至接近于零。所以,在农业生产过程中,劳动力的投入会一直到劳动力的边际产出接近于零时才能实现均衡。④ 我国有学者建议,要改变这种现状,需要把农民当作"经济人",把农业作为第一产业来对待,并赋予农民以一个社会平等的国民待遇。⑤

我国"农本"与"农贫"的悖论与其说是农业生产商品化市场决定的结果,抑或是"农民"先天弱势的后果等,不如说是我们认知上的"盲视"——看不到乡土智慧中"务实"的品性,以及由此所产生的能动作用。江村的例子或许是这一"悖论"的反证。"重农轻商""重农抑商"作为中式农耕文明传统的一种价值,并非乡土自身赋予的,是历代历朝"制造"的社会价值。如果说"农本"导致"农贫"的后果的话,与其说是农业所致,不如说"被导致"。农业作为一种人类的生计产业,原本是一种历史性的过程,世界上绝大多数的国家和地区都经历过,一些所谓的"发达国家",今天仍然在养农、固农。法国仍然是农业国,美国是农产品出口最多的国家。

---

① [美]詹姆斯·C. 斯科特:《农民的道义经济学:东南亚的反叛与生存》,程立显等译,译林出版社 2013 年版,第 27 页。

② [美]马克·B. 陶格:《世界历史上的农业》,刘健等译,商务印书馆 2015 年版,第 13 页。

③ 参见[美]詹姆斯·C. 斯科特《农民的道义经济学:东南亚的反叛与生存》,程立显等译,译林出版社 2013 年版,第 17 页。

④ 参见黄宗智《华北地区的小农经济和社会变迁》,中华书局 1985 年版;《长江三角洲小农家庭与乡村发展》,中华书局 1992 年版;钟祥财《中国农业思想史》"前言",上海交通大学出版社 2017 年版,第 6 页。

⑤ 参见钟祥财《中国农业思想史》"前言",上海交通大学出版社 2017 年版,第 7 页。

也就是说，世界上没有任何先例证明"务农必贫"。是否有另外一种假设，即由于乡村社会的产业过于单一，乡土土壤又难以滋生和生产出其他产业，诸如缺少工商业的因子而导致贫困。但这种假定也没有任何逻辑依据。

费孝通的江村案例为我们提供了另一种解释的可能性，这就是在传统农耕村落的基础上，自我产生出具有的经济技术创新机制和能力。在江村，"无农不稳，无工不富"的道理既是费孝通先生在《江村经济——中国农民的生活》中提到的，事实上也是当地农民逐渐形成的自觉意识。[①] 以2014年和资料数据看，当时，在吴江，村均可支配收入约为300万元，100万元以下算是经济薄弱村。开弦弓村人均年收入2万元左右，在整个吴江属于中等水平。[②] 事实上，近代以降，在开弦弓村的商业传统已然构成了乡土传统的有机部分。以乡镇企业为例，特别是丝织企业，成为中国近代乡镇企业的"先驱"。费孝通在《江村经济——中国农民的生活》中有这样的记录："据估计，开弦弓90%以上的土地都用于种植水稻。"同时，"桑树在农民的经济生活中起着重要的作用。人们靠它发展蚕丝业"。虽然制丝业在我国近代史上，变迁甚巨，但不可否认的是"这一工业革命改变了国内乡村手工业的命运"[③]。

图6 开弦弓村办企业（彭兆荣摄）

[①] 参见《开弦弓村志》编纂小组编《开弦弓村志》，江苏人民出版社2015年版，第458页。
[②] 同上书，第460页。
[③] 费孝通：《江村经济——中国农民的生活》，上海人民出版社2006年版，第17页。

从开弦弓村的历史沿革来看，1929 年，创办开弦弓村缫丝厂，跨出了农业工业化的第一步。1949 年，土地改革，贫苦农民分到了土地，结束了持续几千年的封建土地制度。1979 年，开弦弓村推行家庭联产承包责任制，恢复和发展桑蚕等副业，再次创办乡村工业，极大地解放了生产力。90 年代中期开始，个体私营企业得到迅速发展，村民成为经济发展的主人。① 这段记录客观地记述了开弦弓村产业的发展与变化，清晰地表明了乡土村落的"草根性"——它虽无力改变和左右大的社会环境带给乡土社会的影响，但乡土是他们自己的家，生活是自己勤劳、智慧创造来的，只要时机和"气候"合适，"草根"必然"春风吹又生"。此次笔者前往调研，亲眼看见乡村的产业调整非常迅速、灵活，这是任何"国企"都难以办到的。传统的丝织企业也已发生了巨大的变化，但景象依然是：无论是家庭作坊式的还是企业集团式的，皆一片繁忙。我们完全看不出，农村何以必然贫困的理由。

"志在富民"是费孝通先生的志向，他曾经说：

> 我一直认为，中国要富强，必须先使占人口 80%以上的农民富裕起来，农民富了，中国的事情就好办了。要使农民富起来，就要切实发展生产力，这个发展是不能离开农业本身已经积累了几千年的基础。我自己一生"行行重行行"，花了很多的时间和精力，就是试图了解和总结中国农民的社会经济生活的实际情况，为提高中国农村生产力摸索一些可行的办法。②

费先生做到了。他用一生证明了这个朴素的道理。当然，这里有一个前提，他相信中国的"乡土性"中具有特殊的智慧、务实的精神和创新的潜力。事实上，今天的江苏农村，许多地方的农村生活水平超过了城市的平均水平，不少农民不愿意到城市里去生活。农村富过城市在江苏的许多地方已然成为现实的图景。

---

① 朱云云、姚富坤：《江村变迁：江苏开弦弓村调查》，上海人民出版社 2010 年版，第 4 页。
② 费孝通：《回家乡，谈发展》（1999 年 12 月），见朱云云、姚富坤《江村变迁：江苏开弦弓村调查》，上海人民出版社 2010 年版，第 26 页。

第六章 魂之归兮，乡土中国

费孝通的《乡土中国》是继《江村经济》之后最重要的著作之一，出版于 1947 年，距今整整 70 年。从费孝通的整个生命史看，他一生致力于乡土研究，他的足迹几乎遍及中国广袤的乡土，从东部到西部，从家乡到边疆，从汉族村落到民族村寨，"行行重行行"，路漫漫而求索。他用生命在寻找中国社会的发展之路，他在村落中摸索"乡土中国"的历史逻辑。

今天，我国正在致力于全面小康社会的建设，精准扶贫自上而下地进行，城镇化工程的"挖掘机"常常触及了"草根社会"的底层。成就斐然，问题却很明显，根本症结源自于对我国传统乡土社会的调查不深入，认识不全面，理解不到位。而费先生的一系列乡土调研和分析，不独为一份重要的研究财富和学术遗产，同时也是解决当前问题的一个难得"疗方"。

图 7　笔者在"费孝通江村纪念馆"

第二部分　以农为本

第七章　我侬　我农

第一节　农—社之协

百度释："侬"吴语经典特征字。本意是人，在古吴语和现代吴语中有四种意思：你、我、他、人。又，元初的中国书画大家赵孟頫的妻子管道昇的《我侬词》："你侬我侬，忒煞情多；情多处，热如火；把一块泥，捻一个你，塑一个我。将咱两个一齐打破，用水调和；再捻一个你，再塑一个我。我泥中有你，你泥中有我。"笔者求义：侬者，人（我们）在农中。吾中华乃农耕文明，何有不在"农"者；吾农耕传统彪炳于世，何有不传承之；我国今天正推行乡村振兴战略，何以不以农为国之务本也？！故，"我侬我农"。

中华文明素以农耕文明为重、为正，即一直以重农为传统。《说文解字》："农，耕也。"《广雅·释诂三》："农，耘也。""农，勉也。"《汉书·食货志》："辟土植谷曰农。"班固说："辟土殖谷为农。"[1] 历朝历代皆以"农本"为正（政）。《汉书·文帝纪》："农，天下之大本也。"在中国历史上，商鞅首次将农业称作"本"："凡将立国，事本不可抟（专）。"（《商君书·壹言》）[2] 换言之，没有农业，便无正统。

农，有着不同的指喻范畴。狭义的农业，指种植而言。广义的，则凡

---

[1] 引自李根蟠《中国古代农业》，商务印书馆2005年版，第54页。
[2] 钟祥财：《中国农业思想史》，上海交通大学出版社2017年版，第16页。

一切取得物质的方法,都包括在内,甚至包括矿业也是广义农业的一部分。① 我国是一个传统农业大国,从国家的大政方针到百姓的日常生活皆以农业为基本。中国有"社稷"之称,即以土地为基础,以粮食为根本。逻辑性地,祭祀土地是古代农业社会最普遍的现象。先秦时代,中原汉民族流行封土为社。《诗·大雅·绵》:"乃立冢土。"《传》云:"冢土,大社也。"《孝经纬》:"社者,土地之神。土地阔不可尽祭,故封土为社,以报功也。"《白虎通·社稷》:"土地广博,不可遍敬。""故封土立社示有土尊。"所谓"冢土"也即封土、土堆。在山地,封土为社,以石为主。亦可宜木。② 国家"财政"也主要以农业为重者。我国古代曾经以土地的肥沃程度、品质的高低等确立等级,并以此作为贡赋的标准。土地为上等者,贡赋便高,依次类推。③ 土地也因此受到格外的重视。传统的农业受五行学说的影响,《管子·地员》对土壤进行了划分:五息、五沃、五位、五隐、五壤、五浮、五怸、五垆、五剽、五炫、五沙、五塥、五犹、五状、五埴、五觳、五潟、五桀。这18种土壤再根据各种色质分为5种,共计90种。④

我国传统农业属于"小农经济",表现在以"村落—宗族—家庭"三位一体的单位结构,这样的农业模式有以下明显的特点:1. 农业生产的小规模化,体现出家庭协作的精神;2. 根据农时和地利原则进行农耕和农事之务农作业;3. 精耕细作成为维持和保持农业生产的基本效率;4. 农民以勤劳的态度和方式维持农业的最大收益,以求"多劳多得"。这些特点也决定了传统农业也一直处在较低的水平。"农业生产的发展不是致力于提高劳动生产率,而是致力于提高精耕细作的水平,提高单位面积作物的产量。黄宗智的研究甚至表明,我国农业生产率在一些时候不仅没有提高,而且还有下降,表现为某种'内卷化'的发展。"⑤

小农经济的特点之一是"劳力"。"力"成为一个重要的因素。在甲

---

① 吕思勉:《中国文化史》,新世界出版社2016年版,第183页。
② 参见刘兴林《历史与考古——农史研究新视野》,生活·读书·新知三联书店2013年版,第18—19页。
③ 惠富平:《中国传统农业生态文化》,中国农业科学技术出版社2014年版,第103页。
④ 同上书,第62页。
⑤ 严其火:《传统文明 传统科学 传统农业》,江苏人民出版社2016年版,第180页。

骨文里,"力"写成⼉或㇄,"乃原始农具之耒之形,殆以耒耕作须有力,故引申为力气之力"①。这就是说,传统农业所遵循的一个重要原则就是"劳作之力"。当我们在"男"的意象中意会"在田里下力"的人的时候,便能够体量中国农民的辛劳。对此,美国农业专家富兰克林·H.金在考察了东亚的农业后说:"在中国、朝鲜和日本,如此广泛种植的水稻却几乎是一株一株移栽的。在他们那里,采用什么样的农作技术和方法,取决于是否能获得最多、最好的收成,而不是像我国常见的那样,取决于是否省事、省力。"②

除了"劳力"之外,还有"地力"。我国的农民除了勤劳以外,深知肥田沃土"地力"的道理。而持续性的"地力"靠的是养育和养护。所以,农民们会根据他们的农作经验,在"收获/肥土"之间保证其永续关系。因此,除了力耕之外,农民也会根据田间作业的需要进行创造,以争取获得最大的收成。"人力—地力"构成了一个有机的关系。《齐民要术》故有:"凡人家营田,须量己力,宁可少好,不可多恶。假如一具牛,总营得小亩三顷——据齐地大亩,一顷三十五亩也。每年一易,必莫频种。其杂田地,即是来年谷资。"③土地不能只生产、不补损。清代耿荫楼设计出一种"亲田法",每年轮流在全部耕地中选出部分耕地,加倍精耕细作,施肥灌水,既能旱涝保收,又能轮流培肥地力。④

我们通常把"社稷"视为"家国"之代称,鲜有人知,"社"与"稷"其实包含着某种因果关系——祀土、厚(后)土、肥土、执土,都是为了粮食的丰收。中国地大物博,自然生态、土地条件存在极大的差异,据许倬云考证,汉代以前中国农业主要的谷类食物是稷、黍、麦和稻。稷和黍都是中国土生土长的作物,自新石器时代以来,它们一直是中国人的主要食物。只是到了战国时期,麦和粟才获得了基本食粮的地位。稻米主要限以南方,特别是长江流域,那里多沼泽的地形为人们提供了水源充足的天然稻田。因此,在中国北方,也就是当时的"中国"所指的范围,所有主要

---

① 徐中舒主编:《甲骨文字典》,四川辞书出版社2016年版,第1478页。
② [美]富兰克林·H.金:《四千年农夫:中国、朝鲜和日本的永续农业》,程存旺等译,东方出版社2017年版,第244页。
③ (北朝)贾思勰:《齐民要术》,缪启愉等译注,上海古籍出版社2009年版,第17页。
④ 李根蟠:《中国古代农业》,商务印书馆2005年版,第145页。

作物都是旱作物，水利对于它们不像对种植水稻那样重要。①

从大量农业考古的材料看，我国北方的遗址中发现了粟和黍稷等野生植物籽粒，从自科学的植物性能看，粟和黍稷是中国半干旱黄土区的原生植物，也不是偶然的。②"谷，稷也，名粟。谷者，五谷之总名，非指谓粟也。然今人专以稷为谷，望俗名之耳。"《尔雅》曰："粢，稷也。"这或许为我们提供了解读"社稷"时所持的一个农业人类学的依据。

第二节 田—疆之政

在我国，历朝历代皆以"田"为"政"。《管子·八观》之首"观"便是看农田，其曰："行其田野，视其耕芸，计其农事，而饥饱之国可以知也。"③ 由是可知，"田"乃"政"也。

《礼记·王制》大体以田为政治计量（单位）：

> 天子之田方千里，公侯田方百里，伯七十里，子男五十里。不能五十里者，不合于天子，附于诸侯曰附庸。天子之三公之田视公侯，天子之卿视伯，天子之大夫视子男，天子之元士视附庸。制：农田百亩。百亩之分：上农夫食九人，其次食八人，其次食七人，其次食六人；下农夫食五人。庶人在官者，其禄以是为差也。……冢宰制国用，必于岁之杪，五谷皆入然后制国用。用地小大，视年之丰耗。以三十年之通制国用，量入以为出，祭用数之仂。丧，三年不祭，唯祭天地社稷为越绋而行事。丧用三年之仂。丧祭，用不足曰暴，有余曰浩。祭，丰年不奢，凶年不俭。国无九年之蓄曰不足，无六年之蓄曰急，无三年之蓄曰国非其国也。三年耕，必有一年之食；九年耕，必有三

---

① [美]许倬云：《汉代农业——中国早期农业经济的形成》"导论"，程农等译，江苏人民出版社2012年版，第3页。
② 何炳棣：《黄土与中国农业的起源》，中华书局2017年版，第120—122页。
③ 《管子校注》（上），中华书局2004年版，第258页。

第七章 我侬 我农

年之食。以三十年之通，虽有凶旱水溢，民无菜色，然后天子食，日举以乐。……古者：公田，藉而不税。市，廛而不税。关，讥而不征。林麓川泽，以时入而不禁。夫圭田无征。用民之力，岁不过三日。田里不粥，墓地不请。……凡居民，量地以制邑，度地以居民。地、邑、民、居，必参相得也。无旷土，无游民，食节事时，民咸安其居，乐事劝功，尊君亲上，然后兴学。……方一里者为田九百亩。方十里者，为方一里者百，为田九万亩。方百里者，为方十里者百，为田九十亿亩。方千里者，为方百里者百，为田九万亿亩。……侯之有功者，取于闲田以禄之……。

王祯《农书》有"耤田"之谓，指"天子亲耕之田也。古者耤田千亩，天子亲耕用供郊、庙蠲盛下平声，亲躬天下之农"①。天子亲耕务农，虽为表率，却实为政务。

古代的"农政"之要务，就是通过田地的大小、土壤等级的高低，农户的农作的情形实行税收。"税"者，从"禾"也。文字学的税为"禾族"。即（禾，庄稼、谷物）加上（兑，对换），造字本义为用谷物兑租赋。《说文解字》："税，田租。字形采用'禾'作边旁，'兑'是声旁。"用今日的白话说：就是用**禾谷兑换**田赋。我国古代每一农户的耕作规模，因时代、朝代、税收制度、计量差别等的差异而有不同。1973 年，在湖北省江陵县凤凰山发掘的一批汉墓中出土了一些有关佃农农田规模情况的简牍表明，每户平均农作规模为 20 亩到 30 亩，每人 5 亩到 7.5 亩，或者每个劳动力 6.6 亩至 10 亩。可能是南方的稻田农作规模比北方旱地农作要小，按照晁错的说法，一个农户一般则是只耕种 100 亩地。②汉代的田税，古人称之为税，亦即后世所谓的田赋。③

值得特别强调的是，古代的疆界即以"田"为计。《孟子·滕文公上》："仁政自经界始。"所谓"经界"，就是划分整理田界，实行井田

---

① （元）王祯撰，缪启愉、缪桂龙译注：《农书译注》（下），齐鲁书社 2009 年版，第 389 页。
② ［美］许倬云：《汉代农业——中国早期农业经济的形成》，程农等译，江苏人民出版社 2012 年版，第 109 页。
③ 吕思勉：《中国文化史》，新世界出版社 2016 年版，第 119 页。

制。① 虽然"井田"在历史上是否真正实行过，学界仍有争议，但"国—口—田"之"地方"则为共识。具体而言，以田土和沟洫为依据建立疆界——以沟洫为标志的农业体系，并与"疆理"（划分边界）形成了关联，② 形成了我国以农业田畴为范式的疆界体系。在人类学研究中，"边界"一直是个重要的概念，在西方有 territory、border、boundary、frontier 等词，我国的"界"却是由"田"为根据的"疆理"边界体系。

"田"为方者，契合着我国的宇宙观"天圆地方"的价值。田土首先是自然和生态的，平地的田畴可以规整于"阡陌"格式，山地便不能。不同的田地的耕作方式亦大不相同。古代的田制大致划分为两种，一种是平正之地，可用正方形式分划，是为井田。另一种是崎岖之地，面积大小，要用算法折算的，是为畦田（即圭田）。③ 中国古代对土地有"辨壤知种"的原则，将土地分为"三农"，《周礼》："三农生九谷。"所谓"三农"，汉儒有不同的见解，按照郑玄的说法，为原、隰、和平地三者，即高原、平地和湿地三种。④ 对不同的田地制定不同的规则，也反映在了"田政"之中。《礼记·王制》："古者公田藉而不税，市廛而不税，关讥而不征，林麓川泽以时入而不禁，夫圭田无征，用民之力岁过三日，田里不粥，墓地不请。"

畲田、梯田等也是我国重要的耕作田地。中国先民很早就在山坡上种田了。有学者认为，《诗经·小雅·正月》："瞻彼陂田"中的"陂田"可能就是山坡田。汉唐时期，不论南方北方，人们已在山坡上开出了不少农田。⑤ 唐宋以来，随着人口增加，上山烧荒的人越来越多，这种保留刀耕火种习惯的山田，称为畲田。也就是所谓的梯田。唐代樊绰在所著《蛮书》中谈到云南少数民族建造的山田十分精好，可引泉水灌溉，这种山田就是梯田。⑥ 王祯《农书》曾总结山区土地开发耕种的情况："田尽而地，地尽

---

① 参见《孟子》"前言"，戚良德等点注，青岛出版社 2009 年版，第 4 页。
② 李根蟠：《中国古代农业》，商务印书馆 2005 年版，第 20—22 页。
③ 吕思勉：《中国文化史》，新世界出版社 2016 年版，第 120 页。
④ 惠富平：《中国传统农业生态文化》，中国农业科学技术出版社 2014 年版，第 114 页。
⑤ 同上书，第 139 页。
⑥ 李根蟠：《中国古代农业》，商务印书馆 2005 年版，第 67—68 页。

而山，山乡细民，必求垦佃，犹胜不稼。"①

高地、高原、坡地等，通常并不是一般意义上的田地可以界定的，却形成了非常独特的田地景观，美国农业景观专家在《发现乡土景观》中对高平原田地观景作这样的描述："每一片田地根据它独立的计划种植作物，作物的生存并不依赖于公有的水源供给，也不依赖于公共的耕地传统，甚至共同的天气情况，而只依赖于独立水井的供水。我们不得不认识到，这种田地不是公认意义上的'田地'（field）一词代表的含义，这是一种新的区域或者空间，由核心源传出的影响或者能量界定。"② 我国素有梯田农景这一重要农业遗产类型，值得特别关注。

第三节 农商之间

中国是一个重农的国家，所以，农业作为"经济"，即所谓的"小农经济"自古就有传统。"小农精耕细作，单位产量高，投入资本大，这种农业经济必须依仗非农生产及市场交换为其挹注。"③ 在我国，农业和手工业早在商代就已经有了明显的分工。在中国，男耕女织，农业和纺织手工业紧密相连一直是古代社会的一大特色。有的学者认为二者在商代已经分离，但值得商榷。④ 笔者更愿意相信，农业经济是一个自然协作的有机体，并不像今天那样将"业"区分得泾渭分明。农业经济与农商分离一直存在着彼此互动的关系。许倬云认为"中国在海通以后，有一个世纪了，经济发展也卷入城乡分离和农工分离的旋涡，不得自拔。最近半个世纪来，中国似乎又从中国文化的遗传基因中找到了自己的经济模式。将来的发

---

① 转引自惠富平《中国传统农业生态文化》，中国农业科学技术出版社2014年版，第141页。
② [美]约翰·布林克霍夫·杰克逊：《发现乡土景观》，俞孔坚等译，商务印书馆2015年版，第189页。
③ [美]许倬云：《汉代农业——中国早期农业经济的形成》"中文版序"，程农等译，江苏人民出版社2012年版，第3页。
④ 参见刘兴林《历史与考古——农史研究新视野》，生活·读书·新知三联书店2013年版，第146页。

展，中国不但应有农兼工，也应使农业成为工业化的新型生产"①。这是有道理的。由于农耕文明中本来就包含着交换的因子，所以中国的农业也包含着向其他领域拓展的能力，及至今日，中国经济发展的世界奇迹，特别是"农民工""乡镇企业"的发展等都是对其重要的说明。

有些学者认为，我国传统的农业经济是自给自足的小农经济，农民们总是力图避免走入市场。商品交换对我国农民来说，只是自给自足小农经济的一种补充，是人们迫于需要而采取的权宜之计。市场并不构成我国传统农业的一个内在要素和必要环节。市场机制不仅不是我国农业在较少耕地上养活较多人口的基础，而且，如果简单地推行市场经济，让市场规律自发地发挥作用，我国农业将会遭遇到灾难性的后果。②这值得商榷。费孝通的《江村经济——中国农民的生活》正是典型的反例，他在前言中说："这是一本描述农民消费、生产、分配和交易等体系的书。""强调传统力量与新的动力具有同等重要性是必要的。"③"江村"后来的整体发展，都说明在中国的许多地方，特别是靠近大城市和交通便利的乡村，完全可能根据形势的需要自觉、自主地进行产业调整。④

事实上，我国在历史上曾经不同程度地出现"农商分离"的情形，只是由于"农本政治"，农业一直是根本性的决定因素。"中国人好像一旦踏上了农业路，就再也没有背离过。进步和变革时有发生，但是农业在中国人的生活方式中始终保持着至高无上的地位。"⑤当然，历史上并非没有出现过农商分离的情况。中国古代的历史，也曾经出现过以城市为中心的经济生活，而不是以农业为基础的经济，特别是在公元前5世纪到3世纪的动乱年代。然而，这种以城市为中心的政治对政治权

---

① ［美］许倬云：《汉代农业——中国早期农业经济的形成》"中文版序"，程农等译，江苏人民出版社2012年版，第5页。
② 严火其：《传统文明 传统科学 传统农业》，江苏人民出版社2016年版，第111页。
③ 参见费孝通《江村经济——中国农民的生活》"前言"，上海人民出版社2006年版，第9页。
④ 参见朱云云等《江村变迁——江苏开弦弓村调查》，上海人民出版社2001年版；王莎莎《江村八十年：费孝通与一个江南村落的民族志追溯》，学苑出版社2017年版；《开弦弓村志》编纂小组编《开弦弓村志》，江苏人民出版社2015年版。
⑤ ［美］许倬云：《汉代农业——中国早期农业经济的形成》"导论"，程农等译，江苏人民出版社2012年版，第1页，注1、2。

威形成了威胁。① 众所周知，中国的"政治"是甚于"农正"为基础而建立的，以汉代为例，当时的农业生产水平低下，曾经有不少农民转而经商。汉代政治家贾谊曾经上奏皇帝，越来越多的农民转而从事非生产性的第二职业，主要是商业活动。贾谊认为，为了确保粮食储备，必须促使人们返回农业。以加强农耕生产。② 在古代，耕地面积的增长速度从未赶上人口的增长率。所以，单位面积的土地与人口的密度必然导致多余的人口转而进行工商活动。但汉朝对商人的态度是不友好的，几乎在朝代建立伊始，兴盛的商人群体就受到了政治上的压制。③

中国农业的基本单位为农民家庭，或者是小农，或者是雇农。地主中有原来的农村贵族，也有士绅和大商人，这些商人收购棉花、布匹等农产品，在市镇工场中生产成品。这个时期的农民存在着地区性和经济类型的差别。在偏远地区，农民主要从事粮食生产，但是在长江流域等城市化较高的地区，他们越来越侧重于生产经济性作物供应日益增长的市场需求，特别是棉花……但是这种以农民家庭为基础的商业化进程很难与基本的生活需求截然分开……18 世纪以来，中国人口持续上升，中国农民家庭的土地占有率代代减少。他们只能尽可能多地雇用家庭成员从事生产，获得更多收入，但是所得的报酬很低，"自我剥削"模式在世界范围内众多低收入群体中至今仍然存在，特别在农民中。中国农业和纺织业的高生产率建立在贫穷农民无以为继的悲剧生活之上。④ 总而言之，中国"农"的特点是"务实"。中国经济今日之世界性成就，一个重要原因正是基于这一点。

---

① 参见[美]许倬云《西汉地方社会与中央政治权力之关系的演变》，载《社会与历史比较研究》1965 年第 7 卷第 4 期；转引自《汉代农业——中国早期农业经济的形成》"中文版序"，程农等译，江苏人民出版社 2012 年版，第 5 页。
② [美]许倬云：《汉代农业——中国早期农业经济的形成》，程农等译，江苏人民出版社 2012 年版，第 13 页。
③ 同上书，第 33—37 页。
④ [美]马克·B. 陶格：《世界历史上的农业》，刘健等译，商务印书馆 2015 年版，第 64—65 页。

第四节 中西之范

农业文明是世界性的文明，即使欧洲文明的主体是以海洋文明为背景，农业也是其重要的产业方式。只是，中西方在农耕文明的类型上存在重要的差异。对于农业发展，土地作为自然资源的性质是公认的，但是，土地作为生产要素的经济重要性，现在有两种截然不同的观点：一种观点如同古典动态学的观点一样，认为自然资源具有决定性的作用；另一种观点认为它们完全不起作用。例如，在哈罗德模式中就没有土地。他说："我打算放弃将土地收益递减规律作为进步经济中的一个主要决定因素……我之所以放弃它，只是因为在我们的特殊条件下，它的影响似乎在数量上微不足道。"① 但是，这些相反的观点都不具备普遍适用性。②

关于土地经济学的探讨，从来就不缺思想，旧的新的都有，以下几个可为代表：1. 古老的李嘉图土地和地租的观点。2. 波索洛普的土地扩展史，需要人口压力来使农地服务的供给在历史上具有弹性。3. 我们需要土地作为经济驱动的工具，一种重农主义思想。4. 有一个没有规格的中央计划经济，那里的土地配置不是由地租来引导，而土地的无效是一种普遍的社会现象。5. 存在着以市场为取向的农业部门。6. 按照各种投资机会的相对收益率确立优先顺序等。③

在西方，"土地利用理论"发展成为一种由市场来组织农业土地利用的理论，它是由德国经济学家冯·杜能于19世纪早期在对他本人的普鲁士种植园观察的基础上加以形式化的。这种理论建立在新古典经济学的背景上，根据新古典经济学，个别生产者对他们的商品的价格不可能有多大的影响。这种理论认为，任何一块土地的利用都是其生产能力以及把其产品

---

① Harrod, R. F., *Towards a Dynamic Economics*, London: Macmillan & Co., 1948, p.20.
② [美]西奥多·W. 舒尔茨：《经济增长与农业》，郭熙保译，中国人民大学出版社2015年版，第40—41页。
③ 同上书，第47—48页。

运送到市场的成本（由生产者承担）的函数。这个理论演绎出两个模型：第一，农业活动围绕一个市场将形成一个带状空间组织；第二，农业活动集约度将随着市场的距离降低。①

布洛克于1931年出版的经典著作《法国农村史：一项关于农村基本特征的研究》中，② 突出了法国农业的特殊性，尽管它具有中世纪的英国、德国和地中海地区这三种农田系统的共同特征，但是正是同一个空间范围内三种农田系统的组合方式让法国变得独特。布洛克从民族主义者的视角，把法国看成是一个由农业环境决定的边界自然形成的共同体。③而在美国的一些地区，土地的使用价值对于他们的生存而言意义重大，远甚于强制的合法权利。欧洲来的殖民者认为这种利用土地的方式纯属浪费，他们坚持在不同的田地之间竖立篱笆和石头墙，以便划清各自的界线，他们还打算用专业化的单一的谷物、水果和牧场取代土著农业的多样化作物种植的方式。这种早期的资本主义发展方式并没有导致大型工业生产的集聚，却促成了土地使用方式的巨大改变。④

以上诸理论、观点大多围绕着农业的根本"土地"而论，却多显偏颇、片面，首先土地永远不只是经济获取和掠夺的对象。即使以今天的情形而言，自然资源，无论是土地还是矿藏（二者事实上是连为一体的）的重要性，包括经济增长的重要性都可以得到完全不同，甚至是截然相反的意见。这取决于评价的面向。无论经济学家以什么模型、方式、数据进行评估，总体上说，土地没有替代品——单就这一项，土地的重要性就不言而喻。

西方农民的一个重要的特点，是尽可能地少付出劳动，借助知识和农业技术手段。一个得到并精通运用有关土壤、植物、动物和机械的科学知识的农民，即使在贫瘠的土地上，也能生产出丰富的粮食。他无须总是那么辛勤而长时间的劳动。他能够生产出如此之多，以至于他的兄弟和某些邻居可以到城市里谋生。没有这些人也可以生产出足够的农产品。使得这

---

① [英]R. J. 约翰斯顿：《哲学与人文地理学》，蔡运龙等译，商务印书馆2010年版，第59页。
② Bloch, M., *French Rural History: an Essay on its Basic Characteristics*, California: University of California Press, 1966.
③ [美]濮德培：《万物并作：中西方环境史的起源与展望》，韩昭庆译，生活·读书·新知三联书店2018年版，第25页。
④ 同上书，第45页。

种改造成为可能的知识是资本的一种形式，无论这种资本是农民的物质投入品的一个组成部分，还是他们的技术和知识的一部分。完全以农民世代使用的各种生产要素为基础的农业可以称之为传统农业。一个依靠传统农业的国家必然是贫穷的，因而就要把大部分收入用于粮食……因此，如何把弱小的传统农业改造成为一个高生产率的经济部门，是（我们面临的）中心问题。①

德国学者泰厄曾经从近代合理主义的角度出发，撰写了《合理的农业原理》，他对农业定义如下："农业是通过植物体和动物体的生产而获取收益并以货币收入为目的的营业……最完善的农业是基于农业从事者的能力，诸多生产要素和资产状况而持续获取最大纯收益（乃至利润，而不是最大生产量）的农业。"也就是说，农业和商业一样，也是追求利益的理性事业。② 相对于泰厄，施瓦茨的农学理论更关注欧洲农业的多样性，他在《比利时农业入门》一书中认为，由于比利时法兰德斯地区较早发生了"小规模圈地"，小农在当地属于主流，相应地一两匹马拉的犁和手镰除草用具等小型农具更为普遍；进而，丰富的饲料使家畜圈养成为可能，并提供了充足的肥料，这都适合并弘扬了当地的特点，农业形态表现为高度的劳动集约型。③

于是，"大农"与"小农"成了中西农业的一个趋向性差异。事实上，在西方农业史上，就有所谓的"大农"与"小农"之争。一种代表性的观点认为，随着资本主义的发展，大规模经营驱逐小农经营，小农将趋于消亡。围绕这一话题，西方的农学界提出了各种不同的观点。④ 中国传统的农业无疑属于"小农"范畴，其特点主要表现在：农民极端节约，克制欲望，有任劳任怨的品质，以及其资源节约、循环利用、精耕细作的传统形成了所谓"家庭理性"，这种能够将外部风险内化的小农经济的"家庭理性"之特点，在于农户内部劳动力组合投资机制的发挥，这一机制是建立

---

① [美]西奥多·W. 舒尔茨：《改造传统农业》，梁小民译，商务印书馆2006年版，第4页。
② [日]祖田修：《近现代农业思想史——从工业革命到21世纪》，张玉林等译，清华大学出版社2015年版，第29、33页。
③ 同上书，第39页。
④ 同上书，第89—92页。

在"精耕细作＋种养兼业"所促发的土地生产率高企的基础之上的。①

中国有自己的农业道理，不必非要循行西方的农业发展模式。我们用两段有代表性的观点来看待中国的农业。我国著名的历史学、政治学家萧公权在《中国乡村——19世纪的帝国控制》的序言中说，中国"是一个农业大国，乡村居民在其总人口中占压倒性的多数，如果不考虑政府对乡村亿万居民的影响，以及人民在不同的历史时期，不同环境下所表现出来的态度和行为，就不能充分理解中国的历史和社会"。② 萧教授的观点所强调的正是不同的历史、文化、社会价值对农业、农民的制约性。

美国的金教授在一百多年前到中国考察农业时曾经写下这样的段落："当我们在田间或是花园里散步时，我们经常会以蔑视的态度看待这些农民，看不起他们，低估他们的能力。然而，当我们认识到彼此之间存在共同利益，他们就会摒弃以貌取人的丑恶嘴脸。正是这些没有大智慧却有着惊人毅力的农民通过自己的劳动养活几百万人，并且世世代代承担着繁重税收用于支持国家建设，甚至是不必要的战争。不仅如此，正是站在我们面前的人使得人类保持繁衍不息的种子，并把这些种子养育得如此健壮，使得人类文明的潮流健康奔涌，尽管会遇到重重困难。"③

中国的农业，从历史到现今，都为世界提供一个可持续性发展有榜样。农民，某种意义上说，是真正创造中国历史的英雄。让我们向农民兄弟脱帽致敬！

---

① [美]富兰克林·H. 金：《四千年农夫：中国、朝鲜和日本的永续农业》，"中文版序言：理解中国小农"，程存旺等译，东方出版社2017年版，第16页。
② 萧公权：《中国乡村——19世纪的帝国控制》，九州出版社2018年版，第1页。
③ [美]富兰克林·H. 金：《四千年农夫：中国、朝鲜和日本的永续农业》，程存旺等译，东方出版社2017年版，第54页。

第八章 土地哲学：中国农耕传统中的乡土智慧

第一节 农夫哲学

近来读书，打开了美国（农民）作家吉恩·洛格斯登（Gene Logsdon）的《农夫哲学：关于大自然与生死的沉思》一书，① 深受感动。作者是在罹患癌症的化疗期间，用生命的最后一息留下了"农夫的哲学"：

> 作为一名癌症存活者，我开始更多地思考生与死，这很自然。可我发现，许多身体倍儿棒的人和我一样，也在思考生死问题。这让我感觉，人离大自然越远，就越惧怕生命中最自然的事——死亡。②

在"吉恩农夫"生命弥留的奄奄气息中，这位"农夫"把人们对真理的笃信简化成了最为普通，又感人至真的生活常识——"草根生命"的日常和平凡。这种生命的呼喊最为撼人心魄，因为，那便是自然的生命！也就是"农夫哲学"的真谛。人类学素以研究"草根性"为擅长，某种意义上说，乡土社会的基本属性正是"草根性"的。草根性正是对"草根生

---

① ［美］吉恩·洛格斯登：《农夫哲学：关于大自然与生死的沉思》"译者序"，刘映希译，广西师范大学出版社2016年版。
② 同上书，作者序言，第1页。

命"的最直观的哲学照相：

> 我们的小农场上，生物多样性永远是最重要的。这儿除了住着一户人家，还有别的住户：玉米、燕麦、小麦、果树、草、豆科植物、浆果、和蔬菜。所有培植的物种和野生的动植物、昆虫全生活在一块儿，虽然相互之间会闹别扭，倒也还和谐……我已经认出了130种鸟儿，40种野生动物（不算猎浣熊的家伙），50多种野花，至少45种树，数不清的漂亮的蝴蝶、飞蛾、蜘蛛、甲虫，等等，还有无以计数的野草。①

如果我们相信，哲理是从现实中产生，在日常中实践，由历史来验证的话，那么，土地一定是诸条款的终极满足者。这个结论是世界性的，即土地作为自然资源的性质为人类所公认。只是，在西方，土地首先被视为经济性的资源，土地经济学于是成了西方经济学中的重要内容。我国的土地伦理全部反映在"中式"的道理中：农夫在土地田园、家园中保持与自然和谐，过着恬淡的平静、辛劳的生活；政客们追求"普天之下，莫非王土"的理想；儒生雅士们则在道德沉湎中"成仁"；商贾们以产于土地上的产品为"商品"……他们无不在"中土"中表现出了传统农耕文明的哲学中的生命体验："安天乐土""不能安土，不能乐天下；不能乐天下，不能成其身"等。② 土地养育万物，是为人们最为直觉的认知，《管子·形势解》："地生养万物。"土地生长粮食，养育生命，我故尊之、贵之、祀之。我国早在先秦时期，就以稷（粟）为谷物的代表，谷物之神和土地之神（社）合为社稷共同接受人们的祭祀的礼拜。社稷之祀成为国家之祀，社稷成为国家的象征和代称。③

在中国，"地"通常与"天"并说，是"天时地利人和"三位一体的基本结构要件。《说文解字》："地，元气初分，轻清阳为天，重浊阴为地。万物所陈列也。从土，也声。""气"是生命——中国式的生命哲学观，

---

① 原作中所给的野草数字为："大约 59345578 种野草"，笔者对数字有置疑，专此与译者核实，译者告知："数字是作者博客中提供的，但现在作者已故，无法核实这一数字"，笔者遂以"无以计数"替之——笔者注。
② 参见郑重《中国古文明探源》，东方出版社 2016 年版，第 267 页。
③ 刘兴林：《历史与考古——农史研究新视野》，生活·读书·新知三联书店 2013 年版，第 43 页。

阳气、阴气流动、通缀、益损，构成是"中国知识"的有机部分。"阴为地"，生产万物。《说文解字》故有："也，女阴也。象形。㐆，秦刻石也字。"农耕文化素来"厚土"，我国一直保持着"后土"（厚土）的传统。"社"，即为典型意象。《说文》释之："地主也。从示、土。""社稷"故为"家国"代称。《白虎通义·社稷》释："人非土不立，非谷不食。土地广博不可遍敬也……故封土立社，示有土尊。""地"的原象为"土"。《说文解字》释："土，地之吐生物者也。"

我国故有"后土""厚土"说，"后土"又有"地母"之意。土地生产万物，"产"，金文作𠂉，即𠂉加屮（生，草木萌发），表示依据耕作庄稼的经验。造字本义为古人利用农谚耕种作物。《说文解字》："产（産），生也。从生，彦省声。"可知"生产"是同义词。当土地生产、生长出庄稼，其象如母亲生产、生育孩子一样。中国古代就有"天""地"之分，有阴阳、上下、公母之分，"天"为阳、为上、为父；"地"为阴、为下、为母，即形成"天父""地母"的固定模式。在创世神话中，也将"母"与女娲契合，除了"抟土造人"外，更是万物生长之母。《说文解字》："娲，古之神圣女，化万物者也。"女娲抟土造人的神话传说，实际上肇始于原始先民的一种价值观念，形成了中国特有的土地（黄土）崇拜和女性崇拜；土地生产、养育"人"成为认知形态的鲜明意象。

第二节　地方之田

土地之阈常指称"地方"。是为中华文明宇宙观中之要者："地圆地方。""五方"则是"地方"的模具形态。《尔雅·释地》释五方："东方有比目鱼焉，不比不行，其名谓之鲽；南方有比翼鸟焉，不比不飞，其名谓之鹣鹣；西方有比肩兽焉，与邛邛岠虚比，为邛邛岠虚啮甘草，即有难，邛邛岠虚负而走，其名谓之蹶；北方有比肩民焉，迭食而迭望；中有积首蛇焉。此四方中国之异气也。"换言之，"五方"在哲学上的基本意思是"五土"。

无论在哲理上如何论述、赋予"天人合一""阴阳五行"之诸多道理，但，"土"的本真指土地、土壤；对于农耕而言，土更为具体，指田地。《尔雅》："土，田也。"土地被简化为"田地"，因为农耕以生产农作物为其本分。《易·象传》："百谷草木丽乎土。"因此，古代视土为神，祭祀之。"土"为"社"之古文，甲骨文亳土、唐土等皆指其地之土地神，即社神。甲骨文田字就是一个方块田的象形，方块内的纵横笔画表示田间的阡陌或田埂。也是井田的反映。①

田在传统的文字造型中不是一个简单的单体字，它同时也是"田族"基础部件；比如"男"，甲骨文 ，即 （田，田野，庄稼地）加 （力，体力），表示种地的劳力，即在田间出力务农的劳动者。《说文解字》："男，丈夫也。从田，从力。言男用力于田也。凡男之属皆从男。"于省吾考察了"男"的各种语义及演变，认为："男字的造字起源，涉及古代劳动人民的从事农田耕作，关系重要。"只是"男"本该是左田右力，而不是上田下力的造字结构。②

"土—田"之诉当然是指在农耕基础上而言说的。我们也知道，农耕形制的形成非一蹴而就，就历史的发展和文明的形态而言，"土地"并非"田畴"的原初性表述。作为常识，农耕文明之先尚有采集狩猎阶段。纵然置于农耕文明的"田地"范畴，也还存在着经过由零到整、由生到熟的田土化过程。其实，农耕文明讲述的道理是人依靠田地的密切程度，这与农耕之前的狩猎，和其后的工业形态，对田地的依赖程度不一样。换言之，"田地"其实经历了一个"人化自然"的过程。因此，历史的特性少不了对土地的认知和规划，只是史学研究常常忽略这一点。

我们之所以将土地视为中式哲学的至高原理的出发点，还有一个重要的理由，中国历史上的社会结构中，"土—田"除了作为悠久而复杂的农耕文明是一个无须赘述的理由外，我国古代与田土相关的道理同样复杂，包括重要的宇宙观（天圆地方）、政治制度（井田制）、都城形制（城邑—国）、管理制度（里甲制度）、乡村聚落（邻里关系），都城街区（里坊区划）等，都与"田"有着千丝万缕的交织。以"里"为

---

① 刘兴林：《历史与考古——农史研究视野》，生活·读书·新知三联书店 2013 年版，第 271 页。
② 于省吾：《甲骨文字释林》，商务印书馆 2012（2000）年版，第 260 页。

例，"里"从"田"（田，田畴），表示赖以生存的住宅与田地。"里"作为居住区，与外部世界相对，也有"内部"的意思，《汉字简化方案》用"里"合并"裏"。

第三节　生命之托

中国的哲学并不只有囿于玄理的高论，更多的还是日常的经验，而作为农耕传统，自然的因素是首要的。中国的哲学建立在自然的基础上，以人的生命、生存和生活为本。中国的哲学是务实的和践行的。这既表明所有的"哲理"皆来自自然和生境，当然，也都返回于自然和生境。比如阴阳五行原本生长于乡土社会的土壤中，也反映在乡土社会的方方面面中，既是日常，又是非常。"阴阳五行"首先是观念、经验、知识和实践，然后才是经院、理论、术数和方技。

"农耕"的一个形象的表述是"乡土"。"乡土"是一个非常复杂的整体性存在概念，是一个集各种元素、材料、符号、关系于一体的结构系统。如果要在中国传统的乡土景观中确认最具普遍性的元素，也就是说在最高层次上的共性——从"道"的层面理解，寻找羼于乡土的传统价值——应该是"五行"价值。这些价值总会表现在乡土景观的各个方面，比如风水景观，其所遵循的主要就是传统的阴阳五行的观念。这也构成中西方乡土景观的重要差异。虽然，"五行"与"乡土"并非原生、缘生、源生性的，也就是说，乡土作为人类这一物种的自然生存基础，"以土地（方）为原乡"的原生性几乎是普遍的，而"五行"之中国特色，除了表述其文化的独特性外，也表明其生成的过程性，即存在一个"生长过程"。

土地能够生产粮食，农史材料告诉我们，汉代以前中国农业主要食物是稷、黍、麦和稻。稷和黍都是中国土生土长的作物，自新石器时代以来，它们一直是中国人的主要食物。只是到了战国时期，麦和粟才获得了基本食粮的地位。稻米主要限以南方，特别是长江流域，那里多沼泽的地形为人们提供了水源充足的天然稻田。因此，在中国北方，也就是当时的"中国"所指的范围，所有主要作物都是旱作物，水利对于它们不像对种植水稻那样重要。① 夏玮瑛先生于《管子地员篇校释》中说：谷名中的稷，向有二说：汉人经注多以稷为粟，是现在谷中产小米的一种；《本草》家多以稷为穄，是现在黍中不黏的一种。② 正因为小米种属名称自殷周以至战国之世一向混乱，所以各种战国时期文献之中，不再见黍稷在民食中的特殊重要的地位，而一般平民常食多作"粟、菽"。③ 从大量农业考古的材料看，我国北方的遗址中发现的粟和黍稷等野生植物籽粒，粟和黍稷是中国半干旱黄土区的原生植物，也不是偶然的。④

回到《农夫哲学》，作者在书中以"中国农民"为榜样，他这样说，中国农民的生活方式靠近农夫的哲学原则，因为中华文明的传统是农耕文明。作者有一位老师叫作哈里森，是中国农耕文明的仰慕者，他曾说：

> "你知道吗？中国人几乎个个都会杂交植物，小孩也会哦。"哈里森先生说："这是他们文化里的东西。几百年来，他们改良品种，然后拿来买卖，他们都不需要种子公司。"⑤

作为中国人，听着这样的对话，我含着眼泪笑，这不仅仅因为"人之将死，其言也善"的生命感怀，也不会因为对中华传统农耕文明"神话般"描述的失准而责怪——神话的传奇不在于细节的准确，而是总体的真实——袁隆平是咱们中国人。还有一点是准确的："这是他们文化里的东西。" 至为重要的，他让我们清楚了一个道理：最能代表土地和生命的哲学家不是别人，是农夫。农夫最靠近土地，土地是生产生命的基地。靠着土地最为踏实，也最为安全。

---

① [美]许倬云：《汉代农业——中国早期农业经济的形成》"导论"，程农等译，江苏人民出版社2012年版，第3页。
② 何炳棣：《黄土与中国农业的起源》，中华书局2017年版，第116页。
③ 同上书，第117页。
④ 同上书，第120—122页。
⑤ [美]吉恩·洛格斯登：《农夫哲学：关于大自然与生死的沉思》，刘映希译，广西师范大学出版社2016年版，第73页。

掩卷之余，我仿佛听到了作者在微弱的气息中对土地的眷念、对生命的热爱和与命运抗争的奋力"嘶喊"。我听到了最为朴素的哲理，最为静谧的声音——大音希声。

感恩土地，感动生命，感谢农民。

第九章 "生态"三农：含混中的坚守

第一节 生态：母题与命题

"生态"是一个当代最为"热销"的概念。我国古代虽没有这一词汇语用，却从未离开过这一原则和圭臬——从生命、生养、生境、生产到生业，无不贯彻着自然的命意，并形成了特色鲜明的生态智慧。笔者甚至认为，中国传统的生态观、生态实践和生态智慧足以总结成一种样榜和模式馈赠世界，比如"致中和"的"五生观"。中国是一个有着农耕传统的国家，从根本上说，农业正是生态的产物，甚至可以说是生态的"奇迹"。我国的农业迄今为止仍然保持着持续发展的状态，如果没有永续、和谐的生态观，怎么可能在世界7%的土地上供养22%的人口？

"生态"（ecology）在今天是一个被用滥了的词语。尽管如此，它实际上是一个有一定歧义的概念。在20世纪之前，它在英文中并不太被使用。从语词的溯源看，这个语词从希腊语移植而来，原先的意思指某个地方的特性，包括自然、生物等。今天，与"生态"这个概念联系得最为紧密的是"环境"（environment）。[①] 人类学这一学科素来擅长于对**自然（nature）—文化（culture）**关系的研究，而人类学中的一个重要分支生态人类学最为关心的正是环境与文化的关系协作。在很长一段时期，"环

---

① See Williams, R., *Key Words: A Vocabulary of Culture and Society*, New York: Oxford University Press, 1983, pp.110-111.

境决定论"一直处于执牛耳的地位,其可简单地表述为:自然决定文化,这个原则迄今并未改变。只是或许这一理论被"说过了头",或被"过度阐释",在人类学领域里便出现了所谓的"可能论",认为特殊的文化性质和形态的产生普遍基于历史传统而非环境,这一理论的基调主要来自博厄斯。此外,各种理论、观点甚多,① 此不赘述。概括而论,从人类的发展史看,如果说用两个关键词可以最大限度地予以概括的话,正是自然—文化。我们可以将这一母题简述为:生态具有**自然的能量**,文化具备**自在的能力**。

众所周知,人类学这一学科的诞生与进化论有着一定渊源,可以说,人类学从一开始便没有绕过生态。生态的奇妙在于其壮丽多姿、诡谲多样,这种"多样"还包括相同或相似的环境,不同的生物群体,乃至物种也可能呈现出巨大的差异。因此,文化也是"多样"的。"文化多样性"除了针对生态环境,也是"自我言说"的过程——具有历史性的自我叙事。环境史正是一门关注过去人类社会与自然界之间相互作用的历史科学,包括诸如食物、矿物、能量和气候等各种资源以及它们与人类福祉之间的关系,还包括通过人类劳动转化自然物质维持人类生活的各种生产方式。当然这也是马克思的核心论题,即任何形式的价值皆是由人类劳动加工自然产物来创造的。从这个意义上讲,马克思是环境史学的一位理论奠基人。马克思有关"第二自然"的定义——人类作用于自然物质之后的产物——已成为许多环境史研究的指导思想。② 然而,一直以来,西方史学的传统主要关注战争、文明兴衰、帝国史、宗教史及政治史,很少关心农民的生活、农业生产、气候变迁或者动物的历史,而这些正是当代环境史学者所关注的核心问题。③

如果说,生态的多样与文化的多样相辅相成,那么,中国的"自然—文化"却能够在"多样"的相谐(天人合一)和协同中到达"中和"(致中和)。换言之,中华民族的文化也是"多元一体",或可以说"多样中的

---

① [美]唐纳德·L. 哈迪斯蒂:《生态人类学》,郭凡等译,文物出版社 2002 年版,第 1 页。
② [美]濮德培:《万物并作:中西方环境史的起源与展望》,韩昭庆译,生活·读书·新知三联书店 2018 年版,第 3 页。
③ 同上书,第 9 页。

一样"。如果中国传统文化的重要特色来自于独特的认知性思维模式的话，那么，"天地人和"是造化与造就。《管子·形势》有云："天不变其常，地不易其则，春秋冬夏不更其节，古之一也。"① 而这一对宇宙认知最有代表性的表述，无疑是所谓的"五行"——融自然—文化于一体的表述体系。顾颉刚曾经指出："五行，是中国人的思维律，是中国人对于宇宙系统的信仰，两千余年来，它有极强固的势力。"② "源于观象，用以治人，天人合一，万物关联"，③ 是五行学说的基本内涵。其社会与宇宙在并置和谐与分隔冲突的秩序中关联起来；这一秩序由与阴阳相关的对立成分构成的链条开始，又可分解为与五行相关的四与五（四季、四方、五色、五声、五觉、五味……），再往下是与八卦和六十四爻相关的依次分解。④

五行系统并非独立运行，它与土地、农耕的关系最为直接。上古之世，哲人圣贤，已不断引述先世先民衣食生计，农业社会最根本的生产便是写照："凡五谷者，民之所仰也，君子所以为养也。"（墨子语），荀子说：

> 今是土之生五谷，人善治之，则亩数盆，一岁而获之；然后瓜桃枣李一本数以盆鼓，然后荤菜百蔬以泽量，然后六畜禽兽……然后昆虫万物生其间，可以相食养者，不可胜数也，夫天地之生万物，固有余，足食人矣；麻葛茧丝，鸟兽之羽毛齿革也，固有余，足以衣人也矣。⑤

这便是农业社会乡土伦理的"秩序"。综先哲所言，"乡土"景观之首要在于崇拜土地，土地可以生产出人们赖以为生的食物，因此，"土地是人民的命根"，是近于人性的"神"。⑥ 也因此，在乡土社会中，"社"为

---

① 黎翔凤撰：《管子校注》（上），中华书局2004年版，第21页。
② 顾颉刚：《五德终始说下的政治和历史》，《古史辨》第五册，上海古籍出版社1982年版，第404页。
③ [美]艾兰、汪涛、范毓周主编：《中国古代思维模式与阴阳五行说探源》"前言"，江苏古籍出版社1998年版，第6页。
④ [英]葛瑞汉（A. C. Graham）：《阴阳与关联思维的本质》，[美]艾兰、汪涛、范毓周主编：《中国古代思维模式与阴阳五行说探源》，江苏古籍出版社1998年版，第1—2页。
⑤ 王尔敏：《先民的智慧：中国古代天人合一的经验》，广西师范大学出版社2008年版，第11—13页。
⑥ 费孝通：《乡土中国 生育制度》，北京大学出版社1998年版，第7页。

关键词,即崇拜土地。《说文解字》:"社,地主也。从示土。"它告诉人们,在乡土景观中,祭祀土地是人民的共同事务和理念,而"社土"又构成了"五行"的典范。

历时地看,"社土"与"五行"的关系由疏而密。《诗经》的"以社为方",社指后土。土地神和四方神的祭祀在程序上或许紧邻,但是是分开的祭典,故《大雅·大田》只说"来方禋祀",专祭四方神而不及后土。《礼记·曲礼下》说:"天子祭天地,祭四方,祭山川,祭五祀,岁徧。"《周礼·春官·大宗伯》也说:"以玉作六器以礼天地四方",都没有把后土和四方混在一起。传统的"社稷"与"社祭"似乎不谋而合:

> 关于农事者言之。社稷之神,自天子至郡县,下及庶人,莫不得祭。在国曰大社、国社、王社、侯社,在官曰官社、官稷,在民曰民社。自汉代以来,历代之祭,虽粗有不同,而春秋二仲之祈报,皆不废也。①

不过当五行学说流行后,四方神就被改头换面,与后土共同纳入五行之官的系统,作为五行说的历史依据。春秋末年晋国太史蔡墨说,五行之官者,木正曰句芒,火正曰祝融,金正曰蓐收,水正曰玄冥,土正曰后土。(《左传》昭二十九)金木水火土是五种元素,以其属性来分类天地万物,春秋时人谓之"五材"(《左传》襄二十七),《尚书·洪范》谓之"五行"。

简而言之,可持续性农业生态景观可以定义为具有再生能力的景观,作为一个生态系统它应该是持续进化的,并能为人类提供持续的生态服务。② 其实,中国的"五行"正是中国文化对自然认知、理念、阐释和实践的代表性表述;而"社土"融汇了极其丰富的农耕文明的因子,犹言不尽。

---

① (元)王祯撰,缪启愉、缪桂龙译注:《农书译注》(上),齐鲁书社2009年版,第153页。
② 俞孔坚:《回到土地》,生活·读书·新知三联书店2014(2009)年版,第122页。

第二节 田土：生态与形态

中国传统"天时地利人和"的"三才说"与农业关系甚密。之于农业，"地利"首先在于"田地"。《尔雅》释："土，田也。"农耕文明视土为地，置地为田，是一件很自然的事情；而农业生产与"辨土"分不开。不识田土，何以务农？《王祯农书·地利篇》："由是观之，九州之内，田各有等，土各有差，山川阻隔，风气不同，凡物之种，各有所宜。故宜于冀兖者，不可以青徐论；宜于荆扬者，不可以雍豫拟。此圣人所谓分地之利者也。《周礼》保章氏掌天星，以星土辨九州之地，所封封域皆有分星。今按《淮南子》中央曰钧天，其星角亢氐；东方曰苍天，其星房心尾；东北曰变天，其星箕斗牵牛；北方曰元天，其星须女虚危营室；西北方曰幽天，其星东壁奎娄；西方曰皓天，其星胃昴毕；西南方曰朱天，其星觜巂参东井；南方曰炎天，其星舆鬼柳七星；东南方曰阳天，其星张翼轸。"① 这种生态观非常有特色，天与地形成了互视、互动、互为的关系。

土地首先是自然的作品，亦是形势的照相。某种意义上说，任何农事都离不开田地的形态。特别重要的是，自然生态之形势，导致水流的方向和差异。《淮南子》曰："夫地势，水东流，人必事焉，然后不潦得谷行。""水势虽东流，人必事而通之，使得循谷而行也。"禾稼春生，人必加功焉，故五谷遂长。高诱曰："加功，谓'是□是□'芸耕之也。遂，成也。听其自流，待其自生，大禹之功不立，而后稷之智不用。"② 毋庸置疑，农耕对自然的基本需要中的主要部分为"土"和"水"，我国故有"水土"之说。水土可以解释为土地表面的水和土，也泛指自然条件和气候；还可用于人体对特定环境的适用适应程度，如水土不服。

---

① （元）王祯：《王祯农书》（上），浙江人民美术出版社2015年版，第50—51页。
② （北朝）贾思勰：《齐民要术》，缪启愉等译注，上海古籍出版社2009年版，第61页。

其实,"耕"的原始作"畊","盖古井田之制"①。"按古制,井田,九夫所治之田。乡田同井,井九百亩;井十为通,通十为成,成十为终,终十为同;积为万井,九万夫之田也。"(今译:按古制,井田是九夫所种的田。乡田同一井,一井九百亩,十井为一通,十通为一成,十成为一终,十终为一同,累积为一万井,是九万夫的田亩。)然这实在是远古之制,"绰有遗风",久已不存。② 而笔者更愿意相信,与其说其为古代传说中的"井田制",还不如视其为井田之意——水与田的意象:井蓄水,田耕种。"井":"穴地出水也。《说文》曰:'清也。'故《易》曰:'井冽寒泉,食。'甃之以石,则洁而不泥;汲之以器,则养而不穷;井之功大矣。"③ 井首先是人们借以生活的依靠;又可为田作提供水源。这是最为基本、基础的农业原始意(意思)图(图像)。

作为自然资源和生态要素,水对于农业的作用无须赘言。水资源包括地表水资源和地下水资源两个部分。农业水资源的目的是利用地表水资源和地下水资源,为农田增加生产,以补天然雨水的不足。④ 我国古代在对社稷的祭祀中,祈求"风调雨顺"必不能少,因为这是"五谷丰登"的前提。农业对于水资源利用的方式和途径主要是通过水利工程来实现的。所谓农田水利工程是指为农业生产服务的水利工程。它的基本任务是通过各种工程措施,调节农田水分情况,改变地区水利条件,使之符合农业发展和生产需要,为高产创造条件。⑤ 100多年前,美国的有机农业及水土专家金教授在远东考察时发现了一种经验模式:"凡学习过远东农业操作方法的人都会重视水对于提高庄稼产量的价值,这种经验是其他国家没有的。"⑥

农业灌溉与地势存在着密切关联。当人们将"地利"与"水利"置于同畴,便会发现二者之间的关系滥觞。有些学者在探讨我国北方农业起源

---

① (北朝)贾思勰:《齐民要术》,缪启愉等译注,上海古籍出版社2009年版,第61、34页。
② 同上书,第399—400页。
③ 同上书,第659页。
④ 高升荣:《明清时期关中地区水资源环境变迁与乡村社会》,商务印书馆2017年版,第26页。
⑤ 《中国农业百科全书·水利卷》"农田水利工程"条,中国大百科全书出版社1992年版,第487页。
⑥ [美]富兰克林·H.金:《四千年农夫:中国、朝鲜和日本的永续农业》,程存旺等译,东方出版社2017年版,第7页。

的时候，将黄河与黄土的关系联系在一起。世界不少古代文明大都如此，比如尼罗河与埃及的农业起源与发展。然而，也有一些学者认为，我国最古的农业与黄河这条泛滥大河无直接关系，最直截了当的办法就是分析仰韶、龙山和其他古文化遗址的地理方位和地形。而以兰州附近的新石器文化遗址地形分析：

> 兰州市位于黄河上游，黄河自西向东流。自西柳沟大坪至东岗镇30余公里的河谷间，山坡地带统为发育极佳的黄土台地，有高出河岸20—30米的第一台地，第二台地、第三台地则高出河岸40—80米。遗址所在地多在第二台地上。土门墩大坪到崔家崖5公里的第二台地，在一条水平上，面积相当平坦宽广，现为肥沃的农耕地。

遗址证明古之时，人们生活在地势较高的地方，以免受洪水的威胁，却也无法利用河水从事原始式的灌溉。[①] 这种原始的部落时代生活方式，属于所谓的"小地理环境"。[②] 小地理环境适合"小水"的利用。

由于世界上有代表性的古代文明，比如四大文明，都以"河"为代表——黄河文明、恒河文明、尼罗河文明、两河文明，也都脱不开与农耕文明之间的关系。虽然四大文明有着"河流"的共性，却各有特点。农业经济专家何炳棣认为，华北农业的起源与世界其他文明的农业起源相比，"可以肯定地说，华北农业的起源根本与泛滥平原无关"[③]；但与水土一定有关。特别值得一说的是，与河流相关的洲的形成与农业丰产之间的关联性——皆与河流的淤泥集结有关。金教授考察中国西江流域的农业发展情况，发现在西江流域形成了许多的洲，尤其是北江和东江汇集时，形成了巨大的三角洲平原，方圆6400平方英里。人们已经在这片平原开凿运河、筑堤、排水，将其转化成最多产的沃土，单位土地上每年至少3种作物。[④]

[①] 何炳棣：《黄土与中国农业的起源》，中华书局2017年版，第101页。
[②] 同上书，第104页。
[③] 同上书，第2页。
[④] [美]富兰克林·H.金：《四千年农夫：中国、朝鲜和日本的永续农业》，程存旺等译，东方出版社2017年版，第67页。

第三节　形势：造化与景观

生态环境的差异决定了乡村的构造的殊异。在中国，"自然村"是对村落形态最质朴的表述，强调村庄是自然发展而来的事实。而自然环境的差异决定了村落形态的差异。如果将城乡进行形态上的对比的话，前者"人工"的因素明显，后者"自然"的因素至重。萧公权说：

> 即使可以说中国城市在某些方面看起来正在努力"展现"它的一致性，但是不能说乡村也是这样。只要某个地方的环境许可，农民就定居下来，乡村由此发展起来。①

从这个意义上说，以一统的章法对乡村进行管理，和按照城市规划的模板对乡村进行规划都违背了"自然村"的自然属性，传统村落秉承的生态原则远远高于城市，城市要向乡村学习。

地形是人文地理学研究的一个重要专题，它具有关于空间和地方的双重兴趣：在地球表面（大多数地理学者关注的是大陆表面）的任何地方都存在垂直的和水平的两种关系：垂直关系把同一个地方的不同因素联结起来，而水平关系则把不同地方的各种因素联结起来。② 同一地方的不同因素构成特定的结构关系；不同地方的因素构成特殊的相互关系。中国的传统村落大多根据自然的"形势"而建。③ 根据地貌形势所进行的村落选址和构建，形成了一整套从价值、观念、理论，到操作、技术的体系，最合适的中式表达为：风土与风水。

风土所遵循的终极道理是阴阳五行学说。就人类生存几个最重要的条

---

① 参见萧公权《中国乡村——19世纪的帝国控制》，九州出版社2018年版，第14页。
② [英]R.J.约翰斯顿：《哲学与人文地理学》，蔡运龙等译，商务印书馆2010年版，第9页。
③ 参见邹洲主编"云南传统村落保护计划系列丛书"之《诏彝蒙舍》，云南出版集团、云南美术出版社2018年版，第5—7、15页。

件看,"住"必在其列。中国的广大农民在住宅,包括自然方位、阴阳面向、村落选址、住宿营建等,有自己的一套"道理"。在乡土社会,村落是相亲(血缘)、相近(拟亲)①等关系所形成的人群共同体。换言之,是一个"大家庭"式的居落。对于一个特定的血缘家庭而言,住在地上的是一家人。地面上的住宅叫"阳宅";死后"搬到"的地下叫"阴宅"。所以,传统村落中的住宅和墓地大都在一起;既体现"身体"之居,也体现了"灵魂"之所——一种特殊的、具有中国特色的亲属传承观念和方式。这种生态观非常独特。

"在中国所到之处,包括一些古老的大城市,我们都发现了坟地占用耕地的情况,而且比例很大。在广州格致书院附近的河南岛上,超过50%的土地被用于建筑坟墓。在很多地方,坟墓间隙太小,几乎可以从一个坟墓跨到另一个坟墓。坟墓位于地势更高更干旱的地方,而耕地则处于山涧或一些易于获取水的低地处,显然耕地更具生产力。"②这种情形与今天的生态观已然发生冲突。古之时,地广人稀,阴宅占地没有显出局促;随着人口的增加,人土关系紧张,今天需要纠正和修正。然而,今天我们在纠正和修正中似乎又走到另一种极端,即过去是死人占用农田,现在是活人(高楼)占用农田。

中西方在这方面同中有异。在西方,就居住的形态而言,"乡土"主要指传统的乡村或小镇的住宅。那里往往居住着农民、技工和职员。③然而,中国的情形与西方不同在于,后者的居处侧重于"生活",杰克逊说:"在一个地方'住'多久才算是住处呢?这个问题也许无关紧要,但我认为有必要回答。我们住的时间应足够长,长到变得很习惯。当一个地方变成我们习惯的场所时,它就被称为住处……这种定义方式与其他语言中动词'住'的用法有关。在英语环境中,我们说'生活'(live)在某地(很难解释原因)。而法语和德语中还保留着与'住'的用法,我们发现这很有价值。法语不用'你生活在哪儿',而用'你习惯在哪儿'。两种表达

---

① "拟亲"此指虚拟的亲属关系——笔者注。
② [美]富兰克林·H. 金:《四千年农夫:中国、朝鲜和日本的永续农业》,程存旺等译,东方出版社2017年版,第40页。
③ [美]约翰·布林克霍夫·杰克逊:《发现乡土景观》,俞孔坚等译,商务印书馆2015年版,第117页。

都暗示'居住'这一行动。事实上,它们也同习俗(custom)或习惯(habit)这类字眼紧密相关:'habitude''gewohnheit'。"① 中国传统文化甚至将房屋的结构与宇宙观联系在一起,有的专家甚至认为宇宙观即建筑。"宇,屋边也。宙,栋梁也。"引申为"上天下地为宇,古往今来曰宙"。而这些观念都与天地开辟,天地人合作,五行价值相关联。②

在乡土社会,"风水"是一个绕不开的话题,而五行与风水的关系可谓密切。特别在村落选址方面,讲究"靠—抱—罩"。农耕文明讲究风调雨顺,天时地利;所以选择有山有水的地方,特别是水。在古代,水被认为是财富,如果有一条水能够穿村而过,则大吉大利。在风水学中,把水流进村处被称为"天门",水流出村处称为"地户"。天门宜开,表示财源滚滚而来;地户宜闭,表示留住财源。流入和流出村的地方也称"水口",水口往往与村口合一,以便于进行统一的经营和布局。常见的经营之法有以下几种:一是在出水村口处建水塘、筑堤坝以蓄存流水。如果水流丰富不需要留存,则在水口跨水而建桥梁,桥上或桥畔建亭、阁,造成锁住水口的形象,以象征将财富——水留住。二是在村口建龙王庙。③ 水不仅是五行中元素,更是人民生活中最为紧要的物质;也因此水成为生态文明的重要的依据。

"生态"在我国传统的农耕文明中并非纯粹的学科、模型和数据的所谓科学表述,而是混杂在极其复杂的文明形态和文化底色之中,包括传统农业的生产要素、田地的耕作、村落的形成,以及农民的日常生活,形成了中国农业生态的自我体系。然而,若以今日之"生态科学"观之、省之、察之、检之,其中必然存在着违背之处,需要谨慎对待。天人合一、阴阳五行、风土风水等,在自然生态环境中糅杂着中国传统文化的因子,特别反映在了农耕文明之中,反映在了"三农"中。仿佛中国的山水画,"山水"是自然的、生态的;而山水画则是中国自己的,唯我们独有。

---

① [美]约翰·布林克霍夫·杰克逊:《发现乡土景观》,俞孔坚等译,商务印书馆2015年版,第123页。
② 参见南喜涛《天水古民居》,甘肃人民出版社2007年版,第100—101页。
③ 参见楼庆西《乡土景观十讲》,生活·读书·新知三联书店2012年版,第33—34页。

中国的农业曾经是世界的模范，今天在许多方面仍然是，中国的农业造化、生长于生态之中，也可以是世界的楷模。我们不仅要传承中国农耕文明中的生态智慧，采借其他文明中的生态优点，也要与时俱进地改造和发展农业生态遗产，遵循"生态优先"的原则。

第十章 嘉禾之诉与耕读之说
——兼说江西稻作文化

第一节 禾谷之说

在我国,"禾谷"无论作为耕作对象,即人民果腹的粮食,还是作为国家"社稷"的政治性代称,抑或"和谐"("和"者从"禾")社会的伦理目标和秩序维持,皆与农耕有关。事实上,"国政"之"大政"从"农正"中来。这些都昭示了"嘉禾"之无可替代的功能、作用、价值和符号。

值得特别一说的是,稻作文明起源于我国。稻作是南方的主要农业产品,而江西在历史上有着重要的地位,这也带动了其耕读传统的繁盛。笔者认为,学界对个中诸关系,包括南方稻作文化、耕读传家范式、"耕"与"读"之间的内在关联,或三者之间的轻重失衡问题,都缺乏深入研究,有些问题的研究仍非常薄弱,比如农业知识与儒家学说之间的关系等。

众所周知,中华民族以农耕为本。中式农耕文明的基理是"天时地利人和"之"三才"相互配合默契,并始终贯彻融汇于整个中华文明的遗产之中。其中"耕读传家"既是一个形象的描述,也是传统伦理构造之照相。故,若欲知中华文化,失却农业知识,忽略嘉禾之约,缺乏对耕读传统的了解和传承,便难以周详。"禾"有泛指和特指之分,泛指为谷类的总称,特指为稻子。《说文》曰:"禾,嘉谷也。以二月始生,八月而熟,**得之中**

和,故谓之禾。禾,木也,木王而生,金王而死。"①

在古代,"禾"与"谷"常常连用,属于"稷"的范畴。《齐民要术·种谷》云:"谷,稷也,名粟。谷者,五谷之总名,非指谓粟也。然今人专以稷为谷,望俗名之耳。"《尔雅》曰:"粢,稷也。"《说文》曰:"粟,嘉谷实也。"郭义恭《广志》曰:"有赤粟、白茎,有黑格誉粟,有张公斑,有含黄仓,有青稷,有雪白粟,亦名白茎。又有白蓝下、竹头茎青、白逮麦、擢石精、卢狗蹯之名种云。"郭璞注《尔雅》曰:"今江东呼稷为粢。"孙炎曰:"稷,粟也。"② 由是,我们便能够加深体察和了解为什么我国历来以"社稷"作为国家(家国)之称。也因为此,从古至今,帝王和政治领袖都要亲自祈谷,或躬耕,或亲临稻田。我国许多地方还保存着古代天子祈谷(于上苍)或躬耕(帝籍传统土地)的建筑,如南宋的八卦田,北京明、清宫殿建筑中的左祖(祖庙)、右社(社稷坛),天坛的祈年殿,地坛的方泽坛,以及先农坛的观耕台、先农坛等,皆表明以农为政的"社稷"之重。③

"禾"的特指是稻米。中国是一个幅员广大的国度,南北的地理地貌差异甚殊。而粮食作物种植和生产的前提是"土地"。以中国之情形,北方"旱地",南方"湿地",农业作物自然不同;故人们常说"北方麦作/南方稻作"。相比较而言,稻和粟,虽然一个被称为大米,一个被称为小米;一个产自南方,一个产自北方(当然不能绝对言之,北方也有水稻种植的考古证据和历史记述,即使在今天,北方有些地方仍然种植水稻),但两者之间也有一些共通的地方:稻在南方,和粟在北方一样,也被称为"禾"或"谷"。汉字中的"禾",更多的时候指的是植株;谷,则是稻所结之实。谷脱壳之后,称为"米"。只是由于稻米的颗粒较粟米大,所以称稻米为大米,称粟米为小米。④ "稻"作为粮食在历史上的地位和作用,经历了三个阶段:稻在五谷之外,稻列五谷之中,稻成五谷之首。⑤

---

① (北朝)贾思勰:《齐民要术》,缪启愉等译注,上海古籍出版社 2009 年版,第 71 页。
② 同上书,第 47—48 页。
③ 参见庞乾林等《稻文化的再思考 4:稻与粮政——改革开放前》,载《中国稻米》2014 年第 2 期。
④ 曾雄生:《中国稻史研究》,中国农业出版社 2018 年版,第 3 页。
⑤ 庞乾林等:《稻文化的再思考 1:无粮不稳之稻与社稷》,《中国稻米》2013 年第 3 期。

第二节　禾—和之缘

中国传统对纪时最具代表的表述为农历，农历以"天时与地辰"为依据编列而成，其中"年"为四季的总括。我国古代的"年"是根据天时与地利的协作配合而产生的，其基本的结构因素之一是农作物。甲骨文"年"属"禾族"，甲骨文即 ✦（禾，借代谷物） 加 ✦（人，农人），表示农人载谷而归。造字本义是，将收成的谷物搬运回家。"年"古时亦写作"秊"，《说文解字》："秊，谷孰也。从禾，千声。《春秋传》曰：'大有秊。'"意思是说，年指的是禾谷成熟。字形采用"禾"为偏旁，"千"是声旁。《春秋传》上说："大有收成。"《诗·周颂·丰年》有："丰年多黍多秊。"可知，一年四季的最终"评估"依据是农作物的成熟和丰收。

禾，甲骨文 ✦ 像垂穗的庄稼，"木"形 ✦ 代表植物，植物末梢上是下垂的穗子 ✦。有的甲骨文 ✦ 将下垂的穗子形象 ✦ 简化成一曲笔。造字本义是，结穗的谷类作物的总称。《甲骨文字典》释之："象禾苗之形，上象禾穗与叶，下象茎与根。"① 《说文》言："禾，嘉谷也，二月始生，八月而孰，得时之中，故谓之禾。"说禾为嘉谷，来自《生民》："天降嘉谷。"古代农书皆袭之此义，贾思勰在《齐民要术》中续之。② 而"嘉禾"典出《书·微子之命》："唐叔得禾，异亩同颖，献诸天子。王命唐叔，归周公于东，作《归禾》③ 。周公既得命禾，旅天子之命，作《嘉禾》。"孔传："唐叔，成王母弟，食邑内得异禾也……禾各生一垄而合为一穗。异亩同颖，天下和同之象，周公之德所致。"孔颖达疏："此以善禾为书之篇名，后世同颖之禾遂名为'嘉禾'，由此也。"汉代王充在《论衡·讲瑞》有："嘉禾生于禾中，与禾中异穗，谓之嘉禾。"

---

① 徐中舒主编：《甲骨文字典》，四川辞书出版社2016年版，第777页。
② （北朝）贾思勰：《齐民要术》，缪启愉等译注，上海古籍出版社2009年版，第71页。
③ "归禾"，赠送嘉禾。归，通"馈"，象征天下和同的嘉禾，为周公之德所致。王命赠于周公又命作《归禾》篇，已亡——笔者注。

"人和"亦与"禾"直接关涉。"和"从"禾","禾"耕作于土地;农耕之本在乎地,"和土"故为关键。在农学范畴,"和土"指"土壤达到肥瘠、刚柔、燥湿适中的最佳状态"①。西汉的氾胜之在《氾胜之书》中将上述总结为"和土":"和土"就是力求土壤达到肥瘠、刚柔、燥湿适中的最佳状态。② 由此可知,我们今天所说的"和"(和谐、和平等)都是建立在"和土—嘉禾"之上,其逻辑是:没有"和土",便无"嘉禾";没有"嘉禾",便无"中和";没有"中和",便无"人和";没有"人和",遑论"和谐"。

众所周知,农作生产离不开水,哪怕是"旱作",也是针对"水"而言的——相对得少。故,"水利"成为"社稷"之重要。德国学者魏特夫甚至认为中国封建专制与水利存在着逻辑关联。在《中国的经济与社会》一书中,他对中国灌溉和农业的关系研究,提出了中国农业小范畴的农业活动,把小块农业称作"园地农业"——的耕作需要艰苦的劳作、人力对畜力的指挥,并极度依靠水利。③稻作于南方的一个重要条件依据是"水",故人们称之为"水稻",乃"种谷"需水。《农桑辑要·播种·水稻》云:

> 《周官》曰:稻人,掌稼下地。以水泽之地种谷也。谓之"稼"者,有似嫁女相生。以潴畜水,以防止水,以沟荡水,以遂均水,以列舍水,以浍写水。以涉扬其芟,作田。郑司农说"潴""防"以《春秋传》曰:"町原防,规偃潴。""以列舍水""列"者,非一道以去水也。""以涉扬其芟":以其水写,故得行其田中,举其芟钩也。杜子春读"荡"为"和","荡"谓以沟行水也。玄谓"偃潴"者,畜流水之陂也。"防",潴旁堤也。"遂",田首受水小沟也。"列",田之畦疄也。"浍",田尾去水大沟。"作",犹治也。开遂,舍水于列中,因涉之,扬去前年所芟之草,而治田种稻。凡稼泽,夏以水殄草,而芟夷之。殄,病也,绝也。郑司农说:"芟夷"以《春秋传》曰"芟

---

① 李根蟠:《中国古代农业》,商务印书馆2005年版,第138页。
② 同上。
③ [美]濮德培:《万物并作:中西方环境史的起源与展望》,韩昭庆译,生活·读书·新知三联书店2018年版,第87页。

夷蕴崇之"。今时谓禾下麦,为"夷下麦",言艾刈其禾,于下种麦也。玄谓将以泽地为稼者,必于夏六月之时,大雨时行,以水病绝草之后生者,至秋,水涸芟之,明年乃稼。泽草所生,种之"芒种"。郑司农云:"泽草之所生,其地可种芒种。""芒种",稻、麦也。《氾胜之书》曰:种稻,春冻解,耕反其土。种稻区不欲大,大则水深浅不适。冬至后一百一十日,可种稻。始种,稻欲温;温者,缺其塍,食陵反;畔畦也。令水道相直。夏至后,大热,令水道错。崔寔曰:三月可种粳稻。稻,美田欲稀;溥田欲稠。①

第三节　江西与稻谷

水稻作为农作物,起源于中国,这是世界公认的结论。② 1992 年,中美两国的农业科学家在江西调研,"美方于 1996 年及 1998 年已发表两次报告,证实长江中游是世界栽培稻及稻作农业的摇篮,江西万年仙人洞等遗址的居民距今一万六千年前已以采集的野生稻为主要粮食,至晚距今九千年前被动定居的稻作农业业已开始"③。对于中美联合调查组的材料,学者们在使用时似乎有不同的说法。百度的"水稻"条目载:稻的栽培历史可追溯到公元前 12000—16000 年前的中国湖南。在 1993 年,中美联合考古队在道县玉蟾岩发现了世界最早的古栽培稻,12320±1200—14810±230 年。④ 水稻在中国广为栽种后,逐渐向西传播到印度,中世纪引入欧洲南部。笔者倾向于认为,水稻栽植的发源与行政区划之属地并不契合。关于中国稻作的起源,特别是栽培稻的本土起源,农史专家告诉我们:江西是最具说服力的地方之一。⑤

---

① (北朝)贾思勰:《齐民要术》"种谷第三",缪启愉等译注,上海古籍出版社 2009 年版,第 47—81 页。
② 参见许智宏《为什么要研究转基因》,载《人与生物圈》2018 年第 6 期。
③ 何炳棣:《黄土与中国农业的起源》,中华书局 2017 年版,第 1 页。
④ 游修龄:《中韩出土古稻引发的稻作起源及籼粳分化问题》,载《中国文物报》2002 年 3 月 22 日。
⑤ 参见曾雄生《中国稻史研究》,中国农业出版社 2018 年版,第 295 页。

江西无论是作为水稻的发源地，还是其拥有水稻的品种种类，抑或是水稻作为农作物的推广与传播，其历史都有着举足轻重的地位。就江西区域而言，万年吊桶环和仙人洞两个遗址是迄今国内发现的年代最早的新石器早期遗址之一，其制陶技术和水稻栽培是已知世界最早或最早者之一。这似乎表明，在农业社会的初始阶段，包括江西在内的长江中下游地区并非后来者，而是较为先进的区域。①而且江西的水稻品种也曾经对南方的许多省区产生重要影响。农业专家为我们提供了具有说服力的证明：江西的水稻品种，在明清时期除形成了自己鲜明的特色，还对周边省份产生了重大的影响，如江苏、浙江、安徽、福建、湖北、湖南、广东、贵州、四川、河南等，都有"江西早"这一水稻品种。②

当然，水稻栽培和种植的种类、发明、更新等也呈现出多样样态，有些甚至具有创新性"品牌"价值，在历史上具有引领的作用。明代江西奉新县人宋应星在《天工开物》中记载了吉安地区一种特殊的稻豆轮作方法，其文曰："江西吉郡种法甚妙，其刈稻竟不耕垦，每禾稿头中拈豆三四粒，以指扱之。其稿凝露水以滋豆，豆性充发，复浸烂稿根以滋。已生苗之后，遇无雨亢干，则汲水一升灌之。一灌之后，再耨之余，收获甚多。"这种水稻栽种的点豆方法一直流行到20世纪六七十年代，是一种种植方法，即在行与行，或株与株之间插种作物。③

我国的南方，雨水充沛，但地形复杂，水稻的灌溉方式也极具特色，特别是因地制宜的方式，更是值得一书。特别是水利灌溉——包括水利工程，灌溉的用具，灌溉的作业方式等都值得一表。比如清代关中农学家扬屾所编著的《知本提纲》对灌井有记述：

> 水利最多，惟井之养人，其功无穷。盖井养宜于平地，易成区畦。凡深至六丈者，皆可引灌。其法：深井俱宜长开，一梁可安辘轳四、五副，日能灌地一亩四、五分。若至三、四丈者，可作水车，日可灌地二、三亩。愈浅所灌愈多，或灌禾，或灌蔬。自能力致胜

---

① 何发甦：《江西耕读文化研究》，《农业考古》2015年第1期。
② 曾雄生：《中国稻史研究》"代自序：稻史研究三十年"，中国农业出版社2018年版，第6页。
③ 同上书，第1页。

于旱田十倍。①

王祯《农书》之"农器图谱之十三·浚渠":

> 凡川泽之水,必开渠引用,可及于田。考之古有沟洫畎浍,以治田水……逮夫疏凿已远,井田变古,后世则引川水为渠,以资沃灌。②

王祯《农书》之"农器图谱之十四·利用门":

> 《农谱》命篇曰"利用",与夫《易》云"利用",《书》曰"利用",其文同理异。今因水之利于用,故以篇名……然水利之用众矣,惟关于农事、系于食物者录之。然必假他物,乃可成功。③

说江西是水稻的一个发源地,有一个重要的文化依据:江西在历史上对农耕文明的这一物种——"稻禾"的观察、记录、研究在整体上处于领先的地位。比如历史上的庐陵地区历来是"物华天宝,人杰地灵"的稻米之乡。④ 以庐陵地区的泰和为例,其以"地产嘉禾,和气所生"而得名,东汉末年建县。据光绪《江西通志》载:西晋太康五年(284 年)秋,"七月,豫章嘉禾生";同书还载:"禾山,在泰和县西北五十里,唐时尝生嘉禾,故名。"⑤ 换言之,"泰和"就是因"嘉禾"而生的地方。"嘉禾"的种植地,自然有其独特的土地原因。吉泰平原便进入言说范围。吉泰平原地处井冈山东麓,为吉安市区至泰和县城一带的赣江冲积平原,河网纵横,水利资源丰富,因而农业和养殖业发达。吉泰平原为赣江及其支流冲积而

---

① 转引自高升荣《明清时期关中地区水资源环境变迁与乡村社会》,商务印书馆 2017 年版,第 53 页。
② (元)王祯撰,缪启愉、缪桂龙译注:《农书译注》(下),齐鲁书社 2009 年版,第 655 页。
③ 同上书,第 663 页。
④ 李根蟠:《稻史研究的开拓与创新——读〈中国稻史研究〉随想》,载曾雄生《中国稻史研究》,序,中国农业出版社 2018 年版,第 7 页。
⑤ 曾雄生:《中国稻史研究》,中国农业出版社 2018 年版,第 297 页。

成的河谷冲积平原。整个平原地表松散，沉积物巨厚，地势平坦。吉泰平原四周有群山环抱，平原内四季分明，气候温和，降雨充沛，河网纵横。吉泰平原成为赣中粮仓，鱼米之乡。自唐、五代至宋、明、清，吉安市的丘陵、山地垦殖面积不断扩大，"自邑以及郊，自郊以及野，峻岩重谷，昔人足迹所未至者，今皆为膏腴之壤"。（曾安止《禾谱》序）就是说，在宋代，吉泰平原就已成为赣中粮仓。

所谓"人杰地灵"，指的正是"人—地"和特殊性。作为稻作文明的重要发源地，中国第一部水稻的专书《禾谱》是泰和人完成的。《禾谱》共五卷，作者是北宋时期的泰和人曾安止。曾安止（1047—1098年），字移忠，号屠龙翁，熙宁五年（1072年），25岁时，解试中第，熙宁六年（1073年）中第乙科。熙宁九年（1076年）进士，时年29岁，[①]绍圣年间任彭泽县令。元祐五年（1090年），曾安止的父亲曾肃去世，后曾安止也"以目疾而退"。程祁在序言中说："及绍圣……丁丑（1097年）春，始过螺川。是时。曾公丧明，退居泰禾。"弃官后授宣德郎。退仕后，从事调查和著述，在"周爰咨访，不自倦逸"和"善究其本"的基础上写作《禾谱》。[②] 有感于当时士大夫只为花木著谱，而稻未有谱，遂调查当地水稻品种资源，写成《禾谱》。成书约在元祐五年至绍圣元年（1090—1094年），是迄今所见中国最早的水稻品种志。

《禾谱》第一部分对水稻的"总名""复名""散名"作了论辨，清晰地指出古今水稻名实之间的联系与差别。特别是作者能对古今水稻的异名进行辨析，比较了古今水稻品种之间生物学特性的差异。在记载水稻品种时，此书也并非简单地记录名称，而是对水稻的生育期、外形、原产地等均有记载，现存《禾谱》载有籼粳稻21个（其中早稻13个，晚稻8个），糯稻25个（其中早糯11个，晚糯14个）共46个，加上被删削的，共有56个。《禾谱》所记稻品，以泰和地区为主，又并非泰和一地所专有。现存《禾谱》中有8个品种分别见于南宋8种方志。《禾谱》所记稻品，还反映了宋代水稻品种资源发展的历史。如当时泰和传入占城稻才四五十年，已有早

---

① 有的文献记载曾氏28岁考取进士。
② 参见曹树基《〈禾谱〉及其作者研究》，《中国农史》1984年第3期；曹树基《〈禾谱〉校释》，《中国农史》1985年第3期；曾雄生《中国稻史研究》，中国农业出版社2018年版，第131页。

占禾、晚占禾之分，反映出占城稻在江西传播的史迹。《禾谱》所记泰和水稻品种资源数量之多，说明赣江流域是宋代重要水稻产区。《禾谱》对研究中国水稻栽培历史以及宋代粮食生产有重要意义。农史专家公认其为继北魏贾思勰《齐民要术》后的又一部重要古代农书。

图8 曾安止《禾谱》残卷

王祯在撰写《农书》的过程中，深受《禾谱》和《农器谱》①的影响。曾雄生在《中国稻史研究》中有这样的记述：

> 王祯完成《农书》（时间当为 1295—1298 年）后，到江西永丰任职（时间当为 1300—1304 年）。永丰隶属江西吉安，即传统的庐陵地区。成书之后，王祯本想用活字嵌印，得知江西官方已决定刊印而作

---

① 《农器谱》：由曾安止的侄孙曾之谨撰写完成，农史上称"二谱"为《曾氏农书》——笔者注。

罢。据《元帝刻行王祯农书诏书抄白》所示，江西官方决定刊行《王祯农书》获得批准，时间是在大德八年（1304年），当时王祯在永丰任上。《元诗小传》记载："王祯，字伯善，东平人，大德四年知永丰县事，以课农兴学为务……著有《农器图谱》《农桑通诀》诸书，尝刊于卢（庐）陵（今江西吉安）云。"又据康熙《永丰县志·贤牧传》，王祯"著有农书，刻于庐陵"。因此，江西最早刻印农书的地方大概是在庐陵，而庐陵正是曾氏农书作者的故乡。但元刻本已不复存在，现存最早的刻本为明刻本。其中便有邓渼在万历四十五年（1617年）所刻的三十六卷本，而邓渼则是江西新城人。[①]

值得特别一说的是，围绕着"曾氏二谱"，一批古代文人、士绅、知识分子与之发生关系。一个疑问油然而生：为什么上述佚事中的文人和士绅对农业、农耕、农事如此熟悉和在意？这或许能够纠正我们中许多人的一个误解，即"耕"与"读"是一对相互抵触的矛盾，仕途与农事"背道而驰"：士为御用，农为农事。其实，情势未必如此单一。事实上，古代的读书人若入仕为官，"农"仍然在——在身边，在知识中，在道德中，亦为职责之所在。再者，诸如遭受贬抑、告老还乡、隐居身世者等无不返回乡土。农村"老家"才是那些政客、士绅和文人们最后的归属。辛弃疾在被迫退休后长期居于江西农村，自名其居处为"稼轩"，号"稼轩居士"。

大家都知道苏东坡是文人，都知道陆游是诗人，都知道辛弃疾是词人，都知道黄庭坚是诗人，都知道蒲松龄写"聊斋"，却鲜有人知他们都熟悉农业、农务，他们依然是农家。"聊斋先生"在留给世人《聊斋志异》的同时，还留下了残稿《农桑经》。[②] 当然，像徐光启那样的农学家，更是直接作为于田畴；比如在遇及天灾水患之时，撰《告乡里文》，直接采用农业知识施教民众以稻作新法，诸如"寻种下秧""车水保苗"等，救民于危难。况之当世学人，除了农学家外，我们实在再难以续说、续写这样的耕读故事了。

[①] 曾雄生：《中国稻史研究》，中国农业出版社2018年版，第149—150页。
[②] 参见彭世奖《中国农业：历史与文献研究》，世界图书出版公司2016年版，第53页。

第四节　耕读传统

在中国，传统的农耕文明逻辑性地催生出耕读传家的伦理模范，稻作的兴盛与耕读的繁荣相辅相成、互为言表。其中似乎潜匿着这样一条线索：农业发展健康稳定，读书传家的世风就昌盛。古代江西吉安地区，稻作农业发达，乃鱼米之乡，吉安所代表的庐陵文化，①尤其是唐宋以来，人文荟萃，以"三千进士冠华夏，文章节义堆花香"而著称于世。吉安府不但考取**天下第一多的进士**和数量众多的状元，而且在明代建文二年（1400年）庚辰科和永乐二年（1404年）甲申科中鼎甲3人均为吉安人，这种现象在中国科举史上绝无仅有。吉安甚至有"一门九进士，父子探花状元，叔侄榜眼探花，隔河两宰相，五里三状元，九子十知州，十里九布政，百步两尚书"的说法。庐陵属地泰和更是因"地产嘉禾，和气所生"而得名，曾安止为泰和人，清光绪五年刊本《泰和县志》，引清同治十一年高廷桢序：

> 泰和为声名文物之邦，忠义孝友之邑。山川挺秀，甲第云连。溯自宋、元，迄明以来，英贤崛起，勋业昭垂；经济文章，卓著千古。仅据清光绪元年《吉安府志》卷二十一《选举志》统计，明洪武四年（1371年）至清同治十三年（1874年）的104年间，泰和共出进士213人；贡生更多，明代达625人，清代也有200人。

如果"耕""读"是二元一体的关系，那么，二者便有着相互支撑的内在关联。耕读传统既是一种文化表述和图景，也反映了传统农耕历史的实情和实景。"耕"者，文字分类为"田族"；由"耒"（农具）与"井（田）"组合而成。②《说文解字》释："耕，犁也。从耒，井声。一

---

① 吉安古时称庐陵，发端于那里的庐陵文化向来受到专家学者们的高度关注，其中重要因素是，自秦朝建制以来，庐陵属地人才辈出、名士荟萃、文化发达、民风淳朴。

② 谷衍奎：《汉字源流字典》，语文出版社2010年版，第977页。

曰古者井田。"其实"井田"大致有两种意义：1. 历史上所说的"井田制"；2. 古代村社和家乡的泛称。对于前者，学界有不同看法："中国古代有无井田确切性质，至今是纷挐难决的问题，自从《孟子》提起井田制度的构想以后，学者一直在努力弥缝各种相互抵触的叙述。"① 这也反映在对"耕"的阐释上；日本学者白川静认为，"耕"的正字为"畊"；而学术界认为"耕"等于"耒"加"井田"的假设未能得到证实。由于缺乏古代原始字形资料，目前无法确知"耕"与"畊"的构成原委。② "耕"字在甲骨文中未见，从目前的文字资料看，始见于篆文。不过，无论"耕"的最原始的本义是什么，都不妨碍意会这一个字的语义：耕作、耕种、耕田。从其造字字形看，已经进入了牛耕的时代，即农耕文明已经进入了用牛替代人耕于木耒的时代。

耕读传统的景观必然反映在教育方面。"乡学"即为教育形制的代表。在清代，乡学包括书院、社学和义学三种类型。对学生进行系统教育，由清政府建立或经过其批准的各类学校，可以分为两大类："官学"（官办学校）和"学校"（非官办学校）。义学（慈善学校）和社学（乡村或大众学校）。泰和的"乡学"体现出以下几个特点：1. 研读儒家经学；2. 地方精英、士绅主导；3. 培养乡土社会的人才；4. 宗族办学为重要的形式。仍以泰和为例，据清光绪元年《吉安府志》卷十七《学校志·泰和学校》记载，泰和县历史上有相当完善的学校体制，包括州学、县学、乡学、村学。作为一县最高学府的县学规模宏大，建置完整，内有道义门、攀桂楼（建于宋代），增斋堂四所（建于元代），明德堂、尊金阁、棂星门、明伦堂（建于清代）等建筑，并且修建频繁。据府志统计，泰和县学宋代为六建四修，元代一建一修，明代二建十修，清代二十修。完善和正规的学校系统，使得泰和县历史上文风极盛。

在中国的乡土社会里，宗族起着社会管理的重要作用，对乡村教育更是如此，几乎每个乡村都有宗族祠堂和宗族运作管理体制。在宗法制的传统农村里，"耕读传家"是人们根深蒂固的生活理想。宗族教育是宗族事务的一件大事，每个宗族都期望自己的族人有读书人，能出个秀才、举人

---

① [美]许倬云：《求古编》，商务印书馆2014年版，第123页。
② [日]白川静：《常用字解》，苏冰译，九州出版社2010年版，第138页。

或者状元，所以私塾、学堂、书院在乡村是普遍的。"耕为本务，读可荣身""读而废耕，饥寒交至；耕而废读，礼仪遂亡"等家训教化都反映了古代耕读文化在乡村的兴盛，也反映了耕读之家的文化传统与传家寄托。耕是衣食来源，仰侍父母、俯畜妻子的立足之本；读是入仕之阶，修身、齐家、治国、平天下的必经之路。教化民风。"百艺莫如耕读好，千金难买子孙贤"。有些古村落中的书院、义塾、读书楼、文昌阁、进士碑等设施都是村中学龄儿童接受教育的地方，是耕读之读的主要场所之一。

南方有嘉禾，这不是简单的诗文赞美，中国南方作为稻作起源的最有说服力的证据来自考古发掘。20世纪70年代，浙江余姚河姆渡遗址的发现，把中国稻作的起源推到了7000年前。至21世纪，考古又有了新的发现，特别在长江流域。从现在的考古材料看，我国稻作的起源已经突破了万年前。① 对于农业社会而言，农作物的栽培、推广、扩大、发展、创新等，必然会带动社会各个方面和事业的发展。"嘉禾之诉"与"耕读之说"遂成逻辑。

耕读传统作为中华农耕文明的"基因"，并不意味着它没有应对和适应新形势变化的机制，恰恰相反，耕读传统既然能够延续数千年，说明这一传统已经承载了大量和多样变迁的可能性。

---

① 参见斐安平《长江流域稻作文化》，湖北教育出版社2004年版，第36—46页；曾雄生《中国稻史研究》，中国农业出版社2018年版，第4—5页。

第十一章　永远的"有机"　永续的农业
——"农家肥"的人类学解读

第一节　固我社稷　沃野千里

联合国农粮组织（FAO）指出，21世纪人类面临最大的挑战有三：1. 粮食安全；2. 食品安全；3. 生态多样性。① 于是，"有机农业"的重要性被提到了空前的高度，因为它是保证"永续发展"的重要前提。

中国是一个以农耕文明为传统的国家，"土地"是农民的命根，"在数量上占着最高地位的神，无疑是土地"②。而传统农业正是依靠农家肥保育土地，才使得国家"社稷"得以延续。所谓"有机"，指事物的各部分互相关联协调而不可分，就像一个生物体那样。由此可推导的逻辑是：社会的**"有机发展"**建立在**"有机粮食"**的基础上，**"有机粮食"**生长于**"有机土地"**，**"有机土地"**需要**"有机肥料"**的永续供给。中国地域辽阔，人口众多，有机肥料资源十分丰富，农业在历史上使用农家肥已经形成了传统，农民在积储和使用有机肥方面积累了丰富的经验。有机肥料俗称"农家肥"，指以有机物质（含有碳元素的化合物）作为肥料，包括人粪尿、厩肥、堆肥、绿肥、饼肥等。

---

① 参见陈世雄《从有机出发　谈环境永续在》，载薛浩然主编《香港农业的复兴》，香港利源书报社2015年版，第59页。

② 费孝通：《乡土中国　生育制度》，北京大学出版社1998年版，第7页。

我国传统农业之所以可以保持永续发展——特别是在人口与土地的矛盾如此尖锐的情况下，一个重要的原因是农业的精耕细作，其中有机肥起到了重大的作用，包括改善土壤结构，有效协调土壤中的水、肥、气、热，提高土壤肥力和土地生产力。在现代农业中，"有机"被提到了空前的高度，"**有机食品—有机农业—有机肥料**"存在着逻辑关系，也构成了**生态农业—生态食品**的结构产业的机理。在我国农业生产的漫长历史中，一直靠有机肥料改良土壤，培肥地力，生产粮食。1949年以后，情况发生了变化，随着化肥工业的发展，化肥在农业中的使用逐年增加。1987年平均亩施化肥高达27.8公斤。改革开放以后，特别是随着"绿色产业"的兴起，我国有目标地转向使用有机肥料。恢复"有机传统"已经成为我国农业可持续发展的一项重要的措施。从2008年6月1日开始，国家对生物有机肥产品完全免税的政策即是一个说明。

今天，"食品安全"日益成为一个国际性问题，"有机农业"（organic agriculture, organic farming）的观念也因此越来越成为世界性共识。以日本为例，为了确保安全的食物供给，日本在1971年成立了有机农业研究会，2006年，国会一致通过"有机农业推进法"，强化了对农药的限制，以及对产地和食品添加物标记的规定。① 我国的农家肥使用传统堪为世界榜样。单一而言，"农家肥"的使用与"有机农业"等只是农业生产方面的"专业"内容，其实不然，那原本都是人民日常生活的一部分，也与人民的生产、生活，乃至生命息息相关。我们毋宁将"农家肥"视作国家安宁的保障、"社稷"安康的保证的一项内容。

"**土壤**"是一种文明。这个定义非常重要，对于有农耕传统的文明、文化和国家而言，这一定义更为恰当。它还包含了这样的意思："土壤"宛若文明，需要不断地养育、保育，以确保其进化、优化；否则，就会退化、恶化。人类所有文明史都是从土地开始，在土地上繁衍。蒙哥马利在其《土壤的文明史》中认为，文明的寿命决定于最初土壤的厚度与土壤流失速度的比率。他强调，美国自实施大规模的农业垦殖以来，就形成了以大型机械和单作化为基本特征的掠夺性农法，加剧了自然土壤的流失，引起地力

---

① [日]祖田修：《近现代农业思想史——从工业革命到21世纪》，张玉林等译，清华大学出版社2015年版，第154页。

快速下降，为此发生了尘暴来袭，甚至出现了农业无法维系的区域。[①] 今天一些地区土地的沙漠化正是文明退化的真实写照。如果一个地方已经到了人类无法居住的地步，何以言说"文明"？

土地是人类生存的根本，特别在农耕文明时代，"肥田沃土"是土地养护、保育的表述。"肥沃"在词典里的意思主要在农业范畴，指土地含有适合作物生长的营养和水分等。"肥"，会意字，原有"肥大""肥胖"之义。[②]《说文解字》："肥，多肉也。从肉，从卩。""肥"是生命力旺盛的指喻。《广雅·释诂二》释："肥，盛也。"作物茂盛亦在指之列。"沃"也是茂盛的意思，只是在语义上是另外一种表达，常用来形容农作物的状况。"沃"篆文即，艹（卄，草，代植物），加上（水，滋润），加上（夭，茂盛），造字本义为土地湿润，使草木生长茂盛。《说文解字》释："沃，灌溉田也。字形采用'水'作边旁，'芺'作声旁。"

"社稷"表明以农为正——以土地为本的国家。所以历史上一直将"肥土良田"作为国家强盛的重要标志。《史记·河渠书》："关中为**沃**野，无凶年，秦以富疆，卒并诸侯。"此虽就郑国渠而言，却表明"沃土强国"之道理。"沃野"遂成土地肥沃的指代。中国古代曾经以土地的肥沃程度、品质的高低等确立等级，并以此作为贡赋的标准。土地为上等者，贡赋便高，依此类推。[③] 比如"天府"，原指土地肥沃的最高级别。秦汉时期，被称为"天府"的是经济发达、土地肥沃的关中地区。西汉末年，因战乱等天灾人祸导致土地荒芜、贫瘠，关中失去了"天府之国"的称号。其中的关系很清楚：保持肥沃的土地，才能保证丰足的粮食，才能保障人民的生活。然而，有的时候我们对环境的破坏，使得"中国绝大部分最有价值的资源，即肥沃的土地，就这样悲剧性地永久消失了"[④]。

"肥沃"之于农业、农耕、农作、农田的重要性自不待说。农书中有"惜粪如惜金"（《王祯农书》）的说法。我国古代的"粪肥"即今天所说的"有机肥"。值得一说的是，"家"与"圂"都与"养猪"有关，其中不乏厩

---

① [日]祖田修：《近现代农业思想史——从工业革命到21世纪》，张玉林等译，清华大学出版社2015年版，第151页。
② 参见[日]白川静《常用字解》，苏冰译，九州出版社2010年版，第369页。
③ 惠富平：《中国传统农业生态文化》，中国农业科学技术出版社2014年版，第103页。
④ [美]易劳逸：《家庭、土地与祖先》，苑杰译，重庆出版社2019年版，第40页。

肥的原理。家，甲骨文🅰即∩（宀、房屋），里面饲养🅱（豕，猪）。有的甲骨文🅰将猪形🅱简化成🅱。造字本义为蓄养生猪的稳定居所。从形态上看，《说文解字》："家，居也。从宀，豭省声。🅰，古文家。""圂"，表示在口中，象豢豕之所。① 有的认为"豕"为"犬"，为祖祭时用家畜为牺牲之置。只是到了后来才被解释为"家里有猪"②。《说文解字》释："圂，豕厕也，从口，象豕在口中也。"《广雅·释宫》："圂，厕也。"

胡厚宣、胡振宇在《殷商史》中对圂的卜辞有过考释，认为中国自古都是以养豕的牢为厕，近年来在汉魏墓里所现难以计数的陶厕猪圈等明器，也是说明。现在的广大农村，厕所就在猪圈，仍旧沿着古代的遗俗。厕所猪圈即是储藏粪便的地方。这种粪便兼有人粪、畜粪，犹如近代肥料学上的所谓"厩肥"。③ 相关的还有"牢"，甲骨文🅰，即∩（围栏）加🅱（牛），像牛被关在围栏里。造字本义为圈养牛羊牲畜的围栏。《说文解字》："牢，闲养牛马圈也。从牛，冬省。取其四周帀也。"虽"牢"与祭祀有关，《周礼·充人》："祀五帝则系于牢。"却并不妨碍"家—圂"之功，《诗·大雅·公刘》："执豕于牢。"当我们把"家—圂—牢"之会意置于一畴，功能上可以得到这样的结论：农家肥中的厩肥主要来自"家—圂—牢"。

我国的传统农业在"积肥"方面积累了丰富的经验。"肥料"一词源于近代，中国古代称肥料为粪，如土粪、猪粪、羊粪等。甚至以植物作肥料也称粪，野生绿肥称草粪，栽培绿肥称苗粪，施肥称粪田。今天所说的有机肥料一般都是利用动植物残体、动物排泄物等，在当地的生产条件下积制而成的肥料，所以传统时代的农家肥即有机肥。中国在农家肥的处置、制作等方面具有悠久传统。这也与我国传统的自给自足的农业结构有关。中国传统的农业系统是"小而全"的结构单元，物质循环较为封闭，几乎所有的废物和农产品都被循环利用，以弥补农田养分输出的损耗。中国农田施肥肇始于商周时代，春秋战国时期，农民已经普遍认识到多施粪肥可以增进地力，人畜粪尿、杂草、草木灰等都被用作肥料。秦汉时期，厩肥

---

① 徐中舒主编：《甲骨文字典》，四川辞书出版社2016年版，第697—698页。
② 参见[日]白川静《常用字解》，苏冰译，九州出版社2010年版，第30页。
③ 参见胡厚宣、胡振宇《殷商史》，上海人民出版社2008年版，第264页。

已很受重视，人们把"厚加粪壤"作为改良贫瘠土壤的重要手段。①

"农家—家农"是一体性的，这也是为什么我们称"农家肥"的原因。西方在这方面似乎认识得很晚，对有机肥料的农业专业的观点也各异，甚至引发争议。比如对于有机肥料与农业的关系，泰厄提出几点重要的主张，第一是基于腐殖质的地力均衡维持，也就是为了充分增加收成和利润，必须尽力提供植物体生长所需要的腐殖质养分，可作为第二年种植需要补充前一年消耗掉的养分，称为腐殖质说（Humus Theorie）。② 对此，李比希认可补充肥料以实现地力均衡的必要性，但同时指出，腐殖质本身并非植物的营养成分，只有无机质，也就是说腐殖质中所含的氮、磷、钾等无机质才能成为养分。这种无机质说取代腐殖（有机）质说的主张，在学术史上称为腐殖质论争。③

当然，单独以农肥为目标的讨论皆难以说明问题。美国学者易劳逸在《家庭、土地与祖先》一书中有这样的观点，认为中国传统的农业使用农家肥与人口增长存在逻辑关系：

> 无论是什么原因造成了中国人口数量的增长，有一个非常重要的事实令人无法回避：中国人口比之前多得多，而且每个人都需要吃饭。然而，当时中国农业技术在总体上尚未发生变革。清代农民使用的生产方法和生产工具与15世纪，甚至更早的时候并无二致……另一个得到广泛应用的传统方法是施肥，一是因为他们的确觉得肥料很好用，同时也是因为数量不断增长的人、猪和役畜能产出更多高质量的粪肥。④

这样的判断虽有些突兀，却不无道理，也有现实依据。事实上，中国传统农作有着以下要点：1. 中国是人口大国，耕地不足，精耕细作一直是其秉承的原则；2. 人口多、牲畜多、粪肥多，形成一种自然的循环关系；

---

① 惠富平：《中国传统农业生态文化》，中国农业科学技术出版社2014年版，第234页。
② [日]祖田修：《近现代农业思想史——从工业革命到21世纪》，张玉林等译，清华大学出版社2015年版，第35页。
③ 同上书，第43页。
④ [美]易劳逸：《家庭、土地与祖先》，苑杰译，重庆出版社2019年版，第28—29页。

3. 家庭式的小农经济，决定了"肥水不流外人田"的小单位自给自足式的生产。而传统的施肥方法，非常有利于作物的产量。① 事实上，只要没有天灾人祸，这种关系是可以维持的。只不过，这样的农作单位和经验难以生成更高层次的农业技术的革新，这也是"小农"与"大农"之间的背景差异。

第二节 有机农业 制肥技术

  土地肥力技术包括自然的手段，如除杂草，以水淹、火烧等方法，使之成为肥料；也有人工的方法，配合时令，采取人工施肥等手段。我国古代在这些方面多有记述。《韩非子》中有"多粪肥田"的说法。早在战国时期，人们就采用了割取青草、树叶等烧灰作肥。以后又广泛地利用草皮泥、河泥、塘泥等，水生萍藻也在人们的收集之列。更多的来源是人类在农业生产和生活中的废弃物，诸如人畜粪溺、垃圾脏水、老坑土、旧墙土、作物的秸秆、糠秕、老叶等，统统可以充当肥料。后来又逐步开始有意识地种植绿肥，形成了一整套肥料沤制加工技术，促使其发酵腐熟，以提高肥效，古称"酿造"。②

  土地"养人"，人也"反哺"土地，形成了特色的"中国经验"。农业的永续包含着"自然"的原理，即循环使用各种资源，并由此形成一套机制。其中"和土"最为重要。我们所说的"天地人和"，其中"和"不仅从"禾"，亦强调"和土"；《氾胜之书》故有："凡耕之本，在于趣时，和土，务粪泽，早锄早获。" 甚至连古代王城在设计上的区分都将其作为重要原则。如《周礼·地官》中有："以廛里任国中之地，以场圃任园地，以宅田、士田、贾田任近郊之地，以官田、牛田、赏田、牧田任远郊之地。"就是说，城中为住宅用地，城外郭内场圃可种植瓜果蔬菜，近郊和远郊地

---

① [美]易劳逸：《家庭、土地与祖先》，苑杰译，重庆出版社2019年版，第28页。
② 参见李根蟠《中国古代农业》，商务印书馆2005年版，第140—142页。

区为各种性质的农田和草地,主要用于生产粮食,饲养牲畜。①

中国古代对土地有"辨壤知种"的原则,将土地分为"三农",《周礼》:"三农生九谷。"所谓"三农",汉儒有不同的见解,按照郑玄的说法,为原、隰和平地三者,即高原、平地和湿地三种。②对于田地"肥理",形成了一套作业经验。《尔雅·释地》:"田一岁曰菑,二岁曰新田,三岁曰畬。""菑"字含有"杀"的意思。《尚书·大诰》:"厥父菑。"孔颖达《正义》:"谓杀草,故治田一岁曰菑。"《尔雅·释地》郭璞注:"今江东呼初耕反草曰菑。"是为菑第一义,第二义是第一年待耕而未耕之田。③畬,柔和的意思。而所谓"畬田",也多与刀耕火种有关。④

至于田土,我国古代也有一套方法,对于畬地,焚烧便是一种方式。《孟子·滕文公》上说:"舜使益掌火,益烈山泽而焚之,禽兽逃匿。"古代的农作早就知道灰是天然的肥料。所以神农又叫烈山氏。那个时候,开辟山林多利用火。放火烧山,烧出一片平地。⑤开荒种地是刀耕火种的原始耕作方式。《齐民要术·耕地》:"凡开荒,山泽田,皆七月。芟芟之草,干即放火,至春而开垦……三岁后,根枯茎朽,以火烧之。耕荒毕……明年乃中为谷田。"烧去草莱,来年即可垦种。"刀耕火种"在山地梯田的耕植中曾被大量使用,虽然无论是"刀耕火种""火耕火耨""火耕水耨"等方法在不同的历史时代、不同的地形地貌、不同的民族族群中的使用情形不尽相同,但肥田耕作的作用一定是有的。⑥所谓"田莱制"也还是有计划、有控制地周期性烧草为田。⑦

"肥"具有相对性,也具有历史语境。何炳棣教授对我国北方古代农业进行了专题研究,认为造成古代华北农业生产及聚落模式与古代西方不同的最根本原因是黄土的特殊的物理和化学性能,认为原始农夫不懂施用,而土地的肥力因耕作而递减,在当时土旷人稀的条件下,农人随时都得实

---

① 惠富平:《中国传统农业生态文化》,中国农业科学技术出版社2014年版,第115页。
② 同上书,第114页。
③ 何炳棣:《黄土与中国农业的起源》,中华书局2017年版,第3—4页。
④ 同上书,第88—89页。
⑤ 参见钱穆《黄帝》,生活·读书·新知三联书店2005年版,第8页。
⑥ 参见何炳棣《黄土与中国农业的起源》,中华书局2017年版,第84—89页。
⑦ 同上书,第84页。

行休耕，并同时非开辟新耕地不可。他们认为开辟新耕地最直截了当的办法是砍伐和焚烧地面上的植被，这就形成了所谓的"砍烧法"（slash and burn），也就是"游耕制"。美国学者庞坡里（R. Pumpelly）认为："自我加肥（self-fertilizing）的性能可以证实：在中国辽阔的黄土地带，几千年来农作物几乎不靠人工施肥都可年复一年地种植。正是在这类土壤上，稠密的人口继续不断地生长到它强大支持生命能力的极限。"因此，华北原始农耕绝非游耕制，因经典的游耕制需要每年实耕八倍的土地，土地耕作一年之后要休耕七年之久肥力才能恢复。游耕制一般出现在热带及多雨区。①

施肥技术的成熟有一个历史过程，包括不同的历史时段，不同的耕作方式，不同的生态条件，皆有其各自的理由。尽管都是焚烧，但是在古代还是非常有讲究的，特别是焚烧对山林和动物的影响，都必须在考虑范畴。《礼记·王制》："昆虫未蛰，不以火田。"《说文》："焚，烧田也。"有人认为，烧田是为了田猎。② 田猎确为中国古代（特别是贵族）的一个重要的活动。在3000多年前的殷商晚期，农业经济已经相当发达，统治者经常进行大规模的田猎活动。安阳小屯殷墟甲骨文卜辞中，多有"田猎"的记载。③ 由是可知，焚烧所产生的土灰肥土肥田的功能早已为人所知，却在同一种方式中羼入了不同地方、区域、族群、技术上的差异。

至于绿肥，彭世奖教授在《中国农业：历史与文献研究》中过这样的记述：

> 早在西晋（265—316年）以前，我国农民已经懂得通过种植绿肥来达到肥田的目的。主要方法是把绿肥作物（主要是豆科植物）纳入轮作周期，借以提高土壤肥料。大致有稻苕轮作、葵豆轮作、谷豆（绿豆、小豆、芝麻）轮作等方式。晋代郭义恭《广志》已记载："苕草，色青黄，十二月稻下种之，蔓延殷盛，可以美田，叶可食。"贾思勰《齐民要术》则记载了谷豆轮作的操作方法："美田之法，绿豆为上，小豆、胡麻次之。悉皆五六月种，七八月犁掩杀之，为春谷田，则亩收

---

① 参见何炳棣《黄土与中国农业的起源》，中华书局2017年版，第2—4页。
② 同上书，第84页。
③ 参见杨鸿勋《园林史话》，社会科学文献出版社2012年版，第4页。

十石，其美与蚕矢、熟粪同。"明清时期，南方曾大量种植紫云英作绿肥。①

毫无疑义，在肥田沃土方面，最具代表性的还是人畜的粪便。《氾胜之书》的区田法有："区田以粪气为美，非必须良田也。诸山陵近邑高危倾阪及丘城上，皆可为区田。"《天工开物·乃粒》："稻宜：凡稻，土脉焦枯，则穗实萧索。勤农粪田，多方以助之。"

凡田地中有良有薄者，即须加粪粪之。其踏粪法：凡人家秋收治田後，场上所有穰、谷积等，并须收贮一处。每日布牛脚下，三寸厚；每平旦收聚堆积之；还依前布之，经宿即堆聚。计经冬一具牛，踏成三十车粪。至十二月、正月之间，既载粪粪地。计小亩亩别用五车，计粪得六亩。匀摊，耕，盖著，未须转起。自地冗後，但所耕地，随饷盖之；待一段总转了，即横盖一遍。计正月、二月两个月，又车一遍。然後看地宜纳粟：先种黑地、微带下地，即种糙种；然後种高壤白地。其白地，候寒食後检荚盛时纳种。以次种大豆、油麻等田。然後转所粪得地，耕五、六遍。每耕一遍，盖两遍，最後盖三遍。还纵横盖之。候昏房、心中，下黍种无问。②

王祯《农书》有一个专章"粪壤篇"：

田有良薄，土有肥墝，耕农之事，粪壤为急。粪壤者，所以变薄田为良田，化墝土为肥土也。

古者分田之制：上地，家百亩，岁一耕之；中地，家二百亩，间岁耕其半；下地，家三百亩，三岁一周……为农者，必储粪朽以粪之，则地力常新壮而收获不减。《孟子》所谓"百亩之粪，上农夫食九人也"。

踏粪之法：凡人家秋收後，场上所有穰穊等，并须收一处。每日

---

① 彭世奖：《中国农业：历史与文献研究》，世界图书出版公司2016年版，第199页。
② 同上书，第19页。

布牛之脚下，三寸厚；经宿，牛以踩践，便溺成粪……至春，可得粪三十余车。至五月之间，即载粪粪地，亩用五车，计三十车可粪六亩。匀摊，耕盖，即地肥沃，兼可堆粪桑行。①

至于"沃"，涉及相关、相属、相连、相似者甚多，释之："沃，灌溉田地。字形采用'水'作边旁，'芙'作声旁。""水"之于农业，当然最为讲究。甚至有些田地并不是一般意义上的田地可以界定的，比如高平原田地景观："每一片田地根据它独立的计划种植作物，作物的生存并未依赖于公有的水源供给，也不依赖于公共的耕地传统，甚至共同的天气情况；而只依赖于独立水井的供水。我们不得不认识到，这种田地不是公认意义上的'田地'（field）一词代表的含义；这是一种新的区域或者空间，由核心源传出的影响或者能量界定。"② 中国传统的"保墒"，指的就是保持住土壤里适合种子发芽和作物生长的湿度。保持水分不蒸发，不渗漏，例如播种后地要压实，是为了减少孔隙，让上层密实的土保住下层土壤的水分。

在农业时令中，对"水"的认知经验至为重要。《礼记·月令》："是月也，土润溽暑，大雨时行，烧薙行水，利以杀草，如以热汤。可以粪田畴，可以美土强。"（注：溽，盛夏潮湿闷热的气候。薙，割下来的杂草。强：土质坚硬难耕的土地。③）《齐民要术》有："又取马骨□一石，以水三石，煮之三沸；漉去滓，以汁渍附子五枚。三四日，去附子，以汁和蚕矢、羊矢各等分，挠呼毛反，搅也。令洞洞如稠粥。先种二十日时，以溲种如麦饭状。常天旱燥时溲之，立乾；薄布数挠，令易乾。明日复溲。天阴雨则勿溲。六七溲而止。辄曝，谨藏，勿令复湿。至可种时，以馀汁溲而种之，则禾稼不蝗虫。无马骨，亦可用雪汁。雪汁者，五谷之精也，使稼耐旱。常以冬藏雪汁，器盛，埋於地中。治种如此，则收常倍。"④

---

① （元）王祯撰，缪启愉、缪桂龙译注：《农书译注》（上），齐鲁书社2009年版，第71页。
② [美]约翰·布林克霍夫·杰克逊：《发现乡土景观》，俞孔坚等译，商务印书馆2015年版，第189页。
③ 《礼记·王制》，张树国点注，青岛出版社2009年版，第72页。
④ （北朝）贾思勰：《齐民要术》，缪启愉等译注，上海古籍出版社2009年版，第65页。

第三节　永续农业　世界榜样

中国的传统农耕文明生生不息、代代相传，在农业肥料的有机化方面堪为世界榜样。世界农史专家陶格对世界的土肥做了一个大致的评价，农业的投入需要各种肥料，也包括矿物燃料（煤），尤其是化肥。土壤肥力下降是一个古老的问题，直到今天依然是痼疾。美国农民每年损失的表层土壤达数百万吨。非洲大部分土壤贫瘠。中国农民栽种水稻，使用天然肥料恢复土壤肥力。美国、欧洲和其他许多国家的农民则孜孜以求效果更好的化肥。[1] 美国国学者易劳逸也有同样的观点：

> 土壤保持是一件耗时耗力的事情。虽然中国很多农田都耕种了上千年的时间，但由于农民一直在坚持不懈地给这些宝贵的农田施肥，所以它们仍旧能够有所产出——在这一点上，中国远远超出了美国和俄罗斯，后两者在农田一般被两三代人耕种过后就会出现地力枯竭迹象。[2]

美国学者富兰克林·H. 金（F. H. King）被称为美国土壤物理学之父，他的著作《四千年农夫：中国、朝鲜和日本的永续农业》于1911年出版，西方学界将这本书奉为农民管理土壤以及有机增肥方面的"圣经"，100年后，中国才将此书翻译并出版。1909年，金教授携家人远涉重洋游历了中国、日本和朝鲜，考察了东亚三国的古老农耕体系。由于他是土壤和有机肥专家，侧重于考察"有机农业"的可持续性。在这本书中，他认为中国的农耕经验集中体现在两个方面：管理土地和有机农业："收集有机肥料应用于自己的土地被视为神圣的农业活动。"[3]

---

[1] ［美］马克·H. 陶格：《世界历史上的农业》，刘健等译，商务印书馆2015年版，第173页。
[2] ［美］易劳逸：《家庭、土地与祖先》，苑杰译，重庆出版社2019年版，第134页。
[3] ［美］富兰克林·H. 金：《四千年农夫：中国、朝鲜和日本的永续农业》，程存旺等译，东方出版社2017年版，第2页。

金教授的考察是全方位的，"他们（中国农民）早就知道将有机物质转化为植物可用的养分需要很长的时间。虽然他们是世界上最繁忙的人，但是他们在使用有机物质之前还是要用土壤或底土分解这些机质。尽管这项工作耗时又耗力，但它却延长植物的生长季节，并且使人们能够施行多熟种植制度"①。金教授的调研极其专业，用科学的数据说话。他对人畜粪便肥料化的记述如下："在中国，运河带来的淤泥被用于田间耕作，使用量有时达到每英亩 70 吨甚至更多。在没有运河的地方，土壤和底土被人工搬运到村庄里，若有需要，人们将花费巨大的劳动力把各种有机垃圾混合在一起，在使用之前将它们粉碎并烘干，这样成为一种自制的土家肥。无论是人类还是动物的粪便都被细致地保存下来并作为肥料，这种施肥方法的效果远比我们美国人做法优越。"②

金教授在我国各地观察了不少地方农家肥的处理方式，在山东"我们坐着的地方前面堆肥池里只堆放有三分之二的肥料。它里面有人的粪便、植物的秸秆以及从街道、田里收集到的各种麦秆和那杂草，还有堆在街上的泥土、灶灰。人们时不时地会往池里加水直至将坑里的东西完全淹没，以保证所有的东西都能被浸湿，他们这样做的目的是控制发酵的进程。这些堆肥池的大小取决于农户土地的大小，而堆肥的时间则是尽可能长。堆肥的主要目的是让所有有机纤维全部腐烂，粪肥与泥融为一体"③。在香港和广东，农民们不仅在耕作时非常细致谨慎，在选择土地肥料时也很严格，因为他们发现没有哪项工作比选择肥料能够带来更高的回报了。④ 在浙江省，运河的淤泥被广泛用于桑园的地表肥。在中国的南部早已有了这种做法。当地的农民明白，从流向村庄的运河中挖出的淤泥比在野外的泥土更肥沃。⑤ 有些肥料的处理，是将肥料磨成粉末以及往田里施用，使肥料与土壤充分融合的过程是最辛苦的，因为他们管理土壤有一条谚语，即"人勤地不懒"，要充分发挥每一平方英尺土壤的生产能力。这样一来，每块

---

① [美]富兰克林·H. 金：《四千年农夫：中国、朝鲜和日本的永续农业》，程存旺等译，东方出版社 2017 年版，第 10 页。
② 同上书，第 8 页。
③ 同上书，第 214 页。
④ 同上书，第 55 页。
⑤ 同上书，第 143—144 页。

土地都会在农夫的管理下获得最高的回报。①

金教授实地考察了东亚,尤其是中国的农业土肥状况后,对东亚的农业的永续发展深怀敬意,他甚至这样表述:"如果美国想永续发展下去,如果我们要像东方人那样将历史延续至 4000 年甚至是 5000 年,如果我们的历史要一直保持和平的状态不受饥荒和瘟疫的困扰,那么我们就必须**自我东方化**,还必须摈弃目前的做法,采取措施竭力保护资源,只有这样我们的国家才能历世长存……中国、朝鲜、日本在很早的时候就有了发展永续性农业的意识,现在可以并一定会进一步完善,是否能够借助他们的经验,发扬他们的有利经验,最终为整个世界的农业发展引进一种全新的、先进的农耕方法,则取决于我们和其他国家。"② 当我们习惯地浸淫于西学东渐中的"话语西方化"价值时,能够听到西方学者发出"自我东方化"的反省,多少有些诧异。

从人类学角度看,中国传统的农家肥存储、制作和施用有自己的道理。我国的乡土社会是以宗族为背景,以村社为家园,以家庭为实体的"三合一"形制,这不仅决定了我们将自己的"田园"与"家园"融合在一起,并负有"传家宝"的责任和使命感。就是说,土地是他们祖祖辈辈的"命根",而如果不能保证土地的肥沃,他们和他们的后代就有生存危机。中国的土地资源原本有限,要在有限的土地上养活增长的人口,而这些人又都是"家人"。因此,"肥土"是家里的内务,以保证"肥水不流外人田"。这句话在此并不是隐喻,是生活的真实。所以,在中国的广大农村,农民有各种各样的农家肥的存储方式。

农业的永续发展,最可参见者是自然生态。可持续性指人类生产系统长期维持的能力。农业的丰产意味着土地肥力的耗损,导致土地维持能力的下降、弱化或招致破坏。"修复力"于是同时产生。换言之,"维持力"和"修复力"是相互、相关的。修复力是测算一个系统应对干扰的能力;任何自然和人类系统都必须应对各种冲击,也需要存在另一种力量使得系统在遭受破坏后能恢复原来的状态。维持力和修复力的关系具有周期

---

① [美]富兰克林·H. 金:《四千年农夫:中国、朝鲜和日本的永续农业》,程存旺等译,东方出版社 2017 年版,第 219—220 页。

② 同上书,第 237 页。

性和阶段性——四个阶段：开发阶段—保持阶段—释放阶段—重组阶段。美国学者濮德培以生态史上的农业、林业的关系与中国古代王朝周期进行比较，他认为，适应周期的概念与中国传统关于王朝周期的概念之间有饶有趣味的相似性："中国传统有王朝兴衰的理论与关注生长、修复力丧失、崩溃和重组的适应周期之间具有相似性。"① 笔者更愿意相信，中国古代王朝的周期与农业的可持续发展之间的关系并非比拟性的，而是直接的。

我国的农业耕地与人口的关系历来紧张，今天这一矛盾更为凸显，粮食安全问题又迫在眉睫。"有机农业"已经不再停留在口号上，而成为生存的攸关。我国正在进行乡村振兴战略，其根本的目的和目标是保证农业的永续发展——既关乎当下，亦关乎未来，当然，也是在传统的基础上的继承与发展。需要特别强调的是，农业的发展切不可照搬工业的发展模式，农业和工业经济存在着重大的差异，其中之一就是"有机要素"：

> 实际上，农业中的有机要素——土地和劳力——其产出的可能扩大和提高幅度是和工业经济中的无机要素——资本和科技的投入——十分不同的。人力和土地的产出和总量其实都受到比较严格的限制。前工业化的农业产出主要取决于给定的土地和在其上的人力投入。②

而有机肥正是保证和保障土地的"有机性"的一个关键因素。

保持土地肥力自然至为重要，**土地—肥力—良佃**因此成为关系逻辑，种田必先治地，治地必藉良佃——三者的关系是：种田、治地和良佃。其中人是第一重要的因素。清初时期，张履祥在《补农书》因此提出："多种田不如多治地"的道理；张英在《恒产琐言》中说："良田不如良佃。"③ 概而言之：天时地利人和，是谓也。

---

① 参见[美]濮德培《万物并作：中西方环境史的起源与展望》，韩昭庆译，生活·读书·新知三联书店2018年版，第226页。
② [美]黄宗智：《明清以来的乡村社会经济变迁：历史、理论与现实》"总序"，法律出版社2017年版，第1页。
③ 惠富平：《中国传统农业生态文化》，中国农业科学技术出版社2014年版，第175页。

第十二章 农业遗产的生态智慧:梯田的例子

第一节 农业遗产

遗产从来就有,因为它指过去留下的"财产",但人们今天所使用的"遗产"概念却是新的,是世界遗产事业的产物。① 笔者以为,与遗产之类型相对应,中国最大宗的,最有代表性的遗产不是长城,不是故宫,是农业遗产。道理很简单,中国是一个以农耕文明之名实标榜于世的国家。联合国世界粮食计划署代表称之为"世界一大奇迹""中国第二长城"。② 以今日世界上任何遗产学说、概念、类型、"名录"相应,对我国的农业遗产而言,都不足为训。联合国的"遗产体系"原本是依照西方体裁之量身订制,具有强烈的话语倾向,这是公认的。及至2002年,联合国粮农组织启动了"全球重要农业文化遗产(Globally Important Agricultural Heritage Systems)"项目,始在世界遗产系统中加入了"农业文化遗产"(agricultural heritage systems)的概念。按照联合国粮农组织的定义,全球重要农业文化遗产是"农村与其所处环境长期协同进化和动态适应下所形成的独特的土地利用系统和农业景观,这种系统与景观具有丰富的生物多样性,而且可以满足当地社会经济与文化发展的需要,有利于促进区

---

① 参见彭兆荣《遗产:反思与阐释》,云南教育出版社2008年版,第2页。
② 参见赵佩霞、于湛瑶《中国重要农业文化遗产中梯田类遗产的保护研究》,《古今农业》2018年第3期。

域可持续发展"①。定义是周详的,只是分类名录与我国的农耕遗产,从概念到操作却有悖疑、背离之嫌。

全球重要农业文化遗产与世界遗产类型中的文化景观十分相似,二者都强调对生物多样性的保护,自然与人类生活的协同进化以及人类对自然环境的适应。②中国是最早参与全球农业文化遗产项目的国家,也是最早入选全球农业遗产试点的国家。③从现行的联合国的农业遗产分类而看,大致包括了农业景观、农业遗址、农业工具、农业习俗、农业历史文献、名贵物产等内容。④这样的分类与我国的农业遗产及各类农书所识者并不契合。中国农业的大分类是农桑;小类则更为详细,比如民国时期毛邕、万国鼎编辑金陵大学图书馆丛刊第一种《中国农书目录汇编》全书,根据当时最新农学与旧时农书分为:总记、时令、占候、农具、水利、灾荒、名物诠释、博物、物产、作物、茶、园艺、森林、畜牧、蚕桑、水产、农产制造、农业经济、家庭经济、杂论、杂等二十几个大类。⑤重要的是我国农业遗产中包含着"天文—地文—人文"为一体的认知性,而恰恰为分类"名录"所限制和限定——如果我们要对应申报,就必须依照分类名录进行"拆卸—组装"。我国当下的农业遗产虽然也有自己的分类,但却是以联合国粮农组织的分类为"纲";农业部办公厅曾在2013年印发了专门的文件,⑥但农业遗产的"中国特色"却未见其列。

在当今的世界语境中,遗产首先是一门"政治学",遗产附丽了权力化的"附加值"。"权力"具有各式各样的表述范畴和表现方式,形成了特殊"遗产语境"中的"话语表述"。这种政治性的"遗产叙事"在不同的背景下引领着不同的表述方向。⑦而且政治所引领与遗产本身所展示的景观形态并不一致,有的存在差距,有时甚至相互抵牾。由于当代社会对

---

① 参见闵庆文《关于"全球重要农业文化遗产"的中文名称及其他》,《古今农业》2007年第3期。
② 参见闵庆文、孙业红《农业遗产的概念、特点与保护要求》,《资源科学》2009年第6期。
③ 参见童玉娥等《中日农业遗产保护利用比较与思考》,《世界农业》2017年第5期。
④ 高国金:《民国农业文化遗产调查与保护研究》,《山东农业大学学报》2016年第4期。
⑤ 同上。
⑥ 参见《中国重要农业文化遗产申报书编写导则》和《农业文化遗产保护与发展规划编写导则》的通知(农办企〔2013〕25号)公报。
⑦ Boniface, P. & P. J. Fowler, *Heritage and Tourism in The Global Village*, London and New York: Routledge, 1993.

遗产的目标带有操作特点，具有利益的相关性，有时遗产不得不成为利益关系的计量物，甚至牺牲品。换言之，遗产经常成为某种政治权力"被劫持的符号"。① 具体而言，今天的遗产属于"创造的遗产"（creating the heritage），附丽了大量的"次生因素"，即累叠了许多与遗产"原生因素"不相干，甚至不相容的东西。造成这种情状的始作俑者正是"权力话语"。此外，遗产还经常成为各种利益群体及国家之间斡旋、协商的平衡物。同时也强化了行政管理方面的重要性。② 行政管理往往把遗产变成一种社会公共资源并对它们进行重新分配、管理和利用，致使遗产的主体产生转移、转向，甚至淡化、消失。

这提醒我们，我国的农业遗产在传承中必须注意三点：1. 当代农业遗产分类需与我国的农业体系相协作，在此，联合国粮农组织所设定的农业遗产与我国的传统的农业遗产并不完全吻合，即便是其中所强调的"农业景观"，亦难以囊括我国传统的农业中的"**五生**"（生态、生命、生养、生计和生业）的整体景观。③ 2. 既然我们有自己传统的农业遗产体制与形制，就不必削足适履，而要秉持自主原则，即不仅要在联合国"遗产名录"中反映中国农业遗产之"名录"需求，更要有体现中国农业遗产独特景观的责任。因此，"**并作**"——既在操作上与世界农业遗产体系相配合，同时要更加注重我国自己的农业遗产的发掘、保护与传承体系与方式。3. 对遗产主体性的充分尊重和利益分享。农业遗产的主体包括**自然**与**农民**。我们农业遗产中之"天人合一""万物并作"是生态农业的完美呈现。④ 当今之"行政当家"，切不可为了多一项"世界遗产"之名目，却混淆、混渎、淡化、弱化了遗产的主体性，致使"谁的遗产"成为模糊之窘况。现行的遗产运动经常出现遗产"分离—倒错"现象，遗产的主体，即遗产的创造者与实践者在主体上"失声"，而未经"授权"的代言者却越来越

---

① 参见彭兆荣《遗产政治学在现代语境中的表述与被表述关系》，《云南民族大学学报》2002年第2期。

② Bazin, Claude-Marie, Industrial Heritage in the Tourism Process in France, In Lanfant, M., Allcock, J. B. and Bruner, E. M. (ed.), *International Tourism: Identity and Change*, London: Sage Publications Ltd., 1995, pp.124-125.

③ 参见彭兆荣《重建中国乡土景观》，中国社会科学出版社2018年版。

④ 参见钱同舟《"万物并作"与"天人合一"：先秦生态美学思想及启示》，《学术交流》2010年第9期。

多,还包含游客。[①]

当今的全球化使世界成为一个"地球村"(假农之名),这一表述生动地演绎了大家都是主人而实际上没有"主人"的情状,导致"地方—家园共同体"的主体性弱化。因此,今天强调和强化家园的主体性便显得尤为重要,而这恰好是遗产学研究重视,但遗产保护在操作上漠视与忽略的部分。多主体性的介入,使得真正的遗产被"他者化""多主体化"所异化,忽视了真正主体的发言权。对于地方性的主体而言,它是一个地理概念,是一个特定人群的"家园"生态,一个地缘族群对自己文化表达忠诚的依据,一个不能任意被"异化"的实体。简言之,**是我的家园,我的遗产**。因此,在确认地方遗产方面有两个认知点:任何遗产都有一个"地方性",它指遗产的"所在"。地方人民会将这些遗产看作他们自己的而非其他。[②]因为,真正的遗产实体最终只能由创造者和传承者(即真正的主体)承担责任,那些"冒充的主体"终究是不承担责任的。

与其他遗产类型相一致,农业遗产属于一种特殊的记忆形式,也是一种特定的记忆选择。就是说,当某一个地方、某一种类型的农业活态、某一个农业遗址等被确认和确定为遗产时,就意味着它被当作一个特殊物被刻意地"储存记忆"。农业遗产不是一般记忆,而属于"选择性的历史记忆"[③]。中国的"社稷历史"根本上说,正是农业遗产;它除了帮助人们追忆往昔的光荣和荣耀,强化历史的自豪感外,更是生计方式。总体上说,我国传统的农业遗产是根据自然的"节气"所形成的农耕范式,二十四节气故为中式"非遗"。同时,小农经济的持续性、"自给自足"构成了中国三农的生境实况;其中"农桑""耕织""男女"形成了重要的农业社会化分工与协作。所有农业遗产的道理、情理皆羼入其中,迄今依然。无论当今的情势发生多大、多快的变化与变迁,对于中国,农耕文明的底色都未变,仿佛中国人的肤色不会变一样。

---

① 参见屈册、张朝枝《谁的遗产——元阳梯田旅游经营者遗产认同比较》,《热带地理》2016年第4期。

② Featherstone,M. (ed.),*Global Culture,Nationalism,Globalization and Modernity*,London: Sage Publications,1990.

③ Harrison,D. & Hitchcock,M. (ed.),*The Politics of World Heritage*,Clevedon/Buffalo/Toronto: Channel View Publications,2005,p.6.

第十二章　农业遗产的生态智慧：梯田的例子

某种意义上说，"世界农业遗产名录"正在改变中国传统的中国农业遗产的现状。任何特定的农业遗产都有其"前景（前台）"（foreground）与"背景（后台）"（background）的整体性区别，前者倾向于指生活的实际情形（即我们现在的情形），而后者则指依照原有情形所包含着的应有的潜质（即我们应该的情形）。① "前景—背景"拟构包含着以下几种情形：1. 按照事物的自身逻辑所进行的自然演化、进化和变化。这种情形更多指事物在变化和变迁中没有或较少受到外界激烈的、人为的事物事件的影响。2. 在剧烈的外部力量的作用下，事物的主体因此失控而使演化方向发生改变，遗产的主体性整体失落。3. 外部力量虽然发生作用，甚至在特定的情境中这种力量的作用还很大，但事物的主体性仍然能够因势利导致掌控局势变化。

第二节　水土沟浍

从历史的眼光看，要进行可持续性的农业生产，水字当头。没有水便无以生计。古人滨水而居，为的就是便于取水，但也要承受水患的危险。殷都屡迁，水患是原因之一。由于水对农业的重要性，在远古年代，灌溉是否存在还不能确定时，天雨于是成了最重要的水源，卜辞中有关"卜雨"的内容占了很大的比例。② 在世界文明史的开篇，"洪水传统"（flood tradition）③ 几乎为人类历史之肇端。绝大多数世界文明类型、族群的起源的创世神话都伴随着"洪水故事"（deluge story），而且故事情节极为相似，这表明水是人类至关重要的生命和生活需求性功能和工具，水的故事一直贯穿着"利—害"主题。作为历史的教训，水以两种方式惩罚人类：一种是洪水（大水）；另一种是干旱（缺水），这构成了"人

---

① Hirsch, E. and M. O'Hanlon(ed.), *The Anthropology of Landscape: Perspectives on Place and Space*, Oxford: Oxford Unovesity Press, 1995, p.3.
② 参见陈梦家《殷虚卜辞综述》，中华书局1988（2008）年版，第523—524页。
③ Byron C. Nelson, *The Deluge Story In Stone——A History of the Flood Theory of Geology*, Minneapolis: The Division of Bethang Fellowship, Inc., 1968, pp.170-190.

类自我毁灭的传奇"(legend of the destruction of mankind);① 当然也是农史上应对的最基本主题:水土保持之水—旱问题。

中国古代文明由水而起。《尚书·洪范》云:"箕子乃言曰:'我闻在昔,鲧陻洪水,汩陈其五行政;帝乃震怒,不畀洪范九畴,彝伦攸斁。鲧则殛死,禹乃嗣兴,天乃锡洪范九畴,彝伦攸叙。'"说是自古大法伦秩始自鲧禹父子治水之法,天帝由此传授,天下治。"洪范"为大法,是为中国最早之典范形貌,而建立"大法"的原委即因水而起。《山海经·海内经》亦载:"洪水滔天。鲧窃帝之息壤以堙洪水,不待帝命。帝令祝融杀鲧于羽郊。鲧复(腹)生禹,帝乃命禹卒布土以定九州。"在这里"水土"与"九州"成为创世神话中的因果关联。

所以,在中华文明的传统中,"水利—害"首先是哲理、伦理、义理。"水"之于文明的重要性,当然包括了"水"在农业遗产中是一个纽带式的"链条",洪水退却,耕地露出水面,成为可以耕作的土地;而大禹治水,水之道也,这样"导"与"道"相互关联,都是自然之道。② 这也构成了农耕文明的生态环境中的工具逻辑表达。就方法论而言,"理由"(reasonable)与"理性"(rational)构成了一组基础性相关概念,前者强调对事实的"经验性理由"(empirical reason);后者则强调对同类事实的"普遍性原则"(universal principle)。③ 我国的农业遗产总是将这些"理"融合在一起,即根据水的现实功能,特别是以它在人们生存、生产和生计上的需求为认知前提,在思维形态上建立了一种特殊的认知性实践。

水之利害于是成了政治学。美国人卡尔·魏特夫(Karl August Wittfogel)及其著述《东方专制主义》,即所谓"东方水利社会"与专制制度是一个互为关联的生成模式。④ 魏氏将东方的专制主义与水利灌溉之间的关联在逻辑上做了更为具体的分析,提出了一个专门的术语"水利文

---

① Byron C. Nelson, *The Deluge Story In Stone——A History of the Flood Theory of Geology*, Minneapolis: The Division of Bethang Fellowship, Inc., 1968, p.177.

② [美]濮德培:《万物并作:中西方环境史的起源与展望》,韩昭庆译,生活·读书·新知三联书店2018年版,第52、55页。

③ R. Williams, *Keywords: A Vocabulary of Culture and Society*, New York: Oxford University Press, 1976, pp.252-253.

④ [美]卡尔·魏特夫(K. Wittfogel):《东方专制主义》,徐式谷等译,中国社会科学出版社1989年版。

明"（Hydraulic Civilization）以概括之，认为政府在管理上的一个重要职能即建设水利设施以实行农业社会的灌溉，使人民的生计得以保障，同时防止洪灾。这一核心的价值体现在中国农业伦理中，而由此生成的文明便是水利文明。不谋而合的是，人类学家在观察、了解和研究社会时，也注意到了二者的关系。格尔兹在与魏特夫的对话中，将视角从古代转到了现实，对"水利灌溉农业、君主和灌溉组织、灌溉控制二者之间的关系导致了权力的内在集权化结果"提出质疑，[①] 在《尼加拉：十九世纪的巴厘剧场国家》中，他通过对所谓"水利村庄"的分析，以塔巴南为例子，证明灌溉会社在组织上并非控制着巨大的水利工程和大批苦役劳力的高度集权化机构，而成为政治形制的剧场国家。[②] 虽然魏氏的观点值得商榷，却无妨水之于农业的历史攸关性。

我国的农耕文明，无论是学术界总结的"北方麦作文化/南方稻作文化"，还是农业伦理中的"水土保育"，都鲜明地表现了水利灌溉对于整个文明体系和技术系统的重要性。而水利工程的原生形态，或曰雏形，是所谓的"沟浍形制"。古代的文献中记录了农耕文明中"水（利）—土（地）"之间的协作关系。《周礼·地官·遂人》记载：

> 凡治野，夫间有遂，遂上有径；十夫有沟，沟上有畛；百夫有洫，洫上有涂；千夫有浍，浍上有道；万夫有川，川上有路，以达于畿。

这段话讲述了两个互为相连的系统，一是农田系统；一是灌溉系统。农田以"夫"为基本单位，一夫受田百亩，夫田与夫田之间有称为"遂"的水渠，遂上有称为"径"的田路。每十夫之田之间有称为"沟"的水渠，沟上有称为"畛"的道路。每百夫之田之间，有称为"洫"的水渠，洫上有称为"涂"的道路。每千夫之田之间有称为"浍"的水渠，浍上有称为"道"的道路。每万夫之田之间，有称为"川"的水渠，川上有称为"路"的道路，如此通达于王畿。而田野

[①] [美]克利福德·格尔兹：《尼加拉：十九世纪的巴厘剧场国家》，赵丙祥译，上海人民出版社1999年版，第80页。

[②] 同上书，第89页。

中的沟洫、道路系统有严格的丈尺规定。据郑玄注，遂，宽、深各二尺；沟，宽、深各四尺；洫，宽、深各八尺；浍，宽、深二寻、深二仞。^①这样的农田规划显然是一幅完整的农耕文明景观图。我们相信，在现实中很难如此完美绝对，但却是榜样。因为它不仅关系到农田乃至农业的规划、计划，同时也是国家行政治理体制的根据。我们无妨将这样的农业规划蓝图概括为中国农业的"水土智慧"。

沟浍之农业形制曾经是我国古代的一种农业"水利"的雏形。后来发生了变化，所谓"井田废，沟浍堙，水利所以作也。本起于魏李悝"^②。在古代农业，"水利"只是指农田灌溉，与今日的防范洪涝灾害、航运等综合体不同。原始社会后期，当黄河流域先民从高地迁移到低平地区发展时，面对的是遍地的沮洳和流潦，对农业生产最大的威胁是洪涝而不是干旱。为了把洼地改造成农田，需要修建农田沟洫，造成长垄式的畎亩农田。修建农田沟洫成为水土整治工作的重要环节。传说中的大禹治水，既要疏通河道，"决九川距四海"，又要修建农田沟洫，"浚畎浍距川"。^③

沟浍形制与井田制便历史性地发生关系。所谓井田制，从外在形制看，是被纵横交错的沟洫划分成井字形的农田；从内核看，是基于修建农田沟洫系统的公共职能的村社土地公有私耕制。所以农田沟洫系统与井田制联系在一起。而当时黄河流域的农业开发只能是星点式或斑块式的。耕地主要集中在各自孤立的城邑的周围，而且沟洫道路又占去了农田区中的大量土地。稍远一点就是可以充作牧场的荒野。春秋中期，尤其是战国以后，情况发生了很大的变化，因素有三：一是铁器在黄河流域的逐步普及大大加强了人们开发农田、改造自然的力量。二是人口繁衍、需求增长使拓展农田、突破斑点式开发的格局成为必要和必然。三是经过长时期的整治，农田区中涝洼渍水的状态已经有了很大的改变，沟洫道路大量占地已不复合理。原来的沟洫道路被辟为农田和村落，史称"李悝以沟洫为墟，自谓过于周公"，就是这种情况的反映。从此，低畦农田逐渐代替了畎亩农田，阡陌逐渐代替了原来与沟洫配套的道路。沟洫井田系统废弃同时发生的，

---

① 参见彭林《中国古代礼仪文明》，中华书局2013年版，第73—75页。
② 宋高承：《事物纪原》卷1"水利"引《沿革》。
③ 《尚书·益稷》注："距，至也。"《论语·泰伯章》述，禹治水时曾"尽力乎沟洫"。

是"水利"的兴起。①

第三节　造化梯田

水之于农作物的关系制约性的,"水田"无论是泛指农作物（包括旱地作物）的耕作田地，还是特指种植水稻的耕地,"水"与"田"皆互为言说。② 二者的关系也是今天我们评价农业是否可持续发展的一个最重要的指标。对于生态农业来说，水土与生态之间不仅保持着友好关系，而且在这种友好关系中贯彻着自然原则和生态智慧，我国南方的梯田不啻为典型，代表性的样板为广西龙胜龙脊梯田、福建尤溪联合梯田、江西崇义客家梯田、湖南新化紫鹊界梯田，云南哈尼梯田等，这些梯田以"中国南方稻作系统"入选"全球重要农业文化遗产"（GIAHS）。比如联合国教科文组织在对红河哈尼梯田的评介时指出："在过去的1300年里，哈尼人发展出复杂的沟渠网络，保证山顶森林里的水源可以流向梯田。他们同时创造了一套完整的农耕文明，牛、鸭、鱼、泥鳅等可以帮助红米这一梯田主要农作物的生长。梯田的居民崇拜太阳、月亮、山脉、河流、森林以及包括火在内的其他自然现象……正是基于特殊的、源远流长的社会宗教结构之上，这一极具弹塑性的梯田土地管理系统在视觉和生态上都充分说明了这里的人们与其自然环境间非凡的和谐关系。"③ 官方语言佶屈聱牙，不及民众语言的生动，哈尼族的梯田用水来自高山森林，这是当地生态的独特反映。掌握好、管理好水是哈尼梯田的根本，哈尼人懂得这个道理，因为居高临下的水流态势是梯田农业的命要子。④ 傣族也用他们自己的语言生动地表达了生态关系：

---

① 参见李根蟠《"古今中外法"与农业遗产研究杂谈》,《农史研究》2013年第1期。
② 曾雄生:《中国稻史研究》,中国农业出版社2018年版，第23页。
③ Cultural Landscape of Honghe Hani Rice Terrace, http://whc.unesco.org/en/list/1-22/2016-09-07.
④ 王清华:《梯田文化论——哈尼族生态农业》,云南大学出版社2011年版，第86—87页。

第二部分　以农为本

没有森林就没有水
no forest no water
没有水就没有农田
no water no paddy fields
没有农田就没有粮食
no paddy field no food
没有粮食就不能生活
no food we can not live

图 9　傣族人民所遵循的箴言（彭兆荣摄）

我国的农耕文明中包含着大量的梯田耕作的生态智慧。《诗经》中就有"瞻彼阪田，有菀其特"的诗句，"阪田"系指山坡地上的田。它的出现早于写作该诗的西周幽王六年前后，即早于公元前 776 年，表明在大约 3000 年前就有了在坡地上种植的"阪田"，它是梯田的雏形。有的学者认为，《尚书·禹贡》中的"厥土青黎，厥田上下"中的"厥田"指的是梯田，是中国史籍对梯田最早的文字记载。① 汉代时出现了"区田"，虽非专指坡地田垄，却包括其中；《氾胜之书》在对区田的论述时说："区田以粪气为美，非必须良田也。诸山陵近邑高危倾阪及丘城上，皆可区田。"有学者考据，我国的梯田是根据"阪田"的经验，把山坡田改造成为水平的梯田。梯田的修筑方法是沿着山的坡度，按等高线筑成堤埂，埂内开成农田，上下连接，像阶梯一样。梯田可能至迟在五代时期出现，"梯田"之名最早见于南宋范成大的《骖鸾录》，他根据自己在南方农村的旅行见闻，写下了"岭阪上皆禾田，层层而上至顶，名梯田"②。"梯田"显然是一个

---

① 王清华：《梯田文化论——哈尼族生态农业》，云南大学出版社 2011 年版，第 1 页。
② 参见惠富平《中国传统农业生态文化》，中国农业科学技术出版社 2017 年版，第 142 页；又见梁庚尧《南宋的农村经济》，新星出版社 2006 年版，第 72 页。

第十二章 农业遗产的生态智慧：梯田的例子

象形概念，因其形貌如阶梯故名之；但是，梯田所包含的生态智慧却与地理形态相协，是因地制宜的农业生产形态。

我国是一个多山地形态的国家，如何在山坡上种植粮食，特别是南方的水稻，水土保持和保护无疑是梯田形制中最重要的技术。王祯《农书·农器图谱集·田制门》中专列梯田条，并对其构筑、垦殖以及对梯田独特的空间格局和耕作方式有形象的描述：

> 梯田，谓梯山为田也。夫山多地少之处，除垒石峭壁例同不毛，其余所在土山，下至横麓，上至危巅，一体之间，裁作重蹬，即可种艺。如土石相半，则必叠石相次，包土成田。又有山势峻极，不可展足，播殖之际，人则伛偻蚁沿而上，耨土而种，跟坎而耘。此山田不等，自下登涉，俱若梯蹬，故总曰"梯田"。上有水塘，则可种粳秫，如止陆种，亦宜粟麦。①

由于我国南方的山岭地区不少为少数民族栖息和生活的地方，所以我国南方的梯田也包含着不同少数族群的文化多样性和生态智慧的呈现与表达。另外，梯田劳作当然也比平土作业更为艰辛，民国刘锡蕃对此有过描述：

> 蛮人即于森林茂密山溪汹流之处，垦辟为田。故其田畴，自山麓以至山腰，层层叠累而上，成为细长之阶级形。田塍之高度，几于城垣相若，蜿蜒屈曲，依山萦绕如线，而烟云时常护之。农人叱犊云间，相距咫尺，几莫知其所在。汉人以其形似楼梯，故以"梯田"名之。此等"梯田"，其开鑿所需工程，甚为浩大。其地山高水冷，只宜糯谷。春耕既届，蛮人即开始工作，其犁田，不用牛，以锄翻土，纯任人力为之。在农业史进化之程序上，最初原用锹锄，其后乃用犁，今蛮人犹固守最苦之锄耕形式，一方固由其顽固不化；一方亦由其田面太小。不适于牛之旋转也。邻黔诸蛮，间亦采用"偶耕"方式，即以

---

① （元）王祯：《农书·农器图谱集·田制门》，中华书局1991年版，第142页。

二人负犁平行，代牛而耕，一人执犁以随其后，其艰苦尤不可言！①

云南哈尼梯田是我国南方重要的梯田代表，从海拔逾 300 米的山谷一直到 200 米的山巅，梯田级数可以达到 3700 余级。梯田已经存在 1300 余年，水深一直保持在 20—25 厘米，面积仅 1 平方米的梯田需要超过 1000 千克的水量。2010—2012 年云南省出现了严重旱灾，有些地方连喝水、插秧都困难，而哈尼梯田却依然水波荡漾。何以至此？哈尼梯田用水并不主要来自降雨，水系的自然循环使哈尼梯田成为一个天然水库。哈尼人把森林视为哈尼梯田的保护神，将林木细分为神树林、村寨林、水源林，不允许破坏这些树林，一旦有人违规，将受到严厉的惩罚。低海拔的江河之水经高温蒸发变为云雾上升到高山区，然后凝聚为雨水降落在原始森林中形成溪泉瀑布和地下潜流，这些水源被山腰挖掘的沟渠悉数截住，据统计，哈尼梯田骨干沟渠就有 4653 条之多，长达数十公里。② 哈尼梯田的保护是两个体系共同作用的结果。森林与水系的关系是关联性的，没有森林，水土便保不住。当地人对树木和森林的崇拜，有效地保护了森林资源。水田中还进行"稻鱼共生"模式。

其实，哈尼梯田虽然早已经形成，但并不是一开始就形成今天的水稻模式；作为迁徙民族的哈尼人，当他们的祖先进入哀牢山时，带去的生产生活方式是刀耕火种。他们首先选择较缓的阳面坡地，砍去林木，焚烧荒草，垦出旱地，播种旱地作物若干季后，待生地变熟，然后筑台搭埂，将坡地变成台地。③ 也就是说，哈尼人的山地农作方式经过了他们对自然生态的历史认识的过程，即在哀牢山亚热带地区的特殊的立体地貌、立体气候所形成的"山有多高，水有多高"的环境中重建起来的。④ 而哈尼人的居住地的选择也是适应自然环境的结果，具体地说，他们择中半山而居，原因是高山地区云雾弥漫，阴雨连绵，寒冷潮湿；而低地却气候炎热，闷

---

① 刘锡蕃：《岭表纪蛮》，《亚洲民族考古丛刊》（第五辑），台北南天书局有限公司 1987 年版，第 122 页。
② 参见童潜明《我国古代三大梯田的共性以及紫鹊界梯田的特有性》，《山川地理》2006 年第 4 期。
③ 王清华：《梯田文化论——哈尼族生态农业》，云南大学出版社 2011 年版，第 51 页。
④ 同上书，第 53 页。

湿，所以哈尼人主要集中在中半山而居。[1]

梯田农业的发展更突出了森林的作用。为了村寨的安宁和梯田的发展，哈尼人对森林进行划分和保护。哈尼梯田地处哀牢山地带，山高谷深、沟壑纵横，水气循环自然形成。这也是梯田所形成的特有地理景象。不同层次的林森木的作用不同，当地最高的山林称为总管神林，周围山林称为分管神林，另还有水源神林、村寨神林以及护家神树等，人们对于这些神林要定期进行祭祀。护寨神林保护与祭祀就是生动的例子：在哈尼族的所有村寨后都有一片神树林，每年的"昂玛突"（祭寨神）都会如期举行。全村人在"摩匹"（仪式主持者）"米谷"（村寨长老）的率领下，来神树林中虔诚地跪拜，祭祀"神树林"，并在村中摆出"长街宴"与神同乐。哈尼人认为，森林就是父母，就是上天，就是至高无上的神。[2] 而哈尼梯田被评选为世界文化遗产的主要优势，正是其精密的农林业和水分配体系，以及人与环境的互动模式。广西的龙脊梯田也有相似的属性，高山—阶地—河谷地貌，降水充沛，森林植被茂密，孕育了山中的小溪和泉水，这样独特的自然环境为梯田稻作提供了先天条件，而所在地区的少数民族也在自己的文化中注入了生态认知意识；梯田成了稻作文化与自然条件的有机结合。[3] 2008年，哈尼梯田就作为西班牙萨拉戈萨世界博览会中国馆的重要展示项目，得以代表国家走向世界。这次世博会的主题是"水与可持续发展"，哈尼梯田无疑是极为切题的。[4]

笔者在哈尼梯田田野调查时，专家和当地的民众告知，哈尼梯田本是一个水土与水气的生态循环体系，这种循环体系是由当地自然形势与地理形态生成。元阳县土地全为山地，无一平川，最低海拔144米，最高海拔2939.6米，相对高差2795.6米，年平均气温24.4℃；年降雨量最高1189.1毫米、最低665.7毫米、平均899.5毫米。常年云雾缭绕，水气充沛，闷热气候使得低处的河谷水汽蒸发升腾，随着坡度的升高，温度逐渐降低，化作水雾飘在空中，为林木与土地所受授。而山上的森林又将水渗入土地而

---

[1] 王清华：《梯田文化论——哈尼族生态农业》，云南大学出版社2011年版，第81页。
[2] 王清华：《红河哈尼梯田生态及景观的现代修复》，《思想战线》2016年第2期。
[3] 葛兴燕：《哈尼梯田与龙脊梯田的形成利用探讨》，《现代农业科技》2015年第6期。
[4] 张多：《遗产化与神话主义：红河哈尼梯田遗产地的神话重述》，《民俗研究》2017年第6期。

排下，构成了一个哈尼梯田体系生态智慧的完美形态，这种情形颇似菲律宾科迪勒拉高山水稻梯田"水源涵养林—木涌[①]—聚落—梯田水系"，是一个完整的生态构造。[②]

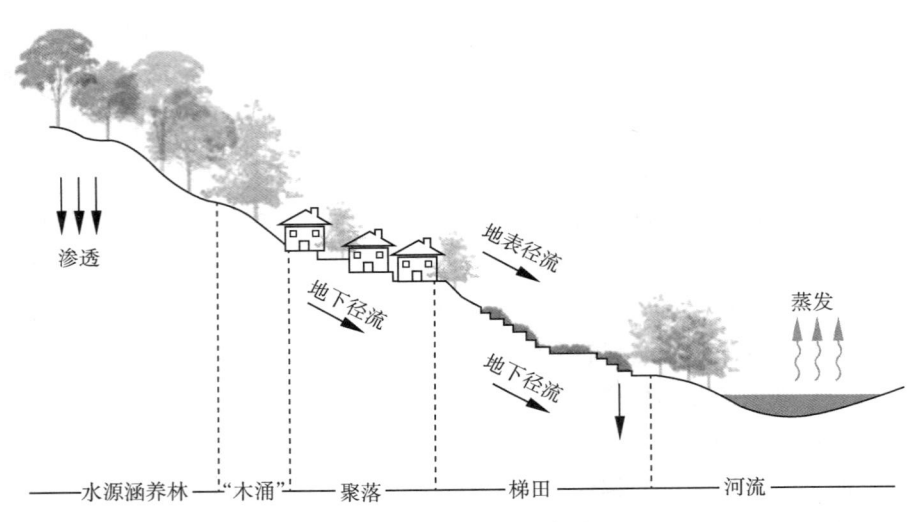

图 10　水源涵养林—木涌—聚落—梯田水系（姜丽依照原图绘制）

作为农业遗产，梯田的生态模式决定了今天对它的保护方式：1. 尊重遗产的主体性，其中自然和人文的主体性应首先要考虑。任何行政部门、工程项目、大众游客等尤其应该遵守。2. 梯田既是原生态的，又是活态的，前者强调其不可迁移性，因此必须持原址原地保护的原则；[③] 后者突出其根据自然所形成的地方性特色，因此必须持可持续性的传承原则。3. 作为农业遗产，我国南方的梯田中有不少属于不同民族、族群的创造性产物，其中包含着大量民族、族群的风俗、民俗，是他们的家园遗产，他们是"主人"，任何"客人"都要尊重那些地方风俗。4. 南方的稻作文明不仅成为农业生态的遗产，历史上的"稻作东传"无异于一种特殊的"线路遗产"，

[①] "木涌"（Muyong）指森林与梯田的缓冲区。参见侯惠珺等《基于生态恢复和文化回归的梯田景观格局重建——以菲律宾科迪勒拉高山水稻梯田景观复兴为例》，《生态学报》2016 年第 1 期。

[②] 参见侯惠珺等《基于生态恢复和文化回归的梯田景观格局重建——以菲律宾科迪勒拉高山水稻梯田景观复兴为例》，《生态学报》2016 年第 1 期。

[③] 徐义强、李凯冬：《农业文化遗产红河哈尼梯田保护与开发刍议》，《农业考古》2013 年第 1 期。

其中除了在中国境内的传播外，主要是指东传日本。① 而在联合国农业遗产的分类中，还鲜见农业的线路遗产。② 迟至1994年联合国在西班牙专家会上才总结了线路遗产的思路，并做出了将线路作为一个世界文化遗产类型的提议，并为线路遗产（heritage route）做了定义：线路遗产由一些有形的要素组成，其文化重要性来自跨国和跨地区的交换和多维度对话，表明沿线不同时空中的互动。③

---

① 参见彭世奖《中国农业：历史与文献研究》，世界图书出版公司2016年版，第259页。
② 参见彭兆荣《线路遗产简谱与"一带一路"战略》，《人文杂志》2015年第8期。
③ Report on the Expert Meeting on Routes as a Part of our Cultural Heritage（Madrid，Spain，November 1994）. 资料来源：http://whc.unesco.org/archive/routes94.htm#annex3。

第三部分　农仪　农艺

第十三章 君仪田方
——古代天子亲耕之耤田礼

中国是一个传统的农耕文明国家,自有朝以来,所有的帝王、政治家,几无例外都把粮食问题置于首位,把农业当作国家"农正"之政。中国也是"礼仪之邦",任何礼仪、祭典,无不祈求风调雨顺、五谷丰登。君王以农业仪式表率于天下合乎正统礼数。而古代帝王的耤田礼不啻为一个典型的仪礼。帝王以"亲躬"的仪式行为昭示农业之重,稼穑之艰。仪式——尤其以国家重大政治事务的示范性仪式,不仅可以充任形式上的**公证**,而且还可以形成权威化的约束力和制度上的**传承**。毫无疑义,耤田礼有其政治目的,包括树立天子权威、强化等级、确立正统、寓教于耕、示范教化等。换言之,耤田礼既是一种礼仪,也是帝王表达治国理念和实现政治目的的手段。

第一节 耤田礼综述

王祯《农书·农器图谱集·田制门》开篇曰:"夫禹别九州,其田壤之法,固多不同,而稷教五谷,则树艺之方……其篇目特以'耤田'为冠,示劝天下农也。"① 所谓"耤田",即"天子亲耕之田也。古者耤田千亩,

---

① (元)王祯撰,缪启愉、缪桂龙译注:《农书译注》(上),齐鲁书社2009年版,第388页。

第三部分　农仪　农艺

天子亲耕，用供郊，庙齍盛，躬劝天下之农。耤之言'借'也，王一耕之，庶人耘耔以终之。^① 谓借民力成之也。《诗》：'春耤田而祈社稷。'"^② 耤田礼亦称"藉（籍）田礼"，仪式之势盛大。《礼记·月令》："孟春之月……是月也，以立春。先立春三日，太史谒之天子曰：'某日立春，盛德在木。'天子乃齐。立春之日，天子亲帅三公、九卿、诸侯、大夫以迎春于东郊……天子乃以元日祈谷于上帝。乃择元辰，天子亲载耒耜……躬耕帝籍。是月也，天气下降，地气上腾，天地和同，草木萌动。王命布农事……以教道民，必躬亲之。"^③

图 11　王祯《农书》耤田图

此幅耤田图原载元代王祯著的《农书》。中间头戴皇冠，体态魁伟者为皇

---

① 见《周礼·天官·甸师》郑玄注。（元）王祯撰，缪启愉、缪桂龙译注：《农书译注》（上），齐鲁书社 2009 年版，第 391 页。
② 出自《诗经·周颂·载芟》。
③ 《礼记》，张树国点注，青岛出版社 2009 年版，第 65—67 页。

帝，左手由当地长者相搀，右手扶耒作推状。皇帝身后为皇后和六宫嫔妃，神态谨持而大方。前面行礼者为三公九卿，左面为武士，依保介车而立威武雄壮。右上角为礼官，依祭台而立。最左上角为四个农夫，表情不一。耤田图真实地传递了古代帝王进行农业祭祀活动——耤田的场面，以绘画的方式展示了古代帝王重视农业生产并亲自示范耕作的真实图景。① 从这一幅图画可知，帝王耤田仪式的排场非常盛大，其"展演性"远远大于实现的田作劳动。

耤田，中国古代皇帝、诸侯借用民力耕种的田地，实为古代君臣劝农的一种仪式。《史记·周本纪》："宣王不修耤于千亩"，为最早的耤田记载。《周礼·天官》曰："耤田，天子亲耕之田也，天子亲耕，用供郊、庙粢盛，躬劝天下之农。"从中可知，皇帝耤田收获的粮食，以供"齍盛"。也就是说，耤田收获的粮食用于祭仪。"盛"是古代盛谷类的祭器，又叫"粢盛"。《周礼·地官·舂人》："祭祀，共其齍盛之米。"古时每年三月元日元辰（吉祥时辰）。皇帝亲自携带耒耜（用手推的犁），率三公九卿分乘三辆保介车来到耤田，皇帝先行三推之礼，而后是三公，三公五推，诸侯九推。然后由百姓耕作管理。收获的种子由皇后帅六宫保管，其余粮食供每年的祭祀之用。虽然耤田礼只是一种形式，耤田仍由百姓实际耕作，唯求示范效应。周代"耤田"及"耤礼"乃西周土地制度及礼典的重要内容，史籍对此记载颇为丰富。晚近杨宽先生撰有专文，详论周代"籍（藉）田""籍（藉）礼"名实及源流。②

中国是一个以农为本的国家，农业仪式（与农业有关的礼仪）一直为君王所重，并通过特殊的仪式以示社稷之尊。"天子耤田"即反映了古代礼仪之邦，君仪天下的情形，并形成传统。公元前2000年，中国历史上第一个王朝夏建立，就开始了"重农"的历史，史称"禹稷躬稼而有天下"；（《论语·宪问》）"卑宫室而尽力乎沟洫"（《论语·泰伯》）。至商代，商王不仅以仪式行为祈求好年成，还亲自察看农情，派员督促指挥农业生产。至周王朝，君王对农业颇重视，如史书上记载"文王卑服，即康功田功"③。至汉代，"汉文帝末开耤田，置令、丞，春始东耕。"① 武帝

---

① 沈克：《王祯〈农器图谱〉中图像的美术价值》，《美术研究》2006年第3期。
② 参见杨宽《"籍礼"新探》，载《西周史》，上海人民出版社2003年版，第268—283页。
③ 参见钟祥财《中国农业思想史》，上海交通大学出版社2017年版，第3页。

第三部分 农仪 农艺

制策：今朕亲耕，以为农先。昭帝耕于钩盾。明帝东巡，耕于下邳。章帝北巡，耕于怀县。魏氏天子亲耕于籍。晋武帝耕于东郊，供祀训农。宋文帝制千亩亲耕。齐武帝载耒耜躬耕。梁初依宋礼。后魏太武帝祭先农而后耕。北齐耕籍于帝城。隋制。籍坛行礼，播植，以拟盛。唐太宗致祭先农，籍于千亩之甸。玄宗欲重劝耕，进耕五十余步。肃宗命去耒耜雕刻，冕而朱紘，躬九推焉。宋端拱以来，有《耕籍事类》五卷。此籍田之制，历载经史，昭然可鉴。钦惟圣明，丕阐皇图，讲明典礼，开帝籍于京畿，备盛于郊、庙，先身示劝，照映古今"②。以"长时段"③观之，籍田仪礼作为一种社会结构的基本原型一直沿革到清代。

在社会生活中，仪式扮演了一个重要的角色，但仪式能够进入正统国家礼仪体系的却不多。什么样的仪式可以进入国家礼仪体系？回答是：必须符合规定的"模式"，这种模式对仪式现场的人们都有着严格的规定和规范。仪式最重要的并不是表面上的语言等信息交流，而在于创造一种情境。④在这个国家礼仪的模式中，公认的"英雄祖先"是一个必备的前提性因素。祭祀历来就是古代君主十分重视的政治活动，其中有关农业的"先农祭祀"地位又很特殊。先农祭祀是郊祀的内容之一，它关乎皇帝作为天子的合法性，即皇帝通过垄断祭祀权力和仪式，以实现对社会的法理支配。在中国，任何"正统"的确立和传承，首先需要建构英雄祖先之名正。籍田礼为农业仪式，祭祀"先农"为其所必备。"先农"值得一说。《论衡·谢短篇》曾问曰："社稷，先农，灵星，何祠？"东汉蔡邕《独断》曰："先农者，盖神农之神，神农作耒耜，教民耕农。"⑤由此看来，"先农"可以单指神农；当然，时而亦可泛指古代传说中的"农神"。

1993 年，湖北省荆州市沙市区关沮乡清河村周家台 30 号墓出土了一批简牍，学界在使用时习惯性地将其称为《周家台秦简》。其中有一则以"先

---

① 在京城的东郊耕籍田——缪启愉、缪桂龙注。
② （元）王祯撰，缪启愉、缪桂龙译注：《农书译注》（上），齐鲁书社 2009 年版，第 390 页。
③ 法国"年鉴派"代表布罗代尔提出的概念，"结构"和"时间"构成了历史长时段的稳定因素——笔者注。
④ Turner, T. S., Transformation, Hierarchy and Transcendence: A Reformulation of Van Gennep's Model of the Structure of Rites of Passage, In Sally F. Moore and Barbara G. Myerhoff(ed), *Secular Ritual*, Amsterdam: Van Gorcum, 1977, pp.59-60.
⑤ 参见王健《汉代祈农与籍田仪式及其重农精神》，《中国农史》2007 年第 2 期。

农"为题名的病方。2002 年，在湖南省湘西土家族苗族自治州龙山县里耶镇里耶古城 1 号井发现了大量被遗弃的简牍，被整理者命名为《里耶秦简》，主要内容是秦洞庭郡迁陵县的档案，其中有部分内容与"祠先农"相关。《周家台秦简》的整理者认为："（先农）指古代传说中始教民耕种的农神。"有学者认为，因"始教民耕种"的功绩而被奉为农神指古代神话传说中的诸农神。包括神农、炎帝，田畯、田祖、先啬等。亦有学者认为，在关于秦的文献中，没有祭祀神农的相关记载，而只有"先农"一说。"这极有可能是秦人在对古往农神的追溯过程中，在吸收周人祭祀系统的基础之上，产生了一个新的神"①。

在先农祭祀中，帝王要行"耤田礼"。"耤田"源自原始社会的古俗，即春初之时由部落长带头耕种，然后才开始大规模春耕生产，它也是祈求丰收的礼俗之一。神农执耒躬耕的神话传说和图像即可为证。后来逐渐演变为天子示范性的耕作。汉朝以降，历代都对其十分重视并加以推行。从这个意义上来说，帝王的示范性耕种具有圣神性。

耤田作为一种传统的制度，《国语·周语》述耤田制度尤详，如云：

> 宣王即位，不籍千亩。虢文公谏曰："不可。夫民之大事在农，上帝之粢盛于是乎出……是故稷为大官……农祥晨正，日月底于天庙，土乃脉发。""先时九日，太史先稷曰'自今至于初吉，阳气俱蒸，土膏其动。弗震弗渝，脉其满眚，谷乃不殖。'稷以告王曰：'史帅阳官以命我司事曰：距今九日，土其俱动。王其祇祓，监农不易。'王乃使司徒咸戒公卿、百吏、庶民，司空除坛于籍，令农大夫咸戒农用。""先时五日……及籍，后稷监之，膳夫、农正陈籍礼，太史赞王，王敬从之。王耕一坺，班三之，庶人终于千亩……"

所谓"耤"，甲骨文即 （一个人）加 （止，踩踏）加 （又，抓握人）加 （耒），造字本义：动词，农夫手扶犁耙，脚踩匀田踏板，匀田备播。《说文·耒部》："耤，帝耤千亩也。古者使民如借，故谓之耤。从

---

① 魏永康：《报本开新：战国秦汉时期的先农信仰研究》，《民俗研究》2014 年第 2 期。

第三部分 农仪 农艺

耒,昔声。"耤亦作"藉",应劭《汉书·文帝纪》注说:"古者天子耕籍田千亩,为天下先。籍者,帝王典籍之常也。"有学者认为,耤(藉)即"借(藉)"的意思,而耤从耒,表明"耕作"。故郑注所云:"藉之言借也。王一耕之,使庶人耘芓终之。""藉民力以治之,故曰耤田"显然较为合理。① 在此,"借民力治之"和"躬亲耕作"是"耤"的引申义。② 关于耤、藉、籍等,不少学者做过考述。③ "籍田"古书中亦作"藉田","籍"即"藉"。"籍田"有时是名词,如古书中的"躬耕籍田""亲耕籍田""遂开藉田"等;有时是动词,如古书中的"籍田于帝城东南千亩内"等。④

天子亲耕固为一种仪式化的社会事件,诚如《初学记》卷十四引应劭《汉官仪》说:"天子升坛,公卿耕讫,啬夫下种,籍田千亩,亦曰帝籍,亦曰亲耕,亦曰王籍。""耤田"作为一种特殊的土地制度,也成为中国历史上一种特殊的社会现象。有学者认为耤田为古时之"公田"。⑤《礼记·王制》云:"古者公田藉而不税。"由是可知,天子耤田礼作为特殊祭祀形式,虽仪轨繁缛,但天子必亲祭之:"周天子有籍田千亩,诸侯有籍田百亩。周天子和诸侯祭祀诸神,所用黍、稷就是来源于籍田的收获成果。"⑥

既然是一种制度,就要有相应的管理配合之。史书和铭文有专门的记载,西周铭文《詶簋》即为一例,《詶簋》云:

> 隹(惟)正月乙子(巳),王各(格)于大室。穆公入右(佑)詶,立中廷(庭),北嚮。王曰:"詶,令女(汝)乍(作)司土(徒),官司耤(藉、籍)田。……"詶拜稽首,對(对)揚王休,用乍(作)朕文考寶(宝)簋,其子子孙孙永用。

---

① 参见徐喜辰《"籍田"即"国"中"公田"说》,《东北师大学报》(哲学社会科学版)1964年第2期。
② 张磊:《〈詶簋〉"司土(徒)"职掌研究》,《齐鲁学刊》2011年第5期。
③ 可参见宁镇疆《周代"籍礼"被议——兼说商代无"籍田"及"籍礼"》,《中国史研究》2016年第1期。
④ 杨燕民:《中国古代籍田礼仪种种》,《内蒙古社会科学》1990年第6期。
⑤ 徐喜辰:《"籍田"即"国"中"公田"说》,《东北师大学报》(哲学社会科学版)1964年第2期。
⑥ 参见张磊《〈詶簋〉"司土(徒)"职掌研究》,《齐鲁学刊》2011年第5期。

《識簋》铭文记周王命識作司土（徒），管理籍田；穆公为佑，并有赏赐。学者认为，司徒原为掌管土地之官，有的专门掌管藉田。①

在耤田制度中，甸师（甸人）是一个重要的角色。《左传》成公十年云："六月丙午，晋侯欲麦，使甸人献麦，馈人为之。"杨伯峻注云：甸人，天子诸侯俱有此官，据《礼记·祭义》，诸侯有藉田百亩，甸人主管藉田，并供给野物。亦即《周礼·天官》之甸师。② 甸人负责管理耤田和提供祭祀用品，和前文所列甸师的前两项职掌基本相同。为何是"甸"？《礼记·王制》中有"千里之内曰甸"之说。这也符合"天子之田方千里"（《礼记·王制》）之说。所谓畿千里之内的地区曰甸。③ 甸指古代王都所管辖的方千里之地区，后指京城所管辖。畿，天子千里地。《说文解字》："以逮近言之则曰畿也。"又，《说文解字》释："甸，天子五百里地。从田，包省。"由此可见，《周礼·天官》中的甸师和《左传》等文献记载的甸人可能为类似的职官。"甸师"和耤田有关，或与亦掌土田的"田畯"相近。在《周礼》中，"甸师"为大宰的属官，为管理籍田方面的官联。④

概而言之，中国传统"农本"之从古至今，早已不仅仅停留于帝王御诣朱批之圣、文人记述之范、经学家注疏之作，更为重要的是以君王亲耕于耤田为表、表范、为仪，并形成了一整套完整的制度形制。

第二节 耤田礼之仪轨

众所周知，无论是神话传说中的"英雄祖先"神农、大禹、炎黄开创的重农历史，还是古代君王亲躬于耤田，自古成为王制，并以天子亲耕之行为"仪表天下"。在这样的社会里，无论是中国古代的"开基祖"（神农、大禹、炎黄）开创的亲躬耕作的仪式，还是"教农""劝农"之表率

---

① 参见张磊《〈識簋〉"司土（徒）"职掌研究》，《齐鲁学刊》2011年第5期。
② 参见杨伯峻《春秋左传注》，中华书局1990年版，第850页。
③ 张树国点注：《礼记》，青岛出版社2009年版，第55页。
④ 张磊：《〈識簋〉"司土（徒）"职掌研究》，《齐鲁学刊》2011年第5期。

示范，都构成了中国传统礼仪的一个重要内容。所谓"普天之下，莫非王土"其最为实质性的内容就是指田地和田地上的民众，也是国家社稷的形象表述。在周代，周天子是全国土地和民众的最高所有者。西周的"分封"，其实就是诸侯从天子那里获得某一地区的土地连同土地上的人民，同时承担镇守疆土，捍卫王室，缴纳贡物等义务。而事实上，中国传统的"疆理"体制，"边界"关系，都是根据"田地"（都从"田"）来确立的。而古代的"税"的基本形式就是"禾""兑"（用粮食交纳贡赋）。这也是传统农耕社会的基本税制形式。

籍田礼仪，作为一种仪式必然有其仪轨。所谓"仪轨"，指礼法规矩。《说文解字》释"仪（儀），度也，从人，义声"。《国语·周》："度之于轨仪。"《淮南子·修务训》："设仪立度，可以为法则。"人类学治仪式研究，首先要确立仪式的范畴，然"仪式"是一个具有理解、界定、诠释和分析的广大空间和范围；① 仪式研究专家贝尔认为，仪式是一个难以明确划分边界的对象，是一个"巨大的话语"（large discourse）。② 但无论仪式多么复杂，何等繁缛，都不妨碍其中几个确定的要素：人物、时间、地点、程序、活动——在特定的时间，特定的空间，由特定的人（群），按照特定程序所进行的规定活动。

作为籍田礼仪之仪轨，涉及仪式的几个重要概念，比如"千亩"。有的学者认为其为地名，非实际田地。持此观点者根据《周语上》"虢文公谏宣王不籍千亩"章在叙述完籍礼之后即云："王不听。三十九年，战于千亩，王师败绩于姜氏之戎。"其中的所谓"不籍千亩"与"战于千亩"之说，认为其为一个地名。③ 有学者认为，"千亩"其实只是笼统地说它的规模，本与地名无涉。④ 窃以为，作为一种特殊的土地制度，"籍田"在名义上隶属帝王，这无妨亦为一种"示范"。

至于帝耕于"南郊"还是"东郊"，这与籍田礼的历史变迁有关，其中君王有亲自修改的情形。中国古代帝王在籍田礼仪中为鼓励耕籍，他们

---

① 参见彭兆荣《人类学仪式理论与实践》，民族出版社 2007 年版。
② Bell, C.，*Ritual Theory, Ritual Practice*，New York & Oxford: Oxford University Press，1992，p.1.
③ 见许兆昌、张亮《周代籍礼"风土"考》，《吉林大学社会科学学报》2012 年第 2 期。
④ 宁镇疆：《周代"籍礼"补议——兼说商代无"籍田"及"籍礼"》，《中国史研究》2016 年第 1 期。

会根据当时的情形,修改古制者。在这方面,唐代的几位帝王可为范例。唐太宗就是古制改革者。唐贞观三年正月,太宗亲祭先农、亲耕耤田,君臣议耤田方面所在,给事中孔颖达曰:"礼,天子藉田于南郊,诸侯于东郊。晋武帝犹于东南。今于城东置坛,不合古礼。"太宗曰:"礼缘人情,亦何常之有,且《虞书》云平秩东作。则是尧舜敬授人时已在东矣。又,乘青辂、推黛耜者,所以顺于春气,故知合在东方。且朕见居少阳之地。田于东郊,盖其宜矣。"于是遂定。自后每岁常令有司行事。(《旧唐书·礼仪志》)古制籍田于南郊,太宗却改在了东郊,改得有理有据,令人信服。①

至于所谓"三推",依照古制,帝王在耤田礼中为"三推"。历代绝大多数的帝王都按照此规定进行,但也有创新、改造者。比如唐乾元二年春正月,肃宗行籍田之礼,冕而朱紘,躬秉耒耜而九推焉。礼官奏陛下合三推。肃宗曰:"朕以身率下,自当过之,恨不终于千亩耳。"(《旧唐书·礼仪志》)耤田之礼对于帝王来说,本只需例行仪礼,然而肃宗李亨却卖力真干,并且以不终千亩为憾事。玄宗在耤田礼中,不但改"三推"为"九推",而且一口气"进耕五十余步,尽垄乃止"。(《旧唐书·礼仪志》)不过改"三推"为"九推"只是记述玄宗在耤田礼中的"专情任性",以耤田礼制而言,古制即为"三推"。②

古"三推"之制到了清代发生了变化。满清入关之后,清帝为了鼓励发展农业生产,于顺治十一年(1654年)开始行耤田享先农之礼,直至清末,相沿不衰。"雍正二年,祭先农,行耕耤。三推毕,加一推。""(乾隆)三十七年,群臣虑帝春秋高,籥罢亲耕,不许。命仍依古制三推。嘉庆以降,仍加一推如初。"③雍正之后清帝都行四推之制。直至晚清,籍田享先农仍是一项重要的礼典。以上籍田礼基本仪节为:1. 皇上先在先农坛祭祀先农;2. 皇帝亲耕,四推四返;3. 户部堂官播种;4. 从耕之三王五推,九卿九推。清代重视祀先农耕耤之礼,不仅帝王要亲自躬耕,也要求直省督抚及所属府、州、县、卫,立农坛籍田。地方长官设坛行籍田礼,

---

① 参见杨燕民《中国古代耤田礼仪种种》,《内蒙古社会科学》1990年第6期。
② 同上。
③ 参见(清)赵尔巽等《清史稿》,中华书局1977年版,第2517—2519页。

明代并未有先例。[1]

关于耤田礼举行的时间问题，先秦典籍中只记载早春始耕典礼。学者们大都认为早春始耕典礼是在孟春之月举行，根据的主要来自《礼记·月令》之"孟春之月……乃择元辰，天子……躬耕帝籍"。对此，并无人提出异议。可是"元辰"只说明时间，却未说明日子。对于耤田礼的确凿时日各家有不同的看法：一说是在立春至二月初吉这段时间的某一日，如《国语·周语》："古者，太史顺时脉土，阳瘅愤盈，土气震发，农祥晨正，日月底于天庙，土乃脉发。"韦昭注曰："农祥，房星也。晨正，谓立春之日晨中于午也。"据此可知，立春之日土地开始松软，适于耕作。"先"，韦昭注："先立春日也。""先时九日"就是立春前九天。"初吉"，韦昭注："二月朔日也"；也即二月的第一天。[2] "自今至于初吉，阳气俱蒸，土膏其动。弗震弗渝，脉其满眚，谷乃不殖。"此句意为从立春前九天至二月初吉这段时间，阳气升腾，土地润泽，是播种的最佳时期。早春始耕应在这一段时间内。"是日也，瞽帅、音官以风土。廪于籍东南，钟而藏之，而时布之于农。"而"是日"为哪一日，并无确切说明。似乎是立春日，但又不确定。不过据《国语·周语》的记载，举行耤田礼一定是在立春至二月初吉这个时间段内。

另一说为元辰之日。立春至二月初吉与元辰，这两个时间看似不同，实则并不矛盾，是可以统一起来的。立春至二月初吉的这个时间段是在孟春之月。元辰之日也在孟春之月。在立春至二月初吉这段时间内，挑选元辰之日来举行耤田礼，于《国语》和《月令》所载皆不矛盾，而且也能解释《月令》"择元辰"句中"择"的含义。因此可以说，举行早春始耕典礼的时间是在立春至二月初吉这段时间的元辰之日。[3] 耤田仪式的择月，历代帝王亦有不同，汉文帝定在正月，《后汉书·礼仪志》也记载"正月始耕"。但东汉明帝则在二月亲耕。至于耤田仪式选择干支日问题，从史料看，不少皇帝选择亥日。[4]

---

[1] 参见艾红玲《清代籍田祀先农之礼考察》，《鸡西大学学报》2013年第6期。
[2] 参见《文津阁四库全书》第140册，商务印书馆2005年版，第305页。有关评述可参见李白《周代籍田礼考论》，《农业考古》2012年第3期。
[3] 李白：《周代籍田礼考论》，《农业考古》2012年第3期。
[4] 王健：《汉代祈农与籍田仪式及其重农精神》，《中国农史》2007年第2期。

至于"耤田礼"的仪式程序，学界亦有不同看法。《诗经》中有描述了仪式具体程序，但学者对于礼仪分为几个程序则观点不一：有认为分五个礼节、四个礼节、三个礼节的不同看法。① 杨宽认为，籍礼的仪式有五个礼节，即行礼前的准备、举行"飨礼"、正式举行"籍礼"，礼毕后的宴会、广泛巡查和监督庶民耕作。② 学者综述了下列情形：1. 杨宽上述的观点。2. 陈戍国《先秦礼制研究》以为"耤礼"的具体仪式有四个："籍田礼之前有一系列准备工作""举行飨礼""正式籍田礼仪式"和"籍田礼之后又有飨礼。到此王室籍田礼全部结束"③。3. 魏建震《先秦社祀研究》将籍田礼大体分成两个阶段，即准备与行祭祀礼两个阶段。而李白在杨宽的观点上加以补充，认为完整的"籍田礼"应包括六个过程：即礼前准备、举行"飨礼"、始耕仪式、分享祭品、巡查监督和大寝宴会。④

至于籍田礼所祭对象，毫无疑义，"耤田礼"之主旨为社稷崇拜。社稷神原指社神（土地神）和稷神（谷神），在西周春秋时期，社神与稷神是分开的。《风俗演义·社稷》："社者，土地之主。土地广博，不可遍敬，故封土为社而祀之。报功也。"西周以后，社神和稷神合而为社稷神，成为国家"社稷"的象征。无论是"先农""王社""泰社"（《祭法》云："王为群姓立社，曰大社。王自为立社曰王社。"⑤)，皆属"社稷"范畴。

就功能而言，籍田礼大致有三个目的，或将籍田目的列做三类：以备灾害、以为农先和宗庙粢盛。不同的时代的情形不同。有学者对汉代的籍田礼的演变情形做了一个曲线图，以籍田礼的仪轨测试汉代中央集权的强弱变化。⑥

概而言之，耤田礼自古而来，缠缠绵绵，从周代一直沿革到清代；仪轨变化在时空中变化甚巨。但总体上说，其基型和原型都在，关键因素也在，主体意义也在。

---

① 参见王睿《〈诗经〉中"籍田礼"研究》，《现代语文》2017 年第 1 期。
② 参见杨宽《古史新探》，中华书局 1965 年版，第 218—220 页。
③ 陈戍国：《先秦礼制研究》，湖南教育出版社 1991 年版，第 266 页。
④ 李白：《周代籍田礼考论》，《农业考古》2012 年第 3 期。
⑤（汉）毛亨传，（汉）郑玄笺，（唐）孔颖达疏：《毛诗正义》，北京大学出版社 1999 年版，第 1354 页。
⑥ 陈二峰：《论汉代的籍田礼》，《南都学坛》2009 年第 3 期。

第三节　耤田礼之仪表

天子耤田礼作为一种特有的家国政治性礼仪，包含着明确的"话语建构"（constructing discourse）。具体而言，通过特殊和特定的活动形式，将需要特别强调和强化的内容，以一种程式性方式把错综复杂的关系集结在仪式中，体现在仪式的整合性功能上——把相同或相似的构造层次的结构模式组合在一起的系统性。[①] 需要特别指出，仪式具有象征功能。在人类学仪式研究视域里，仪式就是一个象征系统。人类学仪式大师特纳把象征符号当作维持一个社会的机制，而象征是仪式的最基本构成单位。它在社会结构中具有行动上的操作能力，并成为社会向某一个方向行进中的积极的动力。[②] 依此我们可以将古代的"礼仪之制"视为传统社会等级的象征性结构。

社稷是王权的象征，耤田是帝王的专有土地，收获专供宗庙祭祀。从上述王祯《农书》的"耤田"的记述和图像中，可以清楚地看出君王的威仪和等级。西周以降，耤田礼是一种为帝王专门制定和设计的仪礼，只有天子或者诸侯才有资格主持耕耤礼。当然，在某些历史阶段中，比如当一些割据政权的首领也实行耕籍礼的时候，耕籍礼也被如法炮制，他们也会模仿帝制行仪，展示政治野心和正统地位的政治功能。如初平元年辽东的公孙度实行的籍田，所采用的是诸侯之礼，显示了割据辽东的野心。曹操在建安十九年和二十一年两次举行耕籍礼。[③]

在中国的历史上，并非历代天子对耤田礼的态度都一样，也不是所有皇帝亲耕时都按照古制中庄重的儒家道理进行。比如汉代皇帝亲耕不乏出于游玩动机。耕籍之礼，或成为闹剧；或视为形式具文，草草收场。《汉书·昭

[①] Bell, C., *Ritual Theory, Ritual Practice*, New York & Oxford: Oxford University Press, 1992, p.48.

[②] Turner, V. W., *The Forest of Symbol: Aspects of Ndembu Ritual*, Ithaca, New York: Cornell University Press, 1967, CH1.

[③] 《三国志》卷1《武帝纪》："（建安）十九年春正月，始耕籍田"，（建安二十一年）"三月壬寅，公亲耕籍田。"

帝纪》载，始元元年春二月，"上耕于钩盾弄田"。时昭帝年九岁，试耕弄田，等于儿戏。始元六年春正月，"上耕于上林"。上林为苑囿游猎之地，昭帝之耕于上林近乎为游玩。东汉顺帝继位后长达十几年不行籍田，只是在大臣的多方劝说下才勉强从行。陈戍国先生在其著作中指出了汉代籍田大多是例行公事，古礼遗意所剩无多。[①] 晋武帝鉴于前数世亲耕被偏废，鉴于籍田礼仪的规模逐年缩小，发布诏书，痛斥数世以来不重视籍田的作法："夫国之大事，在祀与农。是以古之圣王躬耕帝藉，以供郊庙之粢盛，且以训化天下。近世以来，耕藉止于数步之中，空有慕古之名，曾无供祀训农之实，而有百官车徒之费。今修千亩之制，当与群公卿士躬稼穑之艰难，以率先天下。"（《晋书·志·礼上》）

藉田礼在配合农时方面非常讲究；最为显著的是"春耕秋收"活动。《礼记·月令》对此有非常明确的记述："孟春之月……躬耕帝藉。"而到了秋收季节，仪式也要相配合。《礼记·月令》："季秋之月……乃命冢宰，农事备收，举五种之要，藏帝籍之收于神仓，祗敬必饬。"农作物全部收获，籍田的收获储藏于神仓之中。[②]《诗经·周颂·丰年》有所谓"藏耤收"。《毛诗说》云："《丰年》，藏耤收也。……此盖祀廪以藏重耤事，故特有乐舞也。"又："是月也，（季秋之月）大飨帝。尝牺牲，告备于天子。""尝"，郑玄注："尝者，谓尝群神也。天子亲尝帝，使有司祭于群神，礼毕而告焉。"[③] "大飨帝"是祭天的礼名；"尝"指举行大飨祭以祭祀上帝。也就是说，帝耤之礼将整个农时活动都纳入，特别是稼穑（即耕种与收获），亦泛指农业劳动。

耤田礼除了以农业活动为根据外，"祭天"的程序和象征为重者。因为君权神授之旨需要在仪式中得以体现。关于周代籍田专用于礼神的功能，得到了清华简《系年》的进一步证明。周作"帝籍"的初衷正是有感于商纣在祀神上的消极应付，因此可以设想其就是要改弦更张，显示与商纣的不同，将"籍田"之产专用于礼神。"以登祀上帝天神"，既"上帝"又"天神"，无疑是对其功能的界定。这再一次说明，所谓"帝籍"，

[①] 陈戍国：《中国礼制史（秦汉卷）》，湖南教育出版社2002年版。
[②] 参见李白《〈诗经·周颂·丰年〉主旨辨正》，《牡丹江大学学报》2012年第1期。
[③] 张树国点注：《礼记》，青岛出版社2009年版，第75页。

第三部分　农仪　农艺

从功能上说它是专属于"帝"的。《周礼》贾公彦疏谓："籍田之谷，众神皆用，独言帝籍者，举尊言之。"也强调"神用"。另外，《吕氏春秋·季秋纪》《礼记·月令》《淮南子·时则》还提到籍田的收获要存之"神仓"，前引张衡《东京赋》提到籍田还可称"天田"，这些文字记载可以说都抓住了"帝籍"服务于礼神的重要功能。①

天子籍田礼自然少不了仪表。仪表首先指的是天子本人仪表，即天子所具有的模范仪态、容貌举止。周代天子亲耕时"冕而朱纮"（《礼记·月令》）。不但正其衣冠，且以红色纽带紧系冠冕，严肃庄重，一丝不苟。汉文帝十分重视籍田，他说："农，天下之本。遂开籍田，朕亲率躬耕，以给宗庙粢盛。"（《汉书·文帝纪》）汉代最有趣的籍田礼仪是汉武帝少子昭帝弗陵进行的。时年九岁的昭帝，不能亲耕帝籍，只能在天子宴游之田上去试耕一番，却无妨表示对农业的重视。②清代的帝王在举行耤田礼时非常讲究，除了所有的仪式都要按照仪礼规定之外，帝王还会事先进行排练操演。

通常而言，在整个仪式过程中，君仪是必须严格遵循的。如果说，耤田仪式之原型是依照"神农执耒亲躬务农"的话，那么，在后来的耤田礼中，尤其是以汉代之后，儒家的礼仪之制被加入和注入，特别是等级制度。比如在魏晋南北朝，皇帝在去往籍田的路上，车马随从浩浩荡荡，皇帝的威严尽显。在具体实行耕籍时，皇帝三推、公五推、卿等九推，北齐则是一品五推五反，二品七推七反，三品九推九反，耕籍的先后和次数都有严格的规定。通过这种耕籍礼，在树立帝王的权威的同时强化了等级制度。③

除了君仪之外，仪表还可以特指"仪式表演"。在人类学仪式理论中，特纳的"社会剧"（social drama）很有名——以表演形态强调和突出"工作"性质。④耤田礼的表演性很强。据《周语上》，举行耤礼的当日，主要是王、公、卿、大夫、百官与庶民的同耕同享活动，与此同时，乐官们则

---

① 参见宁镇疆《周代"籍礼"补议——兼说商代无"籍田"及"籍礼"》，《中国史研究》2016年第1期。
② 参见杨燕民《中国古代藉田仪式种种》，《内蒙古社会科学》1990年第6期。
③ 高二旺：《魏晋南北朝时期耕籍礼的特征与功能初探》，《农业考古》2008年第3期。
④ Turner, V. W., *The Anthropology of Performance*, New York: PAJ Publications, 1987, pp.26-27.

从事"风土"的工作。由此可见,"风土"是耤礼的一个组成部分。按《周语上》在叙述"瞽帅音官以风土"之后,还记载了大量的劝农活动。劝农活动主要由稷主持,首先是稷"徧戒百姓,纪农协功",然后是自农师以至于王进行巡视等活动。而"瞽"者乃巫师之类,在这一天率领音官从事"风土"的活动,必然也是这一土壤巫术的重要组成部分。换言之,"风土"是以瞽为首的乐官们针对气脉进行疏导的行为。瞽为乐官。① 可知耤田礼中包含着大量的仪式表演活动,也包含着"与民同情""与民同乐"的意思。

清朝帝王为了发展农业,不仅续耤田古制,而且礼仪非常盛大。《曾纪泽日记》中记载了光绪帝亲行耤田祀先农之礼的情况:"(光绪十四年二月)廿九日。晴。寅初起。茶食后,往先农坛,与犉山一谈,叔平、子绥至,同坐。卯初至观耕台后,与叔平立谈良久,坐谈片刻,同至耕位久谈。卯正皇上在坛行礼毕,至聚福殿用膳,旋御耤田扶犁,四推四返,犉山进犁,拮九进鞭,叔平、子绥为户部堂官之无差者播种焉。皇上耕毕,升观耕台,顺天府尹暨属官率上、中、下农夫行三跪九叩首礼。从耕之三王五推五返,从耕之九卿侯三王一推一返后始耕,九推九返而止。是日奉派之三王九卿,睿亲王魁斌、郑亲王凯泰、克勤郡王晋祺、锡珍、曾纪泽、续昌、孙家鼐、麟书、潘祖荫、松森、黄体芳、廷禧也。耕毕,站班。"这和《清史稿》中记载的皇帝享先农耤田礼之仪程基本相符。②

皇帝身为表率,亲率大臣躬耕,为表达对农业生产的重视,清代于每年一月、二月在先坛祭先农神,行"耕耤礼",皇帝在天田亲率众臣扶犁耕地。此时演奏的音乐,即《御制律吕正义后编》中的《三十六禾词》乐章。《三十六禾词》词谱共三十六句,曲名大概与此有关。据记载,歌词由清代三朝元老康雍乾时期大学士蒋廷锡撰写。③

---

① 参见许兆昌、张亮《周代籍礼"风土"考》,《吉林大学社会科学学报》2012年第2期。
② 曾纪泽:《曾纪泽日记》,岳麓书社1998年版,第1676、1778—1779页;参见艾红玲《清代籍田祀先农之礼考察》,《鸡西大学学报》2013年第6期。
③ 参见留虹《"三十六禾词"——皇帝亲耕时的欢乐乐章》,《紫禁城》2005年第2期。

第三部分　农仪　农艺

图12　清人绘《雍正祭先农坛》局部图（现藏于巴黎法国吉美博物馆）

概而言之，帝王所行耤田之礼，除了表示重农、劝农、惜农外，天子威仪是礼仪的重要演示。无论是仪式本身，还是仪式的章典、仪轨、仪表、仪符等无一例外。

结语：

中国是一个以农耕文明为传统的礼仪之邦。在所有的仪式活动中，无论是社稷之祭，先农之祭，甚至郊祭活动，都离不开农业的基本主题。无论国体的性质，社会的制度发生什么样的变化，"农正（政）"都是首要者，农耕礼仪从来都是我们"再出发"的始发地。英国学者霍布斯鲍姆等认为"传统"是"发明"的，并阐明其是如何被"发明"的，仪式成了用于解说"传统"主题的开场白：

> 英国君主制在公共仪式中的盛观显得是如此古老，并仿佛与无法追忆的往昔紧密相连，在此方面没有任何事物能与之匹敌。然而，正如本书第四章所证实的，现代形式的这种盛典事实上是19世纪末和20世纪的产物。那些表面上看来或者声称是古老的"传统"，其起源的时间往往是相当晚近的，而且有时是被发明出来的。……"被发明的传统"意味着一整套通常由已被公开或私下接受的规则所控制的实践活动，具有一种仪式或象征特性，试图通过重复来灌输一定的价值和行为规范，而且必然暗含与过去的连续性。事实上，只要有可能，它们通常就试图与某一适当的具有重大历史意义的过去建立连续性。……第二点必要的区分（其重要性低一些）在于，我们所谓的"传统"与惯例或常规之间的差异，后者并不具备着的仪式或是象征，尽

管它偶尔可能会有。……我们认为，发明传统本质上是一种形式化和仪式化的过程，其特点是与过去相关联，即使只是通过不断的重复。创造此种仪式和象征体系的确切过程尚未被史学家很好地加以研究。①

在很多的情况下，仪式是政治的表征，也是传统的延伸。以日本为例，日本天皇迄今仍每年行相关的稻作礼。日本的神宫的农业馆内收藏着皇室御农、祭农的物品，农馆建立于明治二十四年（1891年），目的是彰显日本神道之神德。馆中的收藏分为三类，第一大类即为天皇皇后每年秋天将种植于宫中御地稻作收成奉献给神宫的"神尝祭"，也包含天皇祭献的稻束、生丝等。此外有各种农作物、农具等的展示。② 日本皇室的"大尝祭"，即皇室践祚仪式经历了很长的时间，仪式极为讲究，包括季节、时间、占卜、仪轨、天皇与神共餐等。③ 这也成为日本稻作文明的一种历史认同。

---

① [英]E. 霍布斯鲍姆、T. 兰格：《传统的发明》，顾杭等译，译林出版社2004年版，第1—4页。
② 参见王嵩山主编《无形文化遗产的护卫与博物馆——日本经验》，"文化部文化资产局"发行，2014年，第74—80页。
③ [日]大贯惠美子：《作为自我的稻米：日本人穿越时间的身份认同》，石峰译，浙江大学出版社2015年版，第54—57页。

第十四章　蚕、桑、丝绸与线路遗产

蚕桑丝织与技艺起源于中国，是中华文明的代表性成就，迄今已有五千年的历史。"丝绸之路"以之为名，将中华文明传遍世界。18世纪，从中国输往欧洲的丝绸曾引发欧洲的"中国风"。即便是今天，中国丝绸产量及出口量仍居世界之首位。作为一种特殊的遗产——"中国蚕桑丝织技艺"于2009年9月被联合国教科文组织列入《人类非物质文化遗产代表作名录》，可谓实至名归。

不过，笔者以为将"中国蚕桑丝织技艺"归入非物质文化遗产类型有"窄化"之嫌。虽然我们可以体谅联合国教科文组织因遗产类型化的"操作制度"，致使一些综合性遗产为了申报而不得不削足适履。从客观上说，像"蚕桑丝织"这样的遗产具有巨大的包容性，既可列入文化遗产，非物质文化遗产，重要农业遗产，混合遗产，还可以列入"线路遗产"类型——"丝绸之路"。而当下我国推动的"一带一路"倡议即采用"丝绸之路"之旧名而创新，并注入全新意义、内容和价值。

第一节　认知农桑

众所周知，"农桑"为我国古代的传统农耕文明之泛称，其中"耕织"是两个无法拆卸的有机构造的组成部分。故我国古代农书中大多说农必言桑之,唯王祯《农书》最详,以"农桑通诀"贯通之:"《农谱》有蚕事者,盖农桑衣食之本,不可偏废。"① 在华夏农耕文明的体系中,耕与织(男耕女织)互为逻辑,男种地,女织衣,"女不织,或受之寒"。(贾谊《论积贮疏》),这也形成了中国农业文明的特殊形态,全世界唯中国独有。自古以来,农有"神农",织有"嫘祖(蚕神)"。

从考古发掘的大量证物看,我国是世界蚕桑业的发源地,野蚕驯化、种桑养蚕、蚕丝利用等皆起源于中国,并以之为原生、原物向外传播。1970年代浙江余姚县河姆渡村新石器时代遗址发掘出刻有丝织花纹和蚕形图案的骨盅以及纺织工具;1984年河南荥阳县青台村仰韶文化遗址,发现了公元前3500年前用于裹尸的大量丝织品,其中有平纹织物和浅色罗等。此外,良渚遗址中也有大量丝织遗迹。河姆渡和良渚遗址中发现了丝织机具的文物和使用痕迹。这些均说明,丝织业之所以在5000年前在我国诞生,主要基于两个条件,即自然资源和丝织技艺。以自然条件而论,我国内在有着广泛的野生桑树和野蚕的分布,为先民所移植驯养;同时,考古资料说明,蚕丝制作技艺也历史悠久。②

从神话传说、历史资料和社会发展规律的角度,神话中就有伏羲发明乐器,以桑制瑟,以蚕丝为弦。至于蚕的家养时代可以远推到渔猎时代;采集野蚕茧食蛹、茧层拉丝绵御寒、丝线制作渔猎工具等在先,缫丝、养蚕在后,而大量丝织品的出现,证明蚕已进入室内人工饲养阶段。商代时养蚕业已经勃兴。从殷墟出土的甲骨文中,发现了大量有关蚕、桑、丝、帛等方面的象形文字,当时除了把祭祀蚕神与祭祀祖先并列,还设有专门管理蚕事的官职"女蚕"。在近代发掘出来的大量铜器及玉器上,发现有丝织物锈蚀的印痕,能分辨出当时丝织品已有平纹绢、提花的回形纹绢、雷纹绢和菱花纹绢等,说明商代我国的养蚕已成规模、丝织技术已达相应水平。

从名实学表述传统的角度,在中国,只要是正业,必有其正名。"农"有"先农";"蚕"亦有"先蚕",即以元妃西陵氏为始祭之。自周建坛以后,历代因之。③"稽之古制,后妃祭先蚕,坛、壝、牲、币如中祠,此

---

① (元)王祯撰,缪启愉、缪桂龙译注:《农书译注》(下),齐鲁书社2009年版,第701页。
② 袁宣萍、赵丰:《中国丝绸文化史》,山东美术出版社2009年版,第15—17页。
③ (元)王祯撰,缪启愉、缪桂龙译注:《农书译注》(下),齐鲁书社2009年版,第7页。

后妃亲蚕祭神礼也。"① 男耕作,其神可溯黄帝——社稷之共主;而蚕神为黄帝元妃嫘祖,史传其族属西陵氏。《史记·五帝本纪》:"黄帝居轩辕之丘,而娶西陵之女,是为嫘祖,嫘祖为黄帝正妃。"正是这位正宫娘娘"始教民育蚕"。嫘祖的故事在民间演化为许多民俗活动,尤以女性活动为多。②

从文字学训诂阐释的角度,蚕(蠶),甲骨文是象形字,字形像蜷曲的虫子。篆文另造会义兼形声字:即(暂,发髻)加上(大量毛虫),表示大量的虫丝如蓬松卷曲的发髻。俗体楷书另造会义字"蚕":蚕即天(天,上苍、神、道)加上虫(虫,昆虫),表示吐丝的蚕是天赐的"神虫"。造字本义:名词,一种能吐丝结茧的毛虫。《说文解字》:"蠶,任丝也。从䖵,朁声。" 而"丝"与之关联。絲,甲骨文即(蚕丝)。《说文解字》释:"丝,蚕所吐也。""蚕"故有"蚕神""蚕精"之谓。值得一说的是,我国的"蜀"与蚕存在关联。甲骨文将虫形的写成,同时加"人"形,表明人与虫的关系。《说文解字》:"蚕,任丝也。"又释"蜀,葵中蚕也。从虫,上目象蜀头形,中象其身蜎蜎"。

从地理学的角度,《禹贡》之"九州"中明确提出产丝绸的有五州之多。③ 我国殷商时期就已经有了祭蚕神的卜辞,如"贞,元示五牛,蚕示三牛,十三月";"蚕示三牢,八月"等。这里的"蚕示"即蚕神。祭祀时或用三牛,或用三对公羊和母羊。④ 据统计,甲骨文中与蚕桑直接有关系的字有 135 个。⑤ 王祯《农书》中曾以"蚕神"为题,开篇即为:"天驷也。天文辰为龙,蚕辰生,又与马同气,谓天驷即蚕神也。"

---

① (元)王祯撰,缪启愉、缪桂龙译注:《农书译注》(下),齐鲁书社 2009 年版,第 710 页。
② 参见袁宣萍、赵丰《中国丝绸文化史》,山东美术出版社 2009 年版,第 9—11 页。
③ 同上书,第 24 页。
④ 参见曹锦炎《甲骨文中的蚕桑丝帛》,《古今丝绸》1995 年第 1 期。
⑤ 参见胡厚宣《殷代蚕桑和丝织》,《文物》1972 年第 11 期。

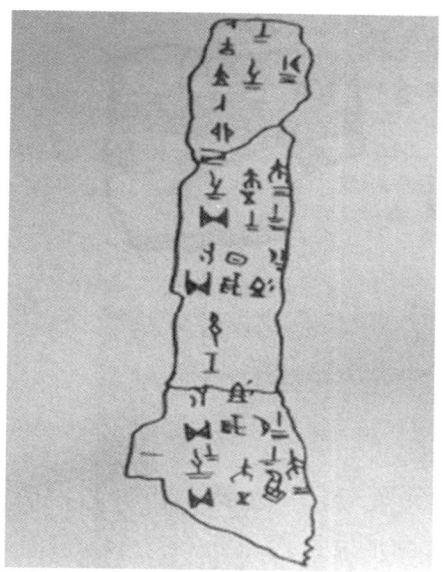

图 13 "蚕示"的商代甲骨文①

图 14 蚕神②

---

① 见袁宣萍、赵丰《中国丝绸文化史》，山东美术出版社 2009 年版，第 25 页。
② 取自（元）王祯撰，缪启愉、缪桂龙译注：《农书译注》（下），齐鲁书社 2009 年版，第 710 页。

从类物品性的角度看,"蚕"非简单"虫"类,乃"圣虫"也。清代学者陈启沅在《蚕桑谱》甚至赋予这一虫类非凡的品德;将人之"五常之德"相比附,对"蚕性"做了这样的总结:

(蚕)虽无三纲之义,具有五常之德。性只食桑,即饥至死,亦不窃别叶而食,仁也。食无争,虽饥将死,得食亦不闷,义也。饥将死,亦不外逃,礼也。自知将化,必疴清屎尿,后吐丝结茧而护其身,智也。既受主人养育之恩,除受伤之外,必报主人以丝,信也。①

这样的描述即便是人亦为圣人,何况于蚕虫。

从社会分工的角度看,"蚕桑"代表着古代农耕文明的社会分工。"男耕女织"形象地说明了我国传统小农经济的社会构造。在民间传说故事中被形象地塑造成了"牛郎织女"。因此,蚕桑丝织大体成为女性的专务事业。《诗经》中收录了许多以桑为题材的诗篇,如《魏风·十亩之间》:"十亩之间兮,桑者闲闲兮,行与子还兮!十亩之外兮,桑者泄泄兮,行与子逝兮!"描写采桑女在大片桑林中穿梭,相互招呼,结伴同归的情景。

综上,蚕桑丝织与技艺在我国历史上早已占据着我国社会生活的诸多领域,成为中华文明足以彪炳于世的典范。

第二节 表述桑蚕

"桑"在文字学中属木族。甲骨文 像枝叶茂盛的树。篆文 将枝叶状的"屮"形 写成"手"形 ,表示采摘树叶。造字本义为叶子可以养蚕的落叶乔木。《说文解字》:"桑,蚕所食叶木。从叒、木。""桑"的衍义丰富。甲骨文中已有图版似的字形画着桑叶上有蚕;并有祭祀"蚕

---

① (清)陈启元:《蚕桑谱》,广西师范大学出版社 2015 年版,第 39—40 页。

示"（蚕神）的记载。①《诗·小雅·小弁》："维桑与梓，必恭敬止。"桑与梓是两种树，古人喜欢在村前屋后栽种这两种树，人们遂以"桑梓"代表家乡、故乡；有"桑梓之地、父母之邦"，"造福桑梓"之说。在古代，"桑"具有一种特定时空转换的表达语义，如"沧海桑田"。"桑"可指代东方，比如"桑野"本是植桑的原野，古代作为东方的代称。《淮南子·地形》："东方曰棘林，曰桑野。"由是可知，"桑"早已在本义之上延伸出了许多重要的意思；在本象之上生成了许多意象。

神话传说中"桑"的意思极具穿透力；诸如"扶桑"语用人所皆知。"扶桑"是一种植物，但在古代却指喻东方，特指日本，语义发生巨变。扶桑最早出现在《山海经》："下有汤谷，汤谷上有扶桑；十日所浴，在黑齿北。"扶桑在此为"神木"，可知祖先将桑木视为东方神木加以崇拜。《淮南子·修务训》中记载："汤苦旱，以身祷于桑山之林。"由此可见，成汤祈求上天降雨是为了求神明保佑殷商的农业丰收，揭示了古人万物有灵的原始宗教意识。《庄子·养生主》有大地丰收"合于桑林之舞"的记载，反映了古人把农耕作为祭祀的基本内容，展现了个人原始的农业信仰。

由于桑叶采了再生，继续不衰的实际现象，使得桑木在古人的思想里又和"不死"与"再生"联系在一起。先民们通过类比联想赋予桑以生命特殊的延续意象。② 对生命认知在古人那里是变通和循环的，"生命延续"经常凭附于意象物，并将其神化。"桑"在中国古代文化中还被赋予了"爱情—生殖"意象。"桑"与"丧"谐音，因此古代人也把桑和死亡、丧葬联系在了一起；但桑又有"再生"的意象；"空桑"生人的传说是我们所熟悉的。《吕氏春秋·本味》记载说："有女子采桑，得婴儿于空桑之中，献之其君，其君令人养之。"这个桑洞中产出的婴儿就是后来佐汤灭桀的伊尹。伊尹有中国烹饪之祖的说法。③ 也因此，"桑林"便被赋予了"生殖—再生"的意象。而蚕桑也被赋予了特殊的情感含义。《淮南子》曰："蚕与蜀相类而爱憎异也。"④

---

① ［日］白川静：《常用字解》，苏冰译，九州出版社2010年版，第277页。
② 参见王茜龄等《桑文化价值浅析》，《蚕学通讯》2012年第1期。
③ 参见彭兆荣《饮食人类学》，北京大学出版社2013年版，第67页。
④ 参见叶舒宪《中华文明探源的神话学研究》，社会科学文献出版社2015年版，第495页。

第三部分 农仪 农艺

在中华农耕文明的体系中，男耕女织的母题也成为礼仪之邦的重要仪典。在古代，帝王亲农耤田，后妃亲蚕成为大礼。《礼记·月令》说：季春之月，"后妃斋戒，亲东乡躬桑，禁妇女毋观，省妇使，以劝蚕事"。《白虎通》卷四说："王者所以亲耕后亲桑何？以率天下农蚕也。天子亲耕以供郊庙之祭，后之亲桑以供祭服。"《汉书·王莽传》：太后"春幸兰馆，率皇后列侯夫人桑"。《通典·先蚕》载："汉皇后蚕于东郊"（卷四十六），注云"其仪：春蚕生，皇后亲桑，于苑中蚕室养蚕"。后妃要斋戒后，才能带领有一定地位的夫人世妇去采桑，这是古人开始采桑前举行的隆重仪式。皇后亲桑，体现其以身作则的表率性作用，从中也可以看出古人对桑的虔诚和敬重心态。当然，后妃采桑养蚕一方面是"以率天下农蚕"，表明统治者对蚕事的重视，另一方面"在后妃躬桑以劝蚕的季春之月，由一群具有生育能力的公侯夫人去亲执蚕事，其用意显在强调其行为结果的象征性"[①]。

桑蚕形象在古代诗文中"出镜率"极高。据统计"桑"字在《诗经》的 20 首诗中出现过 33 次。古代诗歌中更有大量与**蚕—桑—女**有关的诗句，"采桑子"甚至成了一个颇有意味的词牌名。

　　秦氏有好女，自名为罗敷。
　　罗敷喜蚕桑，采桑城南隅。
　　　　　　　　——《乐府诗·陌上桑》

　　相见时难别亦难，东风无力百花残。
　　春蚕到死丝方尽，蜡炬成灰泪始干。
　　　　　　　　——李商隐《无题》

　　饥食期农耕，寒衣俟蚕缲。
　　　　　　　　——柳宗元《游南亭夜还叙志七十韵》

　　蜀道之难，难于上青天！

---

① 参见顾海芳《桑的文化蕴涵》，《牡丹江大学学报》2010 年第 6 期。

> 蚕丛及鱼凫，开国何茫然？
>
> ——李白《蜀道难》

> 二月村园暖，桑间戴胜飞。
> 农夫春旧谷，蚕妾捣新衣。
>
> ——白居易《春村》

综上，"桑—蚕"在古代被赋予非常多的意义和意象，尽管所指对象有时并非同一物，甚至为纯然的想象物，皆无妨将其视为神木、情爱、生殖、生死等附会之，并诉诸仪典。

第三节 丝绸之路

我国古代的蚕桑丝织技艺除了满足人民的生活之外，还有一个重要的特点："农桑—农商"，即作为物流交通、商业贸易的重要物品。如上所述，纺织在古代经济生活中占有重要地位。中国早在新石器时代就已经掌握了纺织技术。中国古代的丝麻纺织技术已达到相当高的水平，在世界上享有盛名。古罗马帝国最早因丝绸之路上丝织品的传播，称我国为"丝之国"。中国古代纺织品采用麻、丝、毛、棉的纤维为原料，纺绩（纺纱、辑绩、缫丝）加工成纱线后经编织（挑织和机织而做成布帛，通常称纺织品。）不同时期的纺织品是衡量人类进步和文明发达的尺度之一。[①]

我国古代的丝织是重要的交通出口商品。考古材料说明，商周时期社会经济发展，宫廷王室对于纺织品的需求量日益增加。周的统治者设立与纺织品有关的官职，掌握纺织品的生产和征收事宜。商周的丝织品品种较多，河北藁城台西遗址出土黏附在青铜器上的织物，已有平纹的纨、皱纹的縠、绞经的罗、三枚的菱纹绮。河南安阳殷墟妇好墓出土铜器上所附的

---

① 萧巍：《从出土文物看我国古代纺织技术》，《丝绸之路》2012 年第 6 期。

丝织品有纱纨（绢）、朱砂涂染的色帛、双经双纬的缣、回纹绮等，殷墟还出土有丝绳、丝带等实物。陕西宝鸡茹家庄西周墓出土了纬二重组织的山形纹绮残片。进入春秋战国时期，丝织品更是丰富多彩，湖南长沙楚墓出土了几何纹锦、对龙对凤锦和填花燕纹锦等，湖北江陵楚墓出土了大批的锦绣品。毛织品则以新疆吐鲁番阿拉沟古墓中出土的数量最多，花色品种和纺织技术比哈密五堡遗址出土的更胜一筹。

从历史的演进线索看，虽然远古时期我国的北方也有大量蚕桑的记录和史迹，但随着岁月的推移，中国蚕桑丝织业逐渐南移。南方的丝织业也扮演着越来越重要的角色，成为重要的蚕桑种植和生产地区。及至明代，江南的丝绸生产更是发达，官营、民营织造业共同发展。清代，海外对丝绸的需求大增，推动了江南丝绸业生产和贸易发展。人们熟知《红楼梦》中曹雪芹与"江宁织造"之间有一定渊源关系。江宁织造是明清两朝在南京设局织造宫廷所需丝织品的皇商，江宁织造为皇商，经营江南地区的丝绸产业，为宫中供应织品和绸缎的皇商，明代时由提督织造太监主管；至清代顺治时改制，由"江宁织造郎中"专管。

再比如，在广东顺德地区，农桑—农商协作，事业发达。近代以降，蚕桑丝业与商关系更为密切。顺德素有"南国丝都"之称，近代丝业成为广东经济之命脉而顺德丝业最盛。大量机器缫丝厂集中于此，光绪十三年（1887年），顺德缫丝厂占广东全省九成以上。1922—1923年，顺德共有机器缫丝厂135家，占广东省80.83%。蚕种市、桑市、茧市等专业墟市林立，到了几乎全民从事丝业及相关行业的态势。而银号、钱庄等各种银业机构发达，丝业繁荣时，顺德的丝厂、茧市多向银号借贷，从而带动顺德银业的崛起，出现"一船蚕丝出，一船白银归"的繁华景象。广州银号从事人员中，顺德人占百分之五十强，资本也占全行总资本百分之五十五以上，广州银业的资金流通，实有赖于顺德银号，顺德也因此被称为"广东银行"。

明清两代（尤其清代）南方的蚕桑课业和丝织技艺随之精进，劝课蚕桑类术业教育也随之发展。以太湖地区为例，晚清海外市场对丝茧需求大增，各地官员兴起劝课之风。太湖地区学习杭嘉湖蚕桑技术较为普遍，太湖北岸劝课蚕桑逐渐盛行，劝课蚕区蚕桑业发展迅速，地方士绅出现了劝课蚕桑之举，蚕桑类的农书也随之出现。恽畹香的《蚕桑备览》便是晚清

图 15　广东顺德历史上的丝织业（张颖摄于顺德博物馆）

异地劝课的典型蚕书，《蚕桑备览》正文分为文字与图说两部分，内容极尽详细，诸如说桑、说蚕、缫丝等文字部分，其中，说桑包括：种桑大要说、种接本桑并剪桑说、种桑秧说、下秧说；说蚕包括：蚕种说、收子说、浴蚕说、收蚕说、饲叶说、蚕眠说、上山说、蚕忌说、缫丝说、挑茧说；缫丝法十二条等。这些辑录与传播之技术内容至今仍是传统古蚕书的经典之作。[①] 在当时，教以农桑，乃国之大政。

从更广阔的范围看，世界上几乎所有养蚕国家，最初的蚕种和养蚕方法，都是直接或间接从中国传去的。据古书记载，中国的蚕种和养蚕方法，远在公元前 11 世纪就已经传到了朝鲜。日本的养蚕方法，据传说是在秦始皇时代从中国传去的，后来日本人又多次派人到中国和朝鲜取经，或招收中国技术人员去日本传播经验，以促进养蚕业发展。直到近代，日本还不断地从中国引进优良的家蚕品种和先进的栽桑技术。公元 7 世纪，养蚕法传到阿拉伯和埃及。10 世纪传到西班牙。11 世纪传到意大利。15 世纪蚕种和桑种被人带到法国，从此法国开始有了栽桑养蚕缫丝。英国看到法国养蚕获利，便效仿法国，于是养蚕生产又从法国传到了英国。

蚕桑业的传播孕育了闻名世界的"丝绸之路"。西汉建元三年（公元前 138 年），汉武帝派遣张骞通西域，最远曾到达中亚细亚，中国古代的丝绸，大体就是沿着张骞通西域的道路，从昆仑山脉的北麓或天山南麓往西穿越葱岭（帕米尔），经中亚细亚，再运到波斯、罗马等国。后来蚕种和养蚕方法也是先从内地传到新疆，再由新疆经"丝绸之路"传到阿拉伯、非洲和欧洲。即便到了现代，丝织技术也是一个重要衡量因素。历史上丝绸生产除了内销外，还大量出口国外，比如宋代时期，我国南方丝绸贸易发

---

① 参见高国金《〈蚕桑备览〉考释》，《农业考古》2017 年第 1 期。

达；而明清两代，与海外的交通更是频繁，与现印度、斯里兰卡、日本、韩国等皆有丝绸贸易往来。

综上，蚕桑之生业，除了满足生产者自己的生活需求外，丝绸作为商品自古而然，甚至大大超出了"耕作农业"。"农桑—农商"一直成为商品市场上的重要角色，同时在海内外交通贸易中享有盛誉。

第四节 南方佳物

丝绸自古以来就是一种文化，它促进了社会的交流，并形成了一些特殊的社会民俗事象，① 关于桑树的种植，我国南方各地多有不同，吴地更甚，《吕氏春秋》："吴之边邑处女桑于境上。"而南方的种桑又各有差异，比如广东的蚕桑极有特色，陈启沅在《蚕桑谱》之"蚕桑总论"的开言如是描述这一非凡"虫类"："考诸天地万物，莫不由六生始也。蚕由卵生，是虫类中之圣品。"② 陈氏之作原为家乡广东佛山西樵镇的蚕桑之事而谱，介绍了当地的情况。

> 湖浙种桑，与广东不同，初植之年，不采其叶，并不斩其枝，常留三、四年而采叶者为佳。故桑叶膠结，是以蚕吐之丝亦结。广东则冬至节前后，尽斩其树，只留其头，待来年发蓬，四十余天后，即采以饲蚕，故其叶不结，所以出丝亦不如也。广东桑倘长至六十日外而采之，则又枯碎失膠，饲蚕反无丝，所谓易地不良也。③

总体上说，在我国历史悠久的"农桑"事业中，古代的丝绸技术非常发达，但在近代的发展中，特别是技术革新方面相对地落后。这种情状也与传统中对技艺的记录、编写重视不够有关。事实上，地方绅士、文人有

---

① 参见孟宪文《中国纺织文化概论》，中国纺织出版社2000年版。
② （清）陈启沅：《蚕桑谱》，广西师范大学出版社2015年版，第37页。
③ 同上书，第42—43页。

过不少记录,却疏于交流,传播不够,甚至不少佚散。与纺织科技有关的史书已有北魏贾思勰的《齐民要术》、元代王祯的《农书》、明代宋应星的《天工开物》和徐光启的《农政全书》等。

从1887年开始直到20世纪20年代末,丝绸是中国最主要的出口商品,中国农民在这个领域获得了非常可观的收益。20世纪20年代末,以贸易为目的地进行丝织生产活动的风险日益凸显。在持续六十多年后,丝织市场总体上开始走向低谷。中国在国际丝织市场上逐渐丧失传统的优势地位。最初是因为新产品质量下降,外国丝织品制造商开始转向日本市场——他们觉得在日本买到的丝线粗细均匀且很坚韧。因此,虽然日本进入世界丝绸贸易的时间远远晚于中国,但到了1920年,日本蚕丝出口额已经达到42.05亿英镑,而中国同时期蚕丝出口额仅为1.35亿英镑。质量没有保证不仅损害了中国丝织业一个领域,甚至还削弱了中国整个出口业的发展。[①] 这也导致近代我国江南的纺织技术整体上落后于西方一些国家和邻邦日本,人类学家费孝通的姐姐费达生专门到日本去学校丝织技术,把日本的丝织技术带回到"江村"。

费孝通毕生以"江村"为研究基地,而"江村"正是蚕桑业具有代表性的村落。他在《江村经济——中国农民的生活》中写道,"蚕丝业是这个村里居民的第二主要收入来源,这是太湖一带农民的特点。农民从事家庭蚕丝业已有几千年的历史"[②]。从江村所在长江三角洲的基本经济特征上来看,传统的农耕文明与缫丝手工业相互结合,使得这一带成为中国早期工业文明和商品经济文明最为发达的地区。其中主要销往国际市场的原料加工业缫丝业,在蚕丝的销路上,主要取决于国际经济形势与需求。1904年以前,中国生丝在国际生丝市场上为第一位,此后日本生丝占据了第一位,1929年资本主义世界经济危机爆发后,各国消费能力大幅度下降,生丝市场的需求量也急剧减少。[③] 另一方面,生丝质量低劣,缺少政府的支持以及海外推售机构的缺失也是导致我国生丝出口量减少

---

① [美]易劳逸:《家庭、土地与祖先》,苑杰译,重庆出版社2019年版,第163—164页。
② 费孝通:《江村经济——中国农民的生活》,上海人民出版社2006年版,第135页。
③ 南京图书馆特藏部、江苏省社会科学经济史课题组:《江苏省工业调查统计资料》,南京工学院出版社1987年版,第619页。

的原因。

江村所在的江苏省吴江县，历来以生产蚕丝著称，这一区域的农民也以养蚕缫丝作为次于农业的第二大收入来源。20世纪30年代，我国生丝质量的落后以及出口量的大幅下降冲击了当地农民的缫丝生产。导致蚕丝业下降、萎缩的一个重要原因就是技术和工艺水平不能跟上社会发展和国内外市场的需求，欧洲和日本的蚕丝业发展在技艺方面超过了中国。所以改革计划一直贯穿在近代蚕丝业。费孝通先生在"蚕丝业"专章中有很完整的记录，其中一个重点就是蚕丝技艺改良的问题；此不赘述。[①]

当然，蚕丝技艺的改良与教育、推广和应用密切相关。为了改变当时中国蚕丝业的现状，江苏女子蚕业学校开始在吴江的农村展开技术变革的实验，费孝通的姐姐费达生就是在蚕业学校校长郑辟疆的带领下，最初来到开弦弓村（即江村）宣传土丝改革。经过了几年的艰苦努力，1929年，费达生与当地农民一起建立了"吴江县震泽区开弦弓村有限责任生丝精制运销合作社"[②]，费孝通受姐姐工作的鼓励，1936年来到江村，以他细致、客观的文字描述，记录了江村30年代的生计方式，包括农业、渔业以及养蚕缫丝等，并着重分析了合作工厂的建立给当地人的生产生活带来的变革。

当下的形势发展更是日新月异，其中技术革新是关键因素，而这些变革与村落宗族、家庭世系的关系非常密切。根据调查，2000年以后，江村已经没有所谓的集体经济了，现今村落中的这些工厂（以丝织厂和纺织厂居多）在转制之后成为自负盈亏的民营企业，它们中有的是村民个体将原本倒闭的集体工厂的资产买下来并重新开始经营的民营企业，有的是村民个体发挥自身的创业才能而逐步发展起来的个体私营工厂。除此之外，村落中还有无数个在家门之内实现工业生产和销售的家庭工厂。另外，特别值得注意的是，近年基于长江三角洲地区电子商务经济意识的快速发展以及网络、交通等基础设施的日趋完善，当地的年轻人正在借助互联网的平

[①] 参见费孝通《江村经济——中国农民的生活》中"蚕丝业"一章，上海人民出版社2006年版，第135—157页。

[②] 费达生：《吴江开弦弓村生丝制造之今夕观》，《苏农》1930年第1卷第5期。

台创造自身职业发展和家庭经营的新形式。①

表2 2013年开弦弓村内企业一览表②

序号	企业名称	序号	企业名称
1	吴江江村丝绸有限公司	8	吴江欧盛制衣有限公司
2	吴江乾昌纺织有限公司	9	吴江市江村锻造有限公司
3	吴江荣丝达纺织有限公司	10	吴江江村酿造厂
4	吴江求是纺织有限公司	11	吴江市振庆纺织有限公司
5	吴江市田园纺织有限公司	12	吴江市博名针织有限公司
6	吴江永泰电子有限公司	13	吴江月亮家纺有限公司
7	吴江江村金属物资有限公司	14	苏州东绵服饰有限公司

综上，中国的蚕丝业自古迄今总体上有一个"南移"的趋势。南方的"蚕丝业"虽一直保持着快速发展，但蚕丝业的生产技术却未能保持领先。江村的例子可视为我国江南蚕丝业在当今发展中的一个缩影。

丝绸在人类历史上是一种特殊的遗产，是历史交流中重要的物质媒介，德国地理学家李希霍芬（Ferdinand Freiherr von Richthofen）在19世纪70年代将起源于中国、代表中华文明蚕丝业辉煌历史的这条通道命名为"丝绸之路"。作为"线路遗产"（heritage route）（联合国遗产分类中的一个类型）——依照联合国线路遗产的定义：线路遗产由一些有形的要素组成，其文化重要性来自跨国和跨地区的交换和多维度对话，表明沿线不同时空中的互动。③ 我国的"丝绸之路"于2014年获得世界遗产名录，④ 可谓实至名归。"丝绸之路"是中国连接亚洲、非洲和欧洲的古代商贸线路，分为陆地丝绸之路和海上

---

① 有关"江村"的材料，可参阅王莎莎《江村八十年——费孝通与一个江南村落的民族志追溯》，学苑出版社2017年版，以及彭兆荣主编"乡村振兴之重建中国乡土景观"丛书之《天造地设：乡土景观村落模型》之"江村"，中国社会科学出版社2020年版。

② 转引自同上。

③ Report on the Expert Meeting on Routes as a Part of our Cultural Heritage (Madrid, Spain, November 1994). 资料来源：http://whc.unesco.org/archive/routes94.htm#annex3。

④ 2014年6月22日，第38届世界遗产大会于卡塔尔首都多哈举行，此次大会上中国大运河，中国与哈萨克斯坦、吉尔吉斯斯坦联合申报的丝绸之路作为"线路遗产"同时被列入《世界遗产名录》。

丝绸之路。我国的"一带一路"正是建立在"丝绸之路"线路遗产基础上的国家倡议，即"丝绸之路经济带"和"21世纪海上丝绸之路"经济带。[①]事实上，"一带一路"倡议与"人类命运共同体"一体互表，造福于世。

[①] 习近平主席在2013年9月访问哈萨克斯坦时首次提出构建"丝绸之路经济带"的设想。2013年10月，习主席在出席APEC领导人非正式会议期间提出了中国愿同东盟国家加强海上合作，共同建设"21世纪海上丝绸之路"的倡议。

第十五章 艺者 农也

第一节 "藝""農"之辨

"艺术"之"艺",以西文考,Art 从"手"(arm),强调"手工作业"。西方艺术,通其要脉,自成原理,自有体系。近代以降,西学东渐,我国"艺术"之形体、主体、大体、整体,多由西方舶来;其形、其义、其技、其学亦以之为范。诸如此类,述者甚众,此不赘述。笔者想要特别强调的是,中国以农耕为传统(本源),以农务为正统(正—政),以农业为"社稷"(国家)。要之,艺(藝)之本义,农也。是为源、为根、为脉。切不可因"Art"而废"藝",数典忘祖。

在中国,欲述藝,先说"农",因为"藝"从"農"——艺从农来;或曰,艺的本源为农。与 Art (arm) 相似,汉字"农"在文字中属于"手族",表示"手的作业"。只不过,在农耕文明的背景中,"艺"的手工作业,不是其他,而是耕种。从汉字源流演化可知,"辳"(農)与"蓐"同源,后分化;"農"是"辳"的异体字。辱,既是声旁也是形旁,表示持锄下地,耕植劳作的"耨"。蓐,甲骨文即 艸(草丛)加上 辱(辱,持锄劳作),表示锄草垦荒,而耨即锄草的农具。有的甲骨文,用丛林 䒑 代替草丛 艸 写作"辳",表示在丛林中垦荒。造字本义指伐木锄草,垦荒耕种。从字形构造看,双手持辰(害虫),或从辰,从林(代表植物),皆会从事农耕除虫之意。①

---

① 参见谷衍奎编《汉字源流字典》,语文出版社 2008 年版,第 337 页。

第三部分　农仪　农艺

日本学者白川静认为，農是会意字，金文为"田"加"辰"。"辰"形示贝类伸足出壳移动，将贝壳底部挖出缺口，以固定在木杆上，做成农具（所谓"蜃器"）进行耕作，谓农。他认为甲骨文中的"林"加"辰"，或"森"加"辰"，表示用蜃器开垦林野。"田"误写成"曲"，形成了"農"字。① 但也同意其本义与农耕之开垦锄草有关。概而言之，"农"与田作农耕之务相属。

古籍中多以"農"代替"蓐"。農，强调山民在林野伐木锄草的目的是开辟种植庄稼的田地。《说文解字》："农，耕也。"《广雅·释诂三》："农，耘也。""农，勉也。"《汉书·食货志》："辟土植谷曰农。"班固说："辟土殖谷为农。"② 中国的传统正是"农本"之脉相。《汉书·文帝纪》："农，天下之大本也。"在中国历史上，商鞅首次将农业称作"本"："凡将立国""事本不可抟（专）"（《商君书·壹言》）。③ 这说明，农业为立国之本。

传统的农耕文明还有一桩重大事务——"祭祀"。赵诚将"藝"类归在"祭祀"中，认为这个字形既有像人种植之形，为树艺的本字。卜辞用作祭名，为借音字，但不清楚这种祭祀的方法和内容。④ 众所周知，国家"社稷"的至上之务是祭祀。陈梦家发现，殷虚卜辞中的"受年"与"受禾"，以及"年"与"黍""秬"（应为稻）、鬯（既是黑黍，也是古代祭祀用的酒）等常连用，说明国家重要的祭祀是为了五谷丰登。⑤ 故以"巫—舞—藝—農"于祭祀之判断当不意外。

这里涉及一个重要的农业价值，即"时—地—艺"的有关系。具体而言，传统的土地、农田的耕作是根据"时"（天时）而进行的，所谓春夏秋冬的季节性，对于农业而言仿佛就是劳作的指南。春耕秋收成了一年正常劳作轮回的重复性生产，这种重复性完全是围绕着"时"的轮回而展开的。而在土地上的植艺也是根据这一圭旨而进行的。农业作物有差异也因此呈现"因地制宜"的特点。"因'地'而异的艺术就其自身内部来看也

---

① [日]白川静：《常用字解》，苏冰译，九州出版社 2010 年版，第 352 页。
② 引自李根蟠《中国古代农业》，商务印书馆 2005 年版，第 54 页。
③ 钟祥财：《中国农业思想史》，上海交通大学出版社 2017 年版，第 16 页。
④ 参见赵诚《甲骨文简明词典——卜辞分类读本》，中华书局 2009 年版，第 235 页。
⑤ 参见陈梦家《殷虚卜辞综述》第十六章"农业及其他"，中华书局 1988 年版。

具有因'时'而异的形式，两者于紧密结合之中共同决定着某一艺术品的特殊性。"① 虽然这里所说的艺术品已经超出了纯然的农耕背景，但置于传统的"农艺"而言，亦符合道理。

由是，我们可以建立第一个认知原理，即中国的"藝"与"農"同源，是从传统农耕文明的土壤中生长出来的。从这个意义上说，如果西方（欧洲）的艺术，特别是从拉丁系溯源，背景为海洋文明，那么，二者在文化根源上存在巨大差异。是为农业**文明**。

第二节 文化逻辑

"农"之于农耕文明而言，自有其文化渊源。中国的文化在强调其根源时，都需要确立和表明"文化源头"的形象，其中的重要表述是神话中"英雄祖先"的开基立说，仿佛今日之"炎黄（子孙）""龙（的传人）"。史上有"禹稷躬稼而天下"之说。（《论语·宪问》）《齐民要术》之开章："盖神农为耒耜，以利天下；尧命四子敬授民时；舜命后稷，食为政首；禹制土田，万国作乂；殷周之盛，诗书所述。要在安民。富而教之。"② 日本学者白川静提示说中国神话隐藏在古帝王谱系中的情况，值得研究者注意。③

中国的神话在建构英雄祖先的"正统"源头之外，"就事论事"通常是引线——即因为某一个、某一种、某一件重要的事业、事务、事情、事件需要寻根溯源，这也体现了中华文化之"务实"的特点。而"农桑"之务为首先，英雄祖先必然演化为体统。但确立英雄祖先的源头就行了，却不能事无巨细。这里有一个限度问题。传说中说神农"三岁知稼穑"，可信否？自然没有人相信。再比如，粮食是从哪儿来的？当然是地里种出来的。然而，神话传说却有"天雨粟"——粮食的种子是从天上掉下来

---

① ［日］和辻哲郎：《风土》，陈力卫译，商务印书馆2018年版，第178页。
② （北朝）贾思勰：《齐民要术》，缪启愉等译注，上海古籍出版社2009年版，第1页。
③ 参见叶舒宪、唐启翠编《儒家神话》，南方日报出版社2011年版，第32页。

第三部分 农仪 农艺

的。① 这如何可信？其实，"神农"只是古代农业在某一位英雄祖先身上的汇集。

关于"農—藝"之起源，《孟子·滕文公上》述："后稷教民稼穑，树艺五谷，五谷熟而民人育。"其中"树艺五谷"，指农业先祖教其子民种植庄稼的技能和本领。后稷为"農—藝"之祖，这是文化叙事的要理：满足"正统"之要件、要义。文化体系无不如此，中国文化亦不能例外。

任何文化表述，都绕不过起源和原始，仿佛河流有其源头一样。中国的神话告诉我们，后稷（周始祖），姬姓，名弃。父帝喾，母姜嫄（"帝喾有四妃，元妃姜嫄生后稷，同母弟曰台玺"）。《山海经》：帝俊生后稷，按照诗经记载为上帝之子。后稷被称为稷王（也做稷神或者农神）。农耕始祖，五谷之神。后稷为童时，好种树麻、菽，麻、菽。成人后，有相地之宜，善种谷物稼穑，教民耕种。尧舜之相，司农之神。后稷生于稷山，封于有邰。另一个农神稷也有神话传奇。古代神话中有"柱"的传说，说其为烈山氏之子，能殖百谷百蔬，夏以前被祀的农神——稷。②

作为一个完整和庞大的文化体系，农耕文明包括在源头上的始祖英雄，也有农业、农耕、农事、农具等皆从其源。比如农具耒耜起源于传说中的神农氏时代。所谓耒，最初的是由点种用的尖头木棒下安装一根踏脚横木而成。而"耒"作为早期农业的工具，成为与"耕"有关的文字构造的基本。其实，"藝"中之"埶"就有"执耒"的说法。"耒"其象更与"大辰星"存在关联。③《说文》："晨，房星，为民田时者。""辰者，农之时也。故房星为辰，田候也。"有的学者认为，辰如龙象。④

由是，我们可以建立第二个认知原理，中国的"農—藝"有着源远流长的文化传统，有着与中国文化同根同脉之英雄祖先的神话叙事，亦有"天人合一"之道理；仿佛耒耜农具，耕地与天象相契合，既俗且圣，并形成了一套完整的表述系统。是为**文化逻辑**。

---

① 钱穆：《黄帝》，生活·读书·新知三联书店 2005 年版，第 8 页。
② 李根蟠：《中国古代农业》，商务印书馆 2005 年版，第 11 页。
③ 参见彭兆荣《生生遗续　代代相承——中国非物质文化遗产体系研究》，北京大学出版社 2018 年版，第 282—284 页。
④ 参见郑重《中国古文明探源》，东方出版社 2016 年版，第 260—261 页。

第三节　风土知识

"风土"指一个地方的气候、气象、地质、地力、地形、景观等的总称。具体地说，我们生存在某一块土地上，不管情愿与否，这块土地的自然环境总是"包围"着我们，① 我们把这些"包围"的因素统称为风土。"风土"也包含着"人"的因素，因为任何风土都是人的感受、体验和认知的，某种意义上说，"风土"是指人与自然在某一个特殊、特定地方的表述。因为有了人的体认，这也成为人类学研究的重要内容，毕竟任何"风土"始终只是"人"的学问。这也因此就有了"历史的风土"之说。② 所以"风土"也是人的自我发现的过程："风土成了人之存在将自己客体化的契机，恰恰于此，人也认识了自己。所谓风土中的自我发现正是指的这一点。"③

我国是一个农业国家，传统素以"社稷"为"国家（家国）"之指代。"社稷"至少有两种基本意思，一是国家的政治性指代（泛指）；二是由特定的农业风土结构而成（特指）。"社"即崇拜和祭祀土地神；"稷"即粮食（谷神）。"農—藝"恰为解释之圭臬。"農—藝"之农耕文明之正统形貌，与"田"关系密切。田，甲骨文 田 在一大片垄亩 口 上画出三横三纵的九个方格，表示阡（竖线代表纵向田埂）陌（横线代表横向田埂）纵横的无数井田。有的甲骨文 田 像畸形的地亩。有的甲骨文 田 将甲骨文字形 田 中阡陌（无数的纵横田埂）田 简化为一纵一横 +。造字本义为阡陌纵横的农耕艺作之地。《说文解字》："田，陈也。树谷曰田。象四口。十，阡陌之制也。凡田之属皆从田。"《释名·释地》："已耕者曰田。"《管子》："后稷为田。"概而言之，植艺于田畴。

既然"農—藝"相属，又植根于土，而土本有差异。这既是自然生态

---

① ［日］和辻哲郎：《风土》，陈力卫译，商务印书馆2018年版，第9页。
② 同上书，第14—15页。
③ 同上书，第17页。

第三部分 农仪 农艺

的照相，亦表人文地缘之差异，从而突出其不同自然生态、区域特色"文化物种"之多样。《吕氏春秋·任地》："地可使肥，又可使棘（瘠）。"上引《周礼·大司徒》职文分言十二土与十二壤，郑玄在其《周礼注》中解释："壤，亦土也，以万物自生焉，则言土；以人所耕而树艺焉，则言壤。"在现代土壤学术语说，土是自然土壤，壤是耕作土壤。① 从中国的自然形态而言，地有异，土不同，植艺亦有别。具体而言，根据土地的自然特征，包括形态、属性、特征、土质等的差异进行耕作，种植形态和形式也不同。比如北方的麦作，南方的稻作，一个重要的原因是前者为"旱地"，后者为"水田"。

不同的自然形制构成了"风土"的依据，农作与之关系密切。所谓的"风土"。"大抵风土之说，总而言之，则方域之大，多有不同；详而言之，虽一州之域亦有五土之分，似无多异。《周礼·大司徒》：以土会之法，辨五地之物生：一曰山林，二曰川泽，三曰丘陵，四曰坟衍，五曰原隰。"② 具体而言，农耕之法在于根据不同的风土，选择"土宜之法"。而事实上，无论风水还是风土，大的背景都是天地之"分野"，即"以十二州十二分野土壤名物论之，不无少异。所谓十二分野，上应二十八星宿，各有度数"。分野是我国古代一种天地相应的说法，天上按照"十二星次"划分，叫作"分星"；地上按照十二州划分，叫作"分野"。③ 换言之，中国传统乡土社会和农耕文化中，天地人之关系已经深深地羼入其中。

《王祯农书》故有："知风土所别种艺所宜。"④ 说的是不同的风土产生不同的"风物"。对于农业来说，就是在不同的土地，种植不同的作物，形成不同的技艺。这样，种植便羼入了"技艺"的道理。对早期的农业社会来说，种植是极其重要的技能，因此"农—艺—技"相辅相成。我们甚至也可以说，"藝"代表了农业技术。因此，"艺"即为"技"。白川静释：藝，会意。"藝"之声符为"埶"。古文字表示双手捧持苗木，

---

① 李根蟠：《中国古代农业》，商务印书馆 2005 年版，第 136 页。
② （元）王祯撰，缪启愉、缪桂龙译注：《农书译注》（上），齐鲁书社 2009 年版，第 121—122 页。
③ 同上书，第 20、23 页。
④ （元）王祯：《王祯农书》（上），浙江人民美术出版社 2015 年版，第 54—55 页。

表示栽植苗木，或加入"土"，更明确地表示将苗木栽入土中。"藝"亦义指技巧、技艺。①《诗·齐风·南山》："艺麻之如何？衡从其亩。"我们今天仍然沿袭"因地制宜"之说。

"農—藝"还表现出社会的基本分工。中国传统的农耕文明属于"自给自足"的小农经济，"衣食"作为生活中的"耕织"男女分工，构成了传统乡土社会基本伦理中的重要规范。对于这一主题的艺术表现，最典型的当数我国古代以耕织为主题的《耕织图》，尤以南宋的楼璹《耕织图》为著名。②这幅以男耕女织为内容和背景的艺术作品，真实、细致地描绘了整个耕种收割和蚕桑丝织生产的过程，成为中国农业文化史上的经典作品和工艺史上的一朵奇葩。楼璹的《耕织图》与《耕织图诗》形成了完整的有机体；③也带动了历史上层出不穷的"耕织图现象"。

"耕织图现象"成为中国艺术史上特色鲜明的艺术表现范式——不仅"耕织图"以中国古代农耕文明作为艺术表现的主题，并直接采集农业题材和内容，更重要的是，它还衍生出了一种独特的艺术表现的符号美学。由是可知，我国古代以"藝（农作根植）"为"藝"（艺术表现）之相得益彰者，早已成为艺术传统的有机部分——既表明农作作为传统艺术表现的重要对象，也表明"農—藝"之间的历史关联。至于以古代农业、农作、农事为表现和表述对象的"作品""产品"非常丰富。它们既构成了传统农史的有机部分，也是我国传统艺术重要知识体系。

由是，我们可以建立第三个认知原理，中国的"藝"的原生形态，原始形貌与农相属、相连，"藝"的本相、本义为种植。从这个意义上说，中国的"藝"早先由耕作演化而来，包括汇聚其中的知识和表述。是为**风土知识**。

---

① 参见[日]白川静《常用字解》，苏冰译，九州出版社 2010 年版，第 107 页。
② 南宋时期楼璹绘制《耕织图》，并呈献给宋高宗，深得高宗赞赏，皇上还专门召见他，并将其《耕织图》宣示后宫，一时朝野传诵，从而引发了"耕织图"发展的第一次高潮。社会上接连不断地出现了许多《耕织图》，形成了中国绘画艺术史中一个独特的现象。
③ 参见庞乾林等《稻与汉字和艺术：从物质到精神——中国精神的探讨》，载《中国稻米》2015 年第 5 期。

第四节　经验技艺

中国的农耕传统，清晰地彰显"藝"为农艺之特色。更具体地说，"藝"的基本意思就是"种植"。考古资料和历史文献为我们提供了下列的证据：

殷商卜辞：翌日壬，王田省桑艺不大雨。（《佚》901）艺即种植。①

《孟子·滕文公上》："后稷教民稼穑，树艺五谷，五谷熟而人民育。"②

《墨子·辞过篇》："圣人作，诲男耕稼树艺，以为民食。"

《礼记·礼运》："夫礼必本于天，动而之地，列而之事，变而从时，协于分艺。"点注：协而分艺：配合十二月的分限制定行事的标准。分，指十二月分。艺，标准。③对于农作而言，包含着根据农时进行作业的意思。

毋庸置疑，既然"藝"者为"农"，那么，在农书中的表述也最有代表性，兹以《王祯农书》为案，撷之重者数例：

授时篇：务农之家，当家置一本（授时图——按），考历推图，以定种艺，如指诸掌。

地利篇：《孟子》谓：后稷教民稼穑，树艺五谷。

农桑能诀集之二：禹乃随山刊木，益烈山泽而焚之，然后九州之土，皆可种艺耕作。

农桑能诀集之五：《士民必用》云："种艺之宜，惟在审其时月，又合地方之宜。"

---

① 刘兴林：《历史与考古——农史研究新视野》，生活·读书·新知三联书店2013年版，第139页。
② 《孟子》"前言"，戚良德等点注，青岛出版社2009年版，第47页。
③ 《礼记·王制》，张树国点注，青岛出版社2009年版，第102页。

  百谷谱之水稻：（水稻）非水则无以生。故种艺之法，宜选上流出水，便其性也。

  百谷谱之茶：种之三年，即收其利。此种艺之法。

  百谷谱之备荒论：柜田者……形高如柜，种艺其中，水多浸淫，则用水车出之。

  农器图谱之一：稷教五谷，则树艺之方，亦随以异，故皆以人力器用所成者书之。

  ……

  如上所述，藝之造字原理种植庄稼草木，培土锄草，即"農"的本相。具体地说，"藝"首先农作。《说文解字》："埶，种植。字形采用'坴、丮'会义，像手持种苗而急于种植。"《诗经》上有诗句唱道："我种黍稷。"《说文·艸部》："蓺，种也。"《集韵·祭韵》："埶，种也。"或作藝。《诗·齐风·南山》："艺麻之如何？衡从其亩。"《孟子·滕文公上》："后稷教民稼穑，树艺五谷。"陶潜《桃花源诗》："桑竹垂余荫，菽稷随时艺。"

  具体而言，在古代农书类著作中，"树艺"大都作为农业的一个类别，比如徐光启的《农政全书》中，"树艺"所指范围为谷物和园艺。[①] 换言之，"藝"就是"農"之技艺，即指种植技能。当然，它首先是指农业栽培技术。"艺"的种植范畴可以超出农作物的范围，有时甚至可以是农作物的补充，特别在灾害之时。《农政全书》的作者徐光启，1602年5月23日，因其父卒于京邸，徐光启扶柩归葬，回籍守制。次年，江南遇大水灾，他由此写下了著名的《告乡里文》；其中有："江以南大水，无麦禾，欲以树艺佐其急，且备异日。"此"树艺"指的是大田作物之外的种植。徐光启试图通过"树艺"来解决水灾之后的饥荒问题。[②] "树艺"也包括具体的水稻种植方法，在《告乡里文》中他向当地百姓介绍了三种水灾过后补种水稻的办法，其中"寻种下秧"是宋代以后本地和外地都通行的方法；"车水保苗"是徐光启自己亲自试验得出的方法；"买苗补种"则

[①] 参见李根蟠《中国古代农业》，商务印书馆2005年版，第113页。
[②] 参见曾雄生《中国稻史研究》，中国农业出版社2018年版，第90页。

第三部分　农仪　农艺

是"江浙农人常用"的方法。①

由是，我们可以建立第四个认知原理。中国的"藝"不独寓于"農"，也藏于"技"；同时，却无妨其生态、形态、样态多样，"技术"亦复多样。这"農—藝—技"一体不啻为难得的农业遗产、文化遗产、艺术遗产，我们有责任、有义务传承好。是为**经验技艺**。

上述诸点，呈现了中国传统的"藝"与"農"源通意合；"藝"之执耒耕作，与天象、天星、天辰契合协作；"農—藝"既是风土的产物，又反映风土人情；"藝"是一套完整的技艺手段，亦形成了成熟的艺术符号美学。

世界著名的农业专家舒尔茨将农业当作一门艺术，他说，当我看到大多数国家在增加农业生产方面收效甚微时，我就懂得了为什么人们会深信，精通农业是一门可贵而又难得的艺术。如果说精通农业是一门艺术，那么，少数国家在这方面是非常内行的，尽管他们似乎还不能把这种艺术传授给其他国家。② 这里的"艺术"有三个基本语义：1. 泛指农业领域的专业技术。2. 农业本身包含着"艺术"的原理、道理和要理。3. 农耕技艺不啻是一门"技艺"。之于农耕，中国当然是一个谙熟"艺术"的国家，上述四个层次的分析可明之。

笔者以为，中华文明浩浩泱泱，既有旷世成就的"農"，亦有生生传世的"藝"，还有贡献于世的"技（术）"。"農—藝"一体构成了中华艺术之根本，需要我们承继之。中国的"藝術"经历了数千年的流传，在西方艺术舶来之前早已形成认知体系、知识体系和表述体系，我们没有理由抛弃之。当然，我们要在"文化自觉"的前提下采借不同文明背景下的艺术，包括西方的艺术体系和表现方式；但不能厚彼薄此，更不能只是咀人（Art）之"嗟来之食"。

---

① 参见曾雄生《〈告乡里文〉：传统农学知识建构与传播的样本——兼顾与〈劝农文〉比较》，《湖南农业大学学报》（社会科学版）2012 年第 3 期。

② [美]西奥多·W. 舒尔茨：《改造传统农业》"序言"，梁小民译，商务印书馆 2006 年版，第 1 页。

第十六章　农家器乐：王祯《农书》之叙体

中国传统的农耕文明奠定了中国历史和文化的基础。农器具作为生产的工具，无疑对农业起到了极其重要的推动作用。回顾人类文明史，任何一次工具革命，都成为助力文明进步不可小觑的能量，如同蒸汽机的发明成了工业革命的拂晓。某种意义上说，中华文明的推展亦缺少不了农器具的功劳，这些道理并不艰涩。然而，鲜有人注意到农器具与中国艺术的关系，罕有人悉中国的艺术之阈中不少原是由农器具演变而来；或农器主为工具而兼为乐器。呈现出传统民间民俗"艺术"中之"农家乐"既**乐**（yuè）且**乐**（lè）的缘生关系。更有甚者，在古代的农书著述中，充满了农家器乐；王祯《农书》[1]即为范例。在历史上流传下来的不同版本中，《四库全书》受到公认，[2]其中诗、画、乐、器、戏等浑然成趣。

---

[1] 现存王祯《农书》分为两个版本体系：一是明代刻本，二是清代四库全书本。明刻本四库全书基本上保持原稿原貌，四库全书版不仅将八卷典分拆为二十二卷，排序和内容有所不同，插图的改动也较大。

[2] 据日本学者天野元之助 60 多年来对中国古代农书的研究，他认为沈阳文溯阁《四库全书》中的插图最为可靠。《四库全书》本的插图最忠实于它的文字。见［日］天野元之助《中国古农书考古》，彭世奖、林广信译，农业出版社 1992 年版，第 123—125 页。

第三部分　农仪　农艺

第一节　农事诗体

在我国古代的传统表述中，"诗歌"是一个值得注意的概念，原因是诗歌介于文字与音律之间——既可以在文字范畴界定它，也可以在艺术范畴认识它。"农诗"其实一直是我国古代重要的内容，《诗经》中就有大量农诗，但并没有专门的"诗体"。王祯《农书》以一种创造性"诗体"加以表述，皆以农事、农耕、农作，特别是农器具为主题。日本农史学家渡部武教授在其研究中指出，王祯不仅在农书中创造了独特的"诗文合体"解说方式，还在其著作中将农具称为"太平风物"，作为太平祥和之象征。① 自古"善诗者未必善农，善农者未必善诗"，② 王祯似乎是一个例外。有学者统计，王祯在其传世著作《农书》中创作了207首诗歌，引用的古人诗歌和杂录尚不计在内。③

笔者以"**农事诗体**"谓之——专指农书中对所述门类条目的一个基本体例，其表述顺序大致为：首先对所论对象作"词与物"的知识考古，④ 其次对所论对象进行形制和功能上的精细描述，最后常以"诗歌"收尾。以"犁"为例，开篇曰，犁，垦田器。《释名》曰："犁，利也。利则发土，绝草根也。"之后有《山海经》、唐代陆龟蒙《耒耜经》对犁的经典描述。然后对犁的特征、特点、形制进行具体的言说，并配有图谱。最后以诗文收尾。

《农书》中的诗歌大致分为三类：第一类，以古代诗歌咏农、唱农、

---

① [日]渡部武：「中国農業史研究の回顧と展望—中国古農書と伝統農具研究を中心として一」，日本秦漢史学会第二一回大会記念講演，2009年10月24日。王祯农书中的原文为"每见摹为图画，咏为歌诗，实古今之太平风物也。"
② 缪启愉：《东鲁王氏农书译注》前言，上海古籍出版社1994年版，第9页。
③ 参见柴福珍、张法瑞《元代王祯诗歌创作缘起研究》，《天府新论》2006年第4期。
④ [法]福柯《词与物》中以"人文科学考古学"为题，以"知识考古"为线，以"词与物"为点的阐释和分析体例对当世学界有重要影响，参见[法]米歇尔·福柯《词与物——人文科学考古学》，莫伟民译，上海三联书店2001年版；米歇尔·福柯《知识考古学》，谢强等译，生活·读书·新知三联书店1998年版。笔者要特别强调，我国古代经典从来就不缺乏这种方式，王祯《农书》可为范例——笔者注。

事农为内容。比如《诗经》中与农有关的歌咏。第二类，名流、文人、宦官、士绅为代表的农诗。第三类，民间的无名氏、农夫诗言农的诗作。上述以诗描述"犁"的这段诗文中没有署名作者，这种情况多为民间无名氏诗人，且对农事熟悉的，兼作农耕的农民；且其中不少属于民俗类诗歌。当然，有不少是作者本人的诗作，只是未署名。

第一类诗歌通常置于文首，以正名之。所引之经典大致有《诗经》《世本》《易·系》《释名》《周礼》《说文》《齐民要术》《耒耜经》《山海经》等。如：王祯《农书》之"农器图谱之四·钱"：《臣工》诗曰："庤乃钱镈。"①《诗经》中有不少农事、农业丰收的诗歌，又如"乃求千斯仓，乃求万斯箱。"② 意思是说粮食收获，贵族就有税银了。

第二类的诗歌都是著名诗人诗作的援引，其中以王安石、苏轼、梅尧臣为多。如：

> 王祯《农书》之"农器图谱之二·耧车"：王荆公③诗云："富家种论石，贫家种论斗。贫富同一时，倾泻应心手。行看万垄间，坐使千箱有。利物薄如此，何惭在牛后。"
>
> 王祯《农书》之"农器图谱之四·耰锄"：王荆公诗云："锻金以为曲，揉木以为直。直曲相后先，心手始两得。秦人望屋食，以此当金革。君勿易耰锄，耰锄胜锋镝。"④
>
> 王祯《农书》之"农器图谱之五·斧"：王荆公诗云："百金聚一冶，所赋以所遭；此岂异镆铘，奈何当独樵？朝出在人手，暮归在人腰；用舍各有时，此心两无邀。"⑤
>
> 王祯《农书》之"农器图谱之七·蓑"：王荆公诗云："采采地霜

---

① 见《诗经·周颂·臣工》。(元)王祯撰，缪启愉、缪桂龙译注：《农书译注》（下），齐鲁书社2009年版，第469页。

② 参见李根蟠《中国古代农业》，商务印书馆2005年版，第30页。

③ 王荆公、王安石。诗见于王安石《临川先生文集卷十一·和圣俞农具诗十五首·耧（耧）种》诗。(元)王祯撰，缪启愉、缪桂龙译注：《农书译注》（下），齐鲁书社2009年版，第443页。

④ 诗见于王安石《临川先生文集卷十一·和圣俞农具诗十五首·耰锄》诗。(元)王祯撰，缪启愉、缪桂龙译注：《农书译注》（下），齐鲁书社2009年版，第474页。

⑤ 诗见于王安石《临川先生文集卷十一·和圣俞农具诗十五首·樵斧》诗。(元)王祯撰，缪启愉、缪桂龙译注：《农书译注》（下），齐鲁书社2009年版，第498页。

第三部分 农仪 农艺

露下,披披烟雨中。薄茅以为衣,裋褐相与同。勿妒市门人,绮纨被奴僮。当惭边城戍,擐甲徂春冬。①

王祯《农书》之"农器图谱之十三·翻":东坡诗云:"翻翻联联衔尾鸦,荦荦确确蜕骨蛇。分畦翠浪走云阵,刺水绿秧抽稻芽。洞庭五月欲飞沙,鼍鸣窟中如打衙;天公不念老农泣,唤取阿香推雷车。"②

王祯《农书》之"农器图谱之十四·田漏":梅圣俞诗云:"占星昏晓中,寒暑已不疑;田家更置漏,寸晷亦欲知。汗与水俱滴,身随阴屡移。推当哀此劳,往往夺其时。"③

此外《农书》还有一些其他古代诗人的诗文。此不赘述。这一类诗歌除了表明古时许多诗人、文学家重农、惜农、知农外,农诗也成为古代中国传统诗文的有机构成部分。然而,文学史对此类诗文却并不重视。这种偏颇也是我国历代"重农—轻农"的悖论,直到今日仍然如是。

第三类诗歌虽然不及第一类的经典、正统和正名,亦不及第二类的著名诗歌美文,它们大都是无名氏(包括作者本人诗作,因未署名,难以确凿),内容却极为丰富,或歌颂神圣,或描述逼真入微,或真实具体,且朗朗上口。④ "农事诗体"以此类诗为大者,它们歌咏农事,还经常将农具与诗歌、器乐相通缀,不仅包含着对英雄祖先的歌颂,而且提示和提醒所用的农器本身的音乐效果。如细说农具,兼颂祖先:

王祯《农书》之"农器图谱之二·铧":诗云:惟犁之有金,犹弧之有矢;弧以矢为机,犁以金为齿。起土畲刃同,截荒剑锋比。缅怀神农学,利端从此始。⑤

---

① 诗见于王安石《临川先生文集卷十一·和圣俞农具诗十五首》。(元)王祯撰,缪启愉、缪桂龙译注:《农书译注》(下),齐鲁书社 2009 年版,第 523 页。
② 诗见苏轼《分类东坡先生诗卷十三·无锡道中赋水车》诗。第七句作"天公为见老翁泣"。(元)王祯撰,缪启愉、缪桂龙译注:《农书译注》(下),齐鲁书社 2009 年版,第 631、633 页。
③ 译注者按:梅尧臣有和孙端叟的农具诗十三首,王安石又有和梅农臣的农具诗十五首,而且王、梅二人都有田漏诗。这首其实是王安石的《田漏》诗。梅诗见于《宛陵先生集卷五十一·和孙端叟寺丞农具十三首》中。(元)王祯撰,缪启愉、缪桂龙译注:《农书译注》(下),齐鲁书社 2009 年版,第 689 页。
④ 有些诗歌即王祯本人所作,因文学史从未将农史作者视为"诗人",故归列此类——笔者注。
⑤ (元)王祯撰,缪启愉、缪桂龙译注:《农书译注》(下),齐鲁书社 2009 年版,第 463 页。

第十六章　农家器乐：王祯《农书》之叙体

也有形象生动的农器描述，如：

　　王祯《农书》之"农器图谱之二·犁"：诗云：犁以利为用，用在耕夫手。九木虽备制，二金乃居首。弛张测深浅，高庳定前后。朝畦余宿草，暮坡起新苗。怀哉服牛功，还胜并耕耦。①

还有甚至令人联想今天的某些乐器或与之存有关联；比如对农具櫌的诗云：

　　声忧字从木，农器书所载。古今用不殊，摩田复椎块。坐见锋锸销，太平风物在。尧年击壤民，今闻歌圣代。②

图 16　櫌

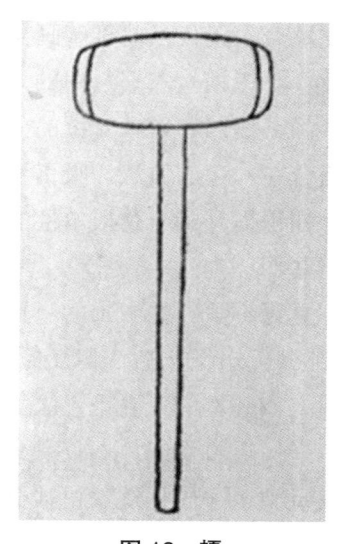

　　概而言之，王祯《农书》中以诗文述表，特色极为鲜明，并创造了一种独特的"农事诗体"。

---

① （元）王祯撰，缪启愉、缪桂龙译注：《农书译注》（下），齐鲁书社 2009 年版，第 424—425 页。
② 同上书，第 439 页。

第二节　图画耕织

在我国的农耕文明中，"百工"是一个工作和工种的泛称，也是行业的统称。然，"百工"图像（尤以农器具为独特）之表述传统恰恰被当世之艺术家们所忽略，在他们看来，"这些图像除了绘画题材的丰富性（百工劳作，传统绘画少有涉猎），似乎没有多大的艺术价值，像《天工开物》里的图像，甚至还略显粗糙。正是这个原因，对于这种图像的研究极少"①。事实上，王祯《农器图谱》除了具有丰富的绘画资源外，在绘画艺术上还弥补了水墨画中长期以来人物画严重不足的缺陷。少数人物画主要靠壁画和木版插图、木版年画支撑着。元代以前靠壁画支撑，明代靠木版插图支撑，清代靠木版年画支撑。② 王祯《农书》中的人物与器物"合璧画"反衬了中国传统文人画以壁画、插图和年画支撑的欠缺。正如西方学者所指出的那样，王祯将言图组合在一起的做法，吸引了从地主到政府官员的广泛读者，这有助于将农业知识提升到一个根本性的知识领域，让农业知识变得对农夫和对学者同样重要。③

《农书》以农为本，是为不争。在中国的"百工"之中，"农"必在其列。《农器图谱》中，耕织又分合成趣，难舍难分，即所谓"农桑"。农桑之重，不仅是为了解决人们基本的"温饱"之生存问题；不仅由此所产生了社会性别的基本分工——男耕女织；不仅是传统伦理秩序之男主外、女主内的基本形制；不仅反映了中国传统农耕社会结构"小农经济"之自给自足的社会性质，同时也是中国特色的艺术表述方式，即以耕织为内容的各种表述方式。从这个意义上说，"耕织—藝术"名副其实。

农桑之事既不可分开，农书自然不能缺少。仅《中国蚕桑书录》就整

---

① 沈克：《王祯〈农器图谱〉中图像的美术价值》，《美术史研究》2006 年第 3 期。
② 同上。
③ 参见［德］薛凤《工开万物——17 世纪中国的知识与技术》，吴秀杰等译，江苏人民出版社 2015 年版，第 163 页。

理著录了从汉代至清末涉及蚕桑的综合性古农书56种,以及蚕桑专门书210种,合计 266 种之多。①而既然蚕桑之事为农耕正务,便有"名正"之需求,织亦有其英雄祖先。古时皇帝行"籍田之礼",皇后行"亲蚕之礼",即是通过礼仪的实施演习,传达农耕正务的价值观念。民间传说沿着自己的方式传承,比如"牛郎织女"(其实就是"男耕女织"的形象缩影和表述翻版)的民间故事同样传颂不止。传统史料告诉我们,中国是世界上最早养蚕的国家,而且在很长的时间内是唯一这样的国家。世界上许多国家最初的蚕种和养蚕技术,都是由中国传出去的。②王祯《农书》之"农器图谱之十六·蚕缫门":蚕缫之事,自天子后妃,至于庶人之妇,皆有所执,以借衣服……然《农谱》有蚕事者,盖农桑衣食之本,不可偏废,特在蚕具继于农器之后,冀无缺失云。③

王祯《农书》之"农器图谱之十六·先蚕坛":先蚕,犹先酒,先饭,祀其创造者。坛,筑土为祭所也。黄帝元妃西陵氏始蚕,即先蚕也。(按:黄帝元妃西陵氏,曰嫘祖,始劝蚕稼。)④

王祯《农书》之"农器图谱之十六·蚕神":天驷也,天文辰为龙,蚕辰生,又与马同气,谓天驷即蚕神也。黄帝元妃西陵氏始蚕。⑤

毫无疑义,农桑传统,耕织事务很自然地成为我国传统的艺术表现内容,而其中最为著名、最为典型,也最有特色者为《耕织图》。在王祯《农书·农器图谱》中,登载了以农具为主的插画约 300 幅。这些图不是王祯原创,而主要是参考楼璹的《耕织图》和曾之谨《农器谱》的图绘内容。与楼璹制耕织图的初衷相同,王祯农书中的插画亦是患耕织之苦而授业传技。

众所周知,《耕织图》——无论是内容还是形式,都已然成为我国古代艺术中的范本,历史上许多艺术家都创作过《耕织图》。楼璹版《耕织图》虽然既有图,又有诗,但其本质是对现实的纪录和反映。及至清代焦秉贞制《康熙御制耕织图》,皇命用以示子孙臣庶耕织之勤苦,焦图与楼璹版本相比,一是在现实主义基础上添加了浪漫主义感性色彩,以纤细华丽的画风表现农家风

---

① 华德公编著:《中国蚕桑书录》"序言",农业出版社1990年版。
② 李根蟠:《中国古代农业》,商务印书馆2005年版,第32页。
③ (元)王祯撰,缪启愉、缪桂龙译注:《农书译注》(下),齐鲁书社2009年版,第701页。
④ 同上书,第706页。
⑤ 同上书,第710页。

物；二是因焦秉贞不仅是宫廷画师，还是天主教传教士汤若望的门生，精通天文学，他将泰西科技对空间的理解植入耕织图的布置中，寻求西洋透视法和中国画"身所盘桓，目所绸缪"艺术哲学观的平衡调和。《耕织图》在《农书》中亦多有反映，比如"农器图谱之二十·大纺车"中有诗云：大小车轮共一弦，一轮才动各相连……画图中土规模在，更欲他方得其传。①

农史上为蚕桑之事作歌之"农书类"很多，艺术史上以耕织传统为主题、题材的也很多。最有代表性的是中国古代的**耕织诗图**体例，现存《耕织图》大多以南宋初楼璹或清康熙焦秉贞所绘版本为祖本。南宋初楼璹作《耕织图》（耕 21 图，织 24 图），每图都附以五言诗一首八句。这一体例除了反映的对象、内容为耕织外，还把传统文人诗画一体的形式呈现在农事、农业、农具之中，如：②

王祯《农书》之"农器图谱之二·耖"：前人《耕织图诗》云："脱裤下田中，盎浆着塍尾。巡行遍畦畛，扶耖均泥滓。迟迟春日斜，稍稍樵歌起。薄暮佩牛归，共浴前溪水。"③

图 17　楼璹版《耕织图·耖》

---

①　（元）王祯撰，缪启愉、缪桂龙译注：《农书译注》（下），齐鲁书社 2009 年版，第 798 页。
②　笔者撷几例《农书》中的所引诗文与楼璹版《耕织图》进行对照。
③　（元）王祯撰，缪启愉、缪桂龙译注：《农书译注》（下），齐鲁书社 2009 年版，第 435 页；见楼璹《耕织图诗·耖》。

第十六章 农家器乐：王祯《农书》之叙体

王祯《农书》之"农器图谱之六·连枷"：《耕织图诗》云："霜时天气佳，风劲木叶脱。持穗及此时，连枷声乱发。黄鸡啄遗粒，乌鸟喜聒聒。归家抖尘埃，夜屋烧榾柮。"①

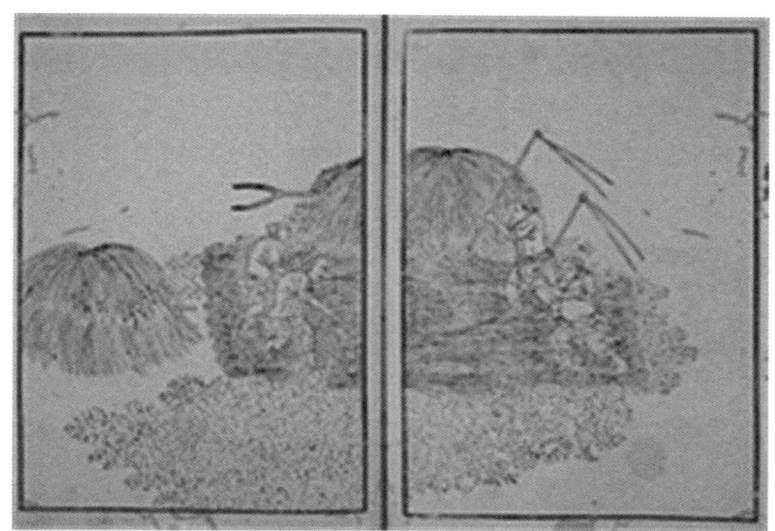

图18　楼璹版《耕织图·持穗》②

王祯《农书》之"农器图谱之八·籭"：《耕织图诗》云：茆檐间杵臼，竹屋细籭簸。照人珠琲光，奋臂风雨过。计功初不浅，坐食良自贺。西邻华屋儿，醉饱正高卧。③

王祯《农书》之"农器图谱之九·碓"：《耕织图诗》云：娟娟月过墙，蔌蔌风吹叶。田家当此时，村舂响相答。竹间炊玉香，会见流匙滑。更须水轮转，地碓劳蹴踏。④

---

① （元）王祯撰，缪启愉、缪桂龙译注：《农书译注》（下），齐鲁书社2009年版，第435页；见楼璹《耕织图诗·连枷》。

② 在楼璹版《耕织图》中，连枷对应图中为"持穗"——笔者注。说明：文中楼璹版《耕织图》图片资料均由张颖教授取自日本国立公文书馆，[日]延宝四年（1676年）刊末。

③ （元）王祯撰，缪启愉、缪桂龙译注：《农书译注》（下），齐鲁书社2009年版，第551页；见楼璹《耕织图诗·籭》。

④ 同上书，第561页。见楼璹版《耕织图诗·舂碓》。

第三部分　农仪　农艺

图 19　楼璹版《耕织图·簇》

图 20　楼璹版《耕织图·舂碓》

王祯《农书》之"农器图谱之十六·茧瓮"：前人《耕织图·织图诗》云："盘中水晶盐，井上梧桐叶；陶器固封闭，窖茧近旬浃。门前春水生，布谷催畚畲。明朝踏缫车，车轮缠白甓。"①

图 21　楼璹版《耕织图·茧窖》

概而言之，历代耕织图的艺术风格虽有差别，但"诗画同源""诗画一体"是中国艺术表现的一种特殊形式——不仅阐述了二者古来难以泾渭的传统，也表明我国的艺术表现形式中二者互为一体的实况。

第三节　农器乐来

农器具的产生因农而制、而事、而用，是为不争。如上所述，历史上每当一种农器具的出现，或改良，都会推动农业的发展。比如铸铁的出现以及在农器具中的使用就是例证；虽然迄今铁器在中国的准确使用时间难以确定，大约在西周晚期至春秋中期这一段时间，铁器的使用使农业劳动

---

① （元）王祯撰，缪启愉、缪桂龙译注：《农书译注》（下），齐鲁书社 2009 年版，第 733 页，见楼璹《耕织图诗·织图诗·茧窖》。

第三部分 农仪 农艺

生产率大大提高。① 到了西汉中期，相传搜粟都尉赵过推广大型铁铧犁，还发明了播种机具耧犁，一人一牛，"日种一顷"功效提高几十倍。② 这些史迹多见诸农史，却鲜有人注意到，农器具与乐器之间也存在一条隐约可视的线索。当我国的农业先辈还在使用陶器、陶具劳作和生活的时候，陶埙便被制造，并成为中国最古老的闭口吹奏乐器。早在《诗经》中就有"如埙如篪"之句。埙从土，为"土音"。《尔雅》注："埙，烧土为之，大如鹅子，锐上平底，形如秤锤，六孔，小者如鸡子。"《旧唐书·音乐志》说："埙，立秋之音，万物曛黄也，埏土为之。"可见陶土与农器具存在着渊源关系。

如果说埙类乐器与我国的陶器共同发展，形成特色，而二者发展明显具有"双轨制"的话，那么，有些乐器则更为直接地与农事、农器具相互言说。比如王祯《农书》之"农器图谱之四·钱镈门"之开宗明义："钱镈，古耘器，见于声诗者尚矣。"（译：钱、镈是古代的耘田器，很早已见于声诗之中。）③ 这表明古代人们以声、诗传于农具者。这里的声，可说、可言、可传；这里的诗，可唱、可歌、可颂。

更为直接的是，有的农具既是农器，又是乐器。梧桐角就是一个鲜活的例子。王祯《农书》之"农器图谱之三·梧桐角"云：

> 浙东诸乡农家儿童，以春月卷梧桐为角吹之，声遍田野。前人有"村南村北梧桐角，山后山前白菜花"之句，状时景也，则知此制已久。但故俗相传，不知所自。盖音乐主和，寓之于物，以做假声韵，所以感阳舒而荡阴郁，导天时而达人事。则人与时通，物随气化，非直为戏乐也。
>
> 天台戴式之赋之云："凤箫鼍鼓龙须笛，夜宴华堂醉春色；繁声缓响荡人心，但有欢娱别无益。何如村落卷桐吹，能使时人知稼穑。村南村北声相续，青郊雨后耕黄犊；一声吹得大麦黄，一声唤得鹇秧绿。人言此角只儿戏，孰识古人吹角意？田家作劳多怨咨，故假声音

---

① 李根蟠：《中国古代农业》，商务印书馆2005年版，第35页。
② 同上书，第37—39页。
③ （元）王祯撰，缪启愉、缪桂龙译注：《农书译注》（下），齐鲁社2009年版，第469页。

第十六章 农家器乐：王祯《农书》之叙体

召和气。吹此角，起东作；吹此角，田家乐。此角上与邹子之律同宫商，合钟吕。形甚朴，声甚古，一吹寒谷黍。"①

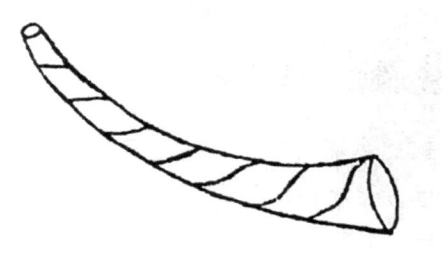

图 22　梧桐角

这段艺术评论是乃生难得看到的高论，却是出自农学家之笔；更准确地说，出自农夫之乡土智慧。王祯在《农书》中引用的诗句"村南村北梧桐角，山后山前白菜花"出自南戏《张协状元》第二十三出。梧桐角是用桐花开放时节的梧桐皮卷制而成，而桐花是清明的物候标志，因此梧桐角被古人视为"春归之声"，"桐角声中春欲归，一番桃李又空枝。杨花好与春将息，莫被东风容易吹"②。

也有一些乐器虽在表面上难以寻觅其与农器具之间直接的渊源关联，或找不到作用于农耕的功能，却属于农事、农器范畴，窃以为其产生原本就与农耕有着剪不断的关联，甚至本身就是农业的副产品，比如牧笛。王祯《农书》之"农器图谱之七·牧笛"云：

牧牛者所吹。早暮招来群牧，犹牧马者鸣茄也。尝于村野间闻之，则知时和岁丰，寓于声也。每见模为图画，咏为歌诗，实古今太平之风也。

王荆公诗云："绿草无端倪，牛羊在平地。芊绵杳霭间，落日一横吹。超遥送逸响，澶漫写真意。岂比卖饧人，吹箫贩童稚。

---

① （元）王祯撰，缪启愉、缪桂龙译注：《农书译注》（下），齐鲁书社 2009 年版，第 467—468 页。
② 《全宋诗》卷三四四六，中华书局 1991—1998 年版。

第三部分 农仪 农艺

牧童吹笛于田间、向晚，人们想到的却是一幅幅的诗画。《农书》之描绘古时然，今仍然。这一主题也成为我国绘画传统中表现农村悠然景致的最有代表性的主题。还有一些农器具原始为农具，却因为其器具特别、特殊的"效果"，由是连带或间接产生游艺节目。比如王祯《农书》之"农器图谱之六·击壤"云：

《释名》曰："击壤，野老之戏。"盖击块壤之具，因以为戏也。《艺苑》曰："击壤，古戏也。"又曰："壤，以木为之，前广后锐，长尺四寸，阔三寸，其形如履。将戏，先侧一壤于地，遥于三四十步，以手中壤敲之，中者为上……"《逸士传》曰："尧时有壤父五十人，击壤于康衢。观者曰：'大哉！尧之为君。'壤父作色曰：'吾日出而作，日入而息，凿井而饮，耕田而食，帝何力于我哉！'此有以见其时平岁熟，不知乐之所自。信哉！尧之德荡荡乎，民无能名焉，宜壤父有此答也。"①（译：《释名》说："击壤是野老的游戏。"原来是击壤块的器具，用来掷击为戏的。《艺经》说："击壤是古代的游戏。"又说："壤用木做成，前头宽广，后面尖锐，一尺四寸长，三寸阔，形状像鞋子。游戏时先侧立一块在地上，离开三四十步远，用手中的一块投击它，击中的是上彩……"《逸士传》说："尧时有壤父五十人，击在康庄大道上，观看的人说：'伟大呀！尧的作为君王。'壤父变色道：'我日出而作，日落而息，凿井而饮，耕田而食，尧帝对我有什么帮助！'"从这里可见那时太平丰熟，人们不知道安乐之所。的确，尧的德泽浩荡广远，老百姓不识其名，宜乎壤父有这样的回答。）

由是可知，"击壤"一词多被古代文人用作形容太平盛世、安居乐业的代称。同时，击壤又是农耕先民在谢土报社的信仰活动，由娱神向娱人演化而成的季节性游戏。皇甫谧在《帝王世纪》中曾经记载过老农击壤而歌，吟咏远离政治的牧歌生活。②

---

① （元）王祯撰，缪启愉、缪桂龙译注：《农书译注》（下），齐鲁书社2009年版，第518、521页。
② ［日］池田雄一：《中国古代的聚落与地方行政》，郑威译，复旦大学出版社2017年版，第112页。

第十六章 农家器乐：王祯《农书》之叙体

图 23 明《三才图绘》击壤图

在我国古代的农艺传统中，**农家乐**（yuè、lè）并糅，游艺混合，真乃农乐也。至于边劳作边作乐的更有许多，比如"薅鼓"。"曾氏农书"[①] 曾作《薅鼓歌》，以鼓召集农民集合，以鼓声指挥有序劳作；边劳动边打鼓边唱歌。古之蜀地可见之。这种农田鼓歌在现代的艺术分类中难以归类，更多的属于民俗之游艺、农乐和民谣范畴：炎风灼肌汗成雨，赤日流空水如煮。稚苗森森苗方乳，田家长养过儿女……锦堂公子调乐府，终日灵鼍缓歌舞……老农此时独凄楚，长镵为命锄为伍。归见梧桎音不吐，只有呻吟满环堵。但得一瓯置龟腑。敢较人间异甘苦！吁嗟公子还知否，请听薅田一声鼓。[②]

[①] 南宋时期江西泰和曾安止作《禾谱》，其侄孙曾之谨作《农器谱》，农史上称二曾为"曾氏农书"。曾安止的侄孙曾之谨为补《禾谱》中无农器谱之缺憾，在作耒阳县令时写了《农器谱》。《农器谱》成书之后，周必大为该书作了序，陆游也给该书题过诗。曾之谨本人在农书结构上亦采取前序后歌的体例，我们可以从《王祯农书·农器图谱》的"薅鼓"一节看出这一点。参见柴福珍、张法瑞《元代王祯诗歌创作缘起研究》，《天府新论》2006 年第 4 期。

[②]（元）王祯撰，缪启愉、缪桂龙译注：《农书译注》（下），齐鲁书社 2009 年版，第 486—487 页。

第三部分 农仪 农艺

及至今日，在重庆、湖北土家族地区，薅草锣鼓在五六月除草季节仍然常见。每天清晨开工之前，锣鼓班子都会在田边站列开来，鼓手领队，钹、锣持续敲打接歌。薅草的农民手执薅锄，随着鼓点一边劳作，一边唱起号子。有唱古人、唱爱情、唱花鸟草木，多为即兴创作，规劝说理、调侃逗乐，甚是热闹。其实，今天的人们在跳秧歌舞的时候，许多已经淡忘了其与农的关系。北宋苏辙有诗云："农谣麦垄外，客兴酒杯中。"

图24 薅鼓

概而言之，《农书》大量的民谣、诗艺皆以现实之农事为对象，构成了农业事象之艺术有民俗化，或者更确切地说，以"口头表演"[①]的方式反映农人的生活。

现如今已经很少人再会将传统的"三农"与现代艺术置于同畴。这不奇怪，因为无论历史上的任何一个朝代、王朝如何鼓吹"重农"，农民都在社会的底层。农民是"文盲"，他们是被轻视的。所以，当"艺术"被高悬在艺术家的殿堂时，"琴棋书画"早已为中国传统艺术的"文人

---

① 参见[美]理查德·鲍曼《作为表演的口头艺术》，杨利慧等译，广西师范大学出版社2008年版。

化"简化表称,鲜有人会光顾、眷顾、回顾艺术发生学的问题。即使如鲁迅先生所戏言的"吭呦吭呦"(即在美学发生学中认为"劳动起源说"),也只是确立劳动创造音乐的假说,或说明音乐与劳动同样古老。这样的假说与摹仿说一样,都属于"殿堂学问",都在"理想国"里,① 都是乌托邦。而当人们去到乡野,耳畔掠过悠扬牧笛声,听到隐约传来的薅鼓声,或方知什么是中式的艺术发生学。

---

① [希]柏拉图:《理想国》,载《文艺对话集》,朱光潜译,人民文学出版社1980年版。

第十七章 "农—工"：中国传统工具中的农业背景

第一节 从一本书说起

美国学者鲁道夫·P. 霍梅尔（Rudolf P. Hommel）于20世纪20—30年代，在中国花了8年时间（1921—1926）（1928—1930）做手工工具调查，其足迹遍及半个中国，十多个省区；回国后又潜心做了十年研究，对中国五大类工具（基本工具、农业工具、制衣工具、建筑工具、运输工具）以及至少120小类做了精细的划分和精确的描绘，致使其大作《手艺中国：中国手工业调查图录（1921—1930）》在我国的同领域研究中达到了"空前"和"绝后"。所谓"空前"，是指在霍氏之前，中外学者对我国传统手工艺实地调查的"深度和广度上都不及他的工作"；所谓"绝后"，是指在此后的数十年中，许多传统的工具和工艺已经转型，其中有些"已经消逝"。

此书1937年在纽约由约翰·戴公司出版，由于其学术价值和在学术界的广泛影响，1969年又由美国麻省理工学院重新出版。著名英国科技史家李约瑟认为该书在当代传统中国实践方面具有"独特的价值"。尽管这样一部著作迟至近时才被译成中文（2012年由北京理工大学出版社出版），笔者仍以为是我国学术界一桩迟到的幸事。他使我们有机会通过"他者眼光"了解被中国学界"遗忘"的一个重要侧面，特别是传统农耕文明中的工具。同时也针砭着中国学人对日常生活的"无视"之疾、"盲视"之病;这种疾病与过重的"经世学问"传统不无关系。

"无视""盲视"有时并非视力问题,通常是指"视而不见"。何以如此?价值使然!每个人都生活在具体的历史语境中,受传统和时代价值约束;特定的价值又经常被理念、分类、概念等引导或误导,最终导致了"双重盲视":既对自己身边事物("自我")的忽视;同时也对外来事物("他者")的漠视。作者除了对我国生产、生活、生计工具巨细无遗地调查和记录外,还提醒我们,那些日常实践中的工具才是"中国人民生活"和"中国文化"的原貌和原真;而这种原貌与原真的背景正是传统的农耕文明。作者的这种"视野"从其译名中便清晰可窥。

著作的原文为 China at Work: An Illustrated Record of the Primitive Industries of China's Masses, Whose Life is Toil, and Thus an Account of Chinese Civilization,中译出现了几种不同的译法:戴吾三译为"手艺中国:中国手工业调查图录",序者华觉明译为"劳作中的中国:劳苦中国大众生活的手工业图录,即中华文明的记录"。笔者无意在此评判译名的优劣,徒以原文与译文概念表述上的差异所引发的学理问题、学科问题、学术问题进行辨析和反思,并对学界漠视日常之痼疾进行诊断和治疗:即不仅要察看病症之"相",还要号其之"脉",寻找致病之"根",以确定处治之"方"。作为经验性常识,许多的疾病通常皆由不起眼的因素所引发。

"概念"便是一个介因。中文书名的关键词为"手艺",原文中却没有 handicraft,也就是说,译者将传统的生产、生活和生计工具视为"手艺",即"手工技艺"或"手工艺术";这有历史根据。在中国,"手工"的概念和分类自古就有,《周礼·考工记》(一般认为成于春秋战国时期)是中国目前所见年代最早的手工技艺文献,记述了齐国官营手工业各个工种的情况,介绍了车舆、宫室、兵器以及礼乐之器等的制作和检验方法,对礼乐中的钟、磬、鼓等形制以及相关乐器的制作也有详细描述。《考工记》将"百工之事"分为:攻木之工、攻金之工、攻皮之工、设色之工、刮磨之工、抟埴之工六大类,开创了中国古代手工艺术的分类制度,也是"工业"最早的形制;而中国古代的"工业"与今天的工业(很大程度上相对于农业)所指完全不同,恰恰是以农业为背景、为底色的。而中国的传统文明是农业文明,工具之重者为农具。

于是,工具成了人类文明轨迹中一个绕不过的话题。考古学上"旧石器/新石器时期"的划分正是根据人类使用工具的程度为原则,即"旧/新"以人类"研磨石具"为标志。通俗地说,就是"旧石器"指人类把未经改造的自然物作为工具,"新石器"则表明人类开始"研磨石具"。我国是一个以农为本的传统国家,农具也自然而然地表现出其相应的重要性。以我国的文字构造来看,在古老的214个象形字中,"耒"是其中之一,它在甲骨文中是一个犁具形象,《说文·耒部》:"耒,手耕曲木也。"说明最早的犁具系由人来完成的,后方由"犁"(牛)替代。① 这样的判断是有根据的。《周易·系辞下》有"神农氏斫木为耜,揉木为耒"。初,耜、耒皆纯然为人力,至叔均才开始以牛耕耘;《山海经·大荒经》曰:"叔均始作牛耕。"从这一"工具之象"的演变中,我们仿佛看到农耕文明的历史轨迹,而且创造这些农具的人是农神。"农本"是中国的传统政治,故《国语·周语》又称这"农正"。"农正"亦为"农政"。换言之,中国农业政治伦理皆来自于土地和农业。历史上的"五工正"据考为五行之官,以此基础上又延伸出了"六府",以配合《考工记》中的"六工"。② 是为后话。

第二节 "工"之简谱

毫无疑问,"工"是一个关键词。我国古代有"百工"之说,③ 而"百工"皆有其祖先。④ 而百工中"农业"亦在"工业"之范畴;⑤ 中国是一

---

① [美]鲁道夫·P. 霍梅尔:《手艺中国:中国手工业调查图录(1921—1930)》,戴吾三等译,北京理工大学出版社2012年版,第45页。
② 丁山:《中国古代宗教与神话考》,上海辞书出版社2011年版,第106—109页。
③ "百工"也是官职,《考工记》开篇即有:"国有六职,百工舆居一焉。"注:百工,司空事官之属,于天地四时之职,亦处其一也。司空,掌管城郭,建都邑,立社稷宗庙,造宫室车服器械,监百工者。见(汉)郑玄注,(唐)贾公彦疏《周礼注疏·考工记》,上海古籍出版社2010年版,第1520页。
④ 参见钱穆《黄帝》,生活·读书·新知三联书店2005年版,第22—34页。
⑤ 参见(明)宋应星著,潘吉星译注《天工开物》"导言",上海古籍出版社2008年版。

个重农的国家，在黄帝治下，据说一年四季都有专门指导农事的官。① 因此，百工又与工官发生关系。

"工"甲骨文作🔲，像古代匠人的多用途器具，一头是"丁"形T，一头是可握可箍的圈🔲。有的甲骨文工简化字形。金文⬇由一个丁头T和一个刀铲⌣构成。有的金文工、篆文工承续甲骨文字形工。在金文、篆文字形中，"巨"常常写作"工"，表示"巨大"，其象工具形。"工"与"巨"并置（匠，矩古同字，有"规矩"，即持有工具。）本义是工匠的曲尺。工的原始形态极为复杂多样，故注疏者持有不同的说法。

由此可知，"工"原指古代匠人的多用途器具。《说文解字》释："工，巧饰也。象人有规矩也。与巫同义。"② 工之"规矩"，虽为工具，却有量度方圆之重。"工"之形制是非常讲究的，造型上，"工"顶天立地，"王"即在其中加一横，形成"天地人"相通之像。"工"者，"天人合一"之照相。明代宋应星之《天工开物》最能概括："天工"，典出于《尚书·皋陶谟》："无旷庶官，天工人其代之。"意思是说，天的职司（工作）由人代替执行。宋氏借指人遵循自然规律、与自然的协同的行为；"开物"，人类根据生存需要所进行的各种加工和工作行为。③ 概而言之，工匠之作是自然与人文的合作与协作，是"天人合一"的产物，这事实上已经涉及了我国的宇宙观。《考工记》说："天有时，地有气，材有美，合此四者，然后可以为良。"④ 是为中国当下各类"工程"最应警示之。

文字学上，"工"与"史"存在着关联，它与史、书等一样，都可以流芳百世，故有"故工史书世，宗祝书昭穆"之说。陈梦家在《中国文字学》里有一种考释，认为"工"与"史"有着渊源关系：

> 商代卜人兼为史官，所以卜用的甲骨，于既卜以后，即由卜人刻辞，卜史不分。到后来，卜辞中有一种官叫"工册"，亦即"工典"，这也许就是周代"乍册"的前身。西周的史官，就其见于铜器铭文的，

---

① 钱穆：《黄帝》，生活·读书·新知三联书店 2005 年版，第 18 页。
② （汉）许慎撰：《说文解字》，中华书局 1963 年版，第 100 页。
③ （明）宋应星著，潘吉星译注：《天工开物》"导言"，上海古籍出版社 2008 年版，第 17 页。
④ （汉）郑玄注，（唐）贾公彦疏：《周礼注疏·考工记》，上海古籍出版社 2010 年版，第 1526 页。

可以分为三种：一是史，即史、内史、乍命内史、内史尹、内史友等；二是尹，即尹氏、命氏等；三是乍册，即乍册、乍册内史、乍册尹等。这三种官名，他们十分之九的职务同是代王册命和赏赐，所以三种可以说是同一类的。《洛诰》的"作册逸"，《逸周书·克殷》和《周本纪》作"尹佚"，《周语》《左传》《汉书·古今人表》作"史佚"，可证"史""尹""作册"是一种官。"史"是商官名，终周世都用它。西周中叶以前，称"乍册"，中叶以后称"乍册尹""乍册内史"。"内史"和"尹氏"也是中叶以后才有的官称。甲骨文金文"尹"字和"聿"字不容易分别，都像又持一"筆"，所以尹是史官。"乍册"大约是"署写"的意思，最早是书写王命的官，后来成为传授王命的官。从商到春秋，王室的史官维持传统的官书。我们现在所看到商的卜辞金文和周代铸于铜器的铭文，都代表当时"卜""史"的官书。

战国开始，王官既已败坏，而民间的私学民书发达。可惜这一时期士子的经书，只见存于《说文》的古文和魏石经。我们现在见于六国器物的铭文一，有许多出于当日工师之手。王充《论衡·量知篇》视文吏之学治文书当与土木之匠同科，所以说"能彫琢文书之史匠"。六国民书，可说是"史匠"的手迹。《鲁语上》："故工史书世，宗祝书昭穆。"

我们现在以"民书"或出于工匠之手，而史官保存"官书"。其实彫琢文书，于古代本属工匠的职守。商人之称"工册"，笔墨之起于绳墨竹筴，彫琢模范文字之掌诸冶人。所不同的，商周的史官，是王室的工匠，而六国写作文书者多是平民作家。先秦的人推崇孔子的删《诗书》，而汉人以刀笔吏为可耻，不知要是孔子曾删《诗书》，何尝不是刀笔叫呢？①

陈梦家的考据已十分翔实，观点亦十分清晰。简而述之，书写文字的史官原都是"工"，因为"工册"乃雕刻工作。然"工"的指义在殷商时期还有不少，殷墟卜辞中也有诸如"工""多工""我工"等官名，而《酒

---

① 陈梦家：《中国文字学》（修订本），中华书局2011年版，第101—102页。

诰》中所述殷制的"工""宗工""百宗工"等，着重于"宗"字，则可能指宗庙之工，或是作器的百工，或是乐工。①《考工记》有"百工之事，皆圣人之作也。铄金以为刃，凝土以为器，作车以行陆，作舟以行水，此皆圣人之作也"。

"工"亦为一种祈祷时用于祝咒之具，可从"巫""左"二字的结构看出。巫祝之"巫"的甲骨文𢍉，即双手持"工"，表示祭祀时手持巧具，祝祷降神。有的甲骨文𢆉=𠃉（工，巧具）+工（巧具），表示多重巧具组合使用，强调极为智巧。远古巫师是部落中最为智巧者，通常是直觉超常的女性，男巫出现的时代在男权社会形成之后。金文𢍉承续甲骨文字形。篆文𢍊写成一"工"工两"人"𠔉，表示两人或多人配合祝祷降神。②学者们相对共识的判定是，如《说文》之"工，巧饰也，像人有规矩也，与巫同意"。为什么古代的巫术与规矩同释？张光直认为，这个问题的答案在《周髀算经》中：

请问数安从出？商高曰：数之法以出于圆方。圆出于方，方出于矩……请问用矩之道。商高曰：平矩以正绳、偃矩以望高、覆矩以测深、卧矩以知远、环矩以为圆、合矩以为方。方属地、圆属天、天圆地方。……是故知地者智、知于者圣。智出于句、句出于矩。

如果这几句话代表古代的数学思想，那么矩便是掌握天地的象征工具。矩可以用来画方，也可以用来画圆，用这个工的人，便是知天知地的人。巫便是知天知地又是能通天通地的专家。所以用矩的是巫师。③

"工"与"贡"同源。④"贡"的意义与城邑以及授邑制度有关，城邑指的是以单一血缘组织——族——为基本单位的地区性居民群，在商代，它是最主要和最基本的统治机构。其基本特点是商王授邑主以封号，并赐以土地，邑主除表示臣服外，还要提供各种服役和谷物以作报答。⑤占卜

---

① 陈梦家：《殷虚卜辞综述》，中华书局1988年版，第519页。
② 参见[日]白川静《常用字解》，苏冰译，九州出版社2010年版，第129页。
③ 张光直：《中国青铜时代》，生活·读书·新知三联书店2014年版，第264—266页。
④ 参见彭兆荣"手工"，载彭兆荣主编《文化遗产关键词》第一辑，贵州人民出版社2014年版，第248页。
⑤ 张光直：《商文明》，生活·读书·新知三联书店2013年版，第227页。

第三部分　农仪　农艺

在商代是国王的重要工作，同时有许多人参加配合，其基本程序是商王本人或以其名义问卜，贞人（商王的代言人问卜），卜人执行占卜过程，占人专门解释裂纹的含义，史官专门记录占卜过程并将其刻在甲和骨上。①

与"工""功"有关的"贡"，按《说文解字》解释："贡，献功也。"即上贡生产品（功）。又由于行业"百工"工作各不相同，所以，贡献的"功"也不相同。《周礼·天宫·大宰》中记载了"九贡"：祀、嫔、器、币、材、贷、服、斿（旗）、物，皆为贡品。② 被认为是我国第一部地理著述的《禹贡》之"贡"，历代学者一般认为贡赋之法。《广雅》："贡，献也。"又云："税也。"田赋及进献方物，皆谓之贡。学者所根据的是《禹贡》中"禹别九州，随山浚川，任土作贡"。汉代孔安国就此说释作"禹制九州贡法"。后之学者注释大致类此。不过，《禹贡》通篇以统一九州为前提，即以浚川——治水为主，以"禹"为名也因为治水功业，而诸侯贡赋只是一统九州治下所制定的贡赋设想（本篇既而贡赋仅占很小分量在全文 257 个短句 1193 字中，直接间接说贡赋者不过 57 句 299 字，所占比重较小），所以不能看作贡赋的文献。我们毋宁视之为第一个中国地理学区划政治格局以及在此格局中的贡赋法度。按照这样的理解，"贡"（进贡、朝贡）便开始作为帝王与诸侯，中国与方国之间的主从关系。③

在商代最后的都城安阳，大量占卜记录和考古资料都说明，当时的商王对四方（东土、西土、北土、南土）的收成都非常关心，他对他的诸妇、诸子和诸侯的领土内的收成也都关心，但他对别国的粟收则毫不关心。这种记录可以推想这些他所关心者都要对他提供贡献。此外还有大量的货物，从这些资料中，可知包括龟甲、牛肩胛骨、字安贝、牛、马、象、战俘、西方的羌人等，为某伯某侯所"入"或"来"自某伯某侯。④ 这种四方进贡和贡献的制度，除了《禹贡》中所说的赋税制度外，笔者认为也是中国材料登记档案的早期方式。如果说中国古代存在着登记名录的原型，这或

---

① 张光直：《商文明》，生活·读书·新知三联书店 2013 年版，第 35 页。
② 参见[日]白川静《常用字解》，苏冰译，九州出版社 2010 年版，第 138 页。
③ 参见台湾商务印书馆，王云五主编"古籍今注今译系列"之《尚书·禹贡》，屈万里注释，新世界出版社 2011 年版，第 24—35 页。
④ 参见张光直《中国青铜时代》，生活·读书·新知三联书店 2014 年版，第 15 页。

与贡献制度有关。

事实上,司马迁是西汉武帝(前140—前87年)时代的官方历史档案按理者,他的《史记》是中国第一部官修史书。[①] 据此,"典册"(典即册)性的登记造册窃以为是我国早期的祭祀登记制度。在我国古代,祭祀不仅是社会控制的重要机制,也是与天沟通的手段。与天帝、神灵沟通需要贡献,贡献的种类、品名都需要登记造册,这便是古代的"典册制"。"典"甲骨文🅰️(册,代表权威典籍),🅱️(双手,表示捧着),表示双手奉持典册。造字本义是,主持事务的官吏双手恭敬地捧着古权威圣典。《说文解字》:"典,五帝之书也。从册在丌上,尊阁之也。庄都说,典,大册也。"由此可知,典的本义就是祭祀仪礼中登记贡献的大册。后引申为典范、标准。它可指祭典行为,《书·尧典》有:"命汝典乐";也指仪典,《周礼·大司寇》:"掌建邦之三典,轻典、中典、重典也";又可指经典、典册,《尔雅·释言》:"典,经也。"册,甲骨文字形🅲️、🅳️像是用皮绳⭕串起来的大量竹片或木片🅴️。造字本义为竹片或木片串成的典册。古代用竹片书写的叫"简",用木片书写的叫"札"或"牍";编缀在一起叫"册"。《说文》:"册,符命也。诸侯进受于王者。象其札,一长一短,中有二编之形。古文又从竹。"《书·金滕》:"史乃册祝。"《书·洛诰》:"王命作册。"《书·多士》:"有册有典。"

简言之,"工"无论作为工作、工种,还是工业,都不妨碍其与"农"的密切关联。毕竟中国是一个农耕社会。

第三节　农耕智慧

耒,历来是学者论及家具时首先讨论的话题,一方面,上述所引《易经·系辞下》中著名的话,说明其来历深远;另一方面因为耒耜实为古代最常用的家具。张光直认为其很可能是商人最基本的翻土耕田工具,即带

---

① 张光直:《商文明》,生活·读书·新知三联书店2013年版,第3页。

长柄的工具。学者们认为那是一种协同在耕作的工具。① 古籍中二者可单独使用，亦有连用的。对其考据，近人又已发展出了若干新假设。② 徐中舒的《耒耜考》对耒耜的考证最为详细，他认为耒、耜为两种完全不同的农器：

> 甲骨文及铜器之方……象耒的形制，尤为完备，故方当训为一番土谓之坡，初无方圆之意。方之象耒，上短横象柄首横木，下长横即是所蹈履处，旁两短画或即饰文……古者秉耒而耕，刺土曰推，起土曰方，方或借伐發、墢耒建造等字为之……耒耜为两种不同的农具。由耒变为锹臿，由耜变为耕犁，二者各有其演进道路……耒耜两种形式，农人既不须兼备，而终能遵循各自的道路演进者，乃因耒耜二物，各有其通行的领域之故……耒为殷人习用的农具，殷亡以后，即为东方诸国所承用。耜为西土习用的农具，东迁以后，仍行于汧、渭之间……。③

许进雄评述："方为耒形之说为一般人所接受，旁与方的不同，从字形看在于有无一块横而长的东西。设计院的创造，对于抽象的意义，除了用音的假借外，就是以有关的事物来表示。旁有四旁、旁边之意，其意义与犁耒的形制或操作有关的，除了犁壁以外，没有其他更恰当的东西了。"④ 关于牛耕形制始于何时，亦有不同的说法，有的认为在殷商时代就已有了，证据是甲骨文卜辞中的"𤘘"（物）当读"犁牛"；柳宗元《赋》云："若知牛乎？牛之为物，魁形巨首，垂耳抱角，毛革疏厚。"⑤《说文解字》："物，万物也。牛为大物；天地之数，起于牵牛，故从牛，勿声。"有的则认为晚到汉代，赵过始教民牛耕；另有春秋末期之说种种。⑥ 关于牛耕的兴起与耒耜遗存关系，徐中舒也有完整的考述，⑦ 此不赘述。

---

① 张光直：《商文明》，生活·读书·新知三联书店2013年版，第244—247页。
② 许倬云：《两周农作技术》，载《求古编》，商务印书馆2014年版，第125页。
③ 徐中舒：《古器物中的古代文化制度》"耒耜考"，商务印书馆2015年版，第9、26、28页。
④ 许进雄：《甲骨文所表现的牛耕》，载《许进雄古文字论集》，中华书局2010年版，第322页。
⑤ （元）王祯撰，缪启愉、缪桂龙译注：《农书译注》（下），齐鲁书社2009年版，第430页。
⑥ 参见许倬云：《求古编》，商务印书馆2014年版，第126—127页。
⑦ 徐中舒：《古器物中的古代文化制度》"耒耜考"，商务印书馆2015年版，第45—51页。

第十七章 "农—工"：中国传统工具中的农业背景

中国传统的农耕文明，素以天时与物候的合作为样本；在农具方面也有反映。"耒耜"即为范，其形制得天象之启示。"方"与"耒"的"象形"阐释是否中允，笔者在此不作评述，但是，"方圆"原本是天地的最早的经验认知。对耒的另一种解释亦颇为有趣，丁山认为，耒之形貌酷似天象"大辰图"，民间称为"犁头星"。天空的大辰本是后稷布置用以启发农人工作的。农人一见这耒形的"大辰"当黎明之前正现于天空午位，就是一年工作的开始，谓之"农祥"。①

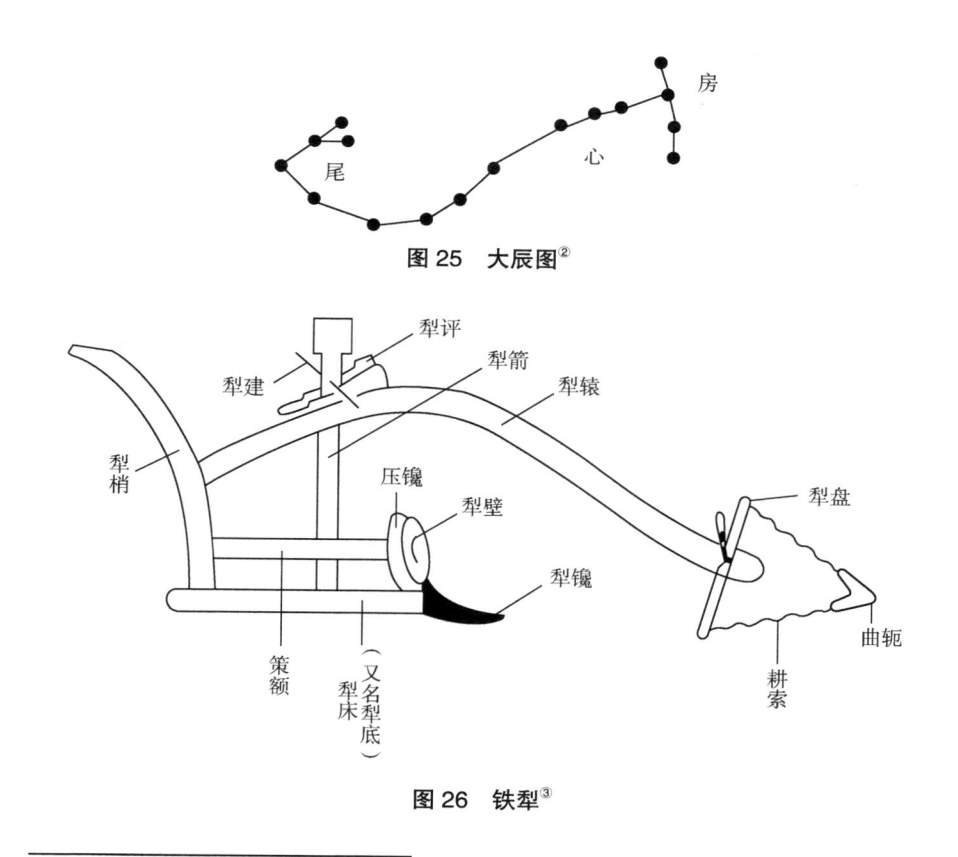

图25　大辰图②

图26　铁犁③

---

① 《尔雅·释天》："天驷，房也。大辰，房，心，尾也。大火谓之大辰。"《史记·天官书》："东宫，苍龙，房，心。心为明堂，曰天驷。尾为九子，曰君臣。"参见丁山《中国古代宗教与神话考》，上海辞书出版社2011年版，第26—28页。
② 参见彭兆荣《生生遗续　代代相承——中国非物质文化遗产体系研究》，北京大学出版社2018年版，第282—284页。
③ 潘伟：《中国传统农器古今图谱》，广西师范大学出版社2015年版，第7页。

这样，耒耜便与天象发生关系，形制上更多了一层复杂。其实，农器之形制与天象的关联，犁并非孤案，还有不少例子，比如仓廪之意象："（仓），谷藏去声也。"《释名》曰："仓，藏也谷物也。"《天文集》曰："廪星主仓。"《史记·天官书》："胃为天仓。"此名著于天象者。① 而《农器图谱·蚕缫门》中亦不乏其例，如"蚕神篇"："天驷也。天文辰这龙，蚕辰生，又与马同气，谓天驷即蚕神也。"② "火仓篇"："蚕室火龛也。凡蚕生，室内四壁挫垒空龛，状如参星。"③ 由是可知，中国传统的农器图像中不乏"天地人和"的哲理形制，这也把我们带到了另一个认知角度：中华农耕文明之博大精深，即使是一件普遍的农具，却能够映衬"三才"道理。这或许是世界上除中国之外，任何一个农耕文明国家都难以企及的。

在耒这一手工农具的考释中，我们发现，农业始祖神话、天象时辰，帝王政治，手工技艺，耕作工具等编织成了一个"叙事共同体"。这也透露出了我国古代"文明""文化"的原始形貌，以及我国传统知识谱系中"道—法""形—意""美—用"同源同体的博物学背景。借此我们可以这样说：手工既是人类最初赖以生存、生计的基本活动，是与自然相和谐的基础工作，是文明形态的一种重要的说明，是与社会需求相适应的产物，也是与工具和技术共同演化为各种行业的历史渊源。

农具既是农耕文明的伴随物，又是手工技艺的写照。中国古代的手工艺术传统极为丰富，《汉书·艺文志》："凡数术百九十家，二千五百八十卷。"数术分为六类：天文，日月星辰之占；历谱，考察时历以推算吉凶；五行，按金木水火土"五常"生克关系，预测前途命运；蓍龟，蓍占、龟卜；杂占，"纪百事之象，候善恶之徵"；形法，"大举九州之势以立城郭定舍形，人及六畜骨法之度数，器物之形容，以求其声气贵贱吉凶"。术数基本上就是命相之术。《隋书·经籍志》中记载的五行（数术）著述就有二百七十部。如果包括天文、历谱就更多，约有五百部。④

---

① （元）王祯撰，缪启愉、缪桂龙译注：《农书译注》（下），齐鲁书社2009年版，第576页。
② 同上书，第710页。
③ 同上书，第715页。
④ 李冬生：《中国古代神秘文化》，人民出版社、安徽人民出版社2011年版，第41页。

第十七章 "农—工"：中国传统工具中的农业背景

这些手工技艺真正体现出了"生活艺术"的面貌，《尚书·尧典》："帝曰：'畴若予上下草木鸟兽？'……帝曰：'夔，命汝典乐，教胄子，直而温，宽而栗，刚而无虐，简而无傲，诗言志，歌永言，声依永，律和声；八音克谐，无相夺伦：神人以和。'"我国的手工技艺有自己的规矩，独树一帜，比如"方"，按照甲骨文中为"𠂢"，有学者认为其为两个单体"𠃌"和"人"或者"刀"所组成，而"𠃌"是一种木匠用的方尺；这个推测可由"矩"字得到支持。有学者认为，"矩"字指一种工具，是画方形的方尺。而按《周髀算经》的说法："圆出于方，方出于矩。"而"矩"就是"𠃌"，即工具。而且它也与"巫"字有关，并与"四方"的含义和测定有关。①

在古代，农具的演进直接反映在农耕文明的进程中；一种技术的发明和出现，极大地促进了农业生产力的提高，加速了农业的发展。农业专家李根蟠在《中国古代农业》一书中对铁犁的出现给予农业生产的促进作了细致的描述：铁犁的出现和应用在我国农业历史上就有着重要的一笔。中国的农业大致是在西周晚期到春秋中期进入铁器时代的。从世界史看，这并不算早，但我国冶铁技术发展很快。西欧从公元前10世纪出现块炼铁到公元14世纪使用铸铁，经历了2000多年，而从目前的材料看，我国的块炼铁和铸铁几乎是同时出现的。虽然牛耕的出现可能比铁器早，但铁器的出现，特别是呈120度的"V"字形，没有犁壁，只能破土划沟，不能翻土作垄。大型铁铧的大批出土是在西汉中期以后，极大地推动了农业生产的水平。②值得一说的是，我国古代的钱币形状也亦由耒耜的原型发展而来，而且其中存在着一条清晰的线索。"今传世古钱币有圆足布、方足布、尖足布者，即古农具的仿制品。"③"币"，古代又称幣、布。以可据的考古资料，布币可分为空首布和平首布两大类，两类还可细分。④比较明显的形态与铲有关。

---

① [美]艾兰：《早期中国历史、思想与文化》，杨民等译，商务印书馆2011年版，第96—97页。
② 李根蟠：《中国古代农业》，商务印书馆2005年版，第34—44页。
③ 参见徐中舒《耒耜考》，《农业考古》1983年第1期。
④ 参见李如森《中国古代铸币》，吉林大学出版社1998年版，第32—63页。

第三部分　农仪　农艺

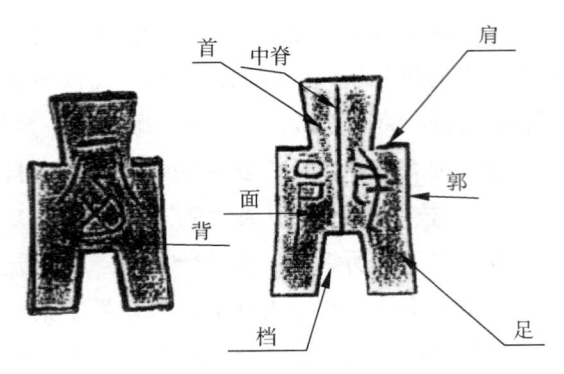

图 27　古代的币

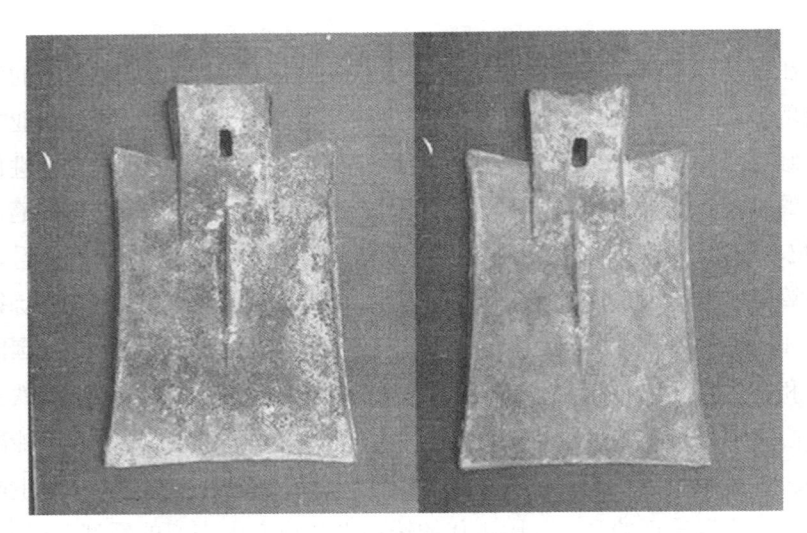

图 28　古代的铲①

农器具被用于布币之与农器的关系由来已久。王祯《农书》"农器图谱集之四·钱镈门"云：

> 钱镈，古耘器，见于声诗者尚矣。然制分大小，而用有等差。揆而求之，其锄、耨、铲等器，皆其属也；如耧锄、镫锄、耘爪之类，是其变也；至于薅马、薅鼓，又其辅也。倘度而用之，则知水陆之耘

---

① 参见闫光潘《汉字中的农具》，人民出版社 2018 年版，第 84 页。

事，有大功利在矣。①

这也说明我国传统的农器除了用于农耕作业之外，还可转化、转变、转型为布币。当然，农器具作为布币的原始形制大抵可以成立，但货币在自身的演化历程中必然会脱离原来的形制，沿着自己的轨迹发展。而如果以后者的演变路径和轨迹去反证前者，或导致失误——以货币的交通与农具的交通而论，二者流通区域和速度都是不一样的。有学者据此认为徐中舒之《耒耜考》中就存在以布币形制推证耒耜的演变形制的问题。②

工具技艺的发明与发展是关乎特定文明演进的关键因素。我国历史上有"艺""技"和"术"，没有近现代意义上的"技术"概念。现在的"技术"一词是从 technology 译过来，而 technology 对技艺有系统研究的描述。在我国，"技术"一词出自《史记》，最初有"法术"之意；史籍通常把技术当作"专门技艺"讲。明朝宋应星的《天工开物》是继《考工记》后另外一部中国历史上重要的手工技术资料。书中详细记载了我国三四百年前流传于民间的多种工艺技术，计十八类一百零七项。《梓人遗制》是元代木工匠人薛景石所著，元初文学家段成己作序。该书以介绍木器形状、结构特点、制造方法为主。《髹饰录》是我国古代唯一传世的漆器工艺著作。分"乾""坤"两集，共 186 条，涉及髹饰历史、工具、原材料、技术、漆器品种、漆工禁忌、仿古和修复等方面。王祯《农书》除兼论南北农业技术，还体现了作者的农学思想体系。

沈括用笔记体作成的《梦溪笔谈》则集科学、技术、文学、思想、历史、艺术等于一体，其条目中属于人文科学例如人类学、考古学、语言学、音乐等方面的约占全部条目的 18%；属于自然科学方面的约占总数的 36%，其余的则为人事资料、军事、法律及杂闻轶事等，约占全书的 46%。王世襄主编的《清代匠作则例》把已完成的建筑和已制成的器物，开列其整体或部件的名称规格，包括制作要求、尺寸大小、限用工时、耗料数量以及重量、运费等，使它成为有案可查、有章可循的规则和定例。中国的工具有自己的演化轨迹，上述的"耒"就是一个典型的例子。某种意义上说，

---

① （元）王祯撰，缪启愉、缪桂龙译注：《农书译注》（下），齐鲁书社 2009 年版，第 469 页。
② 参见刘丽婷《徐中舒〈耒耜考〉的当代价值与历史局限》，《农业考古》2015 年第 6 期。

工具的基本功能是满足特定工作的发展需求，然而，工具也包含着思维和价值的羼入。

在中国，对天人关系的探究、对物性与人性异同的探讨、对技与道的思索，以及传统美学思想的产生与发展，都与农作劳动的奠基和手工艺技巧的产生、发展融为一体。中国古代哲学思想很多是源于手艺的、技术的实践。善于譬喻的庄子以庖丁解牛说养生，以轮扁斫轮论"言意"，表明了古代哲学中由"技"而升华出来的"道"。正如梅映雪所概括的，"中国古代的设计思想、技术思想是和古代的哲学思想融汇一体的。尤其是春秋战国时期，诸子百家对于道与器、物与欲、问与质、技与艺、用与美等工艺美学基本范畴展开了热烈的争论。或取譬引类，或直言阐述，连篇累牍，史不绝书"①。

若透过工艺制作工序的思考，或可另辟蹊径；特别是"样式"设计方面。雷德侯（Lothar Ledderose）在《万物：中国艺术中的模件化和规模化生产》一书指出，在中国器物之制作总是以一种规格化与标准化的方式生产，而模件（module）体系是中国艺术生产的主要方式，也是中国能创造数量庞大而质量一致的艺术品。②雷德侯从生产与工序的角度，点出了中国手工艺的精神，甚至承载着高度精神意涵的青铜和玉器，都未能脱离此一脉络。在此，与其说"模件化"属于器物的形态呈现和表述，却包含了更为深刻的认知和思维形态和表述——人们将传统的价值观融入了工具的创意、设计和制作过程中。从另一种方式来说，这种工序的标准化其实即是墨子在《墨子·法仪》中所说的"法仪"，也是宋代李诫《营造法式》中所提到的"法式"。简言之，法式就是工匠之所以能以更高效率与生产力制作器物的一套标准程序。③

---

① 梅映雪：《传统工艺造物文化基本范畴述评——传统工艺美学思想体质的再思考》，《美术观察》2002 年第 12 期。
② [德]雷德侯（Lothar Ledderose）：《万物：中国艺术中的模件化和规模化生产》，张总等译，生活·读书·新知三联书店 2005（2010）年版。
③ 参见李建纬《成器之道——中国先秦至汉代对黄金的认识与工艺技术研究》，《国立台北艺术大学美术学报》2011 年第 4 期。

第四节　农工协作

中国的传统之本为农业，而农业之本为原始形态，就人类生计的发展史而论，狩猎、采集为原始自然面貌，农业、畜牧则为人工后续。故，工业亦与之有涉。对于"农本"世业，窃以为"社""祖"为关键词，而二者实为连带关系，前者祭土，强调土地与农业之本，后者是生产、生殖，强调土地"母亲"的生产功能。因此，若以宽泛的意义，农业（以土为业）无妨是一个原初性"生业"。有"业"必有"祖"，是为遗产传承不可或缺的"正名"，名正言顺，是谓也。这也是文化传承和认同的纽带。我国农业的始祖，神话中有大量的记载和记录。

丁山先生有过考释，认为"后"实为"土母"。由卜辞、金文"后"字结构看，它是象征母亲生子的形，《诗经》所谓"载生载育"，即其本谊。农神称为"后稷"，地神称为"后土"，皆从生产、生殖神话而来，其原始的神性都应该属于妇女。[1]"皇天后土""天父地母"原指示父从天，母司地。可是历代文献表述中，后稷都是男性，一种解释是"周代也有称先王为后的习惯"[2]。笔者更愿意相信，"后稷"的男性始祖是父系时代的产物。而按照丁山的解释，"稷"之古读音当与"畯"同，"稷"，田正也，即为"田畯"，《国语·周语》上又或称"农正"，也是掌管农业官。而神农在农业方面的始祖地位又有所不同，其地位高于后稷，这在周诸子事迹中多有表述：

> 包牺氏没，神农氏作，斫木为耜，揉木为耒；耒耜之利，以教天下，盖取诸益。（《周易·系辞下》）
> 神农教耕生谷。（《管子·形势》）
> 神农之世，卧则居居，起则于于，民知其母，不知其父，与麋鹿

---

[1] 丁山：《中国古代宗教与神话考》，上海书店出版社2011年版，第19页。
[2] 同上书，第16页。

共处。耕而食，织而衣，无有相害之心，此至德之隆也。(《庄子·盗跖》)
……

由是可知，神农之农业始祖主要的事迹有三：一，工具的发明者；二，教民务农；三，确立男耕女织的分工。农业属于男性从业的范畴。

社会分工并不背离农本传统，并非偶然，我国上古的先祖多与"土"有关。尧的繁体为堯，从文字构造看，其从人、从土：，《说文》谓之"土高也"。尧号称为"陶唐氏"，《史记·五帝本纪》有"帝尧为陶唐"之说。而"陶"当与制作陶业有关；而"唐"通"煻"，即烘焙。因此"陶唐"即制造陶业的始祖。而舜为尧之后的另一位明君，史称虞舜。传说其为一位能工巧匠，《墨子·尚贤》载："古者舜耕历山，陶河濒，渔雷泽。尧得之服泽之阻，举以为天子，与接天地之政，治天下之民。"《史记·五帝本纪》："舜耕历山，渔雷泽，陶河滨，作什器于寿丘，就时于负夏。"舜尤以制陶术见长，故《考工记》载"有虞氏尚陶"。这也是我国陶瓷业将他们视为陶神供奉的原因。① 中国的陶瓷饮誉世界，一种说法"中国"（CHINA）即陶瓷（china）之谓，可知其渊源肇始。

就"工"的分类体系而言，我国早在殷商时期就已经有了独立的发展，工具的发明与制作无疑构成"工"的有机部分。《周礼·考工记》是中国目前所见年代最早的手工业技术文献，记述了齐国官营手工业各个工种的情况，即所谓"百工之事"，并着重介绍了车舆、宫室、兵器以及礼乐之器等的制作和检验方法，另外对礼乐中的钟、磬、鼓等形制，以及相关乐器的制作都有详细描述。各个工种逐渐形成了各种各样的"工作"。特定的工作又产生或被产生出特殊的工具。在不同的文明发生和发展过程中，每一个文明体系都包含了大量特殊的文化因素和因子。而在传统的中华文明中，最恰当的语用应是"**农工**"。

---

① 马书田：《中国民间诸神》，团结出版社1997年版，第358—360页。

第十八章　器二不匮：再述农器之重

"器二不匮"①之"器"，金文⿰，象形字，如纵横交错的经脉血管连接着两侧众多器官⿰。有的⿰将交错的经脉血管形状⿰写成"犬"形⿰。造字本义是，由纵横交错经脉血管相连接的众多器官组织。《说文解字》："器，皿也。象器之口，犬所以守之。"人们在生活中将器与具同用，即器具，多指工具类实物。之于农业，器具指农具，农史上二者常互用。而"具"者为"俱"之本字，手族，甲骨文⿰，即⿰（双手，持举）⿰（鼎，既是祭器也是高级饮食器皿）。《说文解字》："具，共置也。从廾，从贝省。古以贝为货。" 以农耕文明发展的轨迹看，器具之于农业生产的水平具有历史的说明性。农业之始，农具亦始，农具之提升，农业效率即提升。

人类每一个"进化阶段"都伴随着生存技术的一次革新，革新的最显著意义就是工具革命。今天人们仍然使用"石器时代—铜器时代—铁器时代"的分类，重要原因正是在于："当人们采用了铁制工具或采用了铜制工具之后，并未完全废置石器不用。冶铁术的发明在文化史上开辟了一个新纪元。"② 农业文明阶段也有着同样的印辙；某种意义上说，通过农业器具的演变痕迹，既可透视中国农业发展之脉络（纵横交错），又可瞥见农器具重要的功能价值（农耕作业）。

王祯在《农器图谱》中以"田制门"为篇首，开宗明义："农器图谱

---

① "器二不匮，君二多难"出自《左传·哀公六年》，意思是说只要有好器物，便不必担忧。
② [美]路易斯·亨利·摩尔根：《古代社会》上册（新译本），杨东莼等译，商务印书馆1977年版，第8页。

首以田制命篇名，何也？盖器非田不成，田非器不成。周礼人，凡治野，以土宜教民稼穑，而后以器劝民，命篇之义，遵所自也。"① 应其所言，在王祯农书中，《农器图谱》约占全书总量的 4/5。不仅介绍各种农具产生和演变的过程，而且对农具的结构形态、尺寸大小和使用方法等有详尽解说。不言而喻，知农必识农具；而欲知农具，先识耒耜。因为中国农器具发展的重要代表就是"耒耜"。②

第一节　耒耜述评

在我国传统的农耕文明中，农业器具扮演重要角色。从历史发展的眼光看，农业的阶段性提升与农业器具的发明与技艺的改进存在密切关联。而中华农器之"先祖"为耒耜，因此也成为首先需要辨识的。然而，因其先者，因其重者，因其要者，耒耜也成为农器史上最多争议的农业器具。

在中国，任何事物，只要是正统传袭，必有"英雄祖先"，这是"名正言顺"之基本，亦为文化之要诀。耒耜在农具中的地位之重要，固有"英雄祖先"。《易经·系辞》："神农斫木为耜，揉木为耒，耒耜之利，以教天下。"是为耒耜传说之始。"神农"之名原本包含着"因实而名"——专门为"农"而确立的"神话"。这也是神话表述的一个重要的特征——从神话叙事（特别是所谓的"推原神话"③）的要理分析，并非所有神话叙事都是名实并立，好些是事物在先，因"名正"之历史性需要，而回身"制造"，以使得特指事物的历史有一个传续上的"言顺"。

中国是一个传统的农耕国家，以农业文明昭示天下。实际上，神农的伟业神迹远不止于此，他还是中国医药的先祖，《神农本草经》称："神农尝百草，日遇七十二毒，遇荼乃解。"这样的描述，只强调神农为中医药

---

① （元）王祯撰，缪启愉、缪桂龙译注：《农书译注》（上），齐鲁书社 2009 年版，第 388 页。
② 参见王中俊编著《农具之光：从千耦其耘到个体独耕》，陕西新华出版传媒集团、未来出版社 2018 年版，第 7 页。
③ 特指专门解释万物起源的神话——笔者注。

之"开基祖",却勿需求证细节。① 之于农业,"神农"故为农祖,"创造农具"也自然降落在他的身上。传说他观察天时地利,创制耒耜工具,教导人们种植谷物,农业始出现。②

神农氏在古代不少典籍中为炎帝之号,《帝王世纪》:"神农氏,姜姓也。母曰任姒,有蟜氏女,登为少典妃,游华阳,有神龙首,感生炎帝。人身牛首,长于姜水。有圣德,以火德王,故号炎帝。初都陈,又徙鲁。又曰魁隗氏,又曰连山氏,又曰列山氏。"《三皇本纪》:"炎帝神农氏,姜姓。母曰女登。有娲氏之女。为少典妃。感神龙而生炎帝。人身牛首。长于姜水。因以为姓。火德王。故曰炎帝。以火名官。斲木为耜,揉木为耒,耒耨之用,以教万人。始教耕。故号神农氏。于是作蜡祭,以赭鞭鞭草木。始尝百草,始有医药。又作五弦之瑟。教人日中为市,交易而退,各得其所。遂重八卦为六十四爻。初都陈,后居曲阜。"这样,中华民族之农耕文明便与中华始祖炎黄祖先通缀在一起。也因此,中华民族之重农传统就成为"正统"。

神农神话还有"延说"。据《汉书·律历志》称:"(神农氏)有圣德,以火德王,故号炎帝。初都陈,又徙鲁,又曰魁隗氏,又曰连山氏,又曰列山氏(烈山)。"《国语·鲁语》:"昔烈山氏之有天下也,其子曰柱,能殖百谷百蔬。" 这一神话于是又推导出了一个与耒耜有关的"延说"故事——将耒推至"木柱"的原型。有学者据此认为"柱"乃"耒"之原型。③ 李根蟠先生由此认定:"所谓'烈山',就是放火烧荒,所谓'柱'就是挖眼点种用的尖头木棒,它们正代表了刀耕农业中两种相互连接的主要作业,不过被拟人化了。这是我国远古确曾经历过刀耕农业阶段所留下的史影。"④ "耒耜"作为正统农器具与英雄祖先的关系还有夏禹说:禹奉命主持治水工作后,决心继承父亲遗志,以伯益、后稷为助手,以身作则,云:"身执耒耜,以为民先。"(《韩非子·五蠹》)⑤

---

① 参见彭兆荣《中华本草与生命本体》,载《生生遗续 代代相承——中国非物质文化遗产体系研究》,北京大学出版社2018年版。
② 参见柏芸《中国古代的农具》,中国商业出版社2015年版,第3页。
③ 参见周昕《石器时代非石质农具》,《古今农业》2001年第3期。
④ 李根蟠:《中国古代农业》,商务印书馆2005年版,第11页。
⑤ 彭世奖:《中国农业:历史与文献研究》,世界图书出版公司2016年版,第121页。

第三部分 农仪 农艺

就主干神话之叙事论。对于"神农制耒耜以教天下"之神话原型，被后来的学者不断经注、阐释，有些甚至误以为一事二祖。笔者认为，有些神话并不需要过于费力去索考，因为"英雄祖先"并不能细细考究，甚至难以溯源，惟求"正名"。然在农具史上，后世更多以"神农氏"之始为考述滥觞，使之"一直是聚讼之府"①。后者愈说愈繁，亦愈说愈杂，甚至到了不易判辨的地步。事实上，耒耜类农具是随着农业的发展，经过长期演化自然产生，并不是哪一个人突然发明的，所以神农制耒说乃为附会之说。比如，山东省嘉祥县东汉武梁祠遗址中神农执耒画像的"榜题"为："神农氏，因宜教田，辟土种谷，以振万民。"②表明"神农"之功重在农功。然而有的学者认为画像中神农所执耒器与历史真实不尽相符。③

如此判断是否过于绝对仍需考量，因为对于神话之"历史真实"这样的问题，学术界并无共识：是某一个历史时段的农具？是某部（些）经典的表述？是某个、某些文史学者的言论？是某个历史阶段的一种门类的农器具？是某个（些）地区的农具形态和形象？抑或是某一地方的考古材料，对这些材料的不同解释似乎皆未尽然。笔者更愿意将耒耜视作中国农具的原始类型。如果将神话原型视为中国文化之渊源，便有了更可接受的历史逻辑。比如"炎黄子孙""龙的传人"等说，只需证明中华民族有一个"共祖"就行了。皆知黄帝为中华民族之共主，特别在是黄帝的武功在涿鹿之战后到达了顶峰，"诸侯推尊黄帝代神农为天子——当时的共主"④。"共主"其实是一种具有历史逻辑的"真实"，未必所有细节都要满足于"事实"。神农之于中国的农业情形也一样，他是"共祖"。诚如唐陆龟蒙《耒耜经》所说："耒耜者，古圣人之作也，自乃粒以来，至于今，生民赖之，有天下国家者，去此无有也。"

以中国农具发展的情形论，神农执耒以原型为始，决然无误，并构成了农作、耕种、力作等文字造型的要件。若以文字图谱看，"耒"之原型显然非常清晰。孙常叙认为，从甲骨文的字形来看，"耒"字并不是最早

---

① 陈昱文：《耒耜类家具的命名及相关问题探究》，《农业考古》2014年第1期。
② 参见[美]巫鸿《武梁祠：中国古代画像艺术的思想性》，柳杨等译，生活•读书•新知三联书店2010（2006）年版，第267页。
③ 参见杨晞智《武梁祠汉画像石"神农扫耒图"研究》，《农业考古》2014年第3期。
④ 钱穆：《黄帝》，生活•读书•新知三联书店2005年版，第17页。

形态的真实写照，因为它已经不是原始的木棒型工具，而是经过后世优化的结果。① 而且甲骨文中的"耒"字并非只有一种写法，而有多种。② 所以，"耒"只是一种构造的基本原型。古代农业素以"力"为劳作者，"力"字在古代也与"耒"字有关，其甲骨文像原始农具之耒形。殆以耒耕作须有力，故引申为气力之力。③ 古代执耒耕作是重体力劳动，以男子为主，即所谓的"男耕"。《说文·男部》："男，丈夫也。从田，从力，言男用力于田也。""男"字从田从力，甲骨文用以耒耕于田中表从事农耕之意，故有从"力""办""男"等字的形体结构。④ "男""勤"的字形尽从力，力皆通耒。

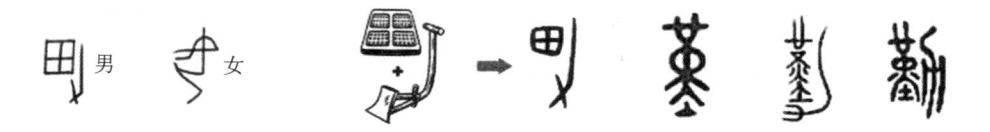

图29

按理，一件农具，有文字表述，有考古资料，何以告难？难在史上述者太多，且各有观点，不少即从神话叙事的解读入手。有的观点认为耒耜是两种不同的农具；有的认为是一种农具的不同构造部分，耒是弯曲的柄，耜是柄下捆绑的不同材质的扁平横板。⑤ 徐中舒先生认为耒、耜为不同之器具。⑥ 第二种观点多将耒、耜看作同一农具的不同部件，孙常叙先生认为，耜是"是接插在耒下的木叶锹头"⑦。两种观点由古至今均有文献的记载，并且各有学者支持。按照家史学家李根蟠的意见：耒耜经由铁器时代的演化，演变为锸，也就是现代还使用的铁锹的雏形。把耒耜的手推足跖上下运动的启土方式逐步改变为前曳后推水平运动的启土方式，耒耜就逐

---

① 参见孙常叙《耒耜的起源及其发展》，上海人民出版社1964年版，第10—12页。
② 杨晰智：《武梁祠汉画像石"神农扫耒图"研究》，《农业考古》2014年第3期。
③ 徐中舒主编：《甲骨文字典》，四川辞书出版社2014年版，第1478页。
④ 参见黄宇鸿《〈说文〉中古代农牧渔猎文化钩沉》，《钦州师范高等专科学校学报》2002年第4期。
⑤ 闫兴潘：《汉字吕的农具》，人民出版社2018年版，第15页。
⑥ 参见徐中舒《古器物中的古代文化制度》"耒耜考"，商务印书馆2015年版。
⑦ 孙常叙：《耒耜的起源和发展》，《东北师范大学科学集刊》1956年第2期。

步发展为犁。① 民族学家宋兆麟从我国一些少数民族在工具演化情况的调查和分析，得出"从棍棒到耒耜"的结论。② 这样的结论，"理同"却可能"象异"，因为我国少数民族，尤其是山地少数民族，刀耕火种的农业形态一直延续到晚近。这存在两种可能性：1. 历史上不同的民族在工具形式上的采借。2. 形象源不同；因为以尖物舀地插土的情形，即使不需要任何考古资料的支持，亦可推证之。

那么应该如何取舍？仔细梳理文献当中有关耒、耜的记载，可以发现两种说法并不矛盾，仅仅存在时间上的差别。记载耒、耜为两种器具的文献，年代相对较早，一般在西汉以前；而将耒、耜看作同一工具的部件的观点多出自后世注家的手笔，如西汉的京房、东汉郑玄、唐代的颜师古等。此外，经注家作注时，习惯于将耜看作金属，这也从侧面说明，此观点应形成于金属农具大量用于生产以后，其年代应该在战国末期至汉初，以在农具刃部套嵌金属口做法的大量出现为代表。③《中国古代农具》一书综合史上之诸家学说认为："可知耒与耜是中国原始及奴隶社会的两种各自独立的不同农具。耜如同斧、锛，必须安装上木柄。耒、耜的木柄都有足踩的横木，操作时足跕手压，直刺土。有人认为，耒为殷商农具，耜为西周农具。这种看法并不准确。商也有耜，西周也有耒。在成书于春秋战国之际齐国官书《周礼·考工记》中，既有耒，也有耜。由此可见，在当时即在'东土'的齐国也不仅有耒，而且有耜。"④

中华文明源远流长，历史上曾经流传甚广，特别是邻近的东亚国家。关于耒耜之传播遗迹，需要提供大量、多重考据，比如潘伟的《中国传统农器古今图谱》述："耜之全形遗制，可见者仅有藏于日本正仓院的'子日手辛锄'。此器曲柄上有一行墨书：'东大寺子日献，天平宝字二年正月。'宝字二年是公元 758 年，为中国唐乾元元年。'锄'是日本起土农具的称谓。'子日手辛锄'的前端，是一尖刀扁状器；柄前分三段渐次弯曲；柄前有一段踏木，踩之耜头即入土；柄末端横一短木，与柄成 T 字形

---

① 参见李根蟠《中国古代农业》，商务印书馆 2005 年版，第 20 页。
② 宋兆麟：《从棍棒到耒耜》，《化石》1982 年第 2 期。
③ 陈昱文：《耒耜类家具的命名及相关问题探究》，《农业考古》2014 年第 1 期。
④ 柏芸：《中国古代的农具》，中国商业出版社 2015 年版，第 9 页。

执手。其形制如中国史籍中所载古耜，应属中国古耜遗制。"① 这是否可以认证，笔者仍嫌证据单薄。考古学家林沄教授作《耒，东亚最古老的农具》，文中从现有考古资料入手，确认耒是头部为双齿形的翻挖土地的工具，公元前 3000 年时已经出现于黄河流域。耒可以比较省力地插进和翻起土块，既是农具也是土工作业的利器。在战国时代，耒经过中国东北地区传到朝鲜半岛，至迟在公元前 1 世纪传到日本的本州岛，一直沿用到公元 5 世纪。确认耒是东亚地区普遍使用过的最古老的农具。② 再比如，韩国大田地区发现的公元前三四百年的"仿牌形青铜仪"上的农耕纹饰图，就是一件非常典型的双齿耒，与神农执耒图中耒也有些相似。③ 据考证此类农具均由中国传入。④

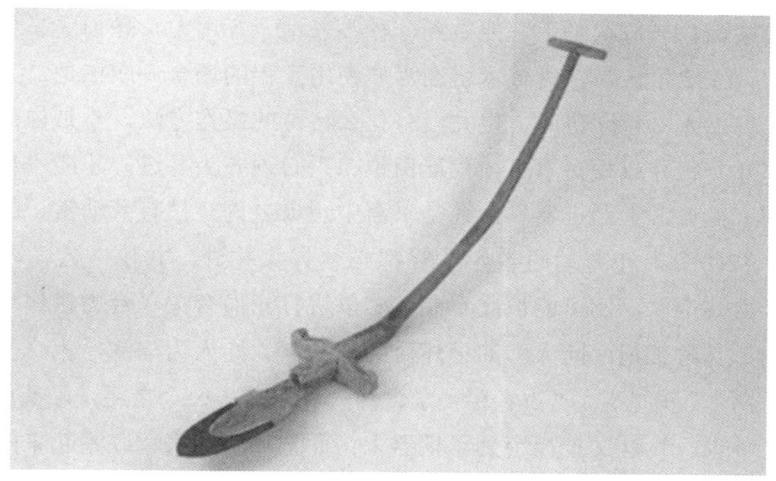

图30　日本正仓院藏"子日手辛锄"（张颖提供）⑤

自从神农始作耒耜以后，历代经典文献、注释家们注疏前赴后继，诸如《礼记·月令》（孟春之月）："天子亲载耒耜，措之于参保介之

---

① 参见潘伟《中国传统农器古今图谱》，广西师范大学出版社2015年版，第4页。
② 林沄：《耒，东亚最古老的农具》，《经济社会史评论》2016年第1期。
③ 杨晰智：《武梁祠汉画像石"神农扫耒图"研究》，《农业考古》2014年第3期。
④ 参见李学勤《力、耒与踏犁》，《农业考古》1990年第2期。
⑤ 资料来源：日本宫内厅官网 http://shosoin.kunaicho.go.jp/ja-JP/Treasure?id=0000014719，潘著所引即此——笔者注。

御间。"郑玄注:"耒,耜之上曲也。"《韩非子·五蠹》:"禹之王天下也,身执耒臿以为民先。"《孟子·滕文公》:"农夫岂为出疆舍其耒耜哉。" 其实,耒耜在古代只是一件重要的农具。然而,何以后来变得如此复杂?一个原因是历史附载于其上的演化痕迹。陈梦家在《殷虚卜辞综述》中对耒耜的演变作如下考述猜测:加之经过,可能如下顺序:1. 在原来的农具之上,附加较硬之木。2. 附加锋利之石。3. 附加铜、铁于耒端。①

古代对耒耜的使用功能上,《淮南子·主术训》中有"一人距耒而耕,不过十亩"的记载。著名的武梁祠汉画像石中神农和夏禹像,都是各人手执一耒的。同时,这些推测之中有的也违反劳动操作一般原理,如说两人并肩共踏一耜是因为一人足踏耜上横木,易使木制的耒耜折断。实际上,若两人共踏除非每次刺土都能做到分秒不差地一齐用力,恐怕更易使耒耜折断的。汪宁生认为,古代耦耕在需要使用耒耜的场合,应该是二人使用二耜,但二人二耜同耕时,也并没有什么特殊的操作方法,不是像前人所说的那样非相并或相对不可。程瑶田说二人必须齐头并进,才能"合力共奋,刺土得势,土乃迸发",纯是书斋中想象之词。稍有劳动常识的人都知道,若两个人在劳动时自始至终都必须齐头并进,共挖一穴,不但不能"合力共奋",倒可能彼此牵制,难以进行。而有关"合力耕作"之器的描述,《考工记·匠人》的记述可为代表:"匠人为沟洫,耜广五寸,二耜为耦。"郑玄注:"古者耜一金,两人并发之……今之耜,歧头两金,象古之耦也。"这又把耜引到了耦器上;而把耦耕和耒耜联系起来的唯一史料就是《考工记·匠人》所说:"耜广五寸,二耜为耦。"但这里的"耜"和"耦"已成为修治沟洫时的计算单位,"二耜为耦"说的是水沟宽深的标准,它不是给耦耕下定义。而我国西南的少数民族的合力协作之农事可为参照。②

除了时代演变的痕迹外,耒更是我国农耕器具的基本构造。《说文解字·耒部》释:"耒,手耕曲木也。"从我国的文字造型一眼便知,凡与农耕相涉之农器、农作者,耒多为部首。换言之,"耒"字作为古老的汉

---

① 参见陈梦家《殷虚卜辞综述》,中华书局1988年版,第542—543页。
② 参见汪宁生《古俗新研》"耒耜新考",敦煌文艺出版社2001年版。

字，成为后世农事、农具的基本。《说文解字》又说："凡耒之属皆耒。"《康熙字典》记载的以"耒"为意部的汉字，根据含义分为两类：第一类表示农业耕作，如耘、耕、耦等；第二类表示农具，如耜、耙、锄等。① 大凡农具，必然会在农耕文明的发展中根据时代需求而发生改变；如果我们确立"耒耜"作为中国传统农器之"原型"，其基本的功能就是以器具插入泥土，用于垦土。《说文》："耜，臿也。"《释名》："锸，插也。插地起土也。……或曰铧。铧，刳也。刳地为坎也。"《方言》："臿"，宋、魏之间谓之铧。无论后来的改进有什么变化和提升，这一点都是不变的。唐代陆龟蒙《耒耜经》曰："经曰：耒耜，农书之言也。民之习，通谓之犁。"②

随着时代的变化，"耒耜"类农具也发生变化，犁就是一个典型性代表，王祯《农书》如是说：

> 犁，垦田器。《释名》曰："犁，利也。利则发土，绝草根也。"利从牛，故曰犁。《山海经》曰：后稷之孙叔均，始教牛耕。注云：用牛耕也。后改名耒耜曰犁。③

按此述说，犁就是耒耜之改进版，改进要件有二：一者，犁头已为铁器；二者，畜代替人直接力耕。④ 但关于何时才有牛耕的讨论，学术界有不同的意见，有的学者甚至认为殷人之牛耕尚不发达，以犬曳犁的可能性。⑤

综上所述，耒耜为我国农具之先者当无误。只是"先"包含着大量不同的含义：神农先祖、农业先时、农器先驱；任何单一性考述或难为成全之说。

---

① 参见闫兴潘《汉字吕的农具》，人民出版社2018年版，第10页。
② 阎文儒、阎万石：《唐陆龟蒙"耒耜经"注释》，《中国历史博物馆馆刊》1980年第00期。
③ （元）王祯撰，缪启愉、缪启龙注释：《农书译注》（下），齐鲁书社2009年版，第424页。
④ 参见潘伟《中国传统农器古今图谱》，广西师范大学出版社2015年版，第7—11页。
⑤ 参见许进雄《许进雄古文字论集》，中华书局2010年版，第316—317页。

第二节　器之形制

子曰："工欲善其事，必先利其器。居是邦也，事其大夫之贤者，友其士之仁者。"（《论语·卫灵公》）此话仿佛是上述"犁"之注释。《耒耜经》释："冶金而为之者曰犁镜。"而"犁为牛拉"[①]。相对而言，木器不能利于铁器。"犁"的本义即为"利"（尖利、锋利），徐中舒在《耒耜考》中释之乃"刀"，为"力形之变"。[②] 刘熙《释名》曰："犁，利也，利则发土绝草根。"汉代《盐铁论·水旱》："农，天下之大业也。铁器，民之大用也，器之便利，则力少而得作多，农夫乐事劝功。"《盐铁论·农耕篇》又说："铁器者，农夫生死也。"可见秦汉时期农业生产已与铁器不可分割，农具业已铁器化，从而为牛耕的推广创造了条件。[③] 然而，耒耜之材质为"木"抑或为"金"，史籍记述便有出入。《周书》曰："神农……作陶冶斧，破木为耒耜、锄、耨、以垦草莽，然后五谷兴。"[④] 如是说，耒耜的制作材质是木料，而犁为耒耜的发展版，其特点在于使用了铁作为材质。事实上，近年来所发现的考古耒耜的工具实物中，也发现骨制、蚌制、鹿角制、石制和木制的耜。[⑤] 更有意思的是，汪宁生教授在一些少数民族、族群的考古材料和实际调研中发现各种"执耒模型"。[⑥] 然而，在汉族的各种农书、农具的图谱、实物中，不少标注耒耜者却都有铁的应用。

---

① 阎文儒、阎万石：《唐陆龟蒙"耒耜经"注释》，《中国历史博物馆馆刊》1980 年第 00 期。
② 参见徐中舒《古器物中的古代文化制度》"耒耜考"，商务印书馆 2015 年版。
③ 柏芸：《中国古代的农具》，中国商业出版社 2015 年版，第 15 页。
④ （元）王祯撰，缪启愉、缪桂龙译注：《农书译注》（下），齐鲁书社 2009 年版，第 498 页。
⑤ 参见汪宁生《古俗新研》，敦煌文艺出版社 2001 年版，第 42 页。
⑥ 同上书，第 48 页。

第十八章　器二不匮：再述农器之重

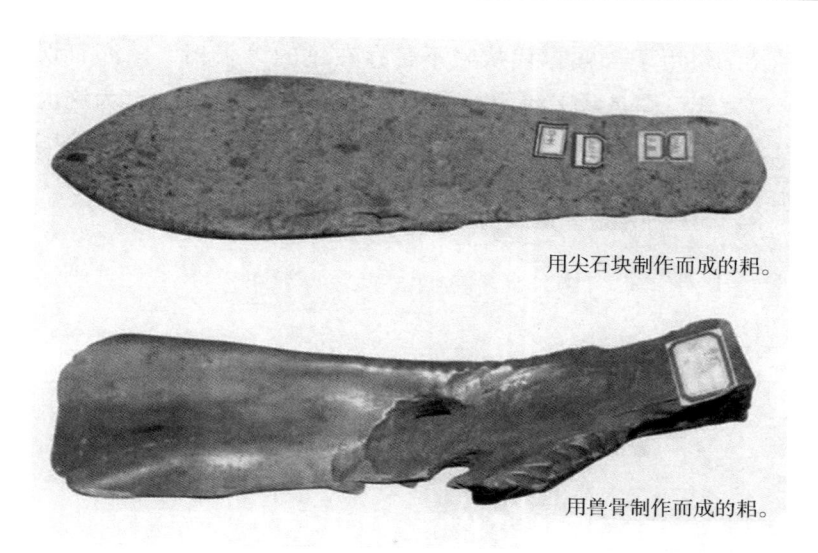

用尖石块制作而成的耜。

用兽骨制作而成的耜。

图 31　铁耒实初[①]

关于耒耜作为农器之形制，一直存在着较大的分歧。王祯《农书》之"农器图谱集·耒耜门"在引述耒之形制时，基本上是承古述：

> 耜上勾木也。《易·系》曰："神农斫木为耜，揉木为耒。"《说文》曰："耒，手耕曲木。"《周官·考工记》："车人为耒，庇长尺有一寸。"郑注云："庇，读如棘刺之刺。刺，耒下前曲接耜。"则耒长六尺有六寸，其受铁欤？自其庇，缘其外，遂曲量之，以至于首，得三尺三寸；自首遂曲量之，以至于庇，亦三尺三寸。合之为六尺六寸。[②]

显然，由于农史上对于耒耜的描述之繁复，真伪难辨，经注者间或以讹传讹，导致耒耜形制也呈现诸多困惑。事实上，今天人们去农业博物馆所看到的，打上"耒耜"名目的图像和实物，看上去差异甚大。各类字典在解释这一条目时也不尽相同。林沄先生认为《辞海》对"耒耜"条目的

[①] 厦东宇：《浅谈耒耜》，《农村·农业·农民》（与中国农业博物馆合办）2013 年第 5 期。
[②] （元）王祯撰，缪启愉、缪桂龙译注：《农书译注》（下），齐鲁书社 2009 年版，第 419 页。对于王氏图谱中对耒耜的尺寸计量，译注者认为其中有误。参见第 421 页。

第三部分　农仪　农艺

解释有误，引用了一幅古代从来不曾存在过的"耒耜"图亦有误。《辞海》的 "耒耜"图是从王祯《农书》转引来的。林先生认为其为这也是《农书》之"败笔"。① 而王祯《农书》中的耒耜图看起来确实与考古遗址中的实物，或古代画像中的耒耜有很大的差异（如下图）。②

图 32　王祯《农书》耒耜图

至于功能，王氏《农书》作如是说：

耜，臿也。《释名》曰："耜，齿也，如齿之断物也"……《周礼·考工记》："匠人为沟洫：耜广五寸，二耜为耦，一耦为伐，广尺

---

① 参见林沄《耒，东亚最古老的农具》，《经济社会史评论》2016 年第 1 期。
② （元）王祯撰，缪启愉、缪桂龙译注：《农书译注》（下），齐鲁书社 2009 年版，第 420 页。

深尺谓之畎。"郑云："古者耜一金，两人并发之。其垄中曰畎，畎上曰伐，伐之言发。"

按照徐中舒的意见，耒耜在历史变迁过程中，形制发生了变化，比如布币即以其为原型，材质发生了变化，功能亦发生了变化：耒的演变，由木质变成了金属制，由歧头变成了平刃，由平首变成了空首。① 以笔者之拙见，耒耜作为农器之初，只是农具之一**种**。舀为之具体的功能，后来逐渐扩大，造成其形象、其材质、其功能无不发生变化——从农具之一种变成了一**类**。后来在形态上，甚至功能上扩展到了武器、布币、礼器等，最终成了一**系**。**种—类—系**随之扩充。② 对其认知更是扩展至"三才"范围。然而如果人仍在认知上固守其作为农具之一种的层面上，必定导致在理解、描述上的巨大出入。

不过，如果耒耜作为农器之一种类，能够在历史上如此大幅之演变，导致后世对耒耜其形制、功能的描述未能统一，造成了功能表述上对后人的不同理解。一定程度上说，耒耜形制与其象的关系微妙，其中之一在于文字形象与实物形体的契合问题。从现存的文字资料看，在古老的 214 个象形字中，"耒"即在其列，它在甲骨文中就是犁具形象，说明最早的犁具系由人来完成的，后来由"犁"（牛）替代。③ 这样的判断是有根据的。初，耜、耒皆为人力，至叔均才开始以牛耕耘；《山海经·大荒经》曰："叔均始作牛耕。"在农具的演变史中，"耒"显然是一个重要的阶段性农具。陈梦家根据殷商卜辞的材料提出这样的观点，即卜辞和金文中都没有"耕"字，古以耒耕。故《齐民要术》卷一引《说文》："人耕曰耕，牛耕曰犁。"可证殷商卜辞中的耒耕为人耕。④ 人类学家张光直认为耒很可能是商人最基本的翻土耕田工具，即带长柄的工具。学者们认为那是一种

---

① 徐中舒：《古器物中的古代文化制度》"耒耜考"，商务印书馆2015年版，第11—18页。
② 关于原始分类，人类学家涂尔干、莫斯在《原始分类》对中国的分类体系给予了专门的论述：中国的分类除了其基本特征外，"唯独一点例外，那就是我们所知道的范围外，它一贯独立于任何社会组织"；包括诸如天文、星象、占卜等，形成了自己的分类体系。参见［法］爱弥尔·涂尔干、马塞尔·莫斯《原始分类》，汲喆译，上海人民出版社2000年版，第75页。
③ ［美］鲁道夫·P. 霍梅尔：《手艺中国：中国手工业调查图录（1921—1930）》，戴吾三等译，北京理工大学出版社2012年版，第45页。
④ 参见陈梦家《殷虚卜辞综述》，中华书局1988年版，第540页。

协同性耕作的工具。① 古籍中二者可单独使用，亦有连用的。对其考据，后人又已发展出了若干新假设。②《齐民要术》卷一便对农具做了"词与物"的考释：

  《周书》曰："神农之时，天雨粟，神农遂耕而种之。作陶，冶斤斧，为耒耜、锄、耨，以垦草莽，然后五谷兴，助百果藏实。"
  《世本》曰："倕作耒耜""倕，神农之臣也。"
  《吕氏春秋》曰："耜博六寸。"
  《尔雅》曰："斪斸谓之定。"犍为舍人曰："斪斸，锄也，名定。"
  《纂文》曰："养苗之道，锄不如耨，耨不如铲。铲柄长二尺，刃广二寸，以划地除草。"
  许慎《说文》曰："耒，手耕曲木也。""耜，耒端木也。""斸，斫也，齐谓之鎡基。"一曰，斤柄性自曲者也。"田，陈也，树谷曰田，象四口；十，阡陌之制也。""耕，犁也。从耒，井声。一曰，古者井田。"
  刘熙《释名》曰："田，填也，五谷填满其中。""耨，似锄，妪耨禾也。""斸，诛也，主以诛锄物根株也。"③

  此外，在中国古代农书中，种类也不同。除了以《齐民要术》为代表的知识百科型农书以外，月令④型农书也占有相当大的比例。如存世最早的农事历书《夏小正》、后汉崔寔《四民月令》、南朝宗懔《荆楚岁时记》、元鲁明善《农桑衣食撮要》等。以《四民月令》为例，该书依照一年十二个月的次序，逐月安排士农工商的各种事务工作。包括：1. 祭祀、家礼、教育及维持改进家庭和社会的新旧关系；2. 安排耕种、收获粮食、油料、蔬菜；3. 纺绩、织染、漂练、裁制、浣洗、改制；4. 食品加工及酿造；5. 修

---

① 张光直：《商文明》，生活·读书·新知三联书店2013年版，第244—247页。
② 许倬云：《两周农作技术》，载《求古编》，商务印书馆2014年版，第125页。
③ （北魏）贾思勰：《齐民要术》，缪启愉、缪桂龙译注，上海古籍出版社2009年版，第25页。
④ "月令"一词最早见于《礼记·月令》，指把一年中应该做的事情逐月加以安排，包括天象、物候和农事活动，后历代又增加了天子百官的起居、祭祀、礼仪，以及要约平民百姓的法令、条戒等。月令体农书即以月令、时令及岁时为序，来记录、规定或指导农事的体例。

治住宅和农田水利工程；6. 收集野生植物（主要是药材），并配制法药；7. 保存收藏家中各种大小用具；8. 粜籴；9. 杂事。传统中国的农业生产经验，是把天象变化、气候物候、农事活动作为一个整体来考虑安排。中国著名农史学家石声汉指出，我们的祖先最早认识了天时的决定力，出现了"月令"；进一步认识了地域条件也有决定力，出现了"土宜"；最后，乃认识了"顺天时、量地利"，故"可以胜天"之说。这些观念与认识，是我们中国古代农业生产知识最中心的内蕴。①

概而言之，虽然农器具表面上只是简单农业作业的工具，然其形制所包括的内涵和内容却已经跨出了一般"形制"（形态、功能、材质等）的边界，甚至包含着"天—地—人"的相应容纳。

第三节　器之识谱

迄今为止，人们所述之农器具之大者，多以农书为代表。有些农书中的农器具大多从先前之农书中转抄、转引、转述来的。这也说明，中国的农书表述不独自成体系且表述体例具有传承性。但同时也造成了诸多困难、疑难、辨难之处。王毓瑚先生（1907—1980）在《中国农学书录》中指出，我国现存古农书有 330 种以上。② 而历代农书几无例外，皆由士绅兼学者所著。又由于相关的农业知识谱系悠久，其中不少已经遗失，今天人们所读到的农谱、农器谱有时难辨析真伪；不少历史演变的关键形态业已消失，造成迷雾重重。其中还有一部分农书、农器类书籍已经遗失，而后世农书所转录、转述者便无以"核实"。

以宋代的"曾氏农书"为例。中国第一部水稻的专书《禾谱》是江西泰和人曾安止完成的，《禾谱》共五卷。《禾谱》第一部分对水稻的"总名""复名""散名"作了论辩，清晰地指出古今水稻名实之间的联系与差别。特别是作者能对古今水稻的异名进行辨析，比较古今水稻品种之间

---

① 石声汉：《中国古代农书评介》，农业出版社 1978 年版，第 9 页。
② 参见王毓瑚《中国农学书录》，中华书局 1957 年版。

生物学特性的差异。在记载水稻品种时，此书也并非简单地记录名称，而是对水稻的生育期、外形、原产地等均有记载，现存《禾谱》载有籼粳稻21个（其中早稻13个，晚稻8个），糯稻25个（其中早糯11个，晚糯14个）共46个，加上被删削的，共有56个。《禾谱》所记稻品，以泰和地区为主，又并非泰和一地所专有。现存《禾谱》中有8个品种分别见于南宋8种方志。《禾谱》所记稻品，还反映宋代水稻品种资源发展的历史。如当时泰和传入占城稻才四五十年，已有早占禾、晚占禾之分，反映出占城稻在江西传播的史迹。《禾谱》所记泰和水稻品种资源数量之多，说明赣江流域是宋代重要水稻产区。《禾谱》对研究中国水稻栽培历史以及宋代粮食生产有重要意义。而曾安止之侄孙曾之谨在一百多年之后续成了《农器谱》（已佚），今之王祯《农书》译注者认为："《农器图谱》是其一大特色，在现存的古代农书中，它是有突出成就的，而晚出的农书，也往往奉其为圭臬。南宋曾之谨曾经写过一部《农器谱》，书中分列耒耜、耨镈、车戽、蓑笠、铚刈、簸箕、杵臼、斗斛、釜甑、仓庾十项，可惜原书现已失传。王书所列农器门类，与曾书相同而加详，大概是参照曾书而扩充很多。"① 农史通称二谱为"曾氏农书"。

王祯在撰写《农书》的过程中，深受《禾谱》和《农器谱》的影响。曾雄生在《中国稻史研究》中有这样的记述：

> 王祯完成《农书》（时间当为1295—1298年）后，到江西永丰任职（时间当为1300—1304年）。永丰隶属江西吉安，即传统的庐陵地区。成书之后，王祯本想用活字嵌印，得知江西官方已决定刊印而作罢。据《元帝刻行王祯农书诏书抄白》所示，江西官方决定刊行《王祯农书》获得批准，时间是在大德八年（1304年），当时王祯在永丰任上。《元诗小传》记载："王祯，字伯善，东平人，大德四年知永丰县事，以课农兴学为务……著有《农器图谱》《农桑通诀》诸书，尝刊于卢（庐）陵（今江西吉安）云。"又据康熙《永丰县志·贤牧传》，王祯"著有农书，刻于庐陵"。因此，江西最早刻印农书的地方大概是

---

① （元）王祯撰，缪启愉、缪桂龙译注：《农书译注》"前言"，齐鲁书社2009年版，第2页。

在庐陵，而庐陵正是曾氏农书作者的故乡。但元刻本已不复存在，现存最早的刻本为明刻本。其中便有邓渼在万历四十五年（1617年）所刻的三十六卷本，而邓渼则是江西新城人。①

事实上，在王祯的《农书》中有多处提到，或涉及"曾氏农书"；兹枚举数例：

王祯《农书》之"农桑通诀之六·祈报篇"：曾氏《农书》云：《记》曰："有其事必有其治。"②

王祯《农书》之"农器图谱之二·牛"：《山海经》曰：后谡之孙"叔均始作牛耕"。世以为起于三代，愚谓不然。（译注者评说：此为节录南宋周必大（1126—1204年）为曾之谨《农器谱》所作的序（见文献通考卷二一八，而"愚谓不然"是周必大自称，不是王祯本人，不宜照抄。）③

王祯《农书》之"农器图谱之二·耒耜门"：仍以苏文忠所赋秧马系之。又为《农器谱》之始。所有篇中名数，先后秩序，一一用陈于左。④

王祯《农书》之"农器图谱集之二·秧马"：苏文忠公序云："余过庐陵，见宣德郎致仕曾君安止，出所作《禾谱》，文既温雅，事亦详实，惜其所缺，不谱农器也。"⑤

王祯《农书》之"农器图谱集之四·薅鼓"：曾氏《薅鼓序》云："薅田有鼓，自入蜀见之。始则集其来，既来则节其作，既作则防其笑语而妨务也。其声促烈清壮，有缓急抑扬而无律吕，朝暮曾不绝响。悲夫！田家作苦，绮襦纨袴不知稼穑之艰难，因作《薅鼓歌》以告之。"⑥

---

① 曾雄生：《中国稻史研究》，中国农业出版社2018年版，第149—150页。
② 见（元）王祯撰，缪启愉、缪桂龙译注《农书译注》（上），齐鲁书社2009年版，第148页。而译注者或因缺乏"曾氏农书"的相关资料和信息，亦难以决断。参见第150页。
③（元）王祯撰，缪启愉、缪桂龙译注：《农书译注》（下），齐鲁书社2009年版，第431页。
④ 同上书，第419页。
⑤ 同上书，第449页。译注者依据苏轼（即苏文忠公）所述见曾安止的情形所留下的历史材料作注。参见第450页。
⑥（元）王祯撰，缪启愉、缪桂龙译注：《农书译注》（下），齐鲁书社2009年版，第486页。

第三部分　农仪　农艺

　　王祯《农书》之"农器图谱集之六·朳"：无齿杷也。所以平土壤，聚谷实。《说文》云："无齿为朳。"《禾谱》字作"戛"。①

　　综上所述，虽我国古代似不缺农谱，然以今日观之，识谱、传谱、承谱却并不十分畅通。何以至此？大致有以下几个原因：

　　古之文字，微言大义，后者无论是经注者，还是农史学家们皆缘此而"我注六经"。比如王祯《农书》中此类事便不少。② 再说，三皇五帝之英雄祖先传说原本难以求真、求实、求证，更多的只是为了满足"名正言顺"之传统叙事和表述，个中原委经过历代经学之注者、疏者、训者不断累递、叠加说辞、观点、判例，使得表述对象愈发变得雾里看花。此其一；

图33　武梁祠遗址石刻大禹执插图③

---

① （元）王祯撰，缪启愉、缪桂龙译注：《农书译注》（下），齐鲁书社2009年版，第505页。
② 同上书，"前言"中第四部分。
③ 说来令人为诧异，对于这一著名的遗迹，即使是考古学家、历史学家对武梁祠遗址中的石刻、汉砖图纹的解读迄今仍见仁见智。

第十八章 器二不匮：再述农器之重

耒耜开农具之先，后来同门同类者多在其基础之上创新改造，使之类别分化越来越大。而分化主要沿着两条线索进行：1. 在农具范畴内的分化；2. 农器与礼器的分化。有学者认为，中国农具的分化约产生于新石器时代晚期。考古学研究表明，新石器时代最为广泛的农业生产工具便是石斧，全国各地的遗址中都有发现，一般最先是从石斧中分化出石钺，继而发展成玉钺，到商周时期则演变为青铜钺，钺是拥有者权力、地位、身份的象征，起着规范、统一人们意识的作用，是最早出现的礼器门类。① 此其二；

中国地大物博，不同的地方、区域在实际农耕作业中，不断地发明、采借、创新、改造，增加了当地的需求性功能，以致难辨识其源。另外，同一件农具在不同的地方，不同的时段可能出现不同的称谓，比如农具臿类器"锹"：颜师古曰："锹也，所以开渠也。""或曰削，有所穿也。"《唐韵》作䥕，俗同臿。此外，在不同的地方方言里又有不同的称谓，"盖古谓臿，今谓锹，一器二名，宜通用"②。此类似例子甚多，不赘述。而且，古代农具并没有"标准化"模型，虽然在《周礼·考工记》中有这样的记述，凡是器具，国家都有工官监造，然并未覆盖所有农器具制造领域。③ 真正的农具多为地方、农民自治，并不需要完全依照标准、尺寸造之，比如从现在的考古资料、石刻、绘画等反映的"犁"在细节上有大的差异。④ 此其三；

不同时代的农书、农学家原已然形成了我国相对独立、独特的"农书体系"，可惜其中不少完全遗失、失传，或只剩残卷，"曾氏农书"就是典型的例子。然而，后世农书大多根据当时的情形，承之、袭之、抄之、录之、增之、造之，并在此基础上发展扩充。然而，前者失传，便常常造成对后世之作辨别其中传袭和创新部分的重重困难。不识脉络谱系，如何评判后世之作？中断谱系往往致使原来"简单"之器，变得难以共识。此其四；

---

① 参见王根富《农具的分化与文明的起源》，《农业考古》2005 年第 1 期。
② （元）王祯撰，缪启愉、缪桂龙译注：《农书译注》（下），齐鲁书社 2009 年版，第 454 页。
③ 同上书，第 471 页。
④ 可参见阎文儒、阎万石《唐陆龟蒙"耒耜经"注释》，《中国历史博物馆馆刊》1980 年第 00 期上的山东、陕西、江西的犁，形象就有较大的差异。

中华民族的文明渊远流长，农业与农具亦随着文明的交流传到远近，特别对东亚农耕文明起到了流传和借鉴作用，比如在日本和韩国的农书和农业博物馆中都可以看到我国耒耜的实物、图片和文字记录，而不同国家、地方、族群又根据自己的农作生产情况进行改进、改造、变形，形成了多种"耒耜形制"之亚类，这些"亚类"又时常构成对原型的枝蔓延说，致使在识谱时造成了困难。此其五；

耒耜作为农具，随着农耕文明的变化，传统的耒、耜已消失不存，耒耜在魏晋已逐步消亡。有学者认为，由于南北朝时期出现"灌钢法"和锻铁技术的成熟，使得纯铁制的农具逐渐取代了套嵌铁口的做法，耒耜也逐渐退出了历史的舞台。另外，随着耕作技术的改进，以铁犁和牛耕的兴起为代表，传统的、低效率的耦耕之法逐渐被淘汰。① 而在农器具的演化过程中，却往往并没有注明、说明其"范本"与"摹本"之关系，有时导致形态上、形制上的交错。换言之，后来学者、农史学家大多已经无法通过最原始的器物本身来进行权威认证和判断。此其六；

近代学者中不乏以"二重考据"（王国维）——"纸上的旧学问"与"土中的新学问"（考古材料），到"三重考据"（以傅斯年为代表）为材料依据。② 今日学者叶舒宪在此基础上提出了"四重证据法"。③ 无论几重考据，除了在传统的经学训诂的基础作阐释和注疏外，还需凭借不断出现的新材料，特别是考古材料和整合协同学科之间在方法上的借用和采纳。这种知识和方法上的更新和革新，都将带来旧有学术，甚至结论的变故。有时也因此带来新问题。此其七。

概而言之，《农器谱》是人们了解农具的知识脉络，亦为学术研究之要理。然，中华民族历史之长，空间跨度之大，见仁见智、言人人殊之情形实所难免。是为谱中之"谱"；难，却必须有所识。

农耕文明之有机构造必不可缺少农器具。换言之，农器具作为中华民族文化遗产的重要组成部分，早已厘入农耕文明之机理，是为**常识**。中华悠久的历史变迁，或可能，或实际上形成了农器具的巨大变革，其中一些

---

① 陈昱文：《耒耜类家具的命名及相关问题探究》，《农业考古》2014年第1期。
② 参见侯书勇《〈释祖妣〉与〈耒耜考〉之比较研究》，《郭沫若学刊》2013年第1期。
③ 杨骊、叶舒宪编著：《四重证据法研究》，复旦大学出版社2019年版。

器具、形制、功能随着历史发展逐渐丧失而退出历史舞台，大量的古代农器具已经消失和遗失，致使后世者、后来人不能亲身接触、观摩实物。然而，这并不能成我们放弃重修农器谱的事由，更不能成为当世者不体察先辈凭附于农器具上的智慧和心血的借口，如果这样便有数典忘祖之嫌，是为**常情**。任何事务的发展皆不是凭空，而是在继承前世遗产的基础上的革新与创新，中华农耕文明亦复如是。因此，如果我们不用心了解、认识传统的农器具，"乡村振兴"战略便失去重要一范，是为**常理**。

第四部分　城乡多维

第十九章 西方城政我乡政

第一节 中西方的城乡模式

我国正在进行"城镇化运动",其中一个理由是以西方发达国家中的城市发展为样本。笔者认为,中国的历史和国情与西方都不相同,西式样本在多大程度上可以为我所效法,值得质疑;因为,二者所贯彻的主导价值并不一致。前者为"农政",后者为"城政"。何以为"正"道?当清之、明之。众所周知,在世界近代文明史的发展过程中,"西方中心"作为一个政治地理学的历史霸权——"地理支配对于历史进程的影响"[①]——逐渐演变为一个主导叙事(master narrative),形成了一整套权力话语和表述范式;甚至在当今世界各国的教科书中将"近东—中东—远东"作为常识性工具概念,都是以"罗马"为中心而"制造"出来的。这样的价值谱系是建立在"霸权"的基础上。然而,许多在社会价值系统中得到认可和认同的话语秩序,往往并无"考古"依据,肇始背景常常只是自己的一个"空无",而话语使之"沉默"。福柯在《知识考古学》中对话语秩序的两个主题做过这样的解说:

> 第一个主题认为在话语秩序里,要确定一个真正事件的介入是永远不可能的;并认为在所有表面的起始之外,还有一个秘密的起源,它如此神秘,如此独特以至无法完全在其自身把握住它。以致人们就

---

① [英]詹姆斯·费尔格里夫:《地理与世界霸权》,胡坚译,浙江人民出版社2016年版,第9页。

注定通过朴实无华的编年学，被引导到一个无限遥远的起点，一个从未出现在任何一部历史中的起点；而那个起点本身可能是自己的一个空无。……与这主题相关联的是另一个主题，它以为每个明显话证明都神秘地建立在一个已说过的东西上……而话语却将它遮掩，使之沉默。①

也可以这样说，西方的话语政治所根据的只是"自我"的一套逻辑，而当这一套逻辑被强加于"他者"的时候，强权于是产生。

以人类的认知形态而言，以我为中心的破石推远，差序格局，②是一种符合常理的情形。所谓"认知"，就是以我为中心逐渐向外由近而远的认识过程，就像世界上的国家大都将自己置于地图的中心。这种"中心"观早在人类远古时代，或曰神话推原时代，就被建构成一个对宇宙认知的微型塑模。中国的"一点四方"也是这种塑模的样本。有些文明类型同时有几个"中心"，比如古代的美索不达米亚、印度等。每一个中心都可能被当作"世界的中心"——神圣之所。③它的"创世"性质早就打上了政治地理志的隐喻烙印。古希腊的原始城邦不啻为西方国家政治体制"Acropolis"的雏形。"Acro"意为地理上的"高点"，延伸意义为崇高、权力等。"polis"为城市国家（城邦），这样的国家模型彰显出宗教和文明的神圣性，也历史性地成为西方现代国家在建构中所使用的模版，进而被作为"礼物"送给了全世界。

也就是说，人类的认知无不遵循以"自我"为中心的原则；"人"者皆无例外。只是，当一个文明体系以自我的认知为"中心"，并将自我的价值观强迫"他者"（the other）接受，而"他者"又在这种关系中成为一种特殊配合的"形象"，④并由此制造一种世界秩序的时候，政治话语便宣告诞生。具体地说，以**我**的中心观强迫**他**接受；并配合以各种方式，包括掩饰、欺骗、挟持、威胁、武力等建立起政治话语的"合法性"，这也是我们尤其需要反思和摒弃的。中国"天下—中心"同样是历史认知中最

---

① 福柯：《知识考古学》，谢强等译，生活·读书·新知三联书店1998年版，第28—29页。
② 费孝通：《乡土中国　生育制度》，北京大学出版社1998年版，第24页。
③ Eliade, M., *Images and Symbols*, Translated by Mairet, P., Princeton University Press, 1991, p.39.
④ [美]爱德华·W.萨义德：《东方学》，王宇根译，生活·读书·新知三联书店1999年版，第1—2页。

为彰显的一套政治地理学概念。不过，本文并非刻意于认知性的政治地理学原理，只是通过认知上的逻辑和话语之关系，强调我国传统"自我"价值，提醒我们不要成为"文化帝国主义"的受害者和无意之中的传播者。"文化帝国主义"被定义为：

> 运用政治与经济的权力，宣扬并普及外来文化的种种价值与习惯，牺牲的却是本土文化。①

这种提示和警示尤其重要，它涉及"政治"之"正"的核心价值问题；也是笔者想就此引出的问题：**城正（政）**抑或**乡正（政）**。切换回现实，我们认为我国的当下的城镇化工程即以城政压迫乡政，以城市覆盖农村，以高楼替代田园，以强权交易土地，以指标改换户籍，所犯的毛病是：忘记了我国是一个传统的农耕文明，**农正**才是**国政**。农耕文明的传统决定了任何政治事务皆从乡土出发。费孝通以"乡土"概括中国。梁漱溟也说："中国这个国家，仿佛是集家而成乡，集乡而成国。"所以要"从乡入手"。② 可以说，我国所有重大的政治智慧无不基于传统"农正""农本"之根基。这也是历代帝王、政治家确立"农正""农本"的国家历史；"禹稷躬稼而有天下"（《论语·宪问》）是谓也。简言之，如果西方的政治由城市主导，中国的政治则需从乡村出发。

第二节　正—政之同与异

在我国，"政"从正。正，甲骨文为𝌆，即▫（囗，城邑、方国），解字："囗象人所居之邑，下从止，表举趾往邑，会征行之义，为征之本义。"③ 早先的"正"当为"征"。《说文解字》释："正，是也。"而"正"即"政"。

---

① [英]汤普森：《文化帝国主义》，冯建三译，上海人民出版社1999年版，第5页。
② 梁漱溟：《乡村建设理论》，商务印书馆2015（1937）年版，第182页。
③ 徐中舒主编：《甲骨文字典》，四川辞书出版社2014年版，第146页。

《说文解字》又释："政，正也。"除了征战、停止等语义外，"正"也是官名，《尔雅·释诂》："正、伯，长也。"郭璞注："正、伯，皆长官也。"① 值得特别强调的是，"邑"为城，源于农。《说文解字》："邑，国也。先王之制，尊卑有大小。"而城邑源自乡土，尤指乡村。②《释名·释周国》云："邑……邑人聚会之称也。"初时为乡土的交流场所。吕思勉认为：在所种之田以外，大家另有一个聚居之所，是之谓邑。③ 这也是"井田制"的基本形貌。"邑"大致属于"公田"范畴。④ 概而言之，我国的"政治"来自于"农正"。城邑与田地、井田互为言表。

西方则未然。政治（politics）、政策（policy）、城市管理（polity）、宪法（politeia）等皆与古代希腊的"城邦"（polis）有关。其表述范畴大致包括：1. 城市政体；2. 公民社会；3. 独立国家；4. 联邦制度；5. 部落联盟。由于古代希腊是一个海洋性流动社会，城邦国家的主体由公民构成，公民是城邦的基本构成，citizen 来自于 civitas，而 polis 派生出 polites（市民）。虽然，这两个概念的"知识考古"可以和可能引导出完全不同的语义和方向，甚至古希腊的政治家对此也持不同的看法（比如柏拉图与亚里士多德），但都不妨碍其基本的构成形制，即城邦独立形成，乡村不构成其生成的理由。有些城邦本身就是独立的小国家，其典型的形制正是城邦，比如雅典的卫城。总地来说，城邦通常以一个城市为中心，包括其周围的村社。约从公元前 8 世纪开始，在古希腊陆续形成大批独立的城邦。由是观之，"政治"与城邦有着不解之缘。

从上述的简单考释可以得出以下结论：我国的城乡是共生的，反哺的，城市生成于乡土社会。西方则不然，城市是独立的，是政治的起源，乡村不必然成为城市的协同因素（特别在拉丁系国家），并历史性地形成了城乡的主—从关系。换言之，城乡差别是政治性分类：城市作为"大传统"与乡村作为"小传统"（great tradition, little tradition）的非平等关系；前者指城市具有强大的组织形态和历史意识；后者则指受限于地方性知识的生

---

① 孟世凯：《甲骨文辞典》，上海人民出版社 2009 年版，第 167 页。
② 参见彭兆荣《邑，城在乡土中——中国城镇化的自我逻辑》，《学术界》2018 年第 3 期。
③ 井田的制度，是把一方里之地，分为九区。每区一百亩。中间的一区为公田，其外八区为私田。一方里住八家，各受私田百亩。见吕思勉《中国文化史》，新世界出版社 2016 年版，第 70 页。
④ 参见钟祥财《中国农业思想史》，上海交通大学出版社 2017 年版，第 4 页。

活方式，特指农民的生活。① 这样，中西方的"城乡"构造和分类便出现了巨大的价值反差，二者的相互关系也完全不同。

日本学者池田雄一在《中国古代的聚落与地方行政》一书中表达过这样的观点：

> 孤立的聚落通常是不会止步于孤立的状况。地域性的特征会与政治、社会经济方面的状况产生关联，被纳入更具完整性、补充性的高层级生活圈。在分析村落共同体之时，了解各个聚落与聚落间相互关联而形成的生活圈之间的关系，是一个重要的课题。
>
> 若从同井范围出发来思考各个聚落的话，在更宽广的生活圈的形成方面要注意的是，如马王堆古地图所揭示的那样，会出现多个聚落如卫星散布于核心聚落之侧的情形。
>
> 如邑制国家中大邑与小邑之间的关系一样，核心聚落往往带有政治性色彩，即所谓政治性"都市"。就"都市"与其影响下的聚落，即农村之间的关系来说，"都市"是获得农村收获的同时，提供了地域防卫、治安维持、再生产保障等代偿功能。
>
> ……
>
> 国家与社会，"都市"与农村，或是行政村与自然村，大概都是同类的类别关系。不可能有太大的差异。②

格局因此显现：从历史的情形看，早期有的村落形貌主要是根据地理形势，比如英格兰的村落格局大致有三类：围绕中心的一片绿地或一个广场而建的村落（大多数村落属于这一类）；沿着一条街道伸展的村落以及相对随意地安置下来，相互之间或与任何一个核心点都没有明显关联的村落。③ 在社会权力格局的总体方面，城市—乡村（country-countryside）——城市代表中心、代表权力、代表文明；乡村代表边缘、代表从属、代表乡野。这是

---

① Redfield, R., *The Little Community, and the Peasant Society and Culture*, Chicago, IL: University of Chicago Press, 1960.
② ［日］池田雄一：《中国古代的聚落与地方行政》，郑威译，复旦大学出版社 2017 年版，第 112—113 页。
③ ［英］W. G. 霍斯金斯：《英格兰景观的形成》，梅雪芹等译，商务印书馆 2018 年版，第 59 页。

西方的模型，是西方的"政治"，尤其是在欧洲早期文明中拉丁系的城邦制社会，以海洋文明为底色，以拓殖、商业和尚武为主导方式，土地资源不丰沛，农业难以作为国家发展的支撑性行业。古希腊、罗马的情形大抵如此。中国的情形本应相反，国政即农政，城邑与乡土仿佛孪生，互为你我。可叹，西方这一文化霸权也波及中国。

第三节 乡土与乡政

依照上述分析，中西方文明的原生形态差异甚大，由此导致社会价值的差异甚殊；然而，其价值行进路线却有"殊途同归"之嫌。尽管中西方文明的渊源肇始完全不同，却产生了极为相似认知图案，安德森分析"中国"时这样评说："中国（the middle kingdom）的想象——虽然我们今天把中国想成'中华之国（Chinese）之国'，但过去她并不是把自己想象成'中华'，而是'位居中央'（central）之国。"[①] 同理，"欧洲中心"也是想象的，比如"条条大路通罗马"。那么，制造这样的社会价值的媒介是什么？回答是文字，特别是国家与印刷技术相结合，使得文字拥有了国家"代言"的话语性，制造出具有政治合法性的"官方语言"。[②] 这样，文字既成了"政治话语"的中介者，又充任其代言者。

中国的城乡是一个关系网络，即使晚到 19 世纪，仍然保持着"中国特色"的形态。萧公权在《中国乡村——19世纪的帝国控制》有这样的描述：

> 中国乡村虽然并不是紧密组织起来的社会，但也不是毫无章法的。环绕城（即巡抚、知府和知县的治所）周围的广大乡村地区——乡，包含了乡村生活的许多组织和中心。其中一些我们称为行政组织的，或多或少是帝国政府为达到控制乡村的目的而任意设置起来的，与政府

---

① [英]班纳迪克·安德森：《想象的共同体：民族主义的起源与散布》，吴睿人译，台北时报文化出版企业股份有限公司1999年版，第19页。
② 同上书，第54—55页。

的行动完全无关，另一些则是自然出现的。清政府给予这些自然出现的组织以官方或半官方的认可。并以此把它们纳入官方和控制架构中……

城镇通常是从乡村集市发展而来的。随着一个乡村的经济活动日益扩张，为相邻乡村提供商业服务的集市就变成了更大的贸易中心。这个社区达到失去它大部分纯农业属性的临界点时，就以城镇的面貌出现了……城镇有两种类型：贸易型和制造型。城镇不再是纯粹的、简单的村社，实际上，较为繁荣的城镇或许拥有城墙和其他一些城市特征。①

中国的城乡一体的特征还体现在"集市"的形制上，事实上，人们在城乡看到了普遍的集市形态，不仅难以简单地以"城"或"乡"予以定位，正是因为在许多情况下，二者的边界并不明确，不像古代的"王城""都城""郡城"等，从开始便以"口"的形态修建城墙，有强势的行政权力和严格的等级制度。"城内—城外"有严格的管控形式。然而在广大的乡村地区，"集市"虽然具有城镇元素和因素，但它们基本上都在乡土社会之中。其名称也不同，大体上说，华北集市叫"集"（聚集），华南集市称"墟"，西部则称"场"。不论名称是什么，其功能和形制基本上是一样的。② 也就是说，在以广大乡村为基本背景和格局的形态中，"集市"事实上成了城乡之间重要的关系连接部位。

这方面的研究，美国学者施坚雅（G. William Skinner）的农村地区所谓"正六边形模式"，亦即"蜂房"理论最具代表性。施坚雅认为，过去对中国乡村社会的研究，几乎都是把注意力集中于自然村落，这一观点歪曲了农村社会结构的实际，如果说农民是生活在一个自给自足的区域社会中，那么，这个社会不是村庄，而是基层市场社区。施坚雅要论证的是，农民的社会交往区域，其边界不是他所居住的村庄，而是他周期性赴会的农村集市。施坚雅引入了市场区域的正六边形模式。这一模式基于一种完全同质的假设，也就是说，施坚雅必须首先假定所有的市场背景和条件都是均等的，它们处于同一纬度、地处平原地带、没有江河阻隔、各种资源平均分布、所有的村庄均匀地散落在这片区域，这样，从几何学上看，要

---

① 萧公权：《中国乡村——19世纪的帝国控制》，张皓等译，九州出版社2018年版，第10—12页。
② 同上书，第28页。

做到市场区域之间的无缝连接，每一个基层市场的覆盖区域就只有三种选择：正三角形、正方形和正六边形。而基于任一市场与周边市场之间的等距离原则，就只有正六边形一种选择。换一种表述：每一个标准的市场区域本该都是圆形的，但是，当大量的圆形相互挤压之后，相互挤压的整体就成了蜂窝状。① 虽然对这一理论的批评者众多，但公认其为相关理论的"原点性理论"。

但从村落历史发展的轨迹看，城乡这张政治和社会关系网显然由原来较为**自然**、**自治**的村落形态，随着国家权力掌控的需要，变为越来越对乡村实行更紧密、更多样的**人为**、**人治**的治理趋势。城乡之间的不同文化景观因此生成。费孝通先生在《乡土中国》之"文字下乡"中生动地描述了这一情形：

> 乡下人在城里人眼睛里是"愚"的。我们当然记得不少提倡乡村工作的朋友们，把愚和病贫连接起来去作为中国乡村的症候。关于病和贫我们似乎有客观标准可说，但是说乡下人"愚"，却是凭什么呢？……其实乡村工作的朋友说乡下人愚那是因为他们不识字，我们称之为"文盲"，意思是白生了眼睛，连字都不识。这自然是事实。我绝不敢反对文字下乡的运动，可是说不识字就是愚，我心里总难甘服……。②

"文字下乡"其实已经揭开了谜底，即文字知识。这似乎倒并非中国独有之事，世界皆然，即文字代表文明，不识者代表野蛮——"文—野"之分。然而，对于人类学家而言，"这是一种承认的政治而非认同的政治"③。按照笔者的理解，城乡关系事实上的不平等，原因在于文字：乡下人是"文盲"，城里人"文明"。我们承认这是事实，却不认可对事实之后的所遵循的价值和由此所进行的评判。作为人类的表述方式，在对"书写文化"（writing culture）进行反思和批判的今天，除了"解放"非文字系统（诸

---

① [美]施坚雅：《中国农村的市场和社会结构》，史建云等译，中国社会科学出版社1998年版。
② 费孝通：《乡土中国 生育制度》，北京大学出版社1998年版，第12页。
③ [美]詹姆斯·克利福德、乔治·E. 马库斯编：《写文化——民族志的诗学与政治学》，高丙中等译，2006年版，第15页。

如音声、体姿、图像、口述、仪式、器物等）表述方式之外，"民族志积极地置身于强有力的意义系统**之间**。它在文明、文化、阶级、种族和性别的边界上提出问题。民族志解码又重新编码，说明集体秩序和多样性、包容和排斥性的根据"①。换言之，对于"事实"的意义进行重新解释。

　　回到我国的现实，数据显示：从20世纪90年代迄今，平均每年以一个多百分点的速度增长。到2017年，我国城镇化率达到了58.52%，户籍人口城镇化率为42.35%，城镇人口达到8.13亿。这一进程正是依照我国制定的城镇化"指标"逐步进行的。按照这样的速度，到2030年，我国城镇化率可达到70%，城镇人口可接近9.8亿人。这样做的一个理由是发达国家的城市化率高，达到80%。就是说，如果我们的城市化率达到西方的高度，中国就进入了"发达国家"行列。这事实上是一个背离"国情"的数据陷阱。而事实上，国际农业理论界所关心的问题似乎正好相反："最近几十年，在经济文献中，关于农业发展和工业发展对国民经济增长的相对贡献的认识，发生了急剧的变化。从早期的'工业基础论'转向强调农业生产增长和农业生产率增长对总发展过程的意义。"②

　　有一件事情实在令人难以释怀，我们做这样的假设：如果农村没有城市，农村是可以存续下来的；至少小农经济的男耕女织可以保证人们的基本生存问题；而如果城市没有农村，城市是活不下来，因为城市的人口需要依靠"三农"提供农产品。没有这些农产品，城市人是要饿死的。这样的关系逻辑虽然极其平俗，却是最真切的；也是唯物主义的基本原理。在这样的关系中，从道义上说，城里人应该更加尊敬乡下人，更加体恤乡下人，更加怜惜乡下人，更加爱护乡下人。可事实并不如此；无论是"大传统/小传统"，无论是"文明/野蛮"，无论是"城乡差别"，城市皆无例外地掌握话语权力，即便是"扶贫"，也是自上而下的，似乎是城里人"施舍"乡下人的恩惠。显然，"农本"在向"农政"转换中，已经本末倒置，悄悄地变成了"城本"。逻辑上，中国的传统城乡关系一直很密切，《南宋

---

①［美］詹姆斯·克利福德、乔治·E.马库斯编：《写文化——民族志的诗学与政治学》，高丙中等译，2006年版，第31页。
②［日］速水佑次郎、［美］弗农·拉坦：《农业发展：国际前景》，吴伟东等译，商务印书馆2018年版，第15页。

的农村经济》为我们提供了当时都城与粮食的情形：

> 南宋的都城临安府，是全国的政治中心，同时也是最繁华的商业都市。全府户口在乾道（1165—1173）年间已达 20 万户有余，淳祐（1241—1252）年间增至 38 万余户，咸淳（1265—1274）年间又增至 39 万户……众多市民所需的粮食，除地主食用租米，官员、吏人食用俸米外，一般市民都必须籴米而食，每日出粜食米的数量，① 据估计约达二千石至四千石。《梦粱录》卷一六"米铺"条：杭州人烟稠密，城内外不下数十万户，百十万口，每日街市籴米，除府第、官舍、宅舍、富室及诸司有该俸人外，细民所食，每日城内外不下一二千余石，皆需铺家……②

如此景象非常具体真切，却罕有人分析个中的"道义"问题。美国人类学家斯科特提出了所谓的"农民的道义经济学"③，但却对中国的城乡问题隔靴搔痒。

无论从中西国家政治形态的差异方面而言，还是从当代国际农业的发展趋势而言，上述的认知方向和价值导向都有问题。如果说西方的"政治"来源于"城邦"并延伸下来，那么，我国的"政治"滥觞于"农正"，这一文化遗产值得我们继承。而"城镇化"事实上贯彻的是以西方为摹本的"误读—误解"线路，需要谨慎地加以反思。党的十八大报告中提出"振兴乡村"战略，窃以为其本质是中华民族传统价值之振兴，乃我中华文明之"正道"，为根、为本、为源、为理、为魂。本章认为，我民族有今日之伟大成就，我经济成为世界奇迹，我中华之卓然崛起，如果以为只是"城市"之功，继而便以城镇"覆盖"乡土，则大谬特谬！

---

① "籴/粜"指食用米的买入和卖出——笔者注。
② 梁庚尧：《南宋的农村经济》，新星出版社 2006 年版，第 160—161 页。
③ [美]詹姆斯·C. 斯科特：《农民的道义经济学——东南亚的反叛与生存》，程立显等译，译林出版社 2013 年版。

第二十章　农正之政

第一节　粮农—社稷—世界

　　中国的"政治"从何而来？从"农正"中来。"政"从正，从古代典籍的注释中可知，"政"与"邑"有关，而"邑"与"城"通，亦与"乡"系。① 总之，我国的"政治"来自于"农正"，延伸的意义包括戍边征战、政治制度、行政治理、等级阶序、城邑形制等。故，"农本"不独于历史和传统之重者，亦为当世和继承之重者。

　　在中国的哲学体系中，"天地人"三才互通，认知上可表述为"天时—地利—人和"，政治上可表述为"天下—家国—社稷"。《章氏丛书·原经》："古之为政者，必本于天，殽以降命。命降于社之谓殽地。"② 地从土，形方，故曰"地方""中土"。儒家在农耕文明中产生了"安天乐土""不能安土，不能乐天下；不能乐天下，不能成其身"等说法，③ 皆以"土地"为根基。所以，用"社稷"指示国家。社稷者，祭土祀稷，可知土地与粮食为农业之本，也是立国政治之本。最为简单地表述为：没有土地和粮食，"家国"便无以寄托。我国先秦时期以稷（粟）为谷物的代表，谷物之神和土地之神（社）合为社稷共同接受人们的祭祀的礼拜。社

---

① 参见彭兆荣《邑，城在乡土中——中国城镇化的自我逻辑》，《学术界》2018年第3期。
② 《管子校注》（上），中华书局2004年版，第1页。
③ 参见郑重《中国古文明探源》，东方出版社2016年版，第267页。

稷之祀成为国家之祀，于是，社稷成为国家的象征和代称。①

"农"根植于"土"，"土"生产了"粮"。是为"政治"之首务，所谓："有地不务本事（注疏：谓农），君国不能壹民，而求宗庙社稷之无危，不可得也。"② 农业的根本是粮食问题。数据显示，改革开放40年来，我国的农业生产有了很大的发展，已是全球最大的产粮国，粮食生产在经过12年连年增产后，这几年一直稳定在6.2亿吨左右。③ 也可以这样说，中国的粮食问题如果不能解决好，已经不单是中国自己的问题，甚至成为世界问题。世界著名经济学家D.盖尔·约翰逊对中国的土地和粮食给予了特别关注，原因之一就是，中国的土地和粮食问题深刻地影响着全球。为此，他对中国的情形和存在问题提出下列例证：

1979年一位中国官员汇报说，近10%的中国人民没有足够的粮食，这一数字大约为1亿人。④

1988年11月的农村工作会上，邓小平说："农业的主要问题是粮食问题。"⑤

莱斯特·布朗在一篇题为"谁来养活中国"的文章中提供了这样的数字：到2030年，中国的粮食产量将比现有水平下降至少1/5。单是人口增长这个因素就会使中国的粮食消费增加1.44亿吨。如果加上粮食产量下降为0.6亿吨，中国到2030年就需进口2.16亿吨粮食。⑥

对此，约翰逊的评述是："谁来养活中国？"结论是：当然是中国人自己。这并不意味着中国在粮食生产上将完全自给自足。如果中国真的大量进口粮食，并不会引发灾难。在"农业会威胁中国的经济发展吗"的命题之下，约翰逊的见解是："实际上，农业不仅没有威胁经济增长，恰恰

---

① 刘兴林：《历史与考古——农史研究新视野》，生活·读书·新知三联书店2013年版，第43页。
② 《管子校注》（上），中华书局2004年版，第53页。
③ 许智宏：《为什么要研究转基因》，《人与生物圈》2018年第6期。
④ [美]D.盖尔·约翰逊：《经济发展中的农业、农村和农民问题》，林毅夫等编译，商务印书馆2017年版，第7页。
⑤ 同上书，第24页。
⑥ 同上书，第44页。

相反，在过去的 15 年间，农民对中国经济增长做出了巨大的贡献。"① 这些数据和评述的基本意思是：今天，中国的农业和粮食已然成为全球化的问题，深刻地影响着当今世界。

毋庸置疑，我国传统的农业生产模式，即自给自足的"小农经济"面对新的形势必须转型。但是，**"最好的转型方式"**是什么？我国正在进行的城镇化也是一种"转型式"工程，即缩小"三农"的体量，提升城市化率。然而，笔者并不完全认可人为的"城镇化"，原因是，那不是一种"自然的方式"。② 萧公权认为，从我国的城乡演化史看，城镇通常是从乡村集市发展而来的。随着一个乡村经济活动日益扩张，为相邻乡村提供商业服务的集市就变成了更大的贸易活动中心。这个社区到推动大部分纯农业属性的临界点时，就以城镇的面貌出现了。城镇有两种类型：贸易型和制造型。城镇不再是纯粹、简单的村社，实际上，较为繁荣的城镇或许拥有城墙和其他一些城市的特征。乡村、集市和某种程度上的城镇，构成了中国乡村的主要形态。③ 也就是说，中国的农耕传统中原本就有城镇的因子，中国今日的经济发展，与这种特性存在着必然的关联。事实上，与农业对中国经济增长所做的直接贡献同样重要的是，农村地区日益发展壮大的乡镇、私人企业。1979 年以来，国家经济增长的动力来自农村而不是城市。

上述推证如果成立，那么，转型的原则应该是：保持"农本"之根，以守住乡土为主，即以"乡村振兴"战略为主、为正、为大。城镇化式的转型为辅、为副、为次。窃以为，是为**农正之政**决定的，任何其他国家的经验皆无法套用。约翰逊在谈到中国农业转型时说："我不知道还有哪个国家在从发展中向中等收入水平国家转型时，农业对经济发展和创造就业机会起到如此主导的作用。"④ 至于农村人口的城镇化转移所满足的条件：1. 为扩大农作生产单位而对农业活动的重组；2. 农业生产中资本对劳

---

① [美] D. 盖尔·约翰逊：《经济发展中的农业、农村和农民问题》，林毅夫等编译，商务印书馆 2017 年版，第 56 页。
② 参见彭兆荣《重建中国乡土景观》，中国社会科学出版社 2018 年版。
③ 萧公权：《中国乡村——19 世纪的帝国控制》，张皓等译，九州出版社 2018 年版，第 13 页。
④ [美] D. 盖尔·约翰逊：《经济发展中的农业、农村和农民问题》，林毅夫等编译，商务印书馆 2017 年版，第 59 页。

动的替代；3. 以提出农业劳动生产率为出发点的科研；4. 农村教育数量和质量上的显著提高；5. 城乡人口迁移的政策。① 也就是说，仍然以"三农"为出发点。

改革开放后，中国通过一系列农业改革所取得的成就是世界历史上所有国家无法比拟的。1979 年至 1994 年中国农业总产出年均增长 6.3%，而且这一成就很大程度上并不是依靠投入更多的资源而取得的。早期的改革极大地提高了农民生产的积极性。1979 年至 1984 年农村生产的增长中，有 50%源于劳动生产力的提高，以及包括人力资本在内的各种要素投入的更合理利用。唯一的"成本"是官僚体制的权力被削弱了。② 农业改革也存在缺陷，主要表现在城乡人均收入差距不断扩大。从 1978 年开始，中国经济增长的发动机是农村，而非城镇；然而，从 1989 年到 1994 年，城镇居民人均收入平均增长 7.1%，而农村人均收入仅年增 3.0%，迄今为止，"扶贫"的基本对象仍然是农民。

至于农业生产的技术，同样是一件极为复杂的问题。由于世界各国之间存在巨大的农业生产率差异，这似乎意味着欠发达国家可以通过赎买发达国家的先进技术，在农业生产率方面取得实际的增长。实际上，这就是建立在"扩散模型"上的一种方式的演化。试图通过直接引进外国技术取得农业发展的做法，大部分是不成功的。③ 而所谓农业生产的"扩散模型"，指农业发展的途径是，更有效地传播技术知识，不断缩小农民间和地区间的生产率差别。④ 这种扩散理论的历史依据是以 18、19 世纪欧洲工业革命的价值观和技术线路为导向的理念和理论。对于我国农业发展而言，外来农业技术的引入，自己农业技术的继承与创新，我国农业生产区域性差异等因素都需要同时兼顾。

这些原因也使得我国的"三农"仍存在不稳定的因素，在西方学者看来甚至是危险的因素，主要表现在两个方面：第一，农村地区收入差距的

---

① ［美］D. 盖尔·约翰逊：《经济发展中的农业、农村和农民问题》，林毅夫等编译，商务印书馆 2017 年版，第 64 页。
② 同上书，第 78 页。
③ ［日］速水佑次郎、［美］弗农·拉坦：《农业发展：国际前景》，吴伟东等译，商务印书馆 2018 年版，第 213—214 页。
④ 同上书，第 47 页。

不断扩大包含着很多危险的因素。在中国，平等主义仍然是一个很强烈的思想观念。收入差距扩大可能会被用来作为否定改革，或者是暂停进一步实验的论据。农村收入差距的扩大，特别是由地区收入差距扩大引起的时候，即使是由其他部门中的市场失败和扭曲造成的，而不是由农村自身改革造成的，上述情况仍有可能发生，这里的扭曲主要指严格限制农民从农村地区向城市迁移。① 第二，土地使用权的不确定性。如果要充分发挥家庭联产责任制的所有潜力，那么必须保证土地使用权神圣不可侵犯，必须允许转让土地使用权并且确保这种权力不受地方政府官员干涉。② 目前土地所有制已经不能适应今后的发展所需的调整。此外，除非农民享有更多且更有保障的土地所有权，他们不会进行更多投资以改善耕地状况或生产设施条件。③

简言之，中国的粮农问题是家国社稷的保障，也是世界和平的一个重要因素。

第二节　方正—井田—田政

"天圆地方"是我国古代宇宙认知的一个重要"原理"。地为"方"，"方正"历来被视为"天下法式"。所以，我国的"国（囗）"（王城、都城的形制），"城邑"（城、乡、野等形势），"井田"（古代理想的治理模型），"疆理"（边界、界线、疆域等划分），"里甲"（古代乡土社会中的行政制度），"里坊"（古代农户、家庭居住的样式和规矩）等，皆以方正为理，"理"亦由方正来。

古代的城市也称城邑。天子都城之制为："匠人营国，方九里，旁三

---

① ［美］D. 盖尔·约翰逊：《经济发展中的农业、农村和农民问题》，林毅夫等编译，商务印书馆2017年版，第17页。
② 同上书，第38页。
③ 同上书，第85页。

门，国中九经九纬，经涂九轨。左祖右社，面朝后市，市朝一夫。"① 盖三代以降，我国都市设计已采取方形城郭，正角交叉街道之方式。②"邑"即城，《左传·庄公二十八年》："邑曰筑，都曰城。"《史记·廉颇蔺相如列传》："臣观大王无意偿赵王城邑。"③ 古代的王城是以"方"为基型进行分区；④ 由内向外推展。其原则正是以"田"为依据。《周礼·地官》："以廛里任国中之地，以场圃任园地，以宅田、士田、贾田任近郊之地，以官田、牛田赏田、牧田任远郊之地。"各种"地区"皆各有功能。就是说，城中为住宅用地，城外郭内场圃可种植瓜果蔬菜，近郊和远郊地区为各种性质的农田和草地，主要用于生产粮食，饲养牲畜。城郊外围还有林区，可供应木材，还可调节气候，保持水土。⑤

"井田制"所载是中国古代的一种土地制度。关于井田制史料和依据，甲骨文字形、《孟子》《周礼》等古籍中有记述。虽学界对井田制度在历史上是否真正实行有不同的见解，但并不妨碍其作为一种制度的模型和样板，对我国的农业，比如田地与农户、人口、税赋等有重要影响。比如，一般认为井田制是这样划分的：每长一里、宽一里的土地为一井，计九百亩，八家农户居住其中。中央一百亩为公田，八家合种，划出其中部分土地作为公用菜地、水井和宅地。四周八百亩，每家耕种一百亩，为私田。井田制规定了农户必须先合力耕种公田，然后才能在私田劳作，而且井内各家要共同生活、互相扶持。井田制是奴隶社会中进行分封、赏赐和计算俸禄的依据。⑥《说文解字》："井，八家一井。象沟韩形，瓮之象也。古者，伯益初作井。凡井之属皆从井。"似与井田制如出一辙。《易·

---

① "'方各百步'，案司市，市有三期，揔于一市之上为之。若市揔一夫之地，则为大狭。盖市曹、司次、介次所居之处，与天子二朝皆居一夫之地，各方百步也。"或意为管理王城的行政长官的居住情形。（汉）郑玄注，（唐）贾公彦疏：《周礼注疏》（下）"周礼注疏卷第四十九"，上海古籍出版社2010年版，第1663—1664页。

② 梁思成：《中国建筑史》，生活·读书·新知三联书店2011年版，第18页。

③ "邑"的意思在历史上有变化，原指城，都城也可称"大邑"。邑也指类似的"乡镇"。秦统一中国的商鞅变法就实行"集小乡邑聚为县，置领，丞"。将社会分成一系列相互连锁的单位，最小的单位便是五户或十户的组。从而确立从县到中央的形制。参见［美］韩森《开放的帝国：1600年前的中国历史》，梁侃等译，凤凰出版传媒集团、江苏人民出版社2009年版，第89页。

④ 参见陈梦家《殷虚卜辞综述》，中华书局2008（1988）年版，第325页。

⑤ 惠富平：《中国传统农业生态文化》，中国农业科学技术出版社2014年版，第115页。

⑥ 钟祥财：《中国农业思想史》，上海交通大学出版社2017年版，第4页。

井》有："改邑不改井。"也指人们聚集的自然村邑，如"乡井"。这也是后来人们将"井"代之为家乡的缘由。徐中舒对古井进行考述后将古井大致归纳为以下四种意思：1. 根据《说文》之意，井由四面横直相交所围构，即一种四方形的井栏，瓮之象也。2. 甲骨文中的"井方"为古代一个部族的名称。3. 与汲水之器辘轳等共同成为一个整体。4.《易经》中的《井卦》。①

"井田"除了指喻家园之外，"国家"的营建和区划以井田之制为据。疏云："井田之法，畎纵遂横，沟纵洫横，浍纵自然川横。其夫间纵者，分夫间之界耳。无遂，其遂注沟，沟注入洫，洫注入浍，浍注自然入川。此图略举一成于一角，以三隅反之，一同可见矣。"② 西周时期，土地的疆理与农田沟洫关系密切。所谓"土地疆理"，与井田制下的土地规划和分配有关。无怪乎"疆""界"皆从田。《诗经》中说："我疆我理，南东其亩。"《诗经·小雅·大田》有"以我覃耜，俶载南亩，播厥百谷"之说，"南亩"表明农夫耕作土地呈南北走向。③ 我国古代的屯田制度一直是土地关系和制度的一种重要方式。军队戍边守疆的同时，还包含着提供自我保障。"屯田就是军事屯垦，最初是为了保障充足的粮食供应而在北部和西北部边疆发展起来的，做法是由兵士自己或其他招募来的人如政府组织的移民等，在边疆就地种粮。"④

里甲制度作为古代基层的代表性管理制度，皆以"田"为据。比如清代的国家基层组织体系的主要形式是保甲和里甲组成：

> 清廷实行保甲政策，遍于全国，始于顺治，初为总甲制，继为里甲制，皆十户一甲，十甲一总，城中曰坊，近城曰厢，在乡曰里，康熙四十七年申令十户立一牌头，十牌立一甲头，十甲立一保长。

---

① 徐中舒：《古器物中的古代文化制度》"古井杂谈"，商务印书馆2015年版，第334—342页。
② （汉）郑玄注，（唐）贾公彦疏：《周礼注疏》（下）"周礼注疏卷第四十九"，上海古籍出版社2010年版，第1675页。
③ 惠富平：《中国传统农业生态文化》，中国农业科学技术出版社2014年版，第108—110页。
④ 屯田是晁错在公元前165年第一次提出把部分人口迁移到边疆的建议（《汉书补注》），转自[美]许倬云《汉代农业——中国早期农业经济的形成》，程农等译，江苏人民出版社2012年版，第137页。

保甲虽然起源早，但直到清朝才正式采行。一些历史学家认为，保甲的雏形始于《周礼》，但真正作为地方行政的控制系统，到清朝才算完备。①无论是保甲还是里甲，事实上都是从"田"延伸出来的。

这里需要加以辨析的是，古代国家的基层形制和管理体系与帝国官僚体制有着本质的不同，由于国家需要通过税赋、纳贡等方式主要从农民那儿获取粮食，对三农的掌控自然在任何朝代都存在。然而，对于广大"乡野"，国家的掌管是有限的；比如所谓的"国法"就没有根本性地进入广大乡村，乡土社会是"无讼"的。②传统的村落，正如费孝通先生所说的那样，是"自治"的。"乡里"与"自理"自成体系，根本仍然在"田"。先秦的民居在"里"。《尚书·多方》为周公代表成王向殷遗民发布的诰令："今尔尚宅尔宅，畋尔田。"治田曰畋。无论如何，有宅有田，方能把人安顿下来。宅是安居，田耕为乐业。聚居的邑落就是里，所谓"在邑曰里"，里居为廛。《诗·魏风·伐檀》有"胡取禾三百廛"，毛传："一夫之居曰廛。"此以一廛指一户之税人。"里"就是农民平时集中居住和生活的地方。③而农民们主要通过田赋的方式"纳税"——"税"即以"禾""兑"之。

简言之，中国的田政是一条重要的国家管理线索，契合着"国家—城邑—井田—疆理—里甲—里坊"等整体原则。

第三节　农正—乡政—礼治

以农为"正（政）"的社会结构，与乡土社会的礼制原理和治理制度存在着逻辑关系。在传统的乡土社会里，村落是自治的。只要是一个社会群体单位，就有秩序，有秩序就需要维持，维持秩序需要的力量在治理。

---

① 参见萧公权《中国乡村——19世纪的帝国控制》，九州出版社2018年版，第38页。
② 费孝通：《乡土中国　生育制度》，北京大学出版社1998年版，第54页。
③ 参见刘兴林《历史与考古——农史研究新视野》，生活·读书·新知三联书店2013年版，第227—228页。

所以,"统治如果是指社会秩序的维持,我们很难想象一个社会的秩序可以不必靠什么力量就可以维持";而"乡土社会秩序的维持,在很多方面和现代社会秩序的维持是不相同的";费孝通先生将乡土社会的治理方式称为"无治而治"——"礼治秩序"。"礼和法不相同的地方是维持规范的力量。法律是靠国家的权力来推行的,而礼却不需要这有形的权力机构来维持。维持礼这种规范是传统。"在我国传统社会权力运作的范围,以封建社会的历史纵线看,"横暴权力"的到达基层为"县",虽然数千年来封建统治有着不同变迁(自秦始皇到清末),但总体上封建治理的基层都维持在"县"一级。这昭示着,在县以下的我国广大的乡土社会,即以汉族村落为主要的社群单位的秩序维持,依靠的是以传统的宗族乡贤、族老为代表的"同意权力"来治理乡村。①

乡土社会治理的一个特点就是所谓的"乡约"。按照萧公权的说法,"乡约"这个词的起源可追溯到1076年,是时,一名儒生草拟了一份《吕氏乡约》,制定了一项进行某种乡村自治计划,虽然他深受《周礼》的影响,但其基本思想又不同于《周礼》。他所草拟的乡约是乡人自愿、自发的合作,在道德、教育、社会关系和经济互助四个方面共同努力。这种乡约,跟《周礼》中所描述的基层社会单位不同,并不是由政府主导的。大约一个世纪后,理学家朱熹非常喜欢这个想法,并进行了改善。明朝著名学者方孝孺和哲学家、政治家王守仁,积极支持乡约,并作了重要修正。②

在乡村自治中,宗族无疑是乡土自治中的"轴心",而宗族在乡土社会的实际单位是家族。与西方相比,我国传统社会贯彻的是"家族本位",而西方则是"个人本位"。③ 宗族与乡约结合是一种历史现象,比如明代宗族组织在全国发展迅速,产生了"宗族乡约化"的现象。所谓"宗族乡约化",是指在宗族内部直接推行乡约或依据乡约的理念制定宗族规范、设立宗族管理人员约束族人,它可能是地方推行乡约的结果,也可能由宗族自我实践产生。宗族的乡约化导致了宗族的组织化。明代浙江、江苏、

---

① 费孝通:《乡土中国 生育制度》,北京大学出版社1998年版,第48—50页。
② 萧公权:《中国乡村——19世纪的帝国控制》,九州出版社2018年版,第239页。
③ 王沪宁:《中国村落家族文化——对中国社会现代化的一项探索》,上海人民出版社1991年版,第41页。

江西、安徽的一些府、县地方官在推行乡约的过程中，尝试将乡约与宗族结合起来，在宗族设立约长，宣讲圣谕，把宗族纳入乡约系统。官府在宗族推行乡约，也得到宗族的认同，一些宗族甚至主动实行乡约。

明代后期，出现大量官府推行的乡约，多以"宗""族""祠"即宗族为单位。宗族规范的名称，主要有两类：一类是"规"，有"祠规""宗法规条"等；另一类是"约"，有"宗约""族约"和"祠约"，明显打上了"乡约"的印记。① 乡村社会的秩序是通过制定并执行乡规这种实际而积极的方法来维持的。比如在广东的凤凰村，据当地的贤达记述，"集乡绅、订立乡规，以树率循"。乡规的成功推行，取决于推行者的良好素质。

1949 年以后，这种情势发生了根本的变化，中国共产党在我国的农村推行了一系列的"革命"，直到"文化大革命"以前，"阶级"成为乡村的一个基本依据。以往的"地主阶级"在一系列的"改造"中成了劳动人民的一部分。改革开放以来，随着经济为纲的政治，乡村治理的权力格局也发生了巨大的变化。"富人治村"替代了传统的乡贤、族长等同意权力的"无治而治"，特别在中国的沿海地区，这种情形更为突出。贺雪峰教授在以"富人代表人民"的标题下写道："在沿海发达地区，富人希望借担任人大代表和政协委员来获得政治地位，扩张人脉关系，占据更加有利的与地方政府打交道的位置，从而想方设法及至通过贿选来当上人大代表和政协委员，而最终地方人大和政协几乎都是由办厂经商的富人组成时，这个人大和政协就可能对地方政治悄悄地发生巨大的改变。"② 这意味着传统的乡村治理政治在经济发达地区已经发生了重大变化。

对于那些传统的宗族力量强大的村落，情况有所不同，贺雪峰的调查也为我们提供了另外一些村落的情形：鲁中地区属于我们所说的北方小亲族村庄。每个村庄都有十多个分离的小亲族集团，这些小亲族集团大多是五服范围血缘关系组织起来的本家。不同的小亲族之间竞争与合作塑造了村庄治理的基本格局。鲁中地区的小亲族是一种实践中的宗族制度，其最重要的特征是对内合作以在此基础上的形成自己人意识。对内合作主要表现在红白喜事上的合作和年节互动。这样的五服范围内的血缘群体，大的

---

① 参见常建华《乡约往事——从杨开道〈中国乡约制度〉说开去》，《读书》2016 年第 9 期。
② 贺雪峰：《治村》，北京大学出版社 2017 年版，第 11 页。

有三四十户，可达 150 人；小的只有七八户，三四十人。村庄内的政治，尤其是通过村委员选举所产生的村庄政治，主要是村庄内比较大规模的小亲族团体之间的竞争。小亲族内部一般会有一个德高望重的管事操心人，这个人热心肠，会说话，能办事，且公正，威望高。每家有大的事情都会来征求他的意见。办红白喜事他总在现场拿主意做决定。①

在新的历史语境中，传统的"礼制"逐步向"法治"运行。"两委"，无论是作为名义还是实体，正在改变传统乡土社会的治理格局。当然，官方行政上的利弊同时在传统的乡土土壤中生长。按照规定，中国在村一级实行村民自治，村委员由具有选举资格的本村村民选举产生，村委员会委员候选人应具有本村选民的资格。因此，村委会干部应当是由本村村民担任，不过村支部委员可以由上级任免，因此就有由上级下派村支部第一书记的做法。② 然而，在有些城乡一体化程度高的地方，特别是沿海发达地区，村落政治的选举出现了"流官化"的现象，比如苏州市周边的村落，村级治理由自治向行政方向转变，对于发达地区的乡村治理乃至地方治理，具有重要的启发意义。③

我国乡土社会的形制与治理从"自治"到"官治"的性质变化，很大程度上决定着中国"三农"的变迁方向。中国何去何从，"三农"依然是制约的基本因素。正如我国著名的历史学、政治学家萧公权在《中国乡村——19 世纪的帝国控制》的序言中所说，中国"是一个农业大国，乡村居民在其总人口中占压倒性的多数，如果不考虑政府对乡村亿万居民的影响，以及人民在不同的历史时期，不同环境下所表现出来的态度和行为，就不能充分理解中国的历史和社会"。④

---

① 贺雪峰：《治村》，北京大学出版社 2017 年版，第 15—16 页。
② 同上书，第 32 页。
③ 同上书，第 35—36 页。
④ 萧公权：《中国乡村——19 世纪的帝国控制》，九州出版社 2018 年版，第 1 页。

第二十一章 邑，城在乡土
——中国城镇化的自我逻辑

第一节 邑之溯源

我国正在进行的城镇化，这对具有数千年农耕文明的传统是一个巨大的挑战和考验。城镇化或许具有自我内在的变迁逻辑，但以数字化指标，以行政化指令，以项目的形式，以确定的时间完成"项目"，却是令人担忧的。虽然就全球化而言，城市化是一个难以扭转的趋势，但城市化这个概念即使在西方迄今都还是模糊的。① 中国自古就有"城镇化"历史，那是自然的、规律性的，社会需求化的结果，具有自己的演变规律。重要的是，我国的城乡是整体、互动和双向的。城市是在乡土的土壤中成长和生成的。而"**邑**"是一个非常具有中国传统特色的城乡内核——而且世界上只有中国才有。有学者因此把中国古代国家称为"城邑国家"。② 这里的"国"是狭义的"国"，也就是"邑"的引申义。按照孟世凯的意见，许慎解邑字为后世之义。殷商时期卜辞中的邑有数种意思：首要语义即是人所聚之处，如"二邑""三邑"等；此为乡邑，即乡村。然后才是城邑。如武丁时期卜辞有的"贞，作大邑于唐土"。此外尚有人名、族名

---

① Nigel Rapport and Joanna Overing, *Social and Cultural Anthropology: the Key Concepts*, "Urbanism", London and New York: Routledge, 2000, p.374.
② 李学勤主编：《中国古代文明与国家形成研究》，云南人民出版社1997年版，第8页。

等。①《甲骨文字典》强调人的聚集之所为城邑。②

乡土和人群是邑的基本要素。我国历史上的所谓"封建",虽为"封邦建国"之简述,却为农耕文明的特征性表述。西周建国之初,曾实行了历史上空前的大分封,称为"封建"。③ 周人分封的主要形式即周王(周天子)封土地给诸侯,建立一批大大小小的诸侯国。其主要的政治方式是采邑——封赐给卿大夫作为世禄的田邑。《荀子·荣辱》有:"士大夫之所以取田邑也。"故也叫"采地""封邑""食邑"。封建社会君主赏赐给亲信、贵族、臣属的不仅是土地,还包括土地上的农民。采邑以宗法为依据,为世袭,由嫡长子继承。初为终身占有,后变为世袭。采邑盛行于周朝,对后世影响深远。④ 这样,"宗邑"原型构成宗法制度的关键。

如上所述,邑的本义特指一个人群聚集的空间,尤指乡村。《释名·释周国》云:"邑……邑人聚会之称也。"这个空间在初时就是农耕性乡土的交流场所。吕思勉认为邑与井田制度存在着直接的关联:"在所种之田以外,大家另有一个聚居之所,是之谓邑。合九方里的居民,共营一邑,故一里七十二家(见《礼记·杂记》《注》引《王度记》。《公羊》何《注》举成数,故云八十家。邑中宅地,亦家得二亩半,合田间庐舍言之,则曰'五亩之宅'),八家合一巷。中间有一所公共建筑,是为'校室'。"⑤ 这也是"井田制"的基本面貌。而"邑"大致属于"公田"范畴。⑥ 这里有两个要点:一,邑的原始形态是乡土性聚落。二,邑建立了乡土社会的基本构造。

---

① 孟世凯:《甲骨学辞典》,上海人民出版社 2009 年版,第 294 页。
② 徐中舒:《甲骨文字典》,四川辞书出版社 2014 年版,第 710 页。
③ 冯尔康等:《中国宗族史》,上海人民出版社 2009 年版,第 50 页。
④ 参见许倬云《西周史》(增补二版),第五章"封建制度",生活·读书·新知三联书店 2012 年版。
⑤ 井田的制度,是把一方里之地,分为九区。每区一百亩。中间的一区为公田,其外八区为私田。一方里住八家,各受私田百亩。见吕思勉《中国文化史》,新世界出版社 2016 年版,第 70 页。
⑥ 参见钟祥财《中国农业思想史》,上海交通大学出版社 2017 年版,第 4 页。

	邑	

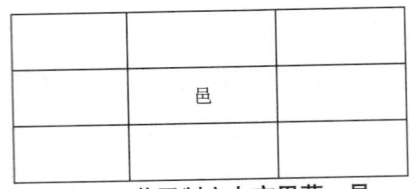

图 34　井田制之九方里营一邑

在邑的基本语义中，城郭的特征明显。邑的形制也建造了我国古代"国"的雏形。具体而言，城郭以方形为基形，大量考古材料可以证之。① 这里有两个可能性：一，城者，邑而成也——直接由邑发展而成。二，移植以井田为背景的邑之形制。《周礼·地官·小司徒》："四井为邑，邑方三里。"《论语·公冶长》："十室之邑，必有忠信如丘者焉。"这就是"小邑"了。古代国家一般规模较小，国家往往同时就是城市，甲骨文中屡见"大邑商"，《书》中作"天邑商"，也就是"大国商"的意思，与此相对的是"小邦周"。这是在"国家"意义上使用的"邑"的概念。② 依据许倬云的意见，"周人可能曾经作殷的属邦，即使其间关系未必一直很和谐，至少周人承认殷商是'大邑'，自己是'小国'"。③

值得特别强调的是，由于邑与井田具有原初意义上的关键链接，即由"方田"的形态演化而成，故，我国城郭的营建模本基本以井田之秩序和格局为样本。"国—囗—國—廓—郭"的形制都是方形（略呈长方形），与传统农耕作业的井田制相互配合。城郭建设以"方"的确立为范，营造形制因此得以确立。而就城邑建制和营造而言，其与方形的田邑也有直接关系。这种建制又成了城邑建筑设计的模型，即"棋盘式"。比如长安是中国为数不多保持其最初布局的城市之一。作为古都，她保留下了棋盘式的街道布局。④ 北京也是棋盘式设计的典型。都城为正长方形，皇城居中，中轴南北定向，形成东西南北格局，配以城门。这其实是《考工记》中确定的形制，基本要理即为井田制之翻版。我国古代的"城邑"（大致上以

---

① 参见李学勤主编《中国古代文明与国家形成研究》，云南人民出版社 1997 年版，第 17—18 页。
② 李学勤主编：《字源》，天津古籍出版社 2015 年版，第 582 页。
③ 许倬云：《求古编》，商务印书馆 2014 年版，第 54 页。
④ [美]韩森：《开放的帝国：1600 年前的中国历史》，梁侃等译，凤凰出版传媒集团、江苏人民出版社 2009 年版，第 190 页。

宗族分支和传承为原则）和"城郭"（大致上以王城的建筑形制为原则）共同形成了古代的"城市样板"。

城邑之"坊"，即以"方"为本夯筑城墙，形制直接来自田邑。《说文》："坊，邑里之名。从土，方聲。古通用埅。"同时兼有街坊的意思。《唐元典》："两京及州县之郭内为坊，郊外为村。"这与中国自古的"八方九野"①之说有关。《周礼·考工记》开宗明义："惟王建国。辨方正位，体国经野，设官分职，以为民极。"而按照《考工记》之形制："匠人营国，方九里，旁三门，九经九纬，经涂九轨，左祖右社，前朝后市。"城郭内为"里坊"结构。②另外，坊在我国城市的历史发展中，含义也在不断发生变化，比如"坊在唐代是作为在城市中区划功能区而出现的，但这一意义在宋代消失了"③。不过，今日北方城市所说的"街坊邻里"仍然延续此义。城如此，乡亦然。其实，"街坊"的概念在乡村也同样使用，即保甲制度下乡村地缘性结构的特征是"每一家以自己的地位作中心，周围划出一个圈子，这个圈子就是'街坊'"④。

不论"邑"为"国"，抑或为"乡"，都衍生于农作，衍生于井田，而且演示出了宗法制度的特殊景观。张光直认为，作为"构成财富和权力的分配间架的社会单位，在那社会构筑的中心是城邑，即父系宗族的所在点"⑤。也就是说，城邑成为我国传统的农耕文明的一个特殊社会单位，包含了城市与乡土、宗法社会构造等传统特性。由于乡土村落具有明显的宗族化身，"宗族组织结构的出现，这一时期的中心聚落也是宗族长和宗庙的所有地，可以视为原始宗邑"⑥。

---

① 所谓"九野"，指"中央曰钧天，其星角、亢、氐。东方曰苍天，其星房、心、尾。东北曰变天，其星箕、斗、牵牛。北方曰玄天，其星须女、虚、危、营室。西北方曰幽天，其星东壁、奎、娄。西方曰颢天，其星胃、昴、毕。西南方曰朱天，其星觜、巂、参、东井。南方曰炎天，其星舆鬼、柳、七星。东南方曰阳天，其星张翼、轸"。（《淮南子·天文训》）
② 参见[新加坡]王才强《唐长安居住里坊的结构与分地（及其数码复原）》，载复旦大学文史研究院编《都市繁华：一千五百年来的东亚城市生活史》，中华书局2010年版，第48—70页。
③ [日]伊原弘：《宋元时期的南京城：关于宋代建康府复原作业过程之研究》，载复旦大学文史研究院编《都市繁华：一千五百年来的东亚城市生活史》，中华书局2010年版，第121页。
④ 费孝通：《乡土中国 生育制度》，北京大学出版社1998年版，第27页。
⑤ 张光直：《中国青铜时代》，生活·读书·新知三联书店2013年版，第13页。
⑥ 王震中：《中国文明起源的比较研究》，第四章"中心聚落（宗邑）与神庙文化"，中国社会科学出版社2013年版。

如是观之，中国的"城邑"与西方的"城市"在形制上有着重大的差异。西方的城市是独自创生并演化的，虽然也有拉丁式开放"城邦"和欧洲日耳曼式封闭的"城市"等类型，①但都不像中国那样直接源自于乡土，特别与井田相联系。

第二节 城邑之政

封建采邑制度催生了大大小小的城邑。城邑制一方面与乡村存在着天然和剪不断的关联，另一方面与古代的政治制度相配合，是为政治（"农正"）之滥觞。"中国初期的城市，不是经济起飞的产物，而是政治领域中的工具。"② 就政治形制而论，城市有都城、府城和县城，它们都与"邑"有关，形成一个金字塔式的政治结构：县以下的乡便实行地方自治。古代的王城是一种城邑建制。殷商卜辞中有许多"邑"，可分为两类：一类是王之都邑；另一类是国内族邦之邑。

"邑"与"鄙"构成了特殊的区域行政关系。"鄙"的基本意思是"县"的构成单位。《周礼·遂人》："以五百家为鄙、五鄙为县。"《左传·庄公二十八年》："凡邑有宗庙先君之主曰都，无曰鄙。""我们假设卜辞有宗庙之邑为大邑，无曰邑，聚焦大邑以外的若干小邑，在东者为东鄙，在西者为西鄙，而各有其田。"③ 这样，"都/鄙"形制就是一种中国式特殊的宇宙观在城市建设中的复制。同时，这种形制又构成了我国古代的区域行政的模型。由此可知，由"邑"所产生的任何类型，以及政治所包含的基本含义，皆属"农正"范畴，不可能是其他。张光直认为："甲骨文中的'作邑'卜辞与《诗经·绵》等文献资料都清楚地表明古代城邑的建造乃至政治行为的表现。"④

---

① ［日］后藤久：《西洋住居史：石文化与木文化》，林静颛译，清华大学出版社2011年版，第2页。
② 张光直：《中国青铜时代》，生活·读书·新知三联书店2013年版，第33页。
③ 陈梦家：《殷虚卜辞综述》，中华书局2008年版，第323页。
④ 张光直：《中国青铜时代》，生活·读书·新知三联书店2013年版，第33页。

第二十一章　邑，城在乡土

总体上说，城市被视为权力的所在，政治、宗教、行政、财富、商品、交换等的集结地。相比较而言，在西方的社会阶序中，城市是以权利和地位划分的等级社会，是社会财富的象征，是高贵和永恒的象征。而西方在区别"城—乡"时，通常是以商业的规模来确定的，当一个地方聚集了某种服务或商品时，那里就被称为城。简言之，在西方的"城市"要件中，政治和商业是基本。在城市结构里，市政中心成为重要的景观要素，并不是因为人们聚集在那里举行庆祝活动，而是因为它本质上是一个政治机构。从这个角度讲，市政中心等同于城市（city）一词的古典含义，即居民团体。①

古代的城市具有防护功能，这大抵是世界城市文明中所具有的共性。城墙、城门、城池等"可视性"是有形的特征。"可视性"一词不仅仅表示某个物体能够被看到，还指显而易见的、从环境中脱颖而出、一瞥即明的某种形式，虽然从这种意义上看，并非景观中的所有物体都是"可视的"。②在城市的政治景观中，城墙是一种永久的可视性要素、而不是一堆私有的、临时的、善变的住宅的随意组合。城墙是防御性的（防御外敌），是阻隔性的（区别差异），也是显示性的（体现权威）。因此，城市的围墙也就具有了防御作用、边界作用、认同作用和社会秩序等功能。防御与团结的分界是划分内与外的"边界线"，是城墙，是围郭城市。

有的学者称这种"围城"为围郭城市。围郭城市事实上是一个独立的社会，特别在西方的城市传统中，"城邦国家"的原始雏形已经奠定了每座城市就是一个"国家"的独立性。由于城市的"独立王国"特性，围墙无论是防御还是象征，都以"牢固"为原则，所以石质建筑的形制常被选用。建筑最重要的边界就是"墙"的存在，也将建城时的建材提到了一个文化理解的高度，特别是石制城建技术和传统。希腊人的砌石技术极为出色，其最优秀的代表作是雅典卫城的建筑群。这里也使用了埃及石结构建筑那样的巨石，然而石头与石头的精巧结合是非常卓越的。③

我国的情形与世界其他国家和地区在城市性质和建制上同中有异。对

---

① ［美］约翰·布林克霍夫·杰克逊：《发现乡土景观》，俞孔坚等译，商务印书馆 2015 年版，第 101—103 页。
② 同上书，第 46 页。
③ ［日］芦原义信：《街道的美学》，尹培桐译，百花文艺出版社 2006 年版，第 7 页。

此，李学勤认为："中国的早期城邑，作为政治、宗教、文化和权力中心是十分显著的，但商品集散地的功能并不突出。"① 故可称为城邑国家。在政治形制中，在政治中心方面，城建也具有相似的功能，特别是王城。我国古代的王城建制实为国之首要大事。建城立都因此需要承天道，应鬼神，是为"说命"也。在传世古文尚书《说命》中就有"惟说命总百官，乃进于王曰：'呜呼！明王奉若天道，建邦设都，树后王君公，承以大夫师长。不惟逸豫，惟以乱民'"。与之相关的文献《墨子·尚同中》：先王之书《相年》之道曰："夫建国设都，乃作后王君公，否用泰也；轻大夫师长，否用佚也，维辩使治天均。"说的是古者建设国都，需告上帝鬼神，以立正长也；建国立都不是为了高其爵，厚其禄，而不为万民兴利除害，安平治乱。② 换言之，古代建设城郭是一件至为神圣之事，涉及建国立基，安邦长治，正名昭世；因此需要上告天帝鬼神，以示凭照。但我国古代的城与邑的外墙，使用夯土围建为特色。

显然，我国传统的"城"是一个具有多维语义的复杂概念，它既可以独自指具有中心性质的王城、都城；也指"城—郊—野"为一体的建设模式。如上所述，"坊"既是井田之"方"的衍义，又以"方"为本夯筑城墙。坊，古甸即土（土，墙）加方（方，边境）。本义为街道里巷的通称，③ 故有街坊的意思。而城郭内外之城乡只一墙之隔，内为坊，外为村。《唐元典》："两京及州县之郭内为坊，郊外为村。"按照建筑史家的观点，中国古代早期的城都有大小二城，小城为宫城，大城为居民区。居民区内用墙分割为若干方格网布置的封闭居住区，称"里"，实行宵禁。④ 相对于"城"而言，"里"与"坊"常常并置同义，所谓"里坊"，表示赖以生存的住宅与田地。"里"作为居住区，与外部世界相对，也有"内部"的意思，城的主要功能是"市"（商业活动），所以后世称之为"市里制城市"。⑤

要而言之，如果说我国与西方城市有什么突出的差异，这就是城乡相

---

① 李学勤主编：《中国古代文明与国家形成研究》，云南人民出版社1997年版，第8页。
② 参见程薇《传世古文尚书〈说命〉篇重审——以清华简〈傅说之命〉为中心》，《中原文化研究》2015年第1期。
③ 谷衍奎：《汉字源流字典》，语文出版社2008年版，第370页。
④ 傅熹年：《中国古代建筑概说》，北京出版集团公司、北京出版社2016年版，第3—4页。
⑤ 同上书，第32页。

互依存。"城邑"即为城乡的合影：从城郭发生、祭祀神圣、安邦立国、政治功能、建筑形制等各方面无不与农耕和乡土有关。这在《禹贡》中就已奠基：乡土、乡村、乡野直接构成"中邦"（中国）的政治背景，即"一点四方"。其中的"贡"，原先主要指的是王城对周边（按"百里"之"服"计量）收的农税。《广雅》："贡，献也。"又云："税也"，即田赋。① 具体而言，指以王城为中心以实行"朝贡"制度。② 由是可知，如果没有乡土农村，中国的城郭便有悬空之虞。西方的城市原型是通过海洋获得所需，中国的城市原型则是从乡土中获得所需。

第三节　邑之乡野

我国的城邑形制在类型上属于农耕文明。考古资料证明，距今9100—8200年的新石器时期早期农耕聚落遗址，比如湖南澧县彭头山遗址，同期还有不少同类遗址，它们已经进入了农业"锄耕"的初级阶段。③ 而农耕文明是以水为基础，从我国史前考古资料所提供的资料来看，古代的氏族聚落遗址就已经出现了与农耕和水利灌溉体系相配合的城郭遗址。良渚古城即可为范。总之，邑是农耕文明的基因、基本和基础。

从政治地理的角度看，"邑"既是从农耕社会产生的，又与郊野连通。《尔雅》："邑外谓之郊。"邑的原始意思是乡村，也就是说，"乡"和"村"都包含"邑"。《说文解字》释："乡，国离邑，民所封乡也。啬夫别治。封圻之内六乡，六乡治之。从𨛜，皀声。"意思是说，乡是与国都相距遥远之邑，为百姓开荒封建之乡，由乡官啬夫分别管理。国都四周划分成六个乡，由六个乡官管理。由此可知，"乡"的基本和通用意思是农村，也就是所谓的"乡野"。"村"在古代与"屯"通，属"邑

---

① 王云五主编："古籍今注今释系列"之《尚书今注今释》，屈万里注释，新世界出版社2011年版，第24页。

② 同上书，第34页。

③ 参见李学勤主编《中国古代文明与国家形成研究》，云南人民出版社1997年版，第16—17页。

族"。表示人口聚集、驻扎的自然村落。屯,既是声旁也是形旁,表示驻扎。白川静认为,"屯"的形示织物边缘垂有线穗的花边,有丝线集束之义。①

"乡村"包含着下列相关的语义:1. 家国和家园所在地。是一个具有以田地为根据地范畴;也是乡愁、乡井、乡里、乡亲、乡情的依附,即家乡、乡土。2. 乡土为"家国之本"。《管子·权修》:"国者,乡之本也。"没有乡村,没以城邑,便无家国。3. 乡村与邑同源,邑与城同指。说明我国古代城乡的原型是一体化的。4. 城郊外的区域,泛指乡野。有乡僻、乡间、乡下。5. 县与村之间的行政区单位。有乡村、乡镇、乡绅、乡试。《广雅》曰:"十邑为乡,是三千六百家为一乡。"《周礼·大司徒》:"五州为乡。"乡的规模历史上虽然大有变迁,却并无妨碍其作为传统的基层单位。

在西方,由于"城/乡"的关系是对峙性的,在这个格局当中,城市作为绝对的权力话语而存在,乡村则是依附的、从属的。而所谓的"野"则既不属于城,也不属于乡,是一种独自的存在。在很长的时间里,它与"文明人"相分隔。"荒野"(wildness)可指与原野人(荒野人)同属于一个充满"野性"的世界。罗尔斯顿认为荒野即自然。同时荒野是"自由"的,二者相契合。② 换言之,"野"是与"人为""人工"相对立的概念。美国的国家公园在做形制定义的时候,"荒野"是一个最重要的依据。人们今天仍然可以看到"荒野",是因为担心城市的扩张,人的过分干涉,使得荒野从美国景观中消失。所以保留荒野自 19 世纪中期以来,就一直都是国家讨论的主要话题。③

但在中国,"乡野"却常常用于指示"乡下人"(未开化的人),从中可以看到所谓"文/野"之分的历史痕迹。我们在确立"乡土社会"的时候,同时也包含了"乡野"的基调,多指"不识字、没文化"。那可以教化的,只需"文字下乡",④ 因为"文盲"可以"脱盲",就像我们今天讲"脱贫"一样。需要强调的是,乡村原始基调为"自然村"。当然,在

---

① [日]白川静:《常用字解》,苏冰译,九州出版社 2010 年版,第 287 页。
② 参见赵红梅《罗尔斯顿"荒野"三题》,《鄱阳湖学刊》2017 年第 1 期。
③ [美]罗德里克·费雷泽·纳什:《荒野与美国思想》,侯文蕙等译,中国环境科学出版社 2012 年版,第 90 页。
④ 费孝通:《乡土中国 生育制度》,北京大学出版社 1998 年版,第 12—23 页。

我国古代"一点四方"的政治格局的表述中,"野"首先是指"远",它包含两种基本的意思:1.与"中心"(一点)距离上的远。2.指"开化"的程度。在言及"野"与未开化的人群关系而论,是指"中(中国、中原、中央)"为中心的人群关系,即"华夷之辨"。

简言之,世界各文明中的"城市"和"乡村"的历史既有共同的人类遗产的部分,又都可以各自表述。我国的城市(城邑)史却必须从"乡土"说起,古代城市发展的重要动力来自农村。费孝通以"乡土中国"概括之,极为精准。但对于"乡土景观"的范畴学术界却没有共识,有的学者认为乡土观景是相对于城市而言的,有自己的品质,包括 1.农村——稳定的农业或牧业地区;2.有封建家长制社会;3.处于手工农业时代。[①]如果这样,城市,特别是在中国的城邑,似乎就被排除在"乡土"之外。笔者倾向于将"乡土"置于"中国"的背景之中,这样,乡土便建立在了以农耕文明为背景的传统的"乡土中国"之上,却并不排斥与城市(城邑)建立的特殊的连带关系,尤其是中国的城镇化,事实上与乡土存在着亲缘关系,不仅表现在人的血缘,还表现在亲缘和地缘的密切关联上。

从上述的表述可以看出,我国的"邑""城邑"都与乡土性有着"特殊关系",这是中国的国情,也是城市的特色——城镇化的自我逻辑。而令人担忧的是,今天我们正在进行的城镇化,却忘却、忽视了这一历史逻辑,甚至把"城—乡"置于西方式的二元对峙来看待和对待。这是需要警惕和警示的。其实,"城镇化"与"留住乡愁"在传统的语境里可以和可能不悖,重要的是能够真正做到文化自觉、自信和自主。依据笔者的理解:如果我国的城镇化不能保持和保留传统的乡土遗产,以毁坏、耗损、覆盖乡土为代价,那不啻为一种"弑父"行为,才是真正的"乡土之患""后世之忧"。

特别值得一说的是,西方社会历史的"城—乡"体制中的"城市话语",以及城乡差异与分隔的弊端,早就为学者们所批评、所厌恶。但正是英国人,早在 100 多年前就发现工业城市带给社会的问题,开始了田园

---

① 参见俞孔坚《回到土地》,生活·读书·新知三联书店 2016 年版,第 197 页。

城市的设想与设计。特别是霍华德具有世界性影响的名著《明日的田园城市》一书的出版，促使了英国于1898年建立了田园城市协会。"田园"从 Garden 译出，在英文中，它有着多种意思，如花园、果园、植物园、苗圃等，但作者的真正用意是"城乡一体"，将乡土和田园的农业因素，特别是土地，植入现代城市中，让城里人尽可能多地使用农田，享受田园景观，而生活在城市里的农民仍然延续着他们原来的生活轨迹。按照后来的协商，"田园城市"被定义为："田园城市是为安排健康生活和工业而设计的城镇，其规模要有可能满足各种社会生活，但不能太大；被乡村带包围；全部土地归公众所有或者托人为社区代管。"①

尽管当时的"田园城市"设计方案中原本就包含着乌托邦的明显痕迹，但这一概念对西方一直是一个美好的理想。而且西方社会，比如英国，今天仍然在致力于"乡村城市"的建设。这一个地理上的海岛国家、传统上的殖民国家，历史上"工业革命"的开创地——这一发明了蒸汽机的国家，自古保留了盎格鲁—撒克逊人定居和农耕的村落和田野的遗留，② 在布局方面，英格兰村落除了给人们提供一种最怡人的乡村特征外，还保持、保留、保存了文化和历史的差异性和多样性。③ 就是在今天，英国人也很好地保留、保存和保护住了传统的农业遗产，使英国的农村，特别是苏格兰乡村成为"世界上最美的乡村"。

笔者曾经为此对英国的农村做"顺带的"考察，原因是，我国正在进行"城镇化"。发达国家的指标是使"城市化率"达到 80%；尤以英国为例。我不相信这样的"数据"。在现实中，某一种数据（比如行业、领域）的权威性确定，有时正好是对整体形势的否定。去到英国，人们才真正发现，相对于空间有限的城市，广袤的农田，肥沃的土地；成片的草地，成群的牛羊；茂密的林地，遍野的鲜花；那是农村，实实在在的农村。对于一个海岛国家，除了漫长的海岸线，令人印象深刻的还是农村。"数据"表明，今天的英国人还在致力于反哺农村。随意贴几幅在英时的任意照片：

---

① 参见[英]埃比尼泽·霍华德《明日的田园城市》，译序，金经元译，商务印书馆2010年版，第16—17页。
② [英]W. G. 霍斯金斯：《英格兰景观的形成》，梅雪芹等译，商务印书馆2018年版，第45页。
③ 同上书，第59页。

图35 苏格兰乡村景观

图36 农村的民居

但今天的城市反而出现越来越多的问题,特别是环境问题。农业、农场成了一种对城市病的改良和改善方式。另外,农村的土地在城市化过程中被城市不断地蚕食,粮食生产也许有一天需要由城市参与承担。有人预测,世界的城市化进程正在加速,未来50年中人类消耗的食物将超过1万年的总和,其中有80%的食品被城里人消耗。于是,一些学者、设计师提出了"城市农场"的设想,并开始进入实验,比如所谓的"垂直农场"——就像现在的城里人住高楼一样,农作物也进驻高楼。"垂直农场"因此诞生。城市农场在某种程度上不仅建造了农田,也在改造城市建筑,重要的是对环境友好。

如果城市与乡村的定位、性质和格局在未来的岁月里可以相互赋予,中国传统的"邑"——既由"乡"生成,又被定位于"城",或成为一种远古的理念,现代的实现。从人类文明的变迁轨迹看,农业与农村并不是工业与城市的"前阶段",二者不仅并行,而且互相滋养,尤其对于像中国这样的传统农耕文明,更是如此。英国农村的历史和故事,既否定了那些似是而非的数据假设,更是对我国当下人为的城镇化工程的一个警示。

城市化是一个自在的过程,区域性社会需求是变迁的依据,即便在我国的一些特殊的省区,比如香港,好像没有人会认为它与农业会有什么关系,而事实与想象相差甚远。可以这么说,香港从古至今从来不缺乏农耕文明的因子和因素。大量的考古发现表明,香港和中国其他地方一样,不仅在古时得到了开发,而且孕育出悠久的农耕文化历史,香港在40000多年前就已经出现了原始的农业。在新界东部的沙下遗址上,从新石器晚期地层中发现了栽培种植葫芦科植物矽酸体,表明当时植物栽培的活动就已经展开。①

今天像香港这样的世界大都市,原本是近代工商业拓展的结果。而在此之前,香港与中国其他地区一样,陆区民众以农业为主要生计,农作物以水稻为主,他们所缴纳的田赋,也是地方政府的主要收入。② 今天的香港,其实只是近代以降各种历史、政治、地理、区位等在历史特

---

① 杜金沛:《长远和广阔视野中的香港农业振兴与可持续发展》,载薛浩然主编《香港农业的复兴》,利源书报社2015年版,第40页。

② 饶玖才:《传承与转变·农业》(下册),天地图书有限公司2017年版,第8页。

殊语境中的激烈碰撞而产生的巨变，任何单一的、人为的因素都无法造就这样的变化。当下的人们大都会忽视农业和粮食问题，原因不外乎是诸如土地不足，GDP 贡献少，缺乏产业优势等，但这些都无法阻止人们在生计层面上做出的朴素判断："人总需要粮食，农业不会消失，只是需要去改变。"①

图 37　城市田园景观②

其实，自古以来，城乡便是一体化的，这原本就是一种自然的、健康的、理想的模式，何必要以连西方自己都不满意的城市化为榜样？其实，自古以来，"城镇化"就在、就有，那是自然的、逻辑性的，中国古代的"城

---

① 叶子林：《港农·讲农》，天地图书有限公司 2018 年版，第 87 页。
② 参见赵敏（文）、Studio Precht（图）《城市赋能——垂直农场》，载《航空》（中国南方航空客舱杂志）2019 年第 307 期。

邑"（邑在乡野中）所推展的发展之路，原本就有西方学者梦寐以求的"田园城市"的因子，而且非常自然，当然，也更符合中国的国情。我们没有理由不继承好这一笔难得的文化遗产。"美丽乡村"原本就有，英国有，中国也有。重要的是，如何守护。

第二十二章　城镇化/逆城镇化：新型的双向对流

——以厦门城中村曾厝垵为例

第一节　城与乡

2018年两会期间，习近平主席在参加广东代表团审议时强调："一方面要继续推动城镇化建设。另一方面，乡村振兴也需要有生力军。要让精英人才到乡村的舞台上大施拳脚，让农民企业家在农村壮大发展。城镇化、逆城镇化两个方面都要致力推动。城镇化进程中农村也不能衰落，要相得益彰、相辅相成。"[①] 近年来，我国城镇化快速推进，数据显示：从20世纪90年代迄今，平均每年以一个多百分点的速度增长。到2017年，我国城镇化率达到了58.52%，户籍人口城镇化率为42.35%，城镇人口达到8.13亿。这一进程正是依照我国制定的城镇化"指标"逐步进行的。按照这样的速度，到2030年，我国城镇化率可达到70%，城镇人口可接近9.8亿人。

什么是"城镇化"？主要指农村人口向城镇迁移，或将农村改造为城镇，从而实现农村人口变为城镇人口的过程。我国之所以推进城镇化建设，一个理由是因为发达国家的城市化程度高，并将其视为"发达"的重要依

---

① 中国农业网，时间：2018/4/23 10:28:00。

据。我国是一个以农耕文明为背景的国家，若要向发达国家"看齐"，就要推动城镇化。什么是"逆城镇化"？据经济学家、人口学家的说法，就是城镇化发展到一定阶段，人口的就业、居住和消费以及投资从城市向郊区和农村地区扩展的现象。换言之，是一种城镇化"反向运动"。"逆城镇化"主要是根据形势的变化做出的自愿性选择，无论是经济上的投资行为，还是"返回乡土"自然生活。

我国是一个有着数千年传统的农本社会，有着特殊的"**乡土性**"。笔者以为，如果"中国特色的社会主义"不是一句虚言，那么，就一定是在乡土社会中的寻找、开发，继承、弘扬具有乡土性的精神、智慧、知识和技艺，而并非简单地以西方式的"城市百分比"为"发达"依据和指标附和之、追赶之。所以，"乡村振兴"方为正道，为根、为本、为源、为理、为魂。中华民族有今日之伟大成就，如果以为只是"城市"之功，继而便以城镇"覆盖"乡土，则大谬也！

如果我们把乡土性视为一种文化遗产，那么，它既符合农业遗产，也符合联合国教科文组织（UNESCO）类似的"文化景观"类型，尤其是那些拥有数千年农耕文明的民族和国家。作为一种特殊的遗产，文化景观具有自己的"生命体征"。正因为如此，人们才需要去特别养护它。文化遗产有一种特殊的生命现象——累叠现象，它类似于地层那样，[①] 随着历史的演化和积累，文化景观也会出现不断的"累叠"过程。而我们所说的乡土景观有几个基本的指示：1. 它是历史积淀的文化遗产。在历史的演化过程中，传统的有些景观元素消失了、衰亡了；一些新的景观元素加入进来，叠加在传统的乡土土壤之上。2. 任何历史的演化对于乡土遗产而言，都要尊重特定土地上的人民的意愿和权利。3. 农耕文明的一种重要特征，就是农民会根据社会的变化与变迁做出相应的务实选择。

乡土性传统农耕的一种特殊的遗存，是中国人民的"家园遗产"。一般来说，选择什么，放弃什么主要由"家园"的主人做出。被动或被迫的选择与放弃都是不理想的。所以，我们无论在乡土社会做什么，都要倾听家园主人的意见。在特定的时代语境中，传统的乡土社会若面临大的变迁

---

① 地层是地质学专业术语，指地质历史上某一时代形成的成层的岩石和堆积物，通常以地质年代表示地壳演化历史的时间与顺序。

力量，如政治变革、朝代更替等，其作为乡土社会的"草根力量"，有的时候难以承受冲击，会极大地改变传统的乡土景观。但是，只要人们没有离开自己的家园，乡土景观的重要景观元素会得以保存，比如神庙、宗祠、水源、古厝（祖宅）、祖坟、风水树（保寨树）等。因为这是祖先创造、营造的家园，也是子孙后代世代生活的地方。

"城中村"是当代中国经济和社会化发展的一种兼有自在性的过程，既成为城市的一部分，也仍然保持、保存着村落的鲜明特色和个性。厦门的曾厝垵（即曾村）便是一个典型的例子。曾村是厦门海边的一个渔村，曾为姓氏，符合中国传统村落之宗族分支的原则。"厝"指老宅、祖屋的意思，特指安放先祖遗体、遗物之所；后特指祖宅。《广韵·暮韵》："厝，置也。"《孝经·丧亲》："卜其宅兆，而安厝之。"厦门的村落，大多沿用"厝"，强调特定的姓氏家族安置之所，如何厝、黄厝等，皆村落之指代——特指祖家所在和家园的归属。

厦门的传统渔村，在历史上也曾经是村民漂洋过海的始发地，他们中不少先辈去往东南亚各国，对于老一辈华人华侨来说，"厝"永远是自己的祖家，他们在外无论做了什么，都与祖家保持着密切的关系，特别是那些殷实的华人华侨，大都回国投资、修建宅屋，帮助建设家园。特别值得说明的是，许多老一辈华人华侨响应陈嘉庚先生的号召，回乡建设，今天从厦门的中山路到厦门大学一带的许多工程，都凝聚着他们的心血。[1] 某种意义上说，厦门也成为他们认同的，扩大性的家园。

曾厝垵作为"城中村"，变迁的快速在所难免。传统以渔为主，农为辅的渔村，今天已经成为城市的一个部分，原来渔民、农民，现在多了一个城市居民身份。但是"厝"的村名是永远不会改变的，即便是以后成为城市中的某一个区名，它也都在。"厝"在闽南有"家"的意思，而在闽南语方言中，"厝"（cuo）与"家"（cu）音近；同时，"厝"在闽南还有"村"的语义，诸如曾厝（曾村）、黄厝（黄村）、林厝（林村）等。老宅屋不独是居所，也是传统的标志，更是文化的认同。如果"厝"没有了那个特定的人群共同体也就消失了。就像人有自己的名字，村落也有名

---

[1] 参见彭兆荣等《渔村叙事——东南沿海三个渔村的变迁》，浙江人民出版社1998年版，第47—52页。

字,烙在自己的乡土上,无论它发生什么样的变化,厝村面朝大海的"福海宫"都在。

今天的"城中村"出现了大量城市的因素和人造景观,然而,现代城市的人造景观无论多么时尚,多么的"话语化",它永远是在乡土的草根土壤中长出来的,草根与乡土的关系是永久性的。我们不相信中国城镇化能够使"村落终结",就像无论全球化到什么地步,人总是要到"家"要到"厝"的。动物尚且如此,哪怕是候鸟也有自己的"路线"和"栖息地"。人总有一个"老家",因为,人在任何时候总要问一个"你是谁?""城市渔人"中的"城市"只是修饰语,传统的渔村也会在城镇化的过程中改换景色,但所有变幻的景色中,都不过是大海的"作品"而已。人们也有理由相信,"城市化"的雾霾、噪音、拥挤、快节奏、陌生感、食品安全、交通阻塞等,与传统乡土家园的湛蓝的天空、洁净的空气、多样的地势、开阔的空间、安全的食品、多样的文化、淳朴的情感等相比,村落完全没有"终结"之虞。对于曾厝垵的百姓而言,"我家就在岸上住"。

第二节　城中村:"村落的终结"?

当代的"城中村"现象反映出中国几千年来从未发生过的巨大变革,其在静静地经历这场震动。对此,有学者甚至认为这是中国"村落的终结":"人们原来以为,村落的终结与农民的终结是同一个过程,就是非农化、工业化或户籍制度的变更过程,但在现实中,村落作为一种生活制度和社会关系网络,其终结过程要比作为职业身份的农民更加延迟和艰难,城市化并非仅仅是工业化的伴随曲,它展现出自身不同于工业化的发展轨迹。"[①]"我们试图在研究中建立一种关于中国村落终结的具有普遍解释力的理想类型(Ideal Type)。"[②] 这种从社会学的角度——以城市为中心的视角,是否足以解释广大的乡土社会,这涉及学科上的分野问题。"城中

---

① 李培林:《巨变:村落的终结——都市里的村庄研究》,《中国社会科学》2002年第1期。
② 同上。

村"的出现,或许只是中国自己的命题,"因为在其他国家的城市化过程中,这种'城中村'现象还几乎从未出现过。所以,'城中村'现象的产生,一定与中国的比较独特的因素关联"①。

对此,笔者有不同的见解:如果所讨论的命题是"中国的城中村",唯中国独有,这一认知前提没有问题。但是否就因此认为,城中村的出现意味着"村落的终结"?这样的判断大可商榷。首先,城镇化并不是没有"回转"的可能性。事实上,当下的"逆城镇化"已经显露端倪。欧洲的一些发达国家也出现了重回村落的迹象,或者开始了一些新的"乡村城市"建设。其次,即使某一个传统村落在城市化进程中,已经成为城市的一部分,但并不妨碍其保留传统村落的性质和特色。曾厝垵的案例说明了这一点,即作为一种相对独立的村落单位,其从发生到发展和变化,虽然形态变了,甚至性质也变了,但都不足以改变"祖厝(家)"的本质。同时,作为沿海的一个村落,曾村又有自己的特点,据《厦门志》载:"厦岛田不足于耕,近田者率种番薯,近海者耕而兼渔,统计渔倍于农。海港腥鲜,贫民日渔其利,蚝埕、鱼簖、蚶田、蛏溆、濒海之乡划海为界,非其界者不可过而问焉。"② 这一传统仍有积淀。

但如果说在城市化过程中,城市"吞食"周边的村落,使之城市化的现象却非中国所独有。而且,以"城中村"现象判定中国"村落的终结"显然太过武断。人类学家黄树民的《林村的故事——一九四九年后的中国农村变革》,也是以厦门岛的"林村"(城中村)为例所做的民族志调研,他在该书的二版序中说:"我们可以从林村看到,中国社会正在进入一个经济迅速增长的新阶段。但是,这种变化的机制却在与既定的西方经验相左,这些西方经验在经济学、政治学和社会学理论和模型中常常被定义为现代化过程。在中国,做买卖和风险投资的时候,建立在家庭、亲属、邻里、语言以及同事或同学的共同经历基础之上的原生纽带仍然起作用。"③ 这是对中国村落的变迁,甚至是"被城市化"的实录。

---

① 李培林:《巨变:村落的终结——都市里的村庄研究》,《中国社会科学》2002年第1期。
② 参见彭兆荣等《渔村叙事——东南沿海三个渔村的变迁》,浙江人民出版社1998年版,第14页。
③ 黄树民:《林村的故事——一九四九年后的中国农村变革》,二版序,生活·读书·新知三联书店2002年版,第9页。

我们相信，城市化是一个历史趋势，但"趋势"具有阶段性，城市不能无限扩张和扩大，特别是这种扩张和扩大是以毁灭乡村、耗损乡土、覆盖农田为代价时，这种"趋势"伴随着巨大的风险，毕竟，在人类历史的发展过程中，农业是文明进程中的一个长时段的历史，除了少数因自然条件的限制，特别是缺少大面积的、适合于农业生产的耕作土地，农业都呈现出一个历史的普遍性。而工业革命以后，城市的拓展加快，都存在着城郊"蚕食"广大乡村的现象。"城市农村"的过渡现象在全世界都是存在的。但是，我们也相信，逆城市化也可能与城市化同时存在，毕竟人们不会将自己置身于相对不安全的处境中。在中国，这种情势尤其如是。中国的实情是：城镇化进程才刚开始，逆城镇化就已来临。

众所周知，"城市化"原本并非当代独有的社会现象，自古以来一直就存在。此外，城镇化亦非中国特产，世界各国大都有过，却从来没有出现过"村落的终结"，法国迄今仍然是农业国。在美国，农业是国家重要的组成部分，许多地方仍然保持着发达的农业技术和农业生产，保留着传统的乡村景观，而且这些乡村景观成为他们早期移民时期文化与族群认同的依据。① 这些发达国家出现"城市溃退"现象，纷纷开始了各种不同方式的"乡村振兴"，例如英国的"乡村城市化"、法国的"农村发展整治工程"、美国的"都市化村庄"、日本提出"故乡重建"等，都旨在通过对传统的乡土的重构，一方面，要激起传统乡村的活力；另一方面，对城市化"疾病"是一种"治疗"。

在这方面，中国有自己的特色，除了传统社会的乡土性以外，社会的宗法性质，乡土自治的同意权力（费孝通语），自给自足的"小农经济"，土地所有制度（比如传统的井田制）以及具有乡土特色的户籍制度等，都不是简单的一个"城镇化"就足以改变的。此外，笔者认为，中国城乡的关系是一个整体结构，我国古代国家被有的学者称为"城邑国家"②，主要表现在"邑"在乡土中。③ 以笔者之见，中国的国情确实有自己的特点，

---

① Buckley, James M. and W. Littmann, Viewpoint: a Contemporary Vernacular Latino Landscapes in California's Central Valley, in *Buildings & Landscapes*, 2010, Fall 17, No.2, pp.2-12.
② 李学勤主编：《中国古代文明与国家形成研究》，云南人民出版社1997年版，第8页。
③ 参见彭兆荣《邑，城在乡土中——中国城镇化的自我逻辑》，《学术界》2018年第3期。

那就是：乡村是"土壤"，城市是"产物"，这是中国历史决定的，与西方的以城市为中心、城市自主发生、发展的情形完全不同。"农村包围城市"的故事仅仅发生在半个多世纪之前，何以一个短时段、小范围的"城中村"现象，便宣告"村落的终结"？

第三节 大传统/小传统

人类学家倾向于认为："曾几何时，西方是以彻底抛弃乡村为代价而完成了他们城市化的现代发展之路，但无疑他们为整个人类造下了太多的遗憾，在他们的忏悔声中，我们需要一种文化自觉，这种自觉便是我们并不需要那么快地走向单一化的拥挤的现代之路，我们为此而保留下了一份乡村自我发展的氛围宽松的文化遗产，即我们没有完全抛弃掉乡村，更没有把乡村看成是一种问题之所，我们尝试着让乡村里面的人去发展出一条自己改造自己以适应现代发展的道路。"①

这里出现几个层面的问题需要加以辨析和反思：1."现代化"是否仅以"城市化"为标志？如果是，那么乡村也就成为"现代化"的羁绊，逻辑性地，就应该以城市替代乡村。显然，我们不能认可这样的逻辑。2."西方是以彻底抛弃乡村为代价而完成了他们的城市化的现代发展之路"这样的判断显然与事实不符，西方现代化并非以抛弃乡村为代价。3.中国是世界上人口最众、农耕传统悠久、以乡土为家、为本的国家，如果真有"抛弃乡村"的现代化之路，那必是死路。换言之，中国的城镇化并不以西方社会"抛弃乡村"为反衬，因为西方的历史构造与中国完全不一样。何况，西方的城市发展之"果"也难以追溯、追踪、追究为"抛弃乡村"的"因"，因为二者并无绝对的逻辑关联。

另一个问题也值得辨析，即我国的城镇化究竟是模仿西式，还是探索中国自己的方式和模型。在认识上，这似乎并无不构成问题，然而，

---

① 赵旭东：《八十年后的江村重访——王莎莎博士所著〈江村八十年〉书序》，《原生态民族文化学刊》2016年第4期。

在实践中却在明显模仿西方混杂性摹本，借用西方碎片化模式。问题是：如果以西方的城市化为样板，那么，西方的城市化模式是什么？当下的人们喜欢用数据表述，认为西方发达国家的城市化率是80%，而我国的城镇化率已经超过58.52%，难道我们达到这个数据就"跻身"发达国家的行列了？且莫说笔者对于这两个数字的存疑，即使属实，也是一个数字陷阱。

事实上，西方的城市化各有特色，发达国家的城市之路原本都有各自的历史、文化逻辑，难以模仿，任何数据在其面前都显得苍白。以欧洲为例，拉丁系与日耳曼系的城乡情况便有很大的区别：以意大利为代表的拉丁系国家，城市化相对独立，海洋背景成为衬托的重要因素；而以德国为代表的日耳曼系城乡关系密切。再比如，欧洲和美国的城市化完全遵循不同原则，按照不同的路径进行，任何一位去过欧洲和美国的人，直感便能区分二者的差异。所以，"80%城市化率之西式发达"是大数据时代的反映。

当然，西方的城乡关系虽各具特色，却也有其"共性"，即西方社会以城市为中心，乡村为陪衬，最著名的概念莫过于所谓的"大传统/小传统"（great tradition/little tradition）——城市以复杂的生活相联系的文明方式，而农村则以简单的地方性生活相关联的文明方式。① 这是西方式典型的城乡关系，也是城市化的传统动力。中国的情况则迥异，即使是地处城市的郊区或近域的乡村，它们或许在城市化过程中成为"城中村"，却并不意味着全部、彻底的消亡。某种意义上说，这些城市村常常可以成为"反哺"城市的重要因素。厦门的曾村今天已经成为城市的一部分，成为"文化创意产业"的一个典范，无数的"驴友"前往观光、体验其作为"村落"的城市景观。其意义在于：在城市里，仍然可以体验到村落的因子和因素，遗产和遗续。

最后，我们将讨论有关"国家项目"问题。当代著名的政治学、人类学和农业研究的专家斯科特在《国家的视角——那些试图改善人类状况的项目是如何失败的》的导言中讨论了有关情形：

---

① Refield, R., *Peasant Society and Culture: an Anthropological Approach to Civilization*, Chicago, IL: University of Chicago Press, 1956.

那些国家发起的社会工程带来的巨大灾难的四个因素有致命结合。它们是：第一，国家简单化的对自然和社会的管理制度；第二，极端的现代化意识形态，和对科学和技术的进步、生产能力的扩大、人们需求不断得到满足。这种意识形态产生于西方，是前所未有的科学和工业进步的副产品；第三，独裁主义国家有能力用强制的权力使那些极端现代主义的设计成为现实；第四，脆弱的公民社会缺少抵制这些计划的能力。[1]

西方的现代化令人产生一种难以抵御的"敬畏感"："在19世纪的西方，一个人很难不成为某种现代主义者。一个人怎么可能不被科学和工业带来的变化震惊，甚至产生敬畏呢？"[2] 如果诸上的分析可以成立，那么国家的权力，即费孝通所说的"横暴权力"在处理具有自治传统的乡村，即"同意权力"时，[3] 国家工程的专制性便显露无遗。而在"城镇化/逆城镇化"过程中，如何在"横暴权力/同意权力"这两种权力之间取得协调，其中尤其是前者降低身段，俯身听取来自乡土社会的意见，尊重主人对自己家园未来的设计。

更重要的是，一些国家项目是否充分考虑到农民的"生存伦理"，而成为某种意义的"道义经济学"。[4] 比如就城镇化工程而言，让农民抛开祖祖辈辈的土地和祖厝，迁居到城市生活，他们学会、掌握了在城市生存的能力了吗？如果没有，且又失去了赖以生计的土地，何以持续生计？对于这些进城的农民兄弟，他们所面临的只有三种选择：1. 艰难地在陌生的城市挣扎、生存，自力更生，慢慢地成为"城里人"；2. 把原来可以通过勤劳的双手获得生计，而现在难以为继的困难全部上交给国家，由国家承担；3. 返回故土。无论何种选择，对农民而言，都是艰难的；对国家来说，也是困难的。我们不需要在某个时段把农民都"请"进城（比如今天的城

---

[1] [美]詹姆斯·C.斯科特：《国家的视角——那些试图改善人类状况的项目是如何失败的》导言，王晓毅译，社会科学文献出版社2017年版，第3—5页。

[2] 同上书，第9页。

[3] 费孝通：《乡土中国 生育制度》，北京大学出版社1998年版，第59—60页。

[4] [美]詹姆斯·C.斯科特：《农民的道义经济学——东南亚的反叛与生存》，程立显等译，译林出版社2017年版，第93页。

镇化）；也不需要在某个时段把城里人"号召"到乡村（比如20世纪中期的"知识青年上山下乡"）。所以，"逆城镇化"还包括进城农民重新返回故乡，重新创业，在新的社会发展的形势中重新创业，而不只是那些投资者到农村所做的"资本逆返"。重要的是，所发生的是形势所致，是自然的，而不是人为的。

第二十三章 黄土文明之"介休范例"的民族志表述

第一节 "黄土"之义

费孝通先生以"土地捆绑的中国"(Earth Bound China)来概括我国乡土本色。"黄土文明"是其中一个重要的乡土文明。笔者的团队曾经对山西介休进行过为期两年的调研。以今天的眼光看,介休的建制和形制都是"城市",却有着非常深厚的两种"土性":其一是"黄土";其二为"后(厚)土"。前者,从历史的角度上说,山西是黄土文明重要的发祥地。后者,在介休城,最宏大、最厚重的文化遗产是后土庙。二者说明:中国的文明肇始于"黄土";中国的城市建筑于"乡土"。

首先,我们通过对"黄土"的"词与物"式的知识考古考索其解,以求得的"新本土"重新认识。大致上看,"黄土"有以下诸义:

1."黄"之名实及推演。黄,甲骨文𠂉,即↑(矢,箭竿)加▢(口,小圈,箭靶)。有的甲骨文为𠂉,在靶心▢上加一短横指事符号,写成了⊖。其义之一,由火光联想出黄、黄色之义;其义二,璜(玉珠)的象形字。黄字的甲骨文形有一个演变过程,但其与中国最重要、神圣的事物、帝王结合在一起,特别是帝王为什么取名为"黄",迄今学界并无统一的认识。许慎《说文解字》释"从田光声"似无法解释"黄"的被神圣化的理由。许进雄在经过几种可能性的探讨后得出如下几点意见:(1)黄帝是古代历史第一阶段与第二阶段的关键人物,有非常详细的个人生活传统。(2)黄是璜佩的象形字,是贵族重要的服饰。(3)黄帝之名出现于五行说大盛,以之配合五色、五帝的时代之前。(4)黄在古代不是尊贵的颜色,无尚黄的时代。(5)黄帝时代始创黼黻衣制,衣服是成熟文明的社会不可或缺的制度。(6)黄帝的命名是最后一个以制物拟人化的帝王,此后的帝王则着眼于道德的高尚,非创物的才能。①

2."黄土"之认知性宇宙观。"黄土"在我国古代的历史文献中与"中土"具有同质性;"中土"与"中原""中国"的早期含义相近。根据"五行"说,黄色位于中央之色,指代皇家;② 也与"四方"相对应而言,③ 呼应"一点四方"的政治空间格局。中土为"一点","四荒""四海"谓之"四方"。所以,"五"(东西南北中)构成了"中土"的核心。《周易·坤》:"君子黄中通理,正位居体,美在其中而畅于四支,发于事业,美之至也。""黄中"乃是性道之本,万物之母也。在殷商时代,大地由"五方"组成,殷商地"中",故有"中商"。这涉及中国对认知性的宇宙观,即对世界的时间和空间的经验性认知。

3."黄土文明"之天地构造。黄土既有"中"的意义,也就有了天地之中的构造形制,所谓"上下四方,天地之间"的宇宙观。"宇宙"一词出自《庄子·齐物论》:"旁日月,挟宇宙,为其吻合。"《尸子》:"上下四方曰宇,往古来今曰宙。"《吕氏春秋·下贤》:"神覆宇宙。"注:"四方上下曰宇,以屋喻天地也。"中国的宇宙观配合"天地",犹如"黄道",黄色是沃土的颜色,而且日月交会的日子叫作"黄道"。黄道和天球赤道相交于北半球的春分点和秋分点。《汉书·天文志》:"日有中道,月有九行。中道者,黄道,一曰光道。"宋代沈括的《梦溪笔谈·象数二》:"日之所由,谓之黄道。"由此可知,"黄土"具有"天地之中"的含义。我国自三代以降,一直祭祀于天地。比如商周时代,国家重要事务都需贞卜,通常的情形是由贞人和国王共同参加国事之祭祀。祭祀的原则即由"天象"告示"地事";而占卜皆以祭祀地点为睢,或以国家为中心,判断来

---

① 许进雄:"黄帝命名根由的推测",载《许进雄古文字论集》,中华书局2010年版,第303—314页。
② [日]白川静:《常用字解》,苏冰译,九州出版社2010年版,第139页。
③ 参见王子今《上古地理意识中的"中原"与"四海"》,《中原文化研究》2014年第1期。

自四方的吉凶，特别是"祟"（祸事）。从现存甲骨铭文中就存在着大量以"我"为中心，来自东西南北方位之"土方"（异族）的情况（多为"来侵"），如《甲骨文合集》第 137、6057、10405、12051 片，等等。①

4. "黄土"地理之"天下观"。在我国，地理从一开始就包含着"中心论"的思想，并与统一、一统、统治化为一体。《山海经·中山经》结尾有这样的话："禹曰：天下名山，经五千三百七十山，六万四千五十六里，居地也。言其《五臧》②，盖其余小山甚众，不足记云。天地之东西二万千里，南北二万六千里，出水者八千里，受水者八千里，出铜之山四百六十七，出铁之山三千六百九十。此天地之所分壤树谷也，戈矛之所发也，刀铩之所起也，能者有余，拙者不足。封于太山（即泰山），禅于梁父，七十二家，得失之数，皆在此内，是谓国用。"《山海经》以山为经，以海为纬，"山海"为"天下"之意，是一个完整的自然—人文体系。中（中华、中国、中原、中州、中央），皆由此衍出，其原型就是"一点四方"。

5. "黄土"之致中和谐观。"黄土"即致中、致和。"中"甲骨文为在两杆军旗之间加了一点指事符号，表示两军之间的对称位置；本义为中心、当中，引申为方位之中。③ 四方之中心，包括与东西南北、上下左右相对而言。"中华""中原""中国"即有此义。《说文》释："中，和也。" 为什么"中"译为"和"，《说文》："和，相应也。"《广雅》："和，谐也。"《老子》："音声相和。"说明"中"从"口"。有学者认为，"中"与"史"有关，从文字学的形态观察，有"持中之物"之说较为普遍，故有"中正"之说。白川静认为，史在卜文中指内祭，史与告相似，为将祝告之器系于小树枝之形 大抵用于载书祝告。④ 因此，所谓"中"者，通天地之和，告天地之事。这是一个中国古老的认知形制，即"天人合一"。

6. "黄土"之"色黄"五行观。中国传统中有"五色土"的形制。"五色土"通常与社稷以及祭土仪式有关。北京中山公园内有一座被称为"五

---

① 参见马如森编《商周铭文选注译》，上海大学出版社 2013 年版。
② "五臧"之"臧"通"脏"，五臧即五脏，此把山比作中土的五脏。
③ 参见赵诚编著《甲骨文简明词典》，中华书局 2009 年版，第 271 页。
④ 参见[日]白川静《汉字》第一卷，朱家骏等译，厦门大学出版社 2005 年版，第 397—398 页。

色土"的大土坛,实为社稷坛,即祭祀社稷时所用。社指社神,即土地之神;稷是稷神,即五谷之神。社稷也成为国家的代名词。也有"五色土"的社稷坛。① 黄土代表五行五色之中土。传统的"五方"空间观经常表现在建筑,特别是祭祀建筑上,比如东汉的灵台遗址,地处河南偃师岗上村和大郊寨之间,灵台的最高层与天际相谐,廊房四周运用不同的色彩,壁北面饰黑色,南面饰朱色,东面饰青色,西面饰白色;意在表示东方青土,南方红土,西方白土,北方黑土。灵台中央起自大地,国黄土。五种颜色象征国土。灵台一方面祭祀社稷土地之神,中一方面表示稳固的皇权统治。② 同时,不同朝代也赋予其相应的内容,西汉儒生认为,黄帝代表了朝代的开端,金、木、水、火、土五行之中,"黄"安象征着"金",其崛起对应着"土",汉代再一次对应着"土",标志着一个新的朝代的开始,以及合法性。③

7. "黄土"中"后土"(厚土)价值观。黄土崇拜的具体对象就是"社"。关于"社",《说文》解释为:"地主也。从示、土。"《春秋传》曰:"共工之子句龙为社神。"《周礼》:"二十五家为社,各树其土所宜为木。"《白虎通义·社稷》:"人非土不立,非谷不食。土地广博不可遍敬也。……故封土立社,示有土尊。"五土,一说为青、赤、白、黑、黄五种颜色,而黄土居中央之位。总之,社神即"五土总神"。在古代华夏人的心目中,大地本来就是黄色,《礼·月令》称"中央土,其日戊己其帝黄帝、其神后土"。"天玄而地黄"(《周易·文言》)。黄土崇拜在我国由来已久,而由此产生了土神、社神等一系列崇拜对象、崇拜意识和崇拜行为。女娲抟土造人的神话传说,实际上肇始于原始先民的一种价值观念。这里有两个关键问题,一是做的材料是用黄土,二是做人的工匠是一位女神即女娲。这样就形成了中国特有的黄土崇拜和女性崇拜,并滋养了"后土"的丰腴文化。

8. "黄土"为自然生态观。"黄土"一词最早见于西汉学者伏无忌所记

---

① 参见刘德谦《从"五色土"说起——古代社稷坛小史》,载文史知识编辑部编《古代礼制风俗漫谈》,中华书局1986年版,第1—2页。
② 黄雅峰:《汉画图像与艺术史学研究》,中国社会科学出版社2012年版,第198—199页。
③ 同上书,第144页。

的一次雨土现象：西汉后期昭帝元凤三年（前78年）"天雨黄土，昼夜昏霾"（《伏侯古今注》）。班固在《汉书》中记录了西汉成帝建始元年（前32年）四月"壬寅晨，大风从西北起，云气赤黄，四塞天下，终日夜下著地者黄土尘也"。而在我国古籍中还有一个与"黄土"相近的词汇，即"黄壤"。"黄壤"较"黄土"出现得更早，早在战国时人所著之《尚书·禹贡》篇中（一说是更早的西周初年文王、武王、周公、成王、康王全盛时代太史所记录的文献）就记有雍州"厥土：惟黄壤。厥田：惟上上"。雍州是《禹贡》篇中所划分的中国疆域"九州"之一，其分布区域主要在今陕西省之关中、陕北及其以西地区，也即黄土高原。① 黄土高原是华夏族的发祥地，而从黄土中长出来的五谷和桑麻从根本上解决了先民们最基本的生计问题。

第二节 以"社"之名

毫无疑义，"社"是阐释中国社会的一把钥匙，它与"祖""宗"等组合成为理解历史遗产的一组连带性关键词。笔者认为"祖—社"结构是中国传统农业文明的基要。

"祖"在甲骨文中多通"且"，作🜨，有的为🜨，金文🜨，将甲骨文的T写成🜨。篆文🜨将金文的🜨写成🜨。"祖"即与"且"通，是一个常用词汇。比如1976年12月在陕西省扶风县法门公社出土的古遗址，发掘商周出土青铜器"史墙盘"②铭文之二共有135个刻符，"且"符就有5个之多；开句便是"青幽高且"（沉静深远的高祖③），④ 铭文中还有"剌且"（烈

---

① 朱士光：《西部地标：黄土高原》前言，上海科学文献出版社2009年版。
② "史墙"，人名，史是官名，子姓，名墙。
③ 且即祖，卜辞习见。高祖在此指远祖。史墙盘之铭文所述为具体氏族，即微氏家族。此铭自高祖之下，尚有烈祖、乙祖、亚祖、文考，至墙已六代。见马如森《商周铭文选注译》"史墙盘"之注（69），上海大学出版社2013年版，第182页；另见《商周金文》，文物出版社2006年版，第152页注（28）。
④ 见马如森《商周铭文选注译》，上海大学出版社2013年版，第184页。

祖)、"亚且""乙且"等。① 这些不同的名称构成了一个完整的亲属称谓和制度雏形，诸如"高祖""始祖""远祖""烈祖"等在后世的传承中皆泛指祖先。"祖"有特指和泛指，现代的"祖"指父亲的上一辈，如祖父，如需明确则可加诸如伯祖、叔祖等，至于更远的辈分用高祖、远祖通称；泛指则可以通称远古的祖先，但在商周卜辞中的"且"则是一切祖的通称，不管哪一辈的祖，也不管是亲生还是叔伯关系；卜辞中的辈分顺序以十干（甲、乙、丙、丁、戊、己、庚、辛、壬、癸）为名。②

因此，"祖"首先是一种亲属称谓和亲属关系。《说文》释："祖，始庙也。"《玉篇》对祖的解释有延伸："父之父也，始也。道祭也。"有意思的是，"祖"有字源、字形的注释历来为方家所热衷，其中它与生殖崇拜的意象虽然存在争论，但视觉上的形体和形态已非训诂和考据可以完全解释，人们只要观察一下古代的祖形崇拜物便无法反对"且"及"祖"的生殖意象。③ 这类形态、材料以及对材料的解释具有相当的普遍性，考古工作者甚至认为，管形神器是对男性生殖器官的模拟和尊崇，在祭祀时是祖先的象征。④ 作为"公理"，生殖、生产是人类生存和生计的首要事务，祈求丰产属于人类的基本需求，而这一意象在父系制社会里便会得到合理的表现和表达。

有的学者更愿意相信，"祖"是宗庙里的神祖像。⑤ 这样的解释更集中地将"祖"置于宗庙祭祀的范畴。在宗庙祭祖不仅仅是祭祀仪式本身的形制要求，也是一种宗族记忆与认同，当然，更是一种"敬/求"关系。⑥ 祖先作为一种特殊的灵魂形式存在于天，俯视人间世道；"祖先在上"，不仅掌控人们的现世生活，更在庇佑、指导和左右人们的世代生活。"世

---

① 见马如森《商周铭文选注译》"史墙盘"之注（69），上海大学出版社 2013 年版，第 171—174 页。
② 赵诚编著：《甲骨文简明词典——卜辞分类读本》，中华书局 2009 年版，第 41 页。
③ 参见凌纯声《中国古代神主与阴阳性器崇拜》，《民族学研究所集刊》1959 年第 8 期；安志敏《一九五二年秋季郑州二里冈发掘记》，《考古学报》1954 年第 8 期；见许进雄《中国古代社会：文字与人类学的透视》，中国人民大学出版社 2008 年版，第 570 页。
④ 参见张绪球《长江中游新石器时代文化概论》，湖北科学技术出版社 1992 年版，第 224—229 页；邵学海《先秦艺术史》，山东画报出版社 2010 年版，第 111 页。
⑤ 赵林：《殷契释亲：论商代的亲属称谓及亲属组织制度》，上海古籍出版社 2011 年版，第 43—45 页。
⑥ 法国学者纪仁博认为，中国古代的祭祖活动表现为"敬/求"的结构关系。参见[法]纪仁博（David Gibeault）《中国祭仪语法的要素：祭祀》，赵秀云译，《民族学刊》2014 年第 3 期。

代"原本即为传承,是为常识,故有"世代传承"之言。因此,这种传承价值观念不仅像一面镜子观照人世,其方式也就蕴含了不间断的实践意义,民间的"天地君亲师"高悬正厅不啻为一种无形的"凸显"格局,检验、鉴定凡间人情世故、行为举止等一切事务,形成高高在上的统摄力量,同时庇佑亲属后人,维护社会秩序,并成为世世代代传承的"公正"与"公证"。

"祖"与"社"存在着密切的关系,或者说二者原本就具有同源性。有学者认为,宜与祖古本一字,宜社亦即所谓"出祖释祓",《左传》谓之"祓社"。《尔雅》所谓"宜于社"即"俎于社",而"祓礼"也就是祖道之礼。①《尚书·甘誓》:"用命赏于祖,不用命戮于社。" 虽然我们可以从"祖""社"的考释中体会中国文化的务实精神和态度,即都围绕着"生产""生殖""丰产"等意思,但"社"与"祖"还是各司其位。从本义上说,"社"即祭祀土地。《孝经》云:"社者,五土之摠神。"②《礼记·祭法》:"王为群姓立社,曰大社;王自立社,曰王社;诸侯为百姓立社,曰国社,诸侯自立社,曰侯社;大夫以下成群立社,曰置社。"《白虎通·社稷》释之曰:"大社,为天下报功;王社,为京师报功。大社尊于王社,土地久故而报之。"古以土为社;邦土,亦即祭之国社。③ 我国自古有"家天下"的传统,而"家"是一个家长制宗法等级秩序下的各种"分"的原则(分封、分社、分支等),这一切都围绕着"土地",这也正是"乡土中国"之"乡土本色"。④ 就华夏传统而论,"祖—社"同构。

"社"为"地方"(与"天圆"对应"地方"的结构),"四方"自然成了"社"的维度范畴,因此,四方神与社神为不同的神祇,二者皆重要。《诗经·小雅》:"以我齐明,与我牺羊,以社以方。"《诗经·大雅》有:"祈年孔夙,方社不莫,昊天上帝,则不我虞。"丁山因此认为,"后土为社",应祀于社墠之上,不必再祭于"四坎坛"。⑤"以四方之神合祭于邦社,恰与《左传·昭公二十九年》中的'五行之官,祀为贵神,社稷五祀,是尊是奉',祀四方于社稷之典相合。足见四方之神,在商、周王

---

① 参见丁山《中国古代宗教与神话考》,上海辞书出版社2011年版,第499—501页。
② 参见(汉)郑玄注,(唐)贾公彦疏《周礼注疏》,上海古籍出版社2010年版,第658页。
③ 参见丁山《中国古代宗教与神话考》,上海辞书出版社2011年版,第45—47页。
④ 费孝通:《乡土中国 生育制度》,北京大学出版社1998年版,第6页。
⑤ 丁山:《中国古代宗教与神话考》,上海辞书出版社2011年版,第101页。

朝的祭典里，本属地界，不隶天空……当是祭四方于社稷的遗制，与天神无涉。"① 四方之神在《国语·越语下》中亦称"四乡地主"，云："（王命）环会稽三百里者为范蠡地……皇天后土，四乡地主正之。"韦解："乡，方也。"四方神主，见于盟誓。②

"社"原本是土地伦理的产物，"英雄祖先"通常与之有涉，比如陶，即土，在地质学里就是一种黏土，即具有黏性的冲击土壤。《说文解字》释："陶，再成丘也，在济阴。从阜，匋声。"《夏书》曰："东至于陶丘。"陶丘有尧城，尧尝所居，故尧号陶唐氏。"陶丘有尧城"，说明尧帝曾经居住在陶丘，因此尧帝也号称"陶唐氏"。尧帝既是土之圣，又同陶之祖。古人称主天者为"神"，称主地者为"圣"。《说文解字》："圣，汝颍之间致力于地曰圣。从又土。"于省吾相信许说有所本，却过于笼统，以其考释，"圣"与"田""垦"有关。③ 显然，这是中国农本传统的缩影。说明古代以"神农"为本，以土地为本。人们也可以理解为何尧、舜、神农等先祖皆为"圣土"之王。中国远古祖先认识到，善听是内心宁静敏感者的超凡能力，能在自然环境中辨音识相者，是大觉悟的成道者。

第三节 "后土"之制

土地崇拜的具体对象，一为"社"，一为"后土"。社，土也（《论衡·顺鼓》）。不谓之"土"何？封土为社，故变名谓之"社"，利于众土也（《白虎通·社稷》）。共工之子句龙为社神（《春秋传》）。后土为社（左传·昭公二十九年》）。"自然崇拜"与"人神崇拜"，实则一体之二象也——"社以地言，后土以神言"④。在集体心理上，后土神成为影响农业生产与地域

---

① 丁山：《中国古代宗教与神话考》，上海辞书出版社2011年版，第169—170页。
② 同上书，第157页。
③ 于省吾：《甲骨文字释林》"释工"，商务印书馆2010年版，第232—242页。
④ 陈垣编纂：《道家金石略》，《重修大宁宫记》，文物出版社1988年版，第1221—1222页。

安危的决定性力量；在社会行为上，后土信仰构建出了一系列特定的礼仪制度和民间习俗。"后土"信仰、制度、行为的载体延伸出巨大的文化空间，山西介休的后土庙的历史演变和衍化，不啻为一个难得的案例。

作为古代农业的发达地区，山西人的生计几乎全部系于土地之上。即使到了清末，"晋民千七百万，而从事农业者什（十）之八九。光绪三、四年连岁大旱，民之死亡几过半数。此可知民智仰食于农，而工商不过补助之资而已"①。人们对土地的顶礼膜拜，使山西民间奉祀后土的传统深厚、风气极盛。山西也是古代帝王以国家名义最早祭祀后土的地方。元鼎四年（前143年），汉武帝建汾阴后土祠，先后六次亲临祭告。元代前，历代帝王曾二十一次御临汾阴祭祀后土。宋真宗对汾阴后土祠的大规模修葺，更是使其成为海内祠庙之冠首。②

在清代山西地方志中有史可查的后土庙（祠）共18座。除介休后土庙之外，其他17座均集中在"河东"地区。③ 其中多数的后土庙均始建于宋元年间，明清之后走向没落。即便是西汉始建，唐宋时"规模壮丽，同于王宫"④的汾阴后土祠，在清末重修后，规模也不及全盛期的1/20。⑤ 所谓"汾水今亦迁，祠宫久已空"。随着后土信仰由国家礼制沦为民间风俗，后土庙也不复往日之风光胜景。历代以来，介休后土庙虽然因天灾人祸多次损毁破败，但是仍屡代修饬，奉祀不衰。其规模反而扩张累增，建筑愈加堂皇精巧，庙会更是有声有色。作为特例，介休后土庙的生长衍化值得探究与深思。创建于南北朝以前的介休后土庙，无疑是上古后土信仰的历史产物。

后土庙本出对后土之祀典，肇自轩辕扫地而祭。⑥ 二帝八元有司，三王方泽岁举。⑦ 上古后土祭祀，遵行"冬日至祀天于圜丘；夏日至祭地于

---

① 山西省史志研究院编：《山西旧志二种》，清宣统《山西乡土志》，中华书局2006年版，第57页。
② 参见光绪二十九年《蒲州县志·坛庙》。
③ 山西从历史地理学的角度分为河东、上党和雁北三个区域。河东乃中华上古文化起源之地，与关中（陕西）一体；上党为华北高瓴，与河内（河南）一体；雁北作为华夷分界，与边塞（内蒙古）一体。而处于山西中心的晋中则连接三地合为一体，成为控南驭北的核心。
④ 参见光绪二十九年《蒲州县志·坛庙》。
⑤ 参见姚春敏《从方志看清代后土信仰分布的地域特征——以山西地方志为中心》，《兰州学刊》2011年第1期。
⑥ 光绪七年《荣河县志·艺文》，（宋）杨照：《重修太宁庙记》。
⑦ 李学勤主编：《十三经注疏·周礼注疏下》，北京大学出版社1999年版，第586页。

方泽"①的规制。所谓"方坛无屋",②就是指中国古代祭祀、朝会、盟誓之时,最初仅是筑土为坛,除地为场,并无馆舍之建,亦无神像之设。《山西通志》卷八《历代世谱》记:"舜臣尧,举八恺,使主后土;举八元,使布五教于四方。"神道设教,"王"乃是通天地之"巫"。上古之王,其本质就是"祭司王"。祭坛之仪,就是圣王将对大地的尊崇上达下布,因此"古者,祀有专主。一切天神地祇,非庶人所得祀也"③。"地载万物,天垂象,取材于地,取法于天,是以尊天而亲地也。故教民美报焉。"(《礼记·都特牲》)

　　介休城西一里许,有社稷坛。每岁春、秋二仲月上戊日,知县率僚属致祭,坛上设神主,供祭礼。乾隆、嘉庆、光绪版"介休县志"均详细记录了社稷坛、先农坛、风云雷雨山川坛、厉坛与关帝庙的祭礼祭仪,对后土庙则没有任何祭祀相关的记载。而"十八日祀后土"④,却屡现于县志风俗篇中,可见其时后土庙已无官祀地祇的功能,而是完全转化为民社。在春社或秋社之日(后定每年农历三月十八日后土娘娘生日为社日),以介休后土庙为中心,人们给后土娘娘叩拜寿诞,向三霄娘娘祈子求嗣,求土地公公禳灾赐福,闹社火、酬神唱戏,建构出神人同乐的世俗空间。这一功能性转变,反映在建筑布局结构方面,就是明清后对后土庙戏台献楼的精心修缮,以及吕祖、关帝、土神庙空间建造的公共性特征。概而言之,明代之后的后土信仰实为**共社不共神**。

　　作为共性,后土信仰在自然崇拜、图腾崇拜、祖先崇拜、家国崇拜、宗教崇拜中的生成衍化,显形于:1)"礼"。后土祭祀由帝(巫)王进行人神沟通、春秋祈报的专祀,逐渐延伸下降为代表国家、地方、宗族、民众的多级阶序;2)"神"。后土神的职能由丰产神(地祇)衍化为生育神(送子娘娘)、护城神(城隍)、家宅神(土地公)的多种样态;3)"庙"。后土庙的性质由神坛帝祠化生为道教宫观与民间社场。作为特性,介休后土庙的生息不止,一方面得益于其黄土文明之农耕核心,使一切文化因子都

---

① 王世仁:《记后土庙貌碑》,《考古》1963 年第 5 期。
② 《后汉书·祭祀志》,中华书局 1965 年版,第 3200 页。
③ 山西省晋城珏山碑刻《温县善士金妆圣像题名记》。
④ 《康熙版介休县志·风俗》,第 20 页。《乾隆版介休县志·风俗篇》,第 87 页。《嘉庆版介休县志·风俗篇》,第 81 页。

围绕在土地信仰周围，无论是抗拒、同化还是涵化皆难撼动；另一方面则受制于介休特殊的自然与文化位势，唯有倡导"修礼以节之"的社会行为实践，才能化解与戎狄交界的文化冲突，保持传统社会的稳定秩序，而后土崇拜，正是施行礼乐文化最为直接的手段与工具。

表3 介休后土庙建筑群历史沿革

建筑	年代	事件	文献出处
后土庙	始建年代不可考		明嘉靖十三年《重建后土庙记》
后土庙	南朝宋孝武帝大明元年（457）	"宋孝武帝大明元年，梁武帝大同二年，皆重修之。"	明嘉靖十三年《重建后土庙记》
后土庙	隋朝末年	"尉迟敬德，在此经累宿。"	明嘉靖十三年《重建后土庙记》
后土庙	宋仁宗皇祐元年（1049）	"宋仁宗皇祐元年，敕修之。"	明嘉靖十三年《重建后土庙记》
后土庙	元大德七年	遭地震破坏	
三清观	元至大二年	创建三清观	《康熙版介休县志》
后土庙	元仁宗延祐五年（1318）	"延祐戊午，本庙提点李道荣复建。"	明嘉靖十三年《重建后土庙记》
后土庙	明洪武年间（1368—1398）	重修大殿，左右分别建朵殿真武庙、三官祠。	
后土庙 三清观	明正德十一至十四年（1516—1519）	"改三清阁筑基，与献楼同合为一，中则分之。起三清圣像于崇楼之极，前列万圣朝元，后奏献以奉后土，则神上而乐下，使人心安而神妥也。" "迨我朝正德丙子岁，本邑义士梁公讳智者，首倡重建，增以献亭乐楼并两廊焉。"	明正德十四年《创建献楼之记》 明嘉靖四十年《重修太宁宫殿并创建三门记》
后土庙	明正德十五至十六年（1520—1521）	"植工于正德辛巳，则三庙筑基广阔，焕然一新。重檐转角，金碧辉煌，龙翻凤翥，倍增于昔。复□□□□虎献亭，铁铸以蘸炉香鼎，以壮观也。"	明嘉靖十三年《重建后土庙记》
三清观	明万历六年（1578）	"盖欲金玉其冠裳，粉饰其□□，□建三元神阁三殿栏杆，务俾焕然一新，庶神明乐有所依，祀祷永为定所。"	明万历六年《金妆圣像碑记》

续表

建筑	年代	事件	文献出处
吕祖阁	明崇祯十二年（1639）	敕建吕祖阁	
三清观	清康熙二年（1663）	"地势加以崇高，院宇益以广阔。"	清康熙二年《三清观重修碑记》
土神庙	清雍正十年（1732）	建土神庙	
关帝庙	清乾隆二十五年	知县汪本直移建于此	
后土庙	清道光十二至十三年（1832—1833）	"即如道光十二年，介邑诸君起意修补后土庙。""大清道光十三年岁次癸巳九月初九卯时上梁大吉。"	清道光二十六年《太宁宫梁底题记》
后土庙 三清观	清道光十五年（1835）	重修护法殿、山门、三清观影壁。	《护法殿题记》《山门题记》《三清观影壁正面/背面影壁芯题记》
后土庙	1949—1989年	全面维修，1989年正式对外开放，2001年列为"全国文物保护单位"。	

  现存的介休后土庙是一座规模宏大、体系完整的古建筑群，包括后土庙、三清观、太宁寺（娘娘庙）、吕祖阁、关帝庙和土地庙六组建筑，是全国重点文物保护单位。整个建筑群位于旧城西北隅，共有五进院落，两条并列的中轴线，坐北向南。其南北长120余米，东西宽近100米，总占地面积9196平方米。[①]

  从后土庙碑记可知，这一整体布局其实是一个新生与旧在不断重构的过程。后土庙始建早于南北朝时期，由于历朝历代屡毁屡建，其早期形制格局已无从考证。目前我们所看到的建筑乃是清道光十二至十三年（1832—1833）重建，后土正殿与东西两侧的朵殿真武殿、三官殿一起，构成了一座通面阔十一间、通进深四间的联体建筑。明代以前，后土庙与三清观原本是两个独立的组群。由于明代后土崇拜从国祀转为民祀，后土祠不再是帝王仕官的专属之地；而全真道教日渐衰败，使三清观也不独是道士法师的焚修之所。随着民间信仰的盛行与民众势力的渗入，后土庙乐

---

① 张荣：《以介休后土庙为例探讨文物保护规划中历史环境保护的研究》，《建筑学报》2009年第3期。

第二十三章 黄土文明之"介休范例"的民族志表述

棚①的修复成为老百姓娱神与自娱的燃眉之需。②"后土庙旧有乐棚三间，因其敝坏矮窄不堪，正德丙子春，邑耆梁公讳智等，欲建楼广阔而重修之。"③但三清观位于地势较低的南侧，新建乐棚必然高过三清观主殿，建乐楼愈高而神愈下，有违道教规制。

后土是自初民社会所祭的"地母"神演化而来。④虽然随着中国从母系社会进入父系时代，先秦文献中的后土均为男神，但从主流而论，宋代以前，在国家权力的强力介入下，民间对后土神的认知仍基本固定在地母神的范畴之内，将之与昊天上帝相配。⑤而明清之后，随着后土国家祭祀的衰败，其在民间的法身与神职作为文化符号，也开始进入多重变异的阶段。老百姓开始凭借自己的需要来建构甚至是戏谑后土神的性别、来历、法术，后土可以是女娲、碧霞神君，也可以是下嫁给土地公的民间女子。化生的民间信仰既没有组织系统，也没有教义和特定的戒律。它就是人们一种集体的心理活动和外在的行为表现，是人们日常生活的一个组成部分。⑥

《周易·说卦》云："乾，天也，故称呼父；坤，地也，故称乎母。"后土神的产生，源于古人自然崇拜中的土地与女性崇拜。农耕民族心目中的大在神，是代表土地最为尊贵的神祇，是主宰万物众生之主。敬奉祈祀地母神，成为中国历代民众极为虔诚的宗教信仰之盛举。"中央土，其日戊巳，其帝黄帝，其神后土。"（《礼记·月令》）建邦国，先告后土。（《周礼·大祝》）在道教的仙话当中，始将后土视为地母：

天地未分，混而为一；二仪初判，阴阳定位故清气腾而为阳天，

---

① 中国传统庙宇建筑中的"献殿"，初时是为献祭陈设牺牲而设之台，并无专门的建筑。后来逐渐发展为乐舞娱神之"露台"，宋元时代于台上加盖"乐棚"，明代则正式修建抬梁式献楼作为戏台。参见薛林萍、王季卿《山西传统戏场研究》，中国建筑工业出版社2005年版，第102—105页。

② 山西的戏楼自明代中兴以来，数量大幅增加。各宫观寺庙均在这一时期筹募乡资，修复或修缮戏台。薛林萍、王季卿：《山西传统戏场研究》，中国建筑工业出版社2005年版，第93页。

③ 介休后土庙现存明正德十四年（1519年）《创建献楼之记》碑记。

④ 参见丁山《中国古代宗教与神话考》，上海文艺出版社1998年版，第30页。

⑤ （宋）杨照的《重修太宁庙记》："后土载在祀典自轩辕扫地而祭，其来古矣……又曰王者大封则先告于后土，释者曰后土土地神也，以地示谓之土地而称后者，宁非为群物之主欤，考之周礼，后土乃昊天上帝之配也。"

⑥ 赵世瑜：《狂欢与日常：明清以来庙会与民间社会》，生活·读书·新知三联书店2002年版，第13页。

浊气降而为阴地。为阳天者，五太相传，五天定位，上施日月，参差玄象。为阴地者，五黄相乘，五气凝结，负载江海山林屋宇。故曰天阳地阴，天公地母也。《世略》所谓"土者，乃天地初判黄土也，故谓土母焉。"①

后土皇地祇是道教尊神"四御"中的第四位天神，简称"后土"，通常被视与玉皇大帝相配，主宰大地山川的女性神。政和六年（1116），宋徽宗封尊号为"承天效法后德光大后土皇地祇"。②

顺便说，在"性别"方面，"后土"是女性神，土地公（又称"土地"）却是男的。在道教神仙谱系中，后土皇地祇主管一切土地，而土地神则是一方土地的守护者。虽然阶位最为低下，但极亲民，同时集"地政、财政、德政"于一身，保佑本乡本土家宅平安，添丁进口，六畜兴旺，还为百姓主持公道。在清代以后，土地和城隍也是阴神，兼司冥事。因此，在民间土地神信仰极为普遍。

---

① 《三教源流搜神大全·后土皇地祇》。
② 《宋史·本纪》卷二十二。

第二十四章　家园筑在边境上
——京族的例子

第一节　真实的共同体：家

　　人在社会的各种关系中生存，必然存在着各种不同身份以表示不同的共同体归属，仿佛每一个成年人都有一个身份证（ID）——个人的身份确认。大致说，人们都有家（家庭、家族）、族（族群、民族）和国（现代国家）的认同和归属。每一个社会的历史构成和社会构造都有自己的特点，这些特点也会通过不同和特定的叙事方式加以体现。京族是一个跨界的（国家边界、民族边界和文化边界等）、人数较少的民族，生活在广西防城港市所属的岛屿，通称"京族三岛"。① 京族在三种共同体归属上的叙事特点值得分析。

　　如果说"人类家庭"是人类赖以栖居、生存的一种共同体单位的话，"家"便是一个真正的实体。我们今天所说的任何与之有关的，在此基础上的意义扩张的语用，都基于这一个实体。"家"是人们的血缘纽带、情感归属、利益关系最基层和基础的落实。同时，"家"也是我们从祖先那里传承下来的遗产，我们今天所听到的那些文化遗产就是人类家庭最真实的发生和落实单位，又是借此意义而引申出来的表述，诸如人类家园（人

---

① 京族旧时称作"越族"，1958年经国务院批准，正式定名为"京族"。

类赖以生存的地球）的遗产，我们称之为"家园遗产"。在这里，虽然，家园已经扩大到了地球（全球化表述），但仍然基于"家"而言，被阐释为一个统一人类家庭的力量。①

"家"在人类学的知识谱系中是一个最为基本的、最为核心的概念。汉语中的"家"大致可对译为 family。但无论在西方或是中国的语境中，"家"的内涵和外延"边界"并不稳定。"家"（family）在西文中存在着一个演进过程，即从一个确定的人群，包括具有血亲的人群和奴仆、佣人共处的居处——"家户"（household）。15 世纪以后，其语义发生了变化，从"家户"变成了"家庭"（house）——由一群扩大性的、拥有共同祖先并有着继嗣关系的世系（lineage）或亲族集团（kin-group）所组成。17 世纪以后，家的意义更为具体、更为缩小，包括诸如核心家庭、主干家庭等。② 无论"家"的概念发生什么样的变化，但其基本功能"共同生产、共同消费、共同居处，其成员之间的关系由血缘、婚姻或收养等关系所组成的一个人群共同体"③。

人类学视野中的"家"指具有实际功能的、确切的生活单位，是一个有着特定人群共居处、共消费或共有财产的实体，包括诸如"核心家庭""主干家庭"和"扩大家庭"等。人类学、社会学的相关研究非常多，此不赘述。④ 西方 family 的边界在一个历史的叙事中不断地扩大实体，就这一特殊的实体范畴论，笔者认为包含了三合一的结构："家（family）—住户（household）—世系（lineage）"。"家"（family）侧重指其社会组织的单位，"住户"（household）强调家的自然形态和构造；而"世系"（lineage）则突出家庭、家族、宗族内部的连续与继嗣关系。从家庭的内部结构看，"家"在定义上基本采取两种类型：一，以家庭为经济独立自主的家户单位；二，偏重家族与宗族关联所形成的继嗣单位或仪式行为

---

① Tanner-Kaplash, S., *The Common Heritage of All Mankind, A Study of Cultural Policy and Legislation Pertinent to Cultural Objects*, Unpublished Ph. D dissertation, Department of Museum Studies, University of Leicester, 1989, p.201.

② Williams, R., *Keywords: A Vocabulary of Culture and Society*, New York: Oxford University Press, 1983, pp.131-134.

③ Murdock, G. P., *Social Structure*, New York: The Free Press, 1965, p.1.

④ 可参见庄英章《家庭与婚姻》，台北"中研院"民族学研究所 1994 年版。

单位。①

以汉族为主体的传统"家"的原型、变迁模式来看,其中有一个独特的变化轨迹,与西方的家庭演变迥异。以汉字结构来看,"家"的汉字表述,上面是"宀",下面的"豕"(猪),整个字形像屋内养着一头猪。《说文解字》释为:"家,居也。"段玉裁在《说文解字注》中指出,家字本义乃"豕之居也,引申假借'以为人之居'。豢豕之生子最多,故人居聚处借用其字,久而忘其字之本义,使引申之义得谓据之'以为人居也'"②。人何以在居所养猪而为"家",对此的解释学术界尚无共识性定说。叶舒宪教授认为,透过距今六千年的西安半坡新石器时代遗址我们发现,半坡人居住的圆形屋中有一部分空间作为猪舍为解答这一难题提供了实物证据,这便是"定居农耕民族饲养家猪的先进经验模式"③。这虽为一家之言,却大抵遵循作为农耕民族对动物驯养的历史的一种记忆。中国是一个传统的农耕社会,五谷丰登与"家畜家禽"的六畜兴旺都是"家"之发生学本义。

人具有特殊的群体性,我们通常称为社会性——"在现实中,社会表现为一个政治性单位,在某种意义上具有领土的意含"。④ "家"作为社会的机体的"细胞",自然成为社会的基本的构成部分。换言之,一般而论,人的社会关系之首先、首要的群体关系是以家为基本、基础的人群共同体,其链接纽带是以血缘为基础的亲属关系。在这个模式中,父系制为基本特征。法语中的"遗产"(patrimoine),意为"从父母那里遗留下的财物",⑤ 但实际上,其中"patri"特指"父系""家长"的意思,强调遗产继承中的世系原则。在我国,农业社会的家族继嗣原则是父系制,在乡土社会里所遵循、执行的即父系原则。中国人所谓的宗族、氏族就是由家的扩大或延伸而来的。也是由于这一原因,通常在汉族住宅里,厅堂有祖先牌位的供奉,且都以本家祖先为对象,在世的子孙供奉自己的直系祖先。对于旁系来说,尤其是异姓的神主牌位,一般是不入厅堂的,只有极特殊

---

① 庄英章:《家族与婚姻》,台北"中研院"民族学研究所1994年版,第5—6页。
② 参见田沐禾《"家"与"豕":文字与人类学的探析》,《百色学院学报》2015年第2期。
③ 叶舒宪:《亥日人君》,陕西人民出版社2008年版,第108页。
④ Leach, E., *Social Anthropology*, London: Fontana Press, 1982, p.41.
⑤ Lowenthal, D., *Possessed by The Past: The Heritage Crusade and the Spoils of History*, New York: The Free Press, 1996, p.4.

的情况才会入厅堂供奉。①

  费孝通先生对"家"有一个概说："农村的基本社会群体就是家，一个扩大的家庭。这个群体成员占有共同的财产，有共同的收支预算，他们通过劳动的分工过着共同的生活。""家庭这个名词，人类学家普遍使用时，是指一个包括父母以及未成年子女的生育单位。中国人所说的家，基本上也是一个家庭，但它包括的子女有时甚至是成年或已婚的子女。有时，它还包括一些远房的父系亲属。之所以称它是一个扩大了的家庭，是因为儿子在结婚之后并不和他们的父母分居，因而把家庭扩大了。家，强调了父母和子女之间的相互依存。它给那些丧失劳动能力的老年人以生活保障。它有利于保证社会的延续和家庭成员之间的合作。"②而家庭可分为大、小两类，所谓"小家庭"，指"家族在结构上包括家庭；最小的家族也可以等于家庭。因为亲属的结构的基础是亲子关系，父母子的三角。家族是从家庭基础上推出来的"。所谓"大家庭"，指"乡土社会中的基本社群"，即"大家庭—社群"。③这说明在我国传统的乡土社会里，"家"是一个具有向各种社会方向发展，向各个社会层面延伸的链接"终端"。

  尽管当今世界，"家""家园"已经被广泛借用，致使其极大地超越了基本的范畴和边界，有时被指喻为与"地球村"同指的所谓"家园"，联合国教科文组织在其所推动的遗产事业中，为了突出"人类遗产"的普世性和世界性，会经常使用类似超实体范畴的"家"或"家园"。④但是，任何类似的借指、借喻或借代，都试图借用"家"的"实体"意义，以突出以"家"的本义和原型是一个**真实共同体**意义和意味——一个由祖祖辈辈围绕着的、代际相承的、不能中断的生命共同体、利益共同体。作为社会机体的最基层组织细胞，在这个真实共同体内，所有的社会关系存在"一荣俱荣、一损俱损"的实情。《红楼梦》所描述和演绎的四大家族图形和形貌即为写照。

  京族是我国唯一的海岛型人口较少的少数民族，其家庭模式除了具备

---

① 庄英章：《家族与婚姻》，台北"中研院"民族学研究所1994年版，第137页。
② 费孝通：《江村经济：中国农民的生活》，上海人民出版社2006年版，第27页。
③ 费孝通：《乡土中国 生育制度》，北京大学出版社1998年版，第37—39页。
④ 参见彭兆荣主编《文化遗产学十讲》，云南出版集团、云南教育出版社2012年版，第6—8页。

一般"家"的实体性外,族群、姓氏、地缘、利益都具有鲜明的、区别于汉族家庭实体性模式。在"家"这一实体中,他们中的有些亲戚关系虽"近在咫尺",却"远在越南"。京族保持着亦农亦渔的生活、生产和生计方式,其海域与越南相连,两边的人民共同作业,部分家庭成员需要时段性、季节性地生活在海上,甚至"海外"。改革开放以来,由于其独特的地理优势,除了传统的海洋捕捞,大力发展出海洋养殖(今天仍然存在京族与越南人的捕捞作业中进行海鲜交换)、边境贸易和生态旅游,以家庭、家户为单位的实体迅速发展致富,"成为全国最富裕的少数民族之一",许多家庭盖起了洋楼、别墅。[①] 京族人民的富裕除了如上所述的原因外,与"家"的模式有关。

第二节 真实—想象的共同体:村落

村落,在中国传统的农业社会里是一种真正意义上的、基层的人群共同体。然而现代国家管理体系已入村。[②] 就村落共同体而言,它既是真实的,又带有想象的成分和因素。所谓真实——以汉族社会为例,村落的发生(创始)和发展主要由姓氏和家庭(包括从原始大家庭的分支)延伸而来,迄今仍有许多村落保持着这一原生形态,即以某姓为村落名称。我国的汉族村落的原生形式和形态是由于某一个姓氏群体——人类学多用"氏族",在某一个自然生态环境中发展与扩大而来的,随着人口增长,原地的自然资源越来越无法满足这一扩大的亲族共同体,于是,必然发生分支,比如某一"房支"离开祖地而外出"谋生"。这一外出分支"房"的落脚之处,便成为新的据点,分支首领成为新的村落的"开基祖"。他死后也就成为这一村落宗祠的神祖牌之一。随着村落的发展,村落可能会由原来的单姓扩大为复姓和多姓(通过婚姻关系、结盟关系、接纳关系等),而通常情形是,那个开基祖为当地基本大姓。

---

① 苏维芳、苏凯主编:《魅力京岛》,京族字喃文化传承研究中心2013年版,第310页。
② 我国古代的管理制度只到县一级,县以下的乡村都保持自治。

村落研究一直是人类学之汉人研究的一个重要的面向，并形成了传统特色。以西方学者的研究看，较早关注并对汉人社区进行调查的美国人类学家库柏（葛学溥），20世纪20年代出版了《华南的乡村生活——广东凤凰村的宗族主义社会学研究》，①对村落的研究开启了西方人类学界了解中国的一个重要的"窗口"，并将村落视为中国传统社会的缩影。最具代表性的是弗里德曼（M. Freedman）和施坚雅（G. W. Skinner），他们两人虽都不甚赞同对中国的研究只局限于村落，而应该"超越村落"，但他们的研究都没有离开村落：前者建立了人类学对宗族社会的研究模式；后者则开创了从市场的网络层次以建立对区域的研究范式。后来的西方人类学者越来越多地对华南以及闽台地区进行以村落为基地的各种研究，并取得丰硕成果。我国的人类学家在村落研究方面更是成就斐然：费孝通、林耀华、杨懋春等都有重要的研究，他们不仅通过对村落的研究进行社会人类学"西学中用"的尝试，而且与西方人类学界进行对话。新一代人类学者庄孔韶、周大鸣等也在这方面做出了贡献。②而在村落研究的"实验民族志"范畴，黄树民的《林村的故事：一九四九年后的中国农村变革》③最具代表性，他以"林书记"的生命史为线索，托出了大陆解放以后五十年村落变革的概貌。④

村落之于社会人类学其所以重要，一个重要的原因是村落不仅是家庭之上一个更大的人群共同体，这个共同体兼具与更大社会群体和社会关系连接的功能。在这个共同体中，家庭和家族的成分大都存在，只是由于不同的分支、不同"房"、不同姓氏，产生了超越单体家庭"私人事务"需求的"公共事务"，这些公共事务除了需要进行讨论和处理——带有"民主"意义的协商，即费孝通所说的乡土社会的"同意权力"；⑤还要处

---

① Kulp, Daniel H., *Country Life in South China: the Sociology of Familism*, *Volume I Phenix Village*, New York: Columbia University Press, 1925. 汉译本为葛学溥《华南的乡村生活——广东凤凰村的宗族主义社会学研究》，周大鸣译，中国知识产权出版社2006年版。

② 人类学对村落研究的大致情形，可参见肖文评《白堠乡的故事：地域史脉络下的乡村社会建构》，第一章，生活·读书·新知三联书店2011年版。

③ 黄树民：《林村的故事：一九四九年后的中国农村变革》，素兰等译，生活·读书·新知三联书店2002年版。

④ 参见彭兆荣《实验民族志语体》，《读书》2002年第9期。

⑤ 费孝通：《乡土中国 生育制度》，北京大学出版社1998年版，第60页。

理"公共事务"。既然有公共事务,也就会有公共财产,二者是一个相互负责的对应。莫里斯·弗里德曼在《中国东南的宗族组织》中认为,"公共财产"成为村落性亲属制度的一个重要原则。在地方性村落和宗族组织范围内,传统的"公共财产"主要表现为对公共土地的占有。主要表现的特征是:在汉人社会里,以村落—姓氏相结合的宗族制度成为代表性的社会关系;土地也自然成为特定、特殊的"公共财产"。宗法制以男性为传承原则,即所谓的"男性世系"(male line),① 房支分离与家庭分家都要依此原则。在同个村落共同体,"公共财产"对所有共同体的成员都具有相应的责任和义务。"公共财产"也可能被特定的人群共同体视为祖先的遗产,具有明确的专属性,因此也包含着集体认同的意义。

学者们以广东的凤凰村为例,归纳了公共所有土地类型,即村田、族田和房支田。相似的情况在闽北称为"族田"。"土地为特定的家户所耕种,既是'自己的财产',也是单个或集体地主的财产。"弗里德曼从人群关系推及公共财产的权属关系:"首先,似乎在那些宗族成为大的地方宗族的地区,土地要么只能在宗族范围内转让,要么宗族才能转让给族外人。其次,任何一个拥有土地的男人对他的儿子负有义务,任何土地的出卖都需要获得他们一致同意。"② 由于村落是一个超越家庭(家户)更大的群体联合体,所以,在处置公共财产的时候,需要与村落宗族、房支的代表、不同姓氏的代表等进行协商。在这个意义上,村落虽小,却是一个具有完全真实性的人群共同体。

然而,村落也带有某些"想象"的因素和成分。比如在对"始祖"的追溯上,由于需要满足"英雄祖先"的叙事前提,所以带有"真实的想象",甚至"真实的虚构"的叙事。如果村落是一个完整的、典型的、由特定宗族发展而来,那么,其姓氏祖先和村落开基祖都可以通过"族谱"的追溯获得"真实"的来源。对于那些有"明确记载"的族谱,特别是宗族分支的历史记录和记忆的叙事,形成了一个有意思的规则:越靠近在世,历史越短的事件,越具有真实性。另外,在中国式家族观念中,必须有一个"英雄祖先",而这一始祖常与历史神话、传说中的"英雄"相联系,

---

① [英]弗里德曼:《中国东南的宗族组织》,刘晓春译,上海人民出版社2000年版,第27页。
② 同上书,第16—18页。

越往早先,历史越长的传说,就越具有想象性。比如林姓人家,常将自己的祖先定格在《封神榜》中的人物比干,其身世实中有虚。另外,现代国家本身就是一个"想象共同体"。

不过,有些村落,特别是少数民族村落(寨),并非都以汉族式的模式——从宗族内部分支而产生共同体。例如,京族三岛原即三个自然村落,村落不是单姓、复姓,而是多姓。依据当地说法有苏、杜、黄、罗、高、武、龚、孔、裴、阮、梁、吴等十二姓,皆从越南涂山打鱼迁来。① 由于难觅"开基共祖",所以在厅堂中央摆放着诸如"百神""百祖"等神牌。与汉人村落的直系纵线式的祖先祭祀不同,京族更趋向于横向联盟式的共同体认同。前者带有认同中"根基论"的色彩——侧重于根据同一祖先的缘生纽带建立共同体认同;后者则强调认同的"情境论"的意味——侧重于根据现实的利益和功能进行共同体认同。② 在这种情形中,京族的族源认同就带有更多"想象"的特点。

第三节 想象的共同体:国家

其实,在现代"国家"面前,中国传统的"家国—天下""社稷—疆界""城郭—王城"都发生了巨大的变化,其中三者值得讨论:其一,众所周知,在我国古代的"天下观"中,有"普天之下,莫非王土"。在这样的理想中,"天下"与"家国"同构。其中,"国"即"家",故为"家国"。这样的政治"蓝图"和天下"版图"不存在现代的国家边界。其二,在传统的政治地理学范畴,"一点四方"的建构,不仅体现了"天圆地方",还体现了"中心边缘"的形制。区分的方法和手段是"田地",并以其作为计量的"疆理",这在《禹贡》之"开疆"定制中就确立了基理;故"疆界"皆从田。其三,"国"作为城郭、王城的建制,《周礼·考工记》之

---

① 苏维芳、苏凯主编:《魅力京岛》,京族字喃文化传承研究中心2013年版,第49页。
② 有关人类学认同理论的梳理可参见王明珂《华夏边缘:历史记忆与族群认同》,第一章"当代人类学的族群理论",台北允晨文化实业股份有限公司1997年版。

开章便是:"惟王建国,辨方正位,体国经野,高官分职,以为民极。"①可知古代"王国"的建制情形。而囗的形状是以田园为模型移植的。所以,"国(王城)—國(城郭)—囗(田畴)"同构。

在现代社会里,"国家"作为一种特定和特殊的共同体,具有浓厚的政治色彩。原因是,在现代社会里,每一个人都不可避免地隶属、归属于某一个民族国家。现代社会的一个最重要的认同归属,不言而喻,即现代民族国家(nation-state)。这种对国家的认同,有的时候仿佛既往对"家"的终极归属,尤其对当今大规模人群离散(diaspora)和迁移的全球化现象来说,离散和迁移无疑会加剧怀旧,而这种怀旧的归属自然包括"家—国"之"根"。对于离散的人民和民族而言,不仅某种代表他们过去的家园遗产可以唤起他们对祖先的回忆和认同感,更为重要的是,国家作为人们家园的"遗产隐喻和象征"还成为代际间传袭具有稳定价值的纽带和工具。② 换言之,民族国家是每一个人政治身份的背景表述单位,也是每一个人在现代社会中"想象的共同体"的最后归属。

现代的所谓"民族—国家"究竟是什么样的国家?在当代人的认知中,"民族"作为政治性的表述单位,所指代者首先就是国家。③ "Nation"都译成"国家"。不过,如果要全面地融合各种因素和内涵而为"民族"下定义,结果诚如霍布斯鲍姆所说:"到底民族是什么,很难给它一个简单的定义。"④ 事实上,"民族""国家"的现代意义,迟至1884年才出现。其原生于日耳曼语Volk,意为"人民",词源则出自拉丁语(natie)。⑤ 西方众多学者围绕这一概念做了大量的考据、分析和阐释,韦伯(Max Weber)、史密斯(Anthony D. Smith)、埃里克森(Thomas H. Eriksen)、安德森(Benedict Andserson)、盖尔纳(Ernest Gellner)、霍布斯鲍姆(Eric Hobsbawm)等都从不同的角度对其进行论述和讨论。⑥ 各家的观点虽有差异,共识却很清

---

① (汉)郑玄注,(唐)贾公彦疏:《周礼注疏》(下),上海古籍出版社2010年版,第1297页。
② Lowenthal, D., *The Heritage Crusade and the Spoils of History*, Cambridge, Cambridge University Press, 1997, p.10.
③ 参见彭兆荣《论民族作为历史性的表述单位》,《中国社会科学》2004年第2期。
④ [英]埃里克·霍布斯鲍姆:《民族与民族主义》,李金梅译,上海人民出版社2000年版,第1页。
⑤ 同上书,第17页。
⑥ Guibernau, M. and Rex, J., *The Ethnicity Reader*: *Nationalism Multiculturalism and Migration*, Cambridge: Policy Press, 1997.

楚，即民族是一个现代政治术语，指代以现代国家为表述单位的共同体。那么，民族国家是什么性质的国家。对此，具有代表性回答是"想象的共同体"；其主要特征包括：有限的、想象的、主权的、共同体的。①当今世上的国家皆有其政治归属，皆从属于这一具有国际性的"想象的共同体"的联合体。

在现代国家建立之前，历史上曾经出现过各种各样的"国家"；②人类学试图描绘这样一条人群共同体的发展线索："游团—部落—酋邦—国家。"③但是，毫无疑义，最具普遍的是所谓的"农业社会"（agrarian society）。中国的情形就是这样。④以政治性的群体单位而论，农业社会大致包含两种基本形式：地方性自治共同体和大的帝国。⑤作为普遍现象，前现代国家，大都属于农业社会以及在此基础上建立的各种类型的国家。在孙中山先生推翻帝制建立共和国家之前的漫长历史阶段，我国最基本的社会政治历史的国家形制即以农业为本、以宗法为特性、以世袭为传承的"天下体系"。⑥所谓的"天下体系"事实上是以"家国"为基础，以"天子"为首领，具有更大囊括力和比西方任何具有疆界的"国家"形态、形式、形貌都更具有解释幅度。⑦换言之，中国的民族国家在遵循世界性现代国家体制的基础上，又继承了自己政治的、历史的、文化的传统。这才是"有特色"的依据。

接下来的问题或许是：人们以什么方式表现和表达对国家的归属性认同。显然，这与历史的叙事与族群的记忆有关。换言之，任何民族或族群的历史其实都是某个特定的人群共同体，根据他们所处特定情境的利益需要，到他们所具有的"历史积淀"当中去策略性地选择"记忆"和"讲述"某些事情和事件。这样，历史叙事与族群记忆便逻辑性地同构出了一

---

① 参见[英]班纳迪克·安德森《想象的共同体：民族主义的起源与散布》，吴睿人译，台北时报文化出版社1999年版，第10—11页。
② 诚如德国学者赫尔佐格所说："国家概念本身，就远不是一个明确的概念。"参见[德]罗曼·赫尔佐格《古代的国家：起源与统治形式》，赵蓉恒译，北京大学出版社1998年版，第3页。
③ 参见李学勤主编《中国古代文明与国家形成研究》，云南人民出版社1997年版，第13页。
④ 同上书，第二章。
⑤ Gellner, E., *Nations and Nationalism*, Ithaca, New York: Cornell University Press, 1983, p.13.
⑥ 参见赵汀阳《天下体系：世界制度哲学导论》，中国人民大学出版社2011年版。
⑦ 同上书，第27—33页。

个相关的、外延重叠的部分。国家如此,民族如此,族群亦复如此。选择性集体记忆与认同具有一个基本功能,即区分"我群"与"他群"。这就像如果没有"个人记忆",人们就无法将自己与他人区分开来一样。[①]由"集体记忆"所建构的历史关系,具有两种相互性的特质:一方面是参照,即所谓"我者历史"需要借助"他者历史"的比照、比对方可凸显。另一方面是认同,认同具有身份性归属的意义,而这种身份认同恰恰是在复合性、多边界的情形中的选择或被选择——根据自己的族源和背景自己来进行确认。[②] 也就有了一种历史记忆与族群认同之间相互负责的关联性,他们要对自己的行为负责。[③]

那么,人们在生活中从哪些方面选择其认为合适的对象或事物用以表达他们对国家这一"想象共同体"的认同?京族的故事或许是一个有趣的例子。由于京族在族源上、历史上、语言上、文化上、宗教上、区域上、生计上、生产上、物流上等都与越南(民族)存在和保持着关系,形成了一个历史性的"真实—想象共同体"。在前现代国家阶段,国家的认同意识和归属感没有今天这么强,加上"边疆"和"蛮夷"长期未归入正统国家的管理体系,"边民"事实上并没有清晰的国家意识。然而,近代以降,随着现代国家的建立,在传统的所谓"跨境""跨国"地带凸显了国家的归属感和认同感,大致包括两个方面:对外(相对于国家和领土边界),京族人是中国人,不是越南人。对内,以各种方式突出和强化"国家"表述。比如在"遗产运动"的今天,国家颁发给京族的哈亭[④]以"国家级非物质文化遗产"称号,并配以牌匾。有趣的是,在京族三岛,不少村落的哈亭正堂门额上都赫然悬挂着国家级牌匾的"复制版"。问其原因,回答基本上众口一词:"我们村的哈亭也是国家的""我们的哈亭也是国家级的。"这种带有向外"宣示",对己"宣誓"的表达还有不少,如许多家

[①] Climo, J. J. & Cattell, M. G. (ed.), *Social Memory and History: Anthropological Perspectives*, New York/Oxford: Altamira Press, 2002, p.1.

[②] Barth, F., *Ethnic Groups and Boundaries: the Social Organization of Culture Difference*, Boston: Little, Brown and Company, 1969, p.3.

[③] Sahlins, M., *Islands of History*, Chicago: The University of Chicago Press, 1985, p.152.

[④] "哈亭"是京族的一种重要的节庆,"哈"为京族语言的音译,包括唱歌和吃两层基本意思。参见苏维芳、苏凯主编《魅力京岛》,京族字喃文化传承研究中心2013年版,第310页。

庭、商铺悬挂国旗等行为。

人类生而聚集，是为生物本能，亦为社会属性。人群共同体于是成为一种基本的社会构成方式和组织结构；同时，人通常会介入、融入不同性质、不同层次的共同体，主要包括血缘—亲缘共同体，村落共同体以及现代国家的"想象共同体"。既是"共同体"，自然就包括命运、利益、责任等多重边界的认同。

第五部分　乡村振兴

第二十五章 论乡村振兴战略落实路线图

第一节 乡村振兴认知结构

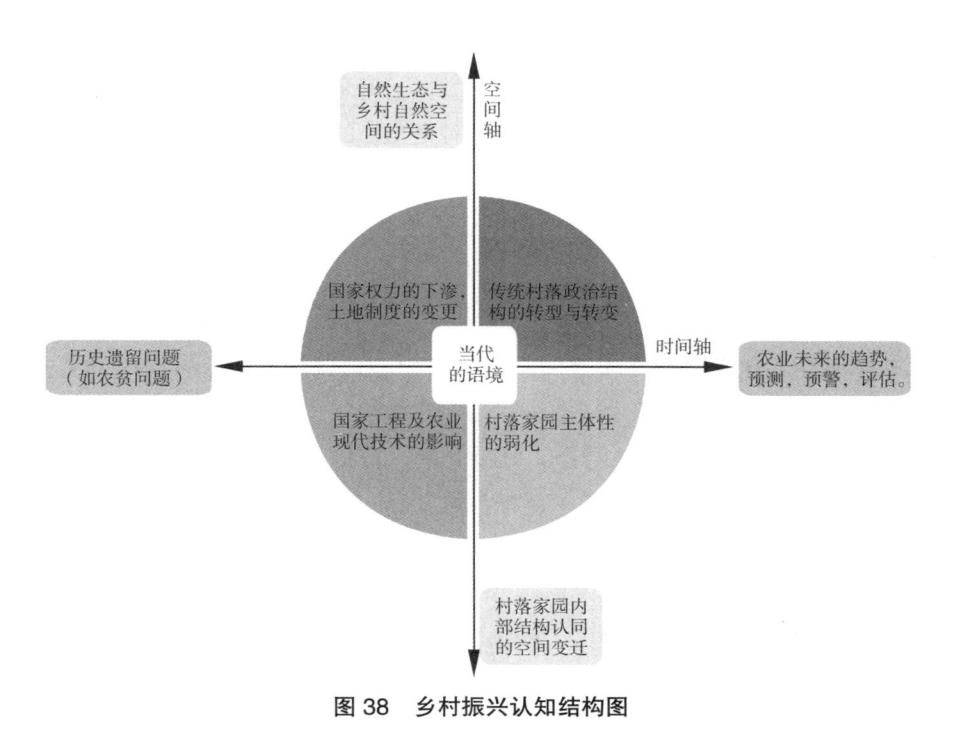

图 38 乡村振兴认知结构图

一　如何认知？

认知中华文明最为基本的原理是"天人合一"：**天文—地文—人文**相互交融，形成整体。这是中国传统的宇宙观，并贯彻于农耕文明之始终。"宇宙观"是认知世界的最基本形式，近世也称作"世界观"。但是，中西方在此有重大的差异。我国的"宇宙"，依照最为通行的解释："四方上下曰宇，古往今来曰宙。""宇"代表空间，"宙"代表时间，即通过"天象"（空间）以确定"地动"（时间）之宇宙论。中华农耕文明的认知原型是由天地人"三才"时空架构的"致中和"之关系，这既是我国传统的认知纪要，也是人民生活的真实反映。对于农业而言，在"天地"关系中，天是主要的，地是次要的。中国第一部系统阐释农业理论的专书《农说》如是说："知时为上，知土次之。"[①] 总体上说，中华民族的农耕文明体现了"天时地利人和"的圭臬。

根据这样的认知理念，我们将乡村振兴战略按中式的"宇宙结构"（时空）进行排列。在时间序列上：历史—当代—未来；在空间序列上：自然—语境—村落。根据这个结构认知图，在时空交错的当代语境中，集结了一些重大、重要的问题需要优先对待和解决。如果说，我国的"乡村振兴"战略是宏观性的，那么，在这个结构图中的重大面向、内容和问题便构成了基本的、具有中观性质的部分。乡村振兴战略只有首先在中观层面将重要的、必须面对和急需解决的问题提出来，方可有的放矢，进而在微观层面找到面对和解决这些基本矛盾的方向和路径。也就是说，乡村振兴战略必须从宏观、中观和微观三个层面进行全面通盘的认知和把握，不仅要关注历史遗留的问题，解决当下的事务，还要预测、评估未来的农业发展趋势和变化。另一方面，要注重空间——包括自然空间、社会空间、文化空间等在不同语境中所出现的空间转换现象和问题，并有目标地寻求应对和解决方案。

以生存为目的的乡村经济原则是"安全第一"，这基本上是世界性的、共识性的。[②] 以历史的眼光看，实现这一原则主要有两个障碍：1. 自然灾

[①] 严其火：《〈农说〉关于作物生长发育的理论》，载《传统文明　传统科学　传统农业》，江苏人民出版社2016年版，第71页。

[②] [美]詹姆斯·C. 斯科特：《农民的道义经济学：东南亚的反叛与生存》，程立显等译，译林出版社2013年版，第19页。

害；2. 国家和政府的利益。我国是一个自然灾害频发的国家，比如光绪初年山西发生了重大的灾荒，历史上称为"丁戊奇荒"，"人食人"的惨状亦有发生。① 我国历史遗留下来的"农贫"问题一直未解决，"中国历代统治者没有人不标榜重农，可农业仍然是弱势产业，从事农业生产的劳动者总是最贫困的群体"②。为了解决这一历史遗留问题，我国正在进行不懈的努力，特别是进入 21 世纪，国家取消了农业税、"三提五统"等税费，以更多方式、更强有力的国家投入来反哺农业、农村和农民，特别是精准扶贫，取得了举世瞩目的成就。然而，冰冻三尺非一日之寒，我们需要一如既往地努力探索，制定长时段的落实路线。

乡村振兴战略需构建一个综合治理机制，其中国家以权力为主导的方式具有无与伦比的优势，但也存在着功能上的一些缺陷，主要反映在：1. 国家权力的下渗，使得传统乡土社会的"自治"结构受到巨大的震荡。费孝通先生认为，国家、政府、组织等支配性权力属于"横暴权力"，而乡土社会的权力基础是社会契约，属于"同意权力"。③ 此外，中国的国情是"多元一体"，包括生存空间、文明起源、族群构成、历史关系等。④ 国家权力下渗到村落，改变了千年来传统村落的政治格局。2. 这样的政治权力格局的变化可能导致传统村落的主体性弱化现象：原来属于村落内部的，即由乡贤、乡绅、族长、寨老等"地方精英"解决的事务，如今全部上交给国家。而事实上，国家无力统揽乡土社会的所有事务，这是世界许多国家的经验证明了的。

国家要管理四方之远、五服之内之事务何其难矣。唯一的方式就是以统一之号令、自上而下的方式推动各项国家性项目工程。国家项目工程显然存在着一些缺陷甚至导致失败，斯科特认为，国家自上而下地重新设计农村生活和生产背后的逻辑，是使得这样一种新式的"社会园艺"中的农村、农村的产品和居民更容易被辨识和被中央掌握。⑤ 而国家的乡村统

---

① 参见郝平《丁戊奇荒：光绪初年山西灾荒与救济研究》，北京大学出版社 2012 年版，第 63 页。
② 钟祥财：《中国农业思想史》"导言"，上海交通大学出版社 2017 年版，第 1 页。
③ 费孝通：《乡土中国 生育制度》，北京大学出版社 1996 年版，第 59—60 页。
④ 参见费孝通《中华民族多元一体格局》，中央民族大学出版社 1999 年版。
⑤ [美]詹姆斯·C. 斯科特：《国家的视角：那些试图改善人类状况的项目是如何失败的》，王晓毅译，社会科学文献出版社 2017 年版，第 190 页。

计"数据化"使得对乡土社会的管理呈现出"同质性"的趋势；世界上一些国家在"推动千篇一律的村庄设计，规划官员被教导要选择平坦且无阻碍的地方，坚持修建直的道路，以及按序号编排房屋……"①类似的工程所产生的政治效应是统一性的，产生的审美效应是主观性的，产生的生态效应是单一性的。这样的情形，在乡村振兴实践中应该尽量避免和减少。乡村振兴需突出传统的村落作为特殊的"文化物种"的**多样性**保护。

简言之，我们对乡村振兴战略的认知需要特别清晰和清楚，否则，要么流于空泛，难以落实；要么急功近利，成为"数据化业绩"。

第二节 乡村振兴落实路线图

二 如何落实？

乡村振兴作为一个国家主导性决策，必然有其特定的语境和特殊的语义。窃以为主要有下列三点：首先，"**重农**"与"**国情**"的关系，这是"中国事务"的出发点。中国的事务，农不振兴，遑论其他；数千年的历史雄辩地证明了这一点。"农正"是"政治"的原始依据，任何治国安邦的努力，都必须从"农"开始。古代历代帝王如此，近、现代的政治家亦复如此：从孙中山"耕者有其田"到中国共产党人在新民主主义革命时期开展的土地革命，到新中国成立后的农业集体化、人民公社运动，再到改革开放以来一系列有关"三农"的政策和工程。②农若不兴，社稷必衰。此番道理，圣者、明者、智者皆悉。其次，"**重农**"与"**强国**"的关系，这是由"中国逻辑"决定的。需要辨析的是，有些人认为我国经济发展的奇迹是城市化率提升的结果。我国当下的城镇化进程，存在着以西方所谓"80%的城市率"作为"发达国家"指标依据的认知偏颇，推动以城市覆盖农田、耗损乡土的城镇化工程。事实上，城市化并不必然以耗损乡土为前提。以

---

① [美]詹姆斯·C. 斯科特：《国家的视角：那些试图改善人类状况的项目是如何失败的》，王晓毅译，社会科学文献出版社2017年版，第263页。
② 钟祥财：《中国农业思想史》"导言"，上海交通大学出版社2017年版，第5—6页。

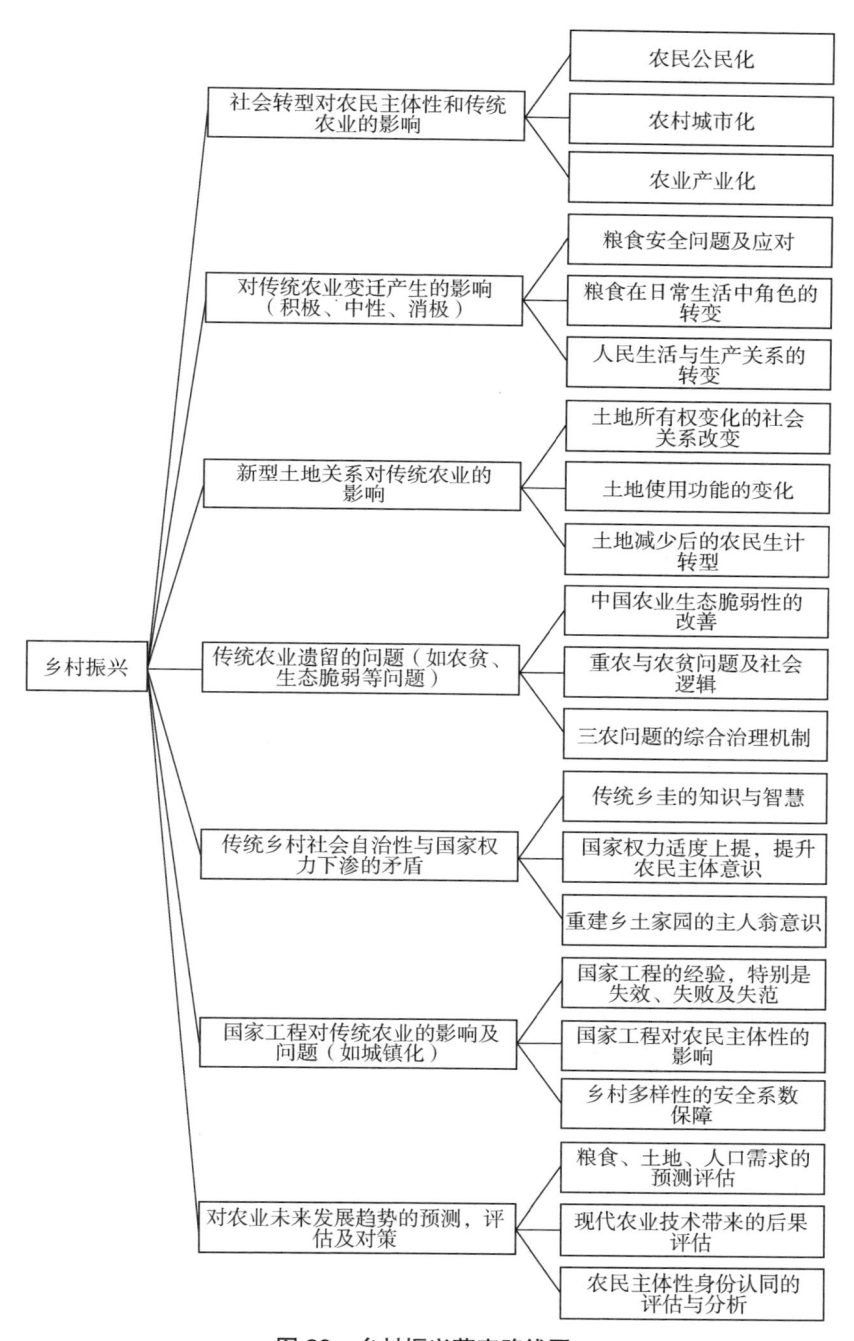

第二十五章 论乡村振兴战略落实路线图

```
乡村振兴
├── 社会转型对农民主体性和传统农业的影响
│   ├── 农民公民化
│   ├── 农村城市化
│   └── 农业产业化
├── 对传统农业变迁产生的影响（积极、中性、消极）
│   ├── 粮食安全问题及应对
│   ├── 粮食在日常生活中角色的转变
│   └── 人民生活与生产关系的转变
├── 新型土地关系对传统农业的影响
│   ├── 土地所有权变化的社会关系改变
│   ├── 土地使用功能的变化
│   └── 土地减少后的农民生计转型
├── 传统农业遗留的问题（如农贫、生态脆弱等问题）
│   ├── 中国农业生态脆弱性的改善
│   ├── 重农与农贫问题及社会逻辑
│   └── 三农问题的综合治理机制
├── 传统乡村社会自治性与国家权力下渗的矛盾
│   ├── 传统乡圭的知识与智慧
│   ├── 国家权力适度上提，提升农民主体意识
│   └── 重建乡土家园的主人翁意识
├── 国家工程对传统农业的影响及问题（如城镇化）
│   ├── 国家工程的经验，特别是失效、失败及失范
│   ├── 国家工程对农民主体性的影响
│   └── 乡村多样性的安全系数保障
└── 对农业未来发展趋势的预测，评估及对策
    ├── 粮食、土地、人口需求的预测评估
    ├── 现代农业技术带来的后果评估
    └── 农民主体性身份认同的评估与分析
```

图 39　乡村振兴落实路线图

美国和法国为例，其为发达国家，农业同样可以发达。最后，"**土地**"与"**人口**"关系，这是由"中国的安全"决定的。"中国以世界上 7%的土地养活 22%的人口"——无论对这一数据的准确性有何质疑，都不妨碍其表达我国"土地/人口"关系之窘迫。当今"粮食自给/粮食进口"成为中国的一个重大政务；如果我国的强大以从"粮食自给"到"粮食进口"为代价，那么中国的安全程度则是在降低的。

任何**好的**决策都是建立在**更好的**落实基础上，没有后者，前者只能流于"空泛"。也只有在基础层面、基本层面、基层层面的落实总体上是积极的、正面的，才能最终证明决策是有效的和合适的。我国在 20 世纪 50 年代末曾经推行"人民公社运动"。毫无疑义，决策的动机和初衷是为了让"五亿农民"过上好日子，然而，评估和判断却是偏差和主观的，[①] 效果是负面的，结果是失败的。今天，为了使党中央的乡村振兴战略获得成功，我们或许更需要"反其道而行之"，即自下而上地进行细致的调研、评估和分析。上述的"乡村振兴落实路线图"便表明笔者的一种分析和评估性的尝试。如果说本文的第一部分主要针对乡村振兴的"宏观—中观"之间的关系，那么，第二部分则主要针对中观层面的逻辑和内在关系。笔者认为，这一部分尤为重要，因为它具有乡村振兴战略整体构造中的核心内容、主要面向和重大问题，具有连接宏观和微观的作用。中观部分由两个层次构成，即根据 7 个大问题，每个大问题又由 3 个子项构成。

从历史的角度看，农业是人类文明史上的一个重要阶段，它一直处在变化与变迁之中。当今社会，特别是全球化时代的到来，新技术的出现和应用，极大地改变和改观了传统的农业社会，主要反映在**农民公民化**、**农村城市化**和**农业产业化**三个层面。农民的公民化表现为传统的"**家国**"向现代"**国家**"转变的必然过程。这一过程虽然漫长，而且具有"中国特色"的道路、模式（比如中国历史上并没有经历完整、饱满的"公民社会"的历史阶段），但都无法阻绝农民公民化的历史性演变过程。中华人民共和国是一个以公民社会为基础的国家体制，我们所面临的历史实情是：如何在 100 多年的国体（即"封建帝制"向"民族国家"转制）变更中，使农民转变为国家公民。这必然、显然、仍然是一个艰巨的

[①] 参见罗平汉《农村人民公社史》，人民出版社 2016 年版，第 51—53 页。

任务。即使是我国历史上的"人民公社",强调的只是在农业集体"合作社"基础上的农业与工业的结合,并未涉及"农民—公民"的主体转变问题,1958年7月1日出版的《红旗》第3期发表了陈伯达的《全新的社会,全新的人》中第一次使用"人民公社":"把一个合作社变成既有农业合作又有工业合作的基层单位,实际上是农业和工业相结合的人民公社。"而这实际上是毛泽东的主张。① 中国数千年来从来以宗族—家族为核心建立、主导乡村,"村落—家园"一直是乡土社会的基层单位;即使在今天,这个情形依然未改变。所以,即使是"农民—公民"的转化,也是中式的。西方的模式搬移到中国,难以生效。连带性的农村的城市化是一个历史的趋势,但有两个事项必须予以重视:1. 城—乡关系不像西方那样是城市主导乡村的关系;2. 城镇化与"逆城镇化"是一个自然的过程。农业的产业化是将传统"自给自足"的小农经济转变为适应市场需要的、大的经济产业。

"农业生产的发展不是表现为劳动生产力的提高,而是表现为精耕细作水平的提高,表现为单位面积产量的提高。"② 从历史的角度看,农业的发展与科学技术相互关联、互动,这也成为中国传统农耕文明的重要产物。著名世界农业史专家陶格(Mark B. Tauger)在言及农业工具技术对中国农业的影响时说:"在战乱频仍的时期,中国农民进行了两次重要革新:制造铁制工具和使用畜力。新型的牛拉铁犁帮助中国农民开垦北方肥沃的'平原'地区。这些农业技术使中国成为地广人稀的国家。"③ 从这个意义上说,中国的农耕文明是建立在中国传统的农业知识、经验智慧、创造发明,以及农业技术相互采借的基础上。但只认识到这一点还不够,因为这些具有中国特色的农业创新与特定的生态有关,是建立在对自然的认知与适应的基础上,而且是中国式的宇宙观思维的产物,以"犁"为例,它的发明与天象"大辰图"有关。④ 由是可知,中国的乡村既有"共性",也有"特性"。以笔者之见,乡村振兴的重要主旨并不是以"统一的模

---

① 罗平汉:《农村人民公社史》,人民出版社2016年版,第17页。
② 严其火:《传统是中国农业奇迹的基础》,载《传统文明 传统科学 传统农业》,江苏人民出版社2016年版,第108页。
③ [美]马克·B. 陶格:《世界历史上的农业》,刘健等译,商务印书馆2015年版,第29页。
④ 参见彭兆荣《中国艺术遗产纲要》,北京大学出版社2017年版,第184—185页。

块"建设"一统的整齐",恰恰相反,是珍视和保护村落作为"文化物种"的多样性和差异性。

生存安全问题一直是人类最为攸关的问题,也是农民生存伦理中至关重要的。世界范围的农史以大量的事实证明了"农民的价值标准和生活经验反映了安全第一的逻辑结论"①。而在**安全**的原则中,粮食的安全又是首要的条款。农业技术在其中扮演着关键性角色。技术是一柄双刃剑;比如当代的水稻杂交技术对我国的农业生产起到了重大的作用。再比如农业转基因技术,使当今的"食物革命"中的转基因食物存在着"安全"的风险。即使在今天,我们都没有以足够的勇气来正视转基因食品的风险。《食物革命》的作者罗宾斯在"转基因食物"的开篇用了一段警示性文字:"用转基因土豆喂食的老鼠却显示出一系列不曾预料的和令人担忧的变化,包括肝脏、心脏和大脑变小,免疫系统减弱。可悲的是,那些老鼠的生长受此影响,有些生了肿瘤,并在食用转基因土豆仅10天后显示出明显的大脑萎缩。"②他甚至认为"转基因食物是一个谎言"③。"食物革命"的一个最重要的依据来源于"技术革命",它比起历史上的任何一次技术革命给人类带来的影响都大——无论是福祉、福音,抑或是灾祸、灾难都更具有正反两方面的极端意义。我国在《2018年农业转基因生物监管工作方案》的"总体要求"中明确提出《农业转基因生物安全管理条例》。④

简言之,在振兴乡村战略的中观层面,涉及了我国传统农业在当代语境中的基本问题和内容,对这些问题认识不足,便难以将乡村振兴战略落实在具体的事务、事情和事件中。

---

① [美]詹姆斯·C.斯科特:《农民的道义经济学:东南亚的反叛与生存》,程立显等译,译林出版社2013年版,第39页。
② [美]约翰·罗宾斯:《食物革命》,李尼译,北方文艺出版社2011年版,第293页。
③ 同上书,第294页。
④ 信息来源:农业部办公厅关于印发《2018年农业转基因生物监管工作方案的通知》,生效日期:2018年1月25日。文号:农办科〔2018〕2号。中华人民共和国农业农村部网站。

第三节　乡村振兴微观构件及名目

表4　乡村振兴微观构件及名目

乡村遗产保护	地方知识与民间智慧分类与整理（名录化）
	重要农业遗产（如梯田等）
	农业遗产记录与传承模式（乡村博物馆、村志等）
乡村生态与农业	自然原始状态（如荒野）
	水土保护与治理
	增色（改变植物种植的单一性，改"绿化"为"花园"）
乡土景观重建	自然景色
	农业景观
	村落形制
乡村城市模型	古镇（建筑特色）
	城市田园
	城中村
旅游与乡村振兴	农家乐（包括民宿）
	村落工艺、娱乐活动、节气民俗
	乡土体习（体验自然风光，参与乡村活动）
农民在城镇化中的适应	生存适应
	社区适应
	心理适应
粮食安全专题	粮食保障
	土地与粮食的安全底线（粮食多样性）
	烹饪技艺

续表

乡村特色的评估与保存	区域、地方的食材特色
	在乡村中找回完整的"自我"（根的认同）
	边远乡村的样态研究
民族村落的特性研究	村落与宗族、族群
	自然宗教（包括风水）
	生计方式的民族特色
逆城镇化研究	投资乡村
	旅游扶贫
	智力返乡
外国城市农村经验	西方国家的村落保护经验
	日、韩等东亚国家村落保护经验
	港澳台及外国（特别是东南亚）华人村社的范例

三 如何行动？

乡村振兴战略最终必须付诸行动。但是，行动不是搞"运动"。行动与"运动"的最大差别在于，行动是一个有目标、有纲要、有计划，经过细致的调查，周致的评估，特别是在充分尊重农民群众的主体性的基础上进行的实实在在"造福民众"的长期、持续性工作。"运动"则是轰轰烈烈，声势浩大，自上而下，具有行政业绩化意图，指标向上，项目只向"发包商位"负责，调查评估粗糙，没有充分听取民众意愿的短期社会活动（经常因行政领导的岗位变化而改变）。乡村振兴战略自然、必然、当然属于前一种情形。于是，**行动**以及**行动效率**至为重要。行动和行动效率的首先取决于三个方面：1. 是否做到全面的了解、深入的调研和科学的分析。2. 建立在全球化语境背景下的"知己知彼"。3. 细致的行动步骤及检验（包括项目的设计和设立，特别强调"向下负责"，即向乡村的主体负责）。

历史上遗留下的"农贫"主要有两大原因，简约地表述为"天灾人祸"。1931 年一位西方学者这样描述中国的农村状况："有些地区农村人口的境况，就像一个长久地站在齐脖的河水中，只要涌来一阵细浪，就会陷入灭顶之灾。"① 我国是一个自然灾害频发的国家，"靠天吃饭"在很大程度上决定着传统农业生产的情形，也决定着农民的生活。所以，乡村振兴的一个重要的切入口，就是改善农村的生态环境。这至少涉及三种重要事务：1. 尽力解决或缓解我国农业传统遗留下来的自然灾害多、生态环境脆弱问题。农业难题得以舒缓，国家"社稷"之福祉方可期待，人民生活水平提高才有指望。2. 人民安居乐业。我国历史上"背井离乡"之惨状，绝大多数都是由于天灾，比如旱、涝，粮食绝收，只得外出谋生、乞讨。当然，也包括战争、政治迫害等。3. 美化家园。如果"美丽乡村"不只是一个口号，不只是一个政府的改造计划，不只是行政部门的项目工程，而是乡村振兴计划中的"长时段蓝图"的话，那么，就要把乡村作为我们的"出生地＋归属地"来对待。它有两个指喻：一是指农耕文明的特点是："乡土社会在地方性的限制下成了生于斯、死于斯的社会。"② 二是指我们中的绝大多数都来自农村，那是我们的"家（家园）"，我们的祖先和我们的子孙都曾经生活在那片土地上，它是我们的"命根"。③ 中华传统文化之"五缘"（血缘、亲缘、地缘、神缘和业缘）都从那里出发。

城/乡关系在西方的社会结构中是主从关系——城乡差别更多地属于一种政治分类：城市作为"大传统"与乡村作为"小传统"（great tradition, little tradition）的不平等关系；前者指城市具有强大的组织形态和历史意识；后者则指受限于地方性知识的生活方式，特指农民的生活。④ 以世界范围的眼光看，农民地位的低下，在很大程度上是城乡关系"制造"出来的："从农民的角度看，文明更多地体现为城市统治农村，城市居民凌驾于农民之上。"⑤ 然而，中国的情形迥异，⑥ 因为我国的城乡关系是共生关

---

① R. H. 托尼：《中国的土地与劳动力》，参见[美]詹姆斯·C. 斯科特《农民的道义经济学：东南亚的反叛与生存》，程立显等译，译林出版社 2013 年版，第 1 页。

② 费孝通：《乡土中国　生育制度》，北京大学出版社 1996 年版，第 9 页。

③ 同上书，第 7 页。

④ Redfield, R., *The Little Community, and the Peasant Society and Culture*, Chicago, IL: University of Chicago Press, 1960.

⑤ [美]马克·B. 陶格：《世界历史上的农业》，刘健等译，商务印书馆 2015 年版，第 15 页。

⑥ 参见彭兆荣《论乡土中国的城镇化》，《北方民族大学学报》2017 年第 1 期；《论"城—镇—乡"历史话语的新表述》，《贵州社会科学》2016 年第 3 期；《乡土中国与城市遗产》，《北方民族大学学报》2015 年第 5 期。

系——从发生到发展一直如此，甚至连传统的城市布局都是仿照"井田"的形制。① 在以农耕为背景的文明发展、文化背景、历史真实来看，在中国"城市是放大了的乡村"。② 因此，在乡村振兴战略中，创造各种各样的"乡村城市"（以乡村为主体、为基本、为背景，适当注入城市元素），"城市乡村"（在城市里尽可能地增加乡土底色、乡村背景、乡下元素）以配合农民的公民化，农村的城市化和农业的产业化的社会转型，无疑具有"中国特色"。事实上，现在我国的城市化过程凸显出诸多问题、难题，都可以在这样的实践和行动中得到缓解，而不是简单地搬套外来模式。同时，可以配合大众旅游"回归乡梦"的不期而遇。此外，伴随的城镇化的进程，"逆城镇化"现象也会出现，**为投资乡村**和**智力返乡**提供了更大可落实和可兑现的空间和可能。

  乡村与城市的最大的差别是什么？是"土，它的基本意义是指泥土"③。换言之，乡村是与自然最为契合的基层单位，而"自然村"又构成了主体——村民经过长时间在某处自然环境中聚居而自然形成的村落；一般情况下它只有一个姓氏，是同一个祖宗的子孙后代，有相同的血缘关系。这些特点也决定了"家园"的性质。正是从这个意义上说，乡村是现代人（城里人、年轻人等）回归自然的体验方式。因此，保持乡村的自然特性，特别要保存那些"原始荒野"（wilderness）④ 的形式与内容，其主要功能是：一，现代人回归、感受自然。现代人可以在过度人工化的生活场景（比如城市）中回归、感受到大自然的本色。二，维护和保证子孙后代接触自然原始形态的权利和机会。我们这一代人没有任何理由剥夺自己后代的这种权利。乡村振兴的模本是"自然"，我们不能将所有的对象都"人工化"。三，全球化移动性、快节奏、网络化等，使得人们在生活中远离了"天人合一"的自然本色；而保持乡村的原生态，不仅可以成为"旅游资源"，更重要的是"人的回归"。所以，在乡村振兴中，不但要注意到与现代社会的对接，也要注重保持原始的、自然的、生态的对接。山、水、作物、野草等都要

---

① 彭兆荣：《中国艺术遗产纲要》，北京大学出版社 2017 年版，第 212 页。
② 孙君：《农道：没有捷径可走的新农村之路》，中国轻工业出版社 2011 年版，第 55 页。
③ 费孝通：《乡土中国　生育制度》，北京大学出版社 1996 年版，第 6 页。
④ 参见[美]罗德里克·弗雷泽·纳什《荒野与美国思想》，侯文蕙等译，中国环境科学出版社 2012 年版。

相应地留存。要树立这样的理念：在乡土社会，"自然"才是第一品质；最好的发展，无论是理念还是模式，都要最大限度地保留自然的原始性，最大限度地保存传统的痕迹和印记，而不是城市对农村的"覆盖式"发展。因此，乡村振兴要保持乡村的原生态，珍视和保护村落作为"文化物种"的多样性和差异性。

知己知彼，确立乡村振兴战略需要有相应的参照系，主要参照对象包括西方发达国家的村落保护模式与经验；亚洲，特别是东亚国家和地区的村落保护模式与经验；华人华侨将自己的乡土家园的元素（比如"五缘"）带到所在国，与当地生态、文化相融合而产生的村落榜样等。都需要我们去了解，做到博采众长。

简言之，乡村振兴战略不仅只是一个国家方略，它是农正（政治）的全方位辐射，如果没有完整的体系——从宏观、中观、微观到具体的元素和要件的落地与落实，便无法保证其实效性。

第二十六章　论乡村振兴战略中的"新三农化"

第一节　农民公民化

我国正在进行乡村振兴战略，这既是传统的继续，又是传统的"发明"。它意味着两个基本面向——在中国传统农业文明的基础上创新出一种适合中国特色社会主义发展的模式，即**传统与创新**。这是一项伟大而艰巨的工作，其中"新三农化"的实验和实践是否成功，将成为检验这一战略的关键。

理论上说，近一百多年来，随着我国从传统的帝制向以公民社会为基础模型的"民族国家"（nation-state）转变，我国的人民的主体——农民公民化就已经开始进入——从传统的"**家国**"向现代"**国家**"转变的必然过程。然而，数千年的"家国天下"和"宗法制"在短时间里难以完成这一转变，却无法阻绝农民公民化的历史性演变的趋势。换言之，这一过程是漫长的，而且必定是走"中国特色"的道路，毕竟中国历史上并没有经历完整、充分的"公民社会"的历史阶段，需要探索和选择自己的模式。"农民—公民"的转变究竟包括什么样的需要特别关注但事实上却疏于关注的内容，这必将是乡村振兴中首先遇到的问题。

众所周知，现代以降，世界性公认的"国家"（Nation，也可译为"民族"）——完整的表述为"民族—国家"；而这一模型完全来自于西方，其产生的社会基础在 17、18 世纪欧洲封建农业社会里逐渐分离，与资本主义发展如影随形，并在继承西方文明遗产的基础上，产生了符合西方社会的**公民政治**。换言之，现代民族国家是以西方"公民社会"为蓝本向世界推销的一个历史产品。它既是欧洲国家政治形态在历史发展过程中合乎逻辑的自生果实，又在世界范围内将"欧洲中心"的历史价值，经过传播，成了欧洲赠送给世界的一个礼物。①

西方的"公民政治"产生有其自身复杂的历史背景，主要表现在：第一，原始部落与封建制度糅杂，政教纷争延续了近千年，使欧洲漫长的中世纪成了阻碍社会发展的社会制度。第二，随着社会生产力的提升，专业化人群逐渐从农民中分离，中世纪城市的出现，使贵族和农民开始离开土地，寻找新的谋生方式。破落贵族成为骑士阶层，进城的农民转而成为城市手工阶层。第三，新兴的资产阶级与资本主义互为你我，在生产力迅猛发展的同时，导致了社会阶层的分化。第四，伴随着"地理大发现"，更大规模的殖民战争扩张到了全世界。对"异邦"的掠夺和对"野蛮人"统治逐渐使西方国家历史性地转变为殖民国家。

值得特别强调的是，在欧洲的传统社会（特别是拉丁语系国家），"公民政治"早已成为社会结构中的基本构件。世界上通行的现代国家与古代希腊"民主—共和"（re-public）有关，其本义指在公共场所中示以"公正""公开""公平"的意义，以强调"公民""公众""公权"。具体的行为是让具有市民身份的民众参与公共事务的讨论。建筑特色是在防御工事环绕的王宫周围形成城市中心，即"公众集会广场"——讨论公共事务而设计的公共空间。城市有城墙环绕，以保护并限定组成它的全体市民。城市以公众集会广场为中心，成了严格意义上的"城邦"②。在这样的国家发展的历史线索中，清晰地展示了"公民社会"的痕迹。

中国的历史没有公民传统的背景，当然也无法产生以"公民政治"为支撑的社会结构。如上所述，"公民"首先指的是一种特殊、特定的空间

---

① Chatterjee, P., *The Nation and Its Fragments*, New Dehi; New York: Oxford University Press, 1999, p.4.
② [法]让-皮埃尔·韦尔南：《希腊的思想起源》，秦海鹰译，生活·读书·新知三联书店1996年版，第33—34页。

规约，即"市民"在公共场所谈论公共事务。中国自古并无现代意义上的"国家"，而是具有浓厚封建农业伦理的家长制"家国"，并不需要建立一个平等的、公共的场所来讨论家国大事。而是建立以家国为中心的"天下体系"，① 其形成了自己的特点——政治地理学。就中国传统"一点四方"的方位律制和人群关系格局而言，其重一点而轻四方。中心以外的"四方"配合"四海"，人群与之相属，《博物志》卷首之"地理"载："七戎六蛮，九夷八狄，经总而言之，谓之四海。言皆近海，海之言晦昏无所睹也。"②

相比较而言，"公民"其实是一种身份规定与认同，除了少数有身份上特殊的"烙印"，如奴隶、战俘等外，古代希腊是一个自由交流和移民的广大区域。这一切都使得古代希腊具有跨区域、多族群、多文化的鲜明特点。③ 人类学家克拉克洪据此认为"希腊事实上成了一个人类多民族汇集的中心"④。这样的历史情形也成为公民社会的滋生土壤。而在我国"家国—国家"特殊封建帝国的形制中，四方的族群，古代多以"人"指称，有指称族群的如"汉人""苗人"；有指称区域的如"南人""北人"；有指称方位的如"蛮人""夷人"；有指称外来者的如"胡人""洋人"等，皆服从"中邦"，这在我国第一部地理志《禹贡》中就已经规定了。

由此可知，中国"公民化"之"公"需要辨析；在传统的农耕社会里，简单地搬运西方的公民社会是不可能的。其实，在中国传统中"公"有自己的意思，甲骨文即八（八，是"分"的本字），口（口，是"共"的省略，集体拥有），表示平均分配集体所共同拥有的物品。"公"即"共"。今日所说的"公共"即遵循此义。《象形字典》释，公的造字本义为平均分配部落或氏族集体所共同拥有的包括食物在内的所有物品、物用。《说文解字》："平分也，从八，从厶。"兼有"公平"之意。"公"与"厶"（私）相对，所谓"背厶谓之**公**，或说，分其厶以与人为**公**"。（《韩非子·五蠹》）⑤最为著名的表述当为《礼记·礼运》：

---

① 赵汀阳：《天下体系》，江苏教育出版社2005年版。
② （西晋）张华：《博物志》，重庆出版社2007年版，第161页。
③ 参见彭兆荣《文学与仪式：文学人类学的一个文化视野》，北京大学出版社2004年版，第149页。
④ Kluckhohn, C., *Anthropology and the Classics*, Rhode Island: Brown University Press, 1961, p.29.
⑤ 见孟世凯《甲骨文辞典》，上海人民出版社2009年版，第153—154页。

昔者仲尼与于蜡宾，事毕。出游于观之上，喟然而叹。仲尼之叹，盖叹鲁也。言偃在侧，曰："君子何叹？"孔子曰："大道之行也，与三代之英，丘未之逮也，而有志焉。大道之行也，天下为公。选贤与能，讲信修睦。故人不独亲其亲，不独子其子，使老有所终，壮有所用，幼有所长，鳏寡孤独废疾者，皆有所养。男有分，女有归。货恶其弃于地也，不必藏于己。力恶其不出于身也，不必为己。是故谋闭而不兴，盗窃乱贼而不作，故外户而不闭。是谓大同。"

这里的"公"实为假借原始社会分工不细，物产不足，因贫而公为理想的"大道"时代，财物为天下人类共有；社会治理达到了天下的最高准则：国泰民安的理想状态。在这样的理想社会里，所谓"天下为公"，指的是天下是公众的，天子之位，传贤而不传子，大家都讲诚信，和睦相处，各有所归，礼制分明，那是一种美好的大同社会的景象。事实上，现实并不是那样。如果原始的部落时代真有所谓的"原始共产主义"的话，那也是"贫公"，那样的理想实为假象。仿佛《礼运》托名孔子撰写一样，孔子托名"大道"借喻"大同"。孙中山借此发挥，重复"天下为公"。1924年，孙中山在《三民主义》中提出：三民主义就是孔子所理想的大同世界，即"天下为公"。但孙中山的"天下为公"思想与儒家的"天下为公"思想有很大的不同，前者带有孙中山所处那个时代的印记。它不但吸收了儒家思想的精华，而且融入了中国古代农民起义者的平等思想，西方资产阶级民主主义思想，以及当时流行的社会主义理想。

回到现实层面，中国的农业传统之小农经济，讲求的事实上的"家私"——以家（家族、家庭）为单位的利益范围，看一看《红楼梦》之四大家族之范式便可明白。中国数千年来从来以宗族—家族为核心建立、主导乡村，"村落—家园"一直是乡土社会的基层单位；即使在今天，这个情形依然未改变。费孝通在《乡土中国》中说："在乡村工作者看来，中国乡下佬最大的毛病是'私'……一说是公家的，差不多就是说大家可以占一点便宜的意思，有权利而没有义务了。"[①] 总体上说，这是对实情的

---

① 费孝通：《乡土中国　生育制度》，北京大学出版社1996年版，第24页。

表述,这也符合"自给自足"的一种家庭作坊式的生产和生计方式。

中国共产党所追求的"共产主义"即是"公";中华人民共和国是一个以公民社会为基础的国家体制,我们所面临的历史实情是:如何在一百多年的国体(即"封建帝制"向"民族国家"转制)变更中,使农民转变为国家公民。这必然、显然、仍然是一个艰巨的任务。

综上所述,乡村振兴战略中"新三农化"之农民公民化——"农民—公民"的转化,是一个漫长、艰巨且细致的工程,而且它必须是中式的。搬运西方的模式,简单、快捷,但并非最佳方式。它可能照顾到了国际范式,伤害的却是我国的"特色"传统。

第二节 农村城市化

农村的城市化似乎是一个历史发展的趋势,但这里需要做一个辨析:1. 城市化是一个**自然的过程**,随着科技农业的推进,由于土地增加的可能性越来越小,而农业机械化程度又在提高,在原来的土地上耕作的农村人口中必然有一部分剩余者转移到城市或其他领域。2. 农业与工业,特别是科学技术的发明与应用,会在各个领域和行业都会呈现,当然包括农业。农业与工业并非表现为历史的阶段性替代,而是并置与并行过程。新技术也不会只"光顾"工业和城市。我国的国情是"乡土社会":"从基层上看去,中国社会是乡土性的。我说中国社会的基层是乡土性的,那是因为我考虑到从基层曾长出一层比较上和乡土基层不完全相同的社会,而且近百年来更在东西方接触边缘上发生了一种很特殊的社会。"① 在中国,任何意义和方式上的城市化都应从乡村出发。由于城市与乡村的关系是互为你我的缘生、源生、原生关系,乡村是城市的背景、是城市的保障、是城市的"大后方",所以如果以过于激进的方式搞所谓的城镇化,那么带来的后果可能会像有的学者所说:"城市越是文明,其中的脆弱性就越强。"②

---

① 费孝通:《乡土中国 生育制度》,北京大学出版社1998年版,第6页。
② 孙君:《农道:没有捷径可走的新农村之路》,中国轻工业出版社2011年版,第54页。

因此，乡村振兴战略必须注重农村的城市化问题，但我们首先有必要对所谓的"城乡"关系做一个厘清。我国的城乡关系与西方的城乡关系完全不同。在西方，城市实际上是社会结构和政治格局的主导因素。古代希腊的"城邦"（polis）与"政治"（politics）在词义上同源，城市与国家是相属的，即所谓"城市国家"（city-state）。换言之，国家建立于城市之中，即所谓"城邦"。特别在拉丁系传统中，城邦制模式相对独立，并非建立在"城乡"关系上。所以，从西方的话语出发，"从农民的角度看，文明更多地体现为城市统治农村，城市居民凌驾于农民之上"①。即便如此，那些发达国家也从来没有放弃过农业，而是在原有的基础上尝试和实验各种各样的发展模式，比如现在世界上的许多国家、地区的城市都在进行"城市农业"的计划。②

中国的情形很独特。所谓"**独特**"，是指传统的城乡关系水乳交融，有的学者甚至建议以"城邑"代替"城市"："中国的早期城邑，作为政治、宗教、文化和权力的中心是十分显著的，而商品集散功能并不突出，为此可称之为城邑国家或都邑国家文明。"③ 徐中舒则强调人的聚集之所为城邑的溯源。④ 吕思勉认为邑与井田制度存在着直接的关系："在所种之田以外，大家另有一个聚居之所，是之谓邑。合九方里的居民，共营一邑，故一里七十二家（见《礼记·杂记》《注》引《王度记》。《公羊》何《注》举成数，故云八十家。邑中宅地，亦家得二亩半，合田间庐舍言之，则曰'五亩之宅'），八家合一巷。中间有一所公共建筑，是为'校室'。"⑤ 这也是"井田制"的基本面貌。"邑"大致属于"公田"范畴。⑥

虽然《说文解字》释："邑，国也。"但我国的邑，既是城郭（囗、國），又是郊，更是乡。⑦ 更有甚者，在我国古代王城的建设形制中清晰地

---

① [美]马克·B. 陶格（Mark B. Tanger）：《世界历史上的农业》，刘健、李军译，商务印书馆2015年版，第15页。
② 参见薛浩然主编《香港农业的复兴》，利源书报社2015年版，第19—22页。
③ 李学勤主编：《中国古代文明与国家形成研究》，云南人民出版社1997年版，第8页。
④ 徐中舒：《甲骨文字典》，四川人民出版集团、四川辞书出版社2014年版，第710页。
⑤ 井田的制度，是把一方里之地，分为九区。每区一百亩。中间的一区为公田，其外八区为私田。一方里住八家，各受私田百亩。见吕思勉《中国文化史》，新世界出版社2016年版，第70页。
⑥ 参见钟祥财《中国农业思想史》，上海交通大学出版社2017年版，第4页。
⑦ 参见彭兆荣《邑，城在乡土中——中国城镇化的自我逻辑》，《学术界》2018年第3期。

看到"井田"的原型。在《周礼》的王城建制中,城郭的营建无不以井田之秩序和格局为模本。城之经营与农业耕作为"国家"统筹的大事。"国"之营建与经营,以井田之制为据。疏云:"井田之法,畎纵遂横,沟纵洫横,浍纵自然川横。其夫间纵者,分夫间之界耳。无遂,其遂注沟,沟注入洫,洫注入浍,浍注自然入川。"换言之,"城郭(國)"的形制依照传统的农村田地的形态而制定。由是可知,我国的城乡关系是共生关系。这说明,中国传统的"城乡"是一体的、相融的,也是"家国"政治结构的有机构造。

我们同时要说,中国的情形很**矛盾**。所谓"矛盾",主要表现在当下我国的城镇化进程上。一方面,城市化不是自然的转变,而是借助外力,包括城市化的趋势、政府的推动等。另一方面,传统乡土社会对"背井离乡"认知惯性,导致广大农民在传统的意识里将其视为"离开故土""失去家园",有不安全感、危机感。进而产生对人为的城市化的被动。对此,费先生曾经有一个观点,认为我国传统农村向城镇转变,农村人口向城镇流动是不自在的、不自愿的,是"被迫"地"逼上梁山"。他以近代苏南为例做了这样的论述:"乡镇工业不仅与农业之间有着历史的内在的联系,而且与大中城市的经济体系之间存在着日益密切的联结。在旧中国,自从上海成为通商口岸的上百年间,外国资本和官僚买办资本就从这个商埠出发,沿着沪宁铁路把吸血管一直插到苏南的农村。首先被摧毁的是农民的家庭手工业;接着农业也独木难支;最后农民忍痛出卖土地,到上海去做工——走上西方资本主义工业化的道路,还要加上殖民地的性质。"[①]

综上所述,乡村振兴战略中"新三农化"之农村城市化要解决的问题并非简单的"城镇化"可以解决的,以下三个问题需要兼而顾之:1. 在农耕传统的背景中,对于大多数人们来说,农村是"终端性"和"终极性"家园,今天仍然如此。"拆"农村的家"换"城市的家有一个认同、情感上的过程,特别是"老家"还有祖先的魂和家族的根。文化习惯的适应也需要一个过程。2. 广大的农民从来以土地耕作为本分、本职,骤然的城市化使得他们产生紧张感,而且,他们需要一个学习城市生计本领的机会和过

---

① 费孝通:《行行重行行:乡镇发展论述》,宁夏人民出版社 1992 年版,第 51—53 页。

程。"拆迁款"总有"用完"的时候，如果人民无法适应城市的生活，没有学会和掌握生存技能，而自己过去的土地和家又没有了，那么，唯一的办法就是：把所有的问题和困难都上交给国家，但事实上国家亦难以承受。3. 城镇化的过程同时包含着"逆城镇化"，任何社会趋向都不是单向的，而是双向的；包含着互相、互动和互融现象，比如今天世界上的一些国家出现的"农村化城镇"和"城镇化农村"。4. 传统乡土社会的农业遗产的保护、保存和保留问题，这需要有一个细致的调研和评估。简单地以城市覆盖乡村的方式是粗暴的，甚至有数典忘祖之嫌。

第三节 农业产业化

全球化对农业所产生的影响之一就是现代农业的产业化，它包含几个明显的特征：1. 科技化。现代科学技术越来越多地渗透到农业的生产结构之中。2. 集约化。农业的增长方式由粗放型向集约型转变——即从单纯地注重数量和速度增长，向优化产业和产品结构，提高增长的质量和效益方面转变。3. 市场化。农业生产的产品转变为商品进入到市场，成为现代经济体系的有机部分。传统农业向现代产业化转型，全面带动了农业生产的各种新的性质和特征，而在科技化、集约化、市场化过程中同时趋向更为专业化、知识化、智能化发展，比如农业的信息化趋势。

农业的科技化必然涉及技术问题，西方学者对于中国农业发展的滞后之于技术突破和创新存在争论，有的学者指出中国农业卷入了人口陷阱，将贫穷的农民推入效率低下、耗费劳动的农业技术，有的学者则认为农业经济能够创造大量剩余从而为农业创新提供资金，但拨出的这一部分剩余用以创新的对食利阶层毫无物质利益可言。中国的农业就这样停滞了，因为不存在一个农村阶层，它既有动机又掌握政治权力用以重组产权，适应资本主义市场的出现。① 这样的判断却不准确，原因是不了解真正的原因。

---

① [美]李丹：《理解农民中国——社会科学的案例研究》，张天虹等译，江苏人民出版社 2009 年版，第 5 页。

中国的"三农"（农村、农民、农业）是一体性的，自治封闭的农村，扩大的家族化的农民和自给自足的小农经济，和着自然的节律从事的农业生产，这样的传统农业确实不容易创新现代性的技术，但却不能因此做出决然的结论。事实上今天世界上的水稻栽培技术正是由中国人发明和应用的。中国的农业从来就不缺乏技术创新。

现代农业的产业化是将传统小农经济的"自给自足"转变为适应市场需要的、大的经济产业。对我国的传统农业而言，这样的转型是空前的，是历史从未经历过的。学者们对中国传统的小农经济也有过争论：一种观点认为，传统小农社会是通过共同的道义价值观与村社制度以合作的方式组织起来的；另一种观点认为，小农社会展示了理性个人甚至不惜牺牲村庄福利或共同体福利来争取个人利益的轨迹。① 这些观点皆不足以解释中国用世界上 7% 的土地，养活 22% 的人口的奇迹。换言之，这样的奇迹不是单一性的因素可以说明的。

"农业"确实是一种"产业"；依照今天人们对"产业"的理解，所谓的"产业"包含着两个基本的意思：1. 生产作业。2. 专门行业。《说文解字》释："农，耕也。"《汉书·食货志》："辟土植谷曰农。"业（業）的构造丵（辛，刑具）加𠀐（去，出门劳作），表示在严酷监督下劳作。造字本义是奴仆在严酷的管理下艰辛劳作，即劳动作业。另一种说法是指悬挂乐器的支架之形。②《说文解字》释："业，大版也。所以饰县钟鼓。捷业如锯齿，以白画之。象其鉏铻相承也。从丵从巾。巾象版。"偏向于指涉专门行业。事实上，以今日之通行于世的产业对照我国农业，无论是语义上还是本质上都不完全契合。其中之一是当今的产业化主要以部门性、专业性的生产为主导，而中国传统的农业从根本上说则是一种生计方式。

若以宽泛的意义，农业（以土为业）无妨是一个原初性"生业"（行业），属于一种传统的文明形态："农业是文明形成的要素。一个狩猎者和流动者组成的社会不可能形成大型的定居聚落，也没可能有专门人士从事

---

① [美]李丹：《理解农民中国——社会科学的案例研究》，张天虹等译，江苏人民出版社 2009 年版，第 30 页。
② [日]白川静：《常用字解》，苏冰译，九州出版社 2010 年版，第 90 页。

与食品生产无关的专业活动。"① 所以，农业是指在定居方式的基础上所进行的，以粮食生产为目的的行业。我国自古以农为本，"农"历来为国之大政，农业固而重者。不过，传统的农业属于"小农经济"，以自给自足为之特征。而今我们所说的农业产业化，指在新的形势下，特别在高科技的背景下的集约性产业，是在传统小农经济的生计方式、生产方式的基础上，转变为**自给自足＋市场商品**的"大农经济"。

在这方面，人类学的农业研究的一个重要的视角正是"经济主义"。尽管对于农业经济的研究，不同学科有许多不同的观点，但人类学家对此有一个相对共识性的见解，即农业经济必须置于特定的社会文化体系之中，格尔兹认为，只有充分强调特定社会文化方面的特殊性，并将具体的分析置于这个框架之中，才能够理解农业经济的发展情状。他以巴厘岛的村落为例，如果不了解当地人的符号系统、宗教习俗以及意义丰富的社会行为模式，单纯从农业经济的角度是很难做出准确的判断的。尽管对于人类学家以及他们所调查的不同案例，社会文化对于农业经济的作用不同，有的可能"扩大"了社会文化的作用，毕竟农业经济是生存性的产业，比如人类学家普里查德与格尔兹在观点就有所不同，但都无妨其共识性前提。②

"与土地捆绑"的定居方式决定了农业与土地之间的纽带关系，"社"即是形象的说明，即以土地为主、为神。《说文解字》："社，地主也。从示土。"它代代表滋生万物的土地神，以供祭祀时人们敬拜。即使是间接的手工行业，许多行业也离不"土"。中国传统文化有一种规则，行业如同氏族，追根溯源都有各自之"英雄祖先"。有意思的是，陶瓷行业的祖先是尧和舜，也是中华民族的先祖。尧的繁体为堯，从文字构造看，其从人、从土，尧号称为"陶唐氏"，《史记·五帝本纪》有"帝尧为陶唐"之说。无论如何溯源，农业皆为主线，《天工开物》在开篇"乃粒第一"③云："生人不能久生，而五谷生之。五谷不能自生，而生人生之。土脉历时代而异，种性随水土而分。不然，神农去陶唐粒食已千年矣，耒耜之利，

---

① [美]马克·B. 陶格(Mark B. Tanger)：《世界历史上的农业》"引言"，刘健、李军译，商务印书馆2015年版，第1页。

② 参见[美]李丹《理解农民中国——社会科学的案例研究》，张天虹等译，江苏人民出版社2009年版，第294—296页。

③ "乃粒"指谷物，人民有粮食吃的事务为天下第一事务（笔者注）。

以教天下，岂有隐焉。"① 意思是说，人的生存需要粮食维持，而作物的生长需要人的种育，从神农到帝尧种植粮食已去千年，粮食天下第一的道理早已尽知。

农业无论是被视为一种人类文明的方式，还是为了维持生命而产生的获取粮食的生计方式，都存在的"分工"问题。"行业"既是社会化分工的体现，也是人类认知的必然产物。某种意义上说，中国古代文明的"发达"，与"百工"的社会化分工存在历史的关联。大量史料和考古材料说明，我国古代形成了细密的分工，历来有"百工"之谓，《尚书·尧典》："允厘百工，庶绩咸熙。""工业""行业""职业""专业"等皆在"以生为业"的根本上扩大了范围和范畴。②"百工"即是分工，农业自在其中。《天工开物》中就有"稻工"，指农田的工作以及工具，如耕耘。③

农业的产业化包含着分工愈加细密的情形，体现在行业上最为清晰：社会之存续，有赖于协作；协作之效益，有赖于分工；分工之形制，有赖于行业。只有这样，社会才有秩序。"行"，甲骨文𠃉，形象是一个十字路，四通八达，本义往不同的道路行走，《说文解字》释："行，人之步趋也。"说明"行走"与"行业"之间存在着形态上的关系。古代的许多"行手人"其实就是将工作与"行走"结合在一起。"行业"之"行"的演变后来特指从事各种的专门性工作、事务和技术，俗称三百六十行。费孝通先生的"行行重行行"是生动的双关语表述。④

由是可知，农业本来就是一个"产业"，只是有一个历史的延续过程。我们今天所谓的"农业产业化"其实不过是一个特指——强调社会发展到全球化背景下，传统的"小农"向"大农"转型，这是全世界共同面对的一种情形。需要特别强调的是，任何转型都有一个国情问题。如果说我国的"国情"有什么独特性，很大程度上指的正是中国传统农业的独特性。

---

① （明）宋应星：《天工开物》，潘吉星译注，上海古籍出版社2008年版，第5页。
② 这些不同的概念中的内涵和外延并不完全相同，在不同的历史语境中的使用频率也不尽相同，中西方在同一个概念，比如"工业"理解并不相同，在此我们不做更细致、具体的区分，我们只是以这些概念、词汇中的基本构成的主体构成为依据，采用现行社会中具有基本共识性的概念"行业"，在特定的语境中交替使用"工业""职业"等。
③ （明）宋应星：《天工开物》，潘吉星译注，上海古籍出版社2008年版，第10页。
④ 包含着"行走"于各个"行业"的意义和意思。参见费孝通《行行重行行：乡镇发展论述》，宁夏人民出版社1992年版。

其中土地又是首先要面对的，比如从传统的农民"耕者有其田"的"私田"（家田）到集约化协作的农业土地"公田"（国土）之间的距离极大，非几个政令、规章就可以解决的，需要配以对广大农民的农业产业的教育和培训。这一任务异常艰巨。

需要特别加以强调的是，"三农"不是政治家在口号上喜欢用排比句的语言表述和文字表达，我国古代就有"三农"之说，只是专指土地和土壤的差异。而我们今天所说的"三农"——农业、农村、农民是一体的。当下有许多学者、政界人士都对"三农"发表过不同的观点，[①] 温铁军认为，中国的"三农"问题基本上是"一个人口膨胀而资源短缺的农民国家追求工业化的发展问题"[②]。有的学者认为三者可以分开进行，或分离表述，或分别对待，比如有的学者认为："我国'三农'问题的基本状况是农业问题基本解决了，但农村问题、农民问题没有解决。"[③] 这是不可行的，也是不可能的。笔者完全无法接受这样的观点，农业的根本问题是人的问题——农民问题，农民问题没有解决，农业问题如何解决，靠谁解决？

我国现存最完整保存下来的古代农学著作《齐民要术》如是说："食者民之本，民者国之本，国者君之本。是故人君上因天时，下尽地利，中用人力，是以群生遂长，五谷蕃殖。"[④] 我国当下的乡村振兴战略，适国之本、应民之需，为民心所系者，而"新三农化"顺利与否决定方略成败与否，故乃大事矣。

[①] 参见孙君、廖星臣编著《农理：乡村建设实践与理论研究》，中国轻工业出版社2014年版，第15—24页。
[②] 温铁军：《"三农"问题：世纪末的反思》，《读书》1999年第12期。
[③] 陆学艺：《当前农村形势和社会主义新农村建设》，《江西社会科学》2006年第4期。
[④] （北宋）贾思勰：《齐民要术》，缪桂龙等译注，上海古籍出版社2009年版，第61页。

第二十七章 论乡村振兴战略的三个层面

"中国是世界上农业历史最为悠久的国家之一。10000年前，我们的祖先就已开始从事农业生产。"① 无论从何种意义上说，中国都是一个农本社会。这一点历代帝王和政治家皆悉之。

从某种意义上说，中国的历史就是农史。即使到了现代，这种情形亦未根本变化，"三农"成了社会改革运动的中心问题。然而，针对乡村的"运动"，要么"全看作就是农村救济，还未免把农村运动的悠久性和根本性抹杀了"；要么"把农村运动看作是'办模范村'……这又未免把农村运动的普遍性和远大性忽视了"。②

在回答诸如"为什么要建设农村"的问题时，我国历代学者大都看得清楚，以近代的学者为例，晏阳初总结了三个原因：1. 中国经济基础在农村。"以农立国"是常说的一句话，意思是离开农业、农村、农民，国家就不能存在。2. 中国的政治基础在农村，不把这个基础抓住，仅仅做一点表面工作，政治是不会上轨道的。3. 人的基础在农村。也就是说，"人民"的主体在农村。土地、主权、人民三者是立国的要素，而以人为重要。③ 梁漱溟认为："中国社会是以乡村为基础，并以乡村为主体的；所有文化，多半是从乡村而来，又为乡村而设——法制、礼俗、工商业等莫不如是。"④

---

① 钟祥财：《中国农业思想史》，上海交通大学出版社2017年版，第3页。
② 晏阳初：《平民教育与乡村建设运动》，商务印书馆2014年版，第86页。
③ 同上书，第244—246页。
④ 梁漱溟：《乡村建设理论》，商务印书馆2015年版，第10—11页。

总体上说，这样的判断是正确的。

认知不错，未必证明判断和设计方案就必然正解，在中国的农史上，历代政治家曾经给出过无数的"方案"，尝试过种种"方式"，以实践农本"方略"，然而，在"（认知）方位—（确定）方案—（介入）方式"方面时，却时常犯错，仍以晏阳初为例，他认为是"民族再造"，原因是"中国今日之生死问题，不是别的，是民族衰老，民族堕落，民族涣散，根本是'人'的问题；是构成中国的主人，害了几千年积累而成的很复杂的病，而且病至垂危"①。梁漱溟则提出"乡村自救"的方案。② 换言之，农村运动是重塑、救援"中国人"。这样的判断当然值得商榷。以"理性""组织"等进行建设和改造，这些方式当然也会产生偏差。历史地看，只有中国共产党对"三农"的认知和实践最为准确，即以农业为正，以农民为主，以农村为本。毛泽东认为，中国革命的中心问题是农民问题，没有农民的参与，革命不可能成功。③ 他说，国民革命的真正目标，"乃是广大的农民群众起来完成他们的历史使命"④。

今天，虽然历史语境已经发生了巨大的变化、变迁和变革，"三农"的主体性都未改变。党中央提出乡村振兴战略所面临的首要任务是在复杂的形势面前，准确地确立新的目标。如何实行、实施和实践，以下三个基本层面需把握，即：**乡村传承与创新、乡村坚守与维持、乡村恢复与修正**。笔者以三个传统的村落案例试析之。

第一节　江村：传统的传承与创新

江村在世界及中国人类学、社会学史上是一个有着特殊意义的村落。我国人类学家、社会学家费孝通1936年夏在江村进行了田野考察并写作了

---

① 晏阳初：《平民教育与乡村建设运动》，商务印书馆2014年版，第87页。
② 梁漱溟：《乡村建设理论》，商务印书馆2015年版，第13页。
③ 参见钟祥财《中国农业思想史》，上海交通大学出版社2017年版，第312页。
④ 《毛泽东选集》第一卷，人民出版社1991年版，第15页。

第五部分　乡村振兴

闻名世界的人类学作品 Peasant Life in China（又名《江村经济：中国农民的生活》）。他的导师，著名英国人类学家马林诺夫斯基，在为该书写作的序言中评价"这是人类学实地调查和理论工作发展中的一个里程碑"[1]。这是我国老一辈人类学家研究乡村经济最早的尝试之一。费先生通过对"社会变迁"的考察，将中国乡村的传统与创新视作乡村经济发展的动因。

在传统的农业社会，"耕织（男耕女织）"既是自给自足的社会分工，也可以此为基础向各种方向拓展、扩展和发展。江村就是一个典型的范例。江村原名开弦弓村，是江苏省吴江区的一个村落，村镇之间水路网络发达。离弦弓村最近的集镇是震泽镇，震泽镇历史上的手工业，主要是缫丝、织绸素有传统，始于明熙宣年间（1425—1435），清代中叶兴起纺经，"辑里干经"远销海外。震泽镇上最早的商业以丝行、米行为主，其次是鱼行、羊行、猪行、皮毛行、地货行等农副产品集散的牙行。[2] 依照费孝通在1936年的调查，震泽镇是收集周围村子土产品的中心，又是分配外地城市工业品下乡的中心。[3]

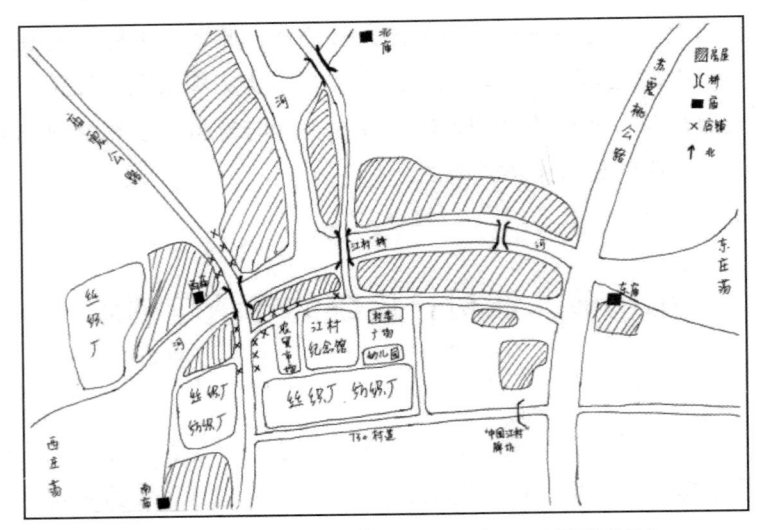

图 40　江村空间布局示意图（2013 年，王莎莎手绘）

---

[1] 费孝通：《江村经济：中国农民的生活》，商务印书馆2001年版，第13页。
[2] 吴江市地方志编纂委员会：《吴江县志》，江苏科技出版社1994年版，第84—85页。
[3] 费孝通：《江村经济：中国农民的生活》，商务印书馆2001年版，第28页。

在江村，土地是提供粮食的基本生产资料。首先，在当地人看来，土地是永久的、固定的，而且具备一定的生产能力，能力培育植物、饲养动物；其次，土地具有相对稳定性，并且在合理的养护之下可以循环使用，即使遭遇暂时的灾情，人们仍然可以长期依赖土地所培育的食物供给。因此，在村落中，人们认为最有价值的财产就是土地，是可以持续传递的家产。相比村落中的蚕丝业和渔业，农业仍然被当地人看作是最有保障的职业。农业主要是男人的职业。① 一年中用于种稻的时间约占六个月，人们靠种水稻挣得一半以上的收入；桑树的种植在村落中也占据一定的土地和劳力，这是由于当地蚕丝业的需要。

江村所属的地区自古以来就是栽桑养蚕制丝之区。早在唐代，这一带栽桑养蚕缫丝织绸（绵绸）已相当兴旺，到了明代后期，庙港农村普遍以栽桑养蚕采茧，置土灶脚踏丝车缫土丝，备木织机绵绸坯布逐渐形成的家庭作坊式的工业生产。② 养蚕和缫丝的工作主要是由家庭中的妇女来承担。男耕女织是这里传统职业分工的准确写照。传统的家庭手工业是现代工业特别是乡镇工业的原始基石。太湖流域的先民们在数千年前就已娴熟掌握手工纺织、制陶、琢玉、漆器等生产工艺。唐宋年间，苏南一带因盛产蚕桑，丝织业迅速发展，吴江的盛泽镇就享有"日出万绸，衣被天下"的美誉。宋元时期，太湖流域农村的植棉业和纺织业开始兴起。

显然，传统的农业与手工业并不能自然地向现代乡村工业转型，而是建立在"人的转型"的基础上。对于乡村工业的引领和带动，费孝通的姐姐费达生起到了重要的作用，她在开弦弓村的蚕丝改良工作得到了社会各界的广泛关注。1933 年，费孝通曾以姐姐的名义在北京《独立评论》上发表题为《我们在农村建设中的经验》的文章，认为："熟悉中国人口状态的人，都知道中国人有 80%以上是农民，每个农民平均只有 5 亩上下的地。"③ 如此，大规模的机械化农业生产就无法进行，而传统的农业生产方式基本只能够自给自足，无法满足工业发展的原始积累。传承与创新成了生产和生计的必由之路。江村近代历史上的丝织行业的引领与创新正是

---

① 费孝通：《江村经济：中国农民的生活》，商务印书馆 2001 年版，第 151 页。
② 《庙港镇志》编纂委员会：《庙港镇志》，浙江大学出版社 2002 年版，第 157 页。
③ 费达生：《我们在农村建设中的经验》，《独立评论》1933 年第 73 期。

第五部分 乡村振兴

与费达生有着直接的关系。

相比较而言,江村的丝厂与其他在城市中营业的丝厂相比有许多优势,其中最为重要的便是它孕育在原本乡村的生活体系之中。"在里面工作的人,不成为一个单纯的工人。她们依旧是儿子的母亲,丈夫的妻子,享受着各方面的社会生活。不使经济生活片面发展,成一座生产的工具,失却为人的资格。"[①] 这样的实践经验使费达生深刻地认识到人们的经济活动不能独立于其他生活体系之外,"我们的制度根本上是要使经济生活融于整个生活之中,使我们能以生活程度的伸缩力求和资本主义的谋利主义相竞争"[②]。

江村的当代经济发展正是沿着这样一条传统道路走出来,而且乡村经济体系具有随机应变的优势;比如,20世纪70年代前期,化纤织物兴起,至1985年,吴江县已形成以棉纺织、针织、毛纺织为主要门类的纺织工业体系,全县有县、乡镇独立核算纺织企业33家(不包括丝织,下同),职工4742人,固定资产原值2684万元,年产值8457万元,利润637万元,另有非独立核算企业1家,村办企业98家,工业产值分别为11万元和1843.64万元。[③] 2012年,吴江全区规模以上的工业中,丝绸纺织、电子资讯、通讯线缆、装备制造四大主导产业分别实现产值929.87亿元、913.87亿元、383.83亿元、271.97亿元,合计占规模以上工业的比重为83.4%。[④] 丝绸纺织仍为第一大支柱工业。如今村内的乡村工厂有的是从原本集体的乡村工厂转制后发展而来,如江村丝绸、荣丝达纺织;有的则是新建立的企业,如田园纺织、永泰电子等。这些乡村工厂吸纳了多数村内以及周围乡村的劳动力。

[①] 费达生:《我们在农村建设中的经验》,《独立评论》1933年第73期。
[②] 同上。
[③] 吴江市地方志编纂委员会:《吴江县志》,江苏科技出版社1994年版,第270页。
[④] 吴江区统计局编:《吴江区统计年鉴》,2012年,第2页。

表 5 2013年开弦弓村内企业一览表

序号	企业名称	序号	企业名称
1	吴江江村丝绸有限公司	8	吴江欧盛制衣有限公司
2	吴江乾昌纺织有限公司	9	吴江市江村锻造有限公司
3	吴江荣丝达纺织有限公司	10	吴江江村酿造厂
4	吴江求是纺织有限公司	11	吴江市振庆纺织有限公司
5	吴江市田园纺织有限公司	12	吴江市博名针织有限公司
6	吴江永泰电子有限公司	13	吴江月亮家纺有限公司
7	吴江江村金属物资有限公司	14	苏州东绵服饰有限公司

注：引自王莎莎《江村八十年：费孝通与一个江南村落的民族志追溯》，学苑出版社2017年版，第118页。

虽然吴江县历来以蚕丝著称，当地农民以饲蚕缫丝为第二收入来源，然而，伴随工业革命而来的现代生产机械化日趋兴起，中国传统的制丝技术开始落后于其他国家和地区，出现了蚕丝质量日趋下降的情形，影响了蚕丝出售的价格，进而使得当地农民收入不断下降。在这种情况下，乡村产业面临着调整和创新。

"苏南模式"是费孝通曾在20世纪80年代初基于苏南地区通过乡镇企业的发展来实现非农化发展的方式。从经济所有制的特点上看，苏南的乡镇企业所有制结构是以集体经济为主，以乡镇政府来主导企业的发展。20世纪80年代以后，村落中人们收入的主要来源已由农转工，这是苏南模式下的产业变革所带来的。苏南乡村的工业化是农业经济向工业经济过渡的一种形式，这种形式以乡村和县城范围的小城镇为阵地，使得工业从城市向乡村辐射，并以农工相辅、城镇一体化为目标。①

然而，到了90年代中期，苏南地区的乡镇企业开始出现了衰退的趋势，原村主任王建明讲述了当时集体经济衰退的原因：

> 一个是市场，别人家都是搞家庭、股份制企业，民营企业了，集体企业竞争不过民营企业，职工工资、生活待遇也不好，集体企业都

---

① 沈关宝：《一场静悄悄的革命》，上海大学出版社2007年版，第222—224页。

是办公室很多的,厂长、副厂长、科长……民营企业就是一个老板,没有其他的,肯定竞争不过人家。我们村里那时亏掉了很多钱。民营经济是自己管自己的,集体企业都是集体的,有一些事情一个人不能做主的,还要和集体商量,厂长没有权力的,还要村里的几个人一起商量再决定。①

可以看到,以家户为单位来进行生产和销售的家庭小工业在乡镇企业的衰退中发展了起来,这一区域传统的家庭作坊式的工业生产模式又开始发挥作用。

江村模式带给我们的思考是:村落的发展既是以传统为基础,以当地的实际为基理,以务实开拓的精神为基准,根据社会需求进行变革,根据社会变迁灵活地进行社会变革和产业调整。小农经济在特定的情况下也有机会成长为新型的现代化的乡镇企业。同时,我们也看到,对乡村起作用的主要力量来自于村落内部的组织结构和"人"(精英)的作用,农民是主体。中国的"三农",特别是在城市周边的村落,农民们具有非常务实和勤劳的特点,农为本,却并不排斥工商,林耀华先生的小说体著作《金翼:中国家族制度的社会学研究》,以他的家乡为例,生动地描述了城市周边的农村亦农亦商的特点。② 与江村具有异曲同工的说明性。

第二节 曾厝垵:变迁中的坚守与维持

当代中国社会的快速发展,一个明显的现象就是城市的扩大,原来的城郊村落成为城市的一部分。"城中村现象"是一个变化的生动体现。对此,有学者认为这是中国"村落的终结":"人们原来以为,村落的终结

---

① 原村主任王建民的讲述。
② 参见林耀华《金翼:中国家族制度的社会学研究》,庄孔韶等译,生活·读书·新知三联书店1989年版,第6页。

与农民的终结是同一个过程,就是非农化、工业化或户籍制度的变更过程。"①"我们试图在研究中建立一种关于中国村落终结的具有普遍解释力的理想类型(Ideal Type)。"② 城中村成了"中国命题":"因为在其他国家的城市化过程中,这种'城中村'现象还几乎从未出现过。所以,'城中村'现象的产生,一定与中国的比较独特的因素关联。"③ 城中村的出现是否意味"村落的终结"?笔者不以为然。

曾厝垵是厦门沿海的一个传统渔村,位于厦门岛南部,三面环山、南侧面海,面积约6.5平方公里。民国《同安县志·疆域沿革》记载,其宋元时期曾村应属同安县绥德乡嘉禾里辖。清康熙五十二年(1713年),嘉禾里辖四都八图,廿二都一图下领曾厝湾、小高浦。至清乾隆三十四年(1769年),嘉禾里廿二都所辖一图领曾厝垵、小高浦,二图领塔头、古浪屿、东澳。民国时期,依保甲制设保26个,曾厝垵属曾溪保。抗日战争胜利后至建国初期(1946—1964年),随着民主改革、社会主义建设的推进,曾厝垵建制更迭频繁。自1958年始,曾厝垵均属郊区管辖,直至1987年郊区撤销才随其所辖地划入思明区辖内。2003年"村改居"规划中改组曾厝垵居民委员会,成为"城中村"④。

今天,曾村已经成为远近闻名的文化创意休闲渔村。2000年厦门市环岛路东南路段开通,便利的交通和优越的地理位置,使这个结构完整、闽南海洋文化特色鲜明的渔村快速得到外界认知。2004年至2005年,鼓浪屿民宿热的推动使租金和消费水平较低的曾厝垵吸引了第一批草根文创者及民宿老板入驻。2006年厦门岛内宣告全面退渔,曾厝垵旅游发展需求加剧。一部分渔民成为地方旅游从业者,另一部分则以房屋租赁为主要收入来源。2015年5月《曾厝垵文创村自治公约》修订完成。现在的曾村开设店铺约1600家(其中旅馆300家,美食750家,文艺店铺360家,其他店铺、工作室、文创企业类约190家)⑤。

---

① 李培林:《巨变:村落的终结——都市里的村庄研究》,《中国社会科学》2002年第1期。
② 同上。
③ 同上。
④ 王日根主编:《曾厝垵村史:中国最文艺渔村》,海峡文艺出版社2017年版,第13—17页。
⑤ 张若曦:《厦门曾厝垵:"最文艺渔村"的蜕变历程》,《澎湃新闻》,http://www.thepaper.cn/newsDeta-il_forward。

尽管"城中村"已经成为城市的一部分，曾村的传统也因此发生了极大的改变，但是，"村（厝—家）"两个重要的因素仍然保持着：村民的主体性（尤其表现在宗族力量——家园遗产），村落重要的标志性景观和传统文化。

一 在宗族方面

宗族的主要元素为三者：族谱、宗祠和族产。在曾村，前二者仍在，后者中的有些部分亦无形地存在着。这些宗族遗产即使在今天，仍然成为地方重要的认同和凝聚资源。据拥湖宫碑记述，曾厝垵社曾家始祖至少于宋元时即迁居于此。坐落于曾氏宗祠内的《曾氏族史摘录》石碑（1992年筑立）对族源却有记载：

> 龙山①十七世渊公事宋执政兼同知密院使，娶李氏生二子，长光绰，次光英。十八世光绰公任宋枢密院使，见元伯颜董文炳屠常州，携家随端宗皇帝入闽。于景炎元年（1276年）择居同安县嘉禾里之南高浦村，世虽变乱，曾氏到此亦得安，故名曰曾厝垵，别号禾浦……光英公（曾光绰之弟）择居曾营（现属杏林管辖）。十八世曾厝垵开基鼻祖光绰公妣陈氏生二子，长昭，次旷。

曾姓为传统汉族姓氏。曾原为"鄫"，为古时的封地，曾氏先祖到鲁国后改为"曾"，孔门七十二贤之一曾子即为曾姓先人之一，后不断繁衍播迁形成了一大重要派系——"龙山衍派"。自唐始，因避乱、仕途、谋生等原因，曾姓龙山衍派由泉州龙山分衍各处，各房系逐渐形成了纷杂的宗族播迁路径。尽管如此，汉族群"敬宗收族"的礼制，以立宗庙、修族谱为主的历史叙事确保了龙山曾氏一派的可溯源性。笔者根据史料及田野材料将曾氏龙山衍派曾厝垵支脉谱系梳理如下：

---

① "龙山衍派"为曾姓东南的派系之一。

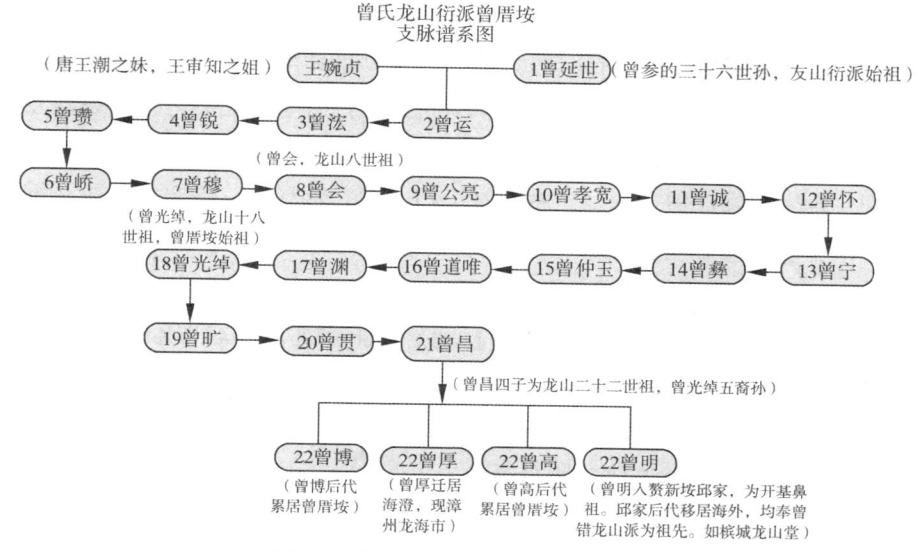

```
                    曾氏龙山衍派曾厝垵
                       支脉谱系图
(唐王潮之妹，王审知之姐)  ┌─────┐        ┌─────┐
                         │ 王婉贞 │◄──────►│1曾延世│ (曾参的三十六世孙，友山衍派始祖)
                         └─────┘        └─────┘
┌─────┐   ┌─────┐   ┌─────┐   ┌─────┐
│5曾赞 │◄─│4曾锐 │◄─│3曾浤 │◄─│2曾运 │
└─────┘   └─────┘   └─────┘   └─────┘
                   (曾会，龙山八世祖)
┌─────┐   ┌─────┐   ┌─────┐   ┌─────┐   ┌─────┐   ┌─────┐   ┌─────┐
│6曾峤 │◄─│7曾穆 │◄─│8曾会 │   │9曾公亮│►│10曾孝宽│►│11曾诚│►│12曾怀│
└─────┘   └─────┘   └─────┘   └─────┘   └─────┘   └─────┘   └─────┘
        (曾光绰，龙山十八
         世祖，曾厝垵始祖)
┌─────┐   ┌─────┐   ┌─────┐   ┌─────┐   ┌─────┐   ┌─────┐
│18曾光绰│◄│17曾渊│◄│16曾道唯│◄│15曾仲玉│◄│14曾彝│◄│13曾宁│
└─────┘   └─────┘   └─────┘   └─────┘   └─────┘   └─────┘
┌─────┐   ┌─────┐   ┌─────┐
│19曾旷│►│20曾贯│►│21曾昌│
└─────┘   └─────┘   └─────┘
                (曾昌四子为龙山二十二世祖，曾光绰五裔孙)
     ┌─────┐  ┌─────┐  ┌─────┐  ┌─────┐
     │22曾博│  │22曾厚│  │22曾高│  │22曾明│
     └─────┘  └─────┘  └─────┘  └─────┘
    (曾博后代  (曾厚迁居  (曾高后代  (曾明入赘新垵邱家，为开基鼻
     累居曾厝垵) 海澄，现漳  累居曾厝垵) 祖。邱家后代移居海外，均奉曾
              州龙海市)              错龙山派为祖先。如槟城龙山堂)
```

图41 龙山衍派曾厝垵支脉谱系图

1. 宗祠

曾氏宗祠名为"创垂堂"，又称龙山堂，位于曾厝垵下草铺。据《重建创垂堂碑记》记载，宗祠始建于南宋时期，1938年日侵占鹭岛，祖祠被烧毁，在"文化大革命"时期，族谱丢失，宗祠内牌匾均被砸毁。曾姓在社区中属于最大宗支，人数在社区中占绝对数量，曾氏宗祠也是社区中规模最大、建造最精美、历史最悠久、影响最广泛的宗祠。《厦门市志》载，"曾氏子孙昌盛，人文蔚规聚族"[①]，2004年曾氏族人出资重修祖祠。李氏宗祠位于厦门市曾厝垵北路港口社入口处，现为曾厝垵上里社、港口社李氏总祠。系2012年族人捐资翻新迁址于此，2015年又对宗祠做整体抬升，形成当前位于高台上的三开三进格局。

2. 宗族祭祖

祭祖，作为一种祖先崇拜的实践仪式。清道光年间《厦门志》[②]记载了厦门因时因地的祭祖风俗，清明、三月三、中元（七月半）、冬至、除

---

① 厦门市地方志编纂委员会办公室整理：《厦门市志（民国）》，方志出版社1999年版。
② 厦门市地方志编纂委员会办公室整理：《厦门志》（清道光十九年），鹭江出版社1996年版，第510—511页。

夕等岁时均有祭祖之俗。清明时"各祭其先，前后十日。墓祭挂纸帛于墓上"；三月三日，俗称三日（月）节，"采百草合米粉为粿，祭祖及神"；中元，俗呼为七月半，各家皆买银纸祭祀先世，时不分先后，"各祭其先，焚五色楮。楮画绮绣，云为泉下送寒衣"；冬至，谓之亚岁，各家"各祭其祠，舂米为圆，谓之添岁。粘米圆于门，谓之饷耗"；除夕，祭先及神，曰辞年。曾厝垵社曾氏族人每年农历三月三、清明、六月十五、中元、冬至、除夕均到祠堂祭祀先人，唯清明节与冬至祭祖最为隆重。《鹭江志》[①]记述了厦门乡村宗族冬祭情形："乡村则是日于宗祠前演戏作乐，备酒筵以祭其祖，名曰冬祭。"曾厝垵社"创垂堂"曾氏由泉州城西龙山分衍至此，后又分支海沧及海内外各地，海外宗亲众多。传统上，冬祭时，各海外曾氏宗亲家族汇聚祖祠祭祖并请戏孝敬先祖。

3. 侨乡与宗族"双边共同体"

历史上的厦门在地理上与东南亚比较靠近，厦门也成了历来华侨出入国的必经口岸。厦门人很早就渡海到南洋一带谋生，俗称"过番"。清道光《厦门志》[②]载：

闽南濒海诸郡，田多斥卤，地瘠民稠，不敷所食。故将军施琅有开洋之请，巡抚高世倬有南洋之奏，所以裕民生者非细。富者挟资贩海，或得捆载而归。贫者为佣，亦博升斗自给。

曾氏宗族的一大批乡民于清末民初到南洋创业谋生。其表面上虽以一种离心的方式跨地域跨国家向外延伸，但累世而居形成的宗族社会特征使他们保持着对乡土的眷恋。侨民们以寻根问祖、公捐款项等方式参与宗亲公共事业。曾国办于1927年投资兴建了当时的环岛路，乡族人为感念曾国办的功德，起名"国办路"。该路全长五里多，大小桥梁七座，耗资银圆3800余元。

---

① （清）薛起凤主纂：《鹭江志》（整理本），江林宣、李熙泰整理，鹭江出版社1998年版，第69页。
② 厦门市地方志编纂委员会办公室整理：《厦门志》（清道光十九年），鹭江出版社1996年版，第182页。

二 在物质遗产方面

1. 戏台

曾厝垵共有两个戏台，分别位于曾厝垵社区入口处的圣妈宫内和国办街东侧的拥湖宫旁。虽然过去戏台充当了村落聚会的公共空间，现今这一空间分布原则已被替代，但作为村落重要的公共空间的标志却保留下来。

	地点	始建年代	庙宇布局	供奉神祇	主要祭祀活动
太清宫	曾厝垵社区曾厝垵社天泉路1号	1990年秋	背山面海，坐东北朝西南，内设圣斋楼、玉皇殿两座主体建筑及灵菁乐洞、元辰洞和斋堂、客房若干。	吕洞宾及其七仙、斗姆元君玉皇上老君；太上老君；道教三清；圣母圣君；盘古大帝等	安车岁、安车工；玉皇大帝/太上老君诞辰；倾注玉皇大帝升座天位；消灾延寿道场；祈点光明灯。
天上圣妈宫	环岛路内侧，曾厝垵社区临海侧	始建年代不详，戏庙宇于1978年由本村村民自发建成，并于1988年增建凉亭、化妆室、金炉等	面东临海，为三进式大壁式建筑，内设主殿、神龛、"漂客合茔"碑、化金炉等	圣妈（公）	圣妈寿诞（农历八月初二）
福海宫	环岛路内侧，曾厝垵社区入口	明洪武二十五（1392年）	二进院落，分别有前殿、后殿正殿两间	注生娘娘；黑白无常；武烈尊侯；圣母妈祖；大厅公；文昌帝君等	保生大帝诞辰；圣母妈祖诞辰
拥湖宫	曾厝垵村口	元代	坐南朝北，为三开二进院落，内设正殿、戏亭、正殿三间	保生大帝；圣母妈祖；大厅公文昌帝君等	保生大帝诞辰；圣母妈祖诞辰
昭惠宫	曾厝垵社区仓里社	清道光癸巳年（1833年），民国十年（1921）重修	坐北朝南，为三开间一进硬山式建筑，设主殿、广场、戏台等	黄大帝/黄帝；关圣帝；圣母妈祖；注生娘娘；王公王母	黄圣帝诞辰（农历十月二十六）；关圣帝诞辰（农历五月十三）
天圣宫	曾厝垵社区曾厝垵社，近启明寺	六祥	坐西北朝东南，设主殿、戏台等	天上圣母三娘娘；虎爷；木年太子；康元帅等	
慈安殿	曾厝垵社区胡里山社，近胡里山炮台	明正德九年（1514年）	庙宇临海，内设正殿、厢房、戏台等	玄天上帝；元帅爷；五虎将；土地公等	玄天上帝寿诞（农历三月初三）；元帅爷寿诞（农历九月初一）；岁末迎神十二月二十）；新年迎神（农历正月初十）
鹭峰堂	曾厝垵社区西边社入口	始建于宋代，于清道光壬午年重修	三开间一进硬山式建筑，内设正殿、拜亭、化金炉、戏台等	保生大帝；二舍人；注生娘娘；圣母妈祖；法主公等	"卜头家"祭祀；元宵神祇巡境；保生大帝诞辰
净圣堂	曾厝垵社区后厝社，近林氏祠堂	约于清道光年（1821-1850年）始建，1996年重建	坐北朝南，为三开间二进四架硬山式建筑，内设正殿、化金炉、戏台、广场	保生大帝；注生娘娘；三官大帝；哪吒；虎爷等	保生大帝诞辰
九龙殿	曾厝垵社区上里社	始建年代不详，于1981年重建	内设正殿、凉亭、化金炉、戏台等	池府王爷；清水祖师；福德正神（土地公）等	池府王爷诞辰（农历六月十八）
文灵宫	曾厝垵社区曾厝垵社，近启明寺	明成化年间（1465-1487年）	坐西北朝东南，为一进三开间式建筑，内设正殿、厢房、无戏台、广场。	清水祖师；释迦牟尼；保生大帝；注生娘娘；阎王爷；孙大圣等	农历初一、十五祭祀

图42 曾厝垵主要宫庙情况

2. 宫庙

曾村模式带给我们的思考是：传统的村落必然要在现代的变革中发生变化和变迁，有些村落甚至成为"城中村"。但是，乡土社会的"草根性"决定了村落的弱小和坚强。一方面，它们会根据历史变迁的需要进行调整；另一方面，又会坚守自己的传统文化。村民们明白，无论自己家园发生什么变化，两个因素必须坚守：村民的主体性——以宗族为核心的纽带作用;村落中具有重要的遗址、遗产、遗物、符号以及传统文化必须保护。从这个案例看,有些村落在形式和形貌上虽然成为城市的一部分,性质和形制上仍不失为传统的"村落"。

第三节 桑日麻:村落(部落)的传统恢复与修正

我国是一个历史悠久、领土广大、生态多样、族群多元的共同体,传统的农村(包括民族村寨)在历史的演化和变迁中,通过各种运动形式进行了不同程度的实验和实践。笔者在近期的村落调研中也遇到这样的例子。

桑日麻乡是青海省果洛州达日县所辖四个乡之一,为藏族乡,下辖四个村,分别为向阳村、前进村、东风村、红旗村;一听村名便知是政治时代的产物,具体更名时间为20世纪60年代。原来的四个村自己的名称(汉藏对照),分别为:

向阳村——那赛ནགསེར

前进村——杜日དུརོས

东风村——哇俄བཨ

红旗村——色多གསེརམདོ

达日县地处青海省东南部,果洛藏族自治州的南部。县境东至康什加,与久治县接壤;南至俄尔根,界至四川省色达县;西南至尼措,与四川省石渠县为邻;西北至夏器措,与玛多县为界;北隔黄河,与玛沁、甘德县相望。县府所在地吉迈,位于黄河之滨,花(花石峡)—阿(四川阿坝)公路之旁。达日地区历史上属"三果洛"中的上果洛,称"昂欠本"。至中华人民共和国成立前夕"昂欠本"仅是一个地缘名称,统一的"昂欠本"部落早已名存实亡。

中华人民共和国成立前,达日没有县的建制。之后的地方行政逐渐依照汉族的制度进行改造,"文化大革命"(1966年)之前的几个阶段为:

1952年，达日地区有桑日麻、红科、莫坝、特合土、和科等12个较大的独立部落及50余个小部落居住。

1955年7月17日，达日县人民政府建立。将原属部落划分为红科、喜德、莫坝、特合土、桑日麻、达日河、窝赛、和科8个区。随着行政体制改革，各区区划有所变动。

1958年8月，在原有8个区的基础上，成立莫坝、红科、桑日麻、达日河4个人民公社和1个红科国营牧场。

1962年4月，将公社和牧场划为德昂、满掌、莫坝、窝赛、建设、吉迈、特合土、桑日麻、上红科、下红科10个乡，下属73个公社，213个生产队。

1965年8月，将10个乡改为10个人民公社（公社名称与乡名相同）。原乡属公社改为生产大队。1985年，社改为乡。全县辖上红科、下红科、吉迈、建设、桑日麻、特合土、窝赛、德昂、满掌、莫坝10个乡，33个牧委会，110个牧业生产合作社。

在藏区，德哇（གྲོང་བ་）汉译为村落，多指自然村或村民小组，在安多农区和半农半牧地区广泛存在。民主改革前，没有行政村这一概念，"德"这一具有部落含义的词汇多与"茹"连用，即"茹德"（རུ་སྡེ་）①。其中，"茹"为吐蕃时期一项军事制度，各茹设军事长官"茹本"，下辖千户所，称东代（སྟོང་སྡེ་）；各千户所下又辖部落若干，兼领其日常事务。故，"茹"是一个军政合一的地方组织形态，"茹德"亦具有"茹"（政治、军事、生产）的三重性质。而"日科尔"（རུས་སྐོར་）这一级组织则更强调血缘氏族，是构成安多部落社会的基本组织单位。其由不同骨系姓氏（རུས་ཅན་）或多个骨系姓氏人员组成，即"日科尔"是一个父系单边继嗣组织。由于方言差异，"日科尔"又有称"帕毕"（པ་སྤུན་）、"哈玉虎"（ཧ་གཡུག་）等，有些地方则以"居学"（བརྒྱུད་ཁྲི་）或"茹"（རུ་）代替。在牧区，这一组织形态基于"哇果"——以帐篷为单位的家庭组织（帐圈）——而形成。

显而易见，经历政治时代的"改造"，藏族文化中聚落的自我表述越来越趋于淡化。传统的藏族是游牧民族，基本的群体单位为部落。不同的地域在生产和生计方式上存在差异，有游牧的、半游牧半农业的，

---

① 卓玛草：《甘南玛曲欧拉部落的形成及其组织制度研究》，硕士学位论文，中央民族大学，2016年。

有农业的；部落形制也不完全相同。藏族早期部落组织为措哇（ཚོ་བ་）。纵观藏族部落社会，尽管各个部落名称不一，人数多寡不等，辖区范围大小有别，但是从内部组织结构上分析，大致可以粗略地划分成以下两种类型：

（1）亚部落，是早期藏族社会组织形式的初级形态。这一形态与汉文语境中的"小族""小氏族部落""小部落"等称谓基本对应，而在藏文中则无统一名称，根据地方生计模式和方言差异而有所不同，如青海海南地区称"哈玉虎"（ཁ་གཡུ་ཁུག），青海果洛地区称"居学"（བཅུ་ཤོག），甘南舟曲等地称"帕毕"（ཕ་སྤུན），四川三岩地区称"帕措"（ཕ་ཚོ）或"热克"（即日科尔，རུས་སྐོར），等。较之社会职能更为完善的"部落"，其组织形态主要有以下几个特点：其一，组织规模较小。在亚部落这一级组织形态中，人口容量通常为 20—30 户，最多为 40 户左右，而最少则只有几户；其二，所辖区域较小。受生计模式和地理环境制约，牧区的居住方式呈分散性和流动性，管理力度弱；农区人口相对集中，但其辖域亦仅限于同一村落范围内；其三，组织结构简单。虽然各亚部落有各自的名称、首领和管理组织，但其内部结构较为单一，不具备完善社会职能。总的来看，如"日科尔"等亚部落的发展、兼并、扩张促成了独立的新部落组织形成，其是部落形态的形成基础和组织前提。①

（2）部落，是早期藏族社会组织的普遍形态，具有军政合一性质。"一方面，由于藏区地域辽阔，各地自然条件不尽相同，生产力发展水平亦高低有别。反映在部落社会中，经济势力尤其是辖区范围及人数诸方面往往存在一定差异，因而很难用统一的定量标准进行严格划定；另一方面，从藏族部落社会的内部结构来看，不仅不同地区的部落内部组织结构繁简不一，即使同一地区的部落之间亦往往不尽完全一致"②。因此，血缘亲属关系被视作缔结部落这一社会组织的重要依据和主要内容。部落通常由在同一地域内生活的多个具有一定血缘联系的"日科尔"组成，或由一个具有血缘亲属关系的"日科尔"逐步兼并、扩大为一个独立的部落。可见，作为藏族社会的基本组织形式，部落是相对独立的政治实体。藏区的大多数

---

① 星全成：《民主改革前藏族部落组织制度》，《青海民族研究》1997 年第 3 期。
② 同上。

宗教法事、体育竞技、民间演艺等集体活动均以部落为组织单位，如草场划分、草场放牧等经济活动也依据部落辖域进行内部统一轮转。相应地，作为部落成员则必须遵守部落组织原则，维护部落利益；反之，则将受到惩罚。

特定的部落都有自己的历史沿革和相关的传说故事；在达日县有一支部落叫岗巴仓，"岗巴"的来源有两种说法：一是很早以前有位喇嘛名叫贡欠岗巴，后来形成一支部落；二是现岗巴部落是岗金法王释迦嘉年的后代，所以叫作"岗巴"。岗巴部落的先辈岗巴达合太和岗巴多江喇嘛兄弟二人来到昂欠多巴地区，在索多日科勒俄日吾玉丹（现班玛水电站附近）居住下来，因玛柯河水到此掀起巨浪，所以形成岗巴哇卡仓的名称，意思是"在浪口边的岗巴部落"。在达合太之子公保南杰之时，岗巴仓占有大片土地。清军进攻昂欠多巴时，岗巴部落离开住地，渡过黄河，迁到上下岗龙沟（现甘德县岗龙乡）。那时主持部落事务的是岗巴桑吉太。在桑吉太的儿子岗巴南太角里之时，从农业区迁到牧区。这时加入岗巴部落的外来户有卓合仓、曲岗、尼桑、加拉桑等。遂又到黄河上游，占据哇日呼地区（现达日县建设乡境），又有石渠朝沙等地的阿南木、豆格尔、扎西等很多小部落投靠岗巴部落。岗巴人畜兴旺，日渐壮大。此时，在岗巴哇卡仓转生岗巴多江喇嘛二世（即岗巴尼多智格）：创立岗巴帐房寺院，使岗巴成为具有一定规模和声势的部落。达日解放时岗巴头人是班成（1949年后任县政协委员），龙加木（1949年后任建设区区长）。

桑日麻的例子带给我们的思考是："中华民族多元一体"既包含着政治上的认同（"一体"），也包含着文化上的认同（"多元"）。文化人类学对待具有侧重于政治表述单位"民族"与侧重于文化表述单位"族群"的原则不尽相同。从某种意义上说，"族群"就是为了区别"民族"过于政治化而建构的一个概念。而1949年后的一段历史时段里，以政治的、行政的方式处理不同族群的文化多样性方面显然走得过了头。

总之，"乡村振兴"是一个立体性战略，**乡村传承与创新、乡村坚守与维持、乡村恢复与修正**各个层次相互交错、互为整体。我们所选择的三个村落，从不同的侧面反映其独特和特殊性。这也提醒我们，在进行乡村工作的时候，人类学、民族学的"田野作业"必不可少。我们的调研使我们深刻地认识到：乡村是广大民众的"家园"，任何以乡村为名的战略、项目、工程等，都要以尊敬"家园主人"为前提。

第二十八章　回归　弥合　传承：新耕读传统中的家园遗产

第一节　回归：农耕传统中的文化基因

"耕读传统"是中华民族农耕文明中重要的文化遗产。今天，我国的许多地方，特别是广大乡镇，纷纷以其为资源、为名义、为主题进行各种各样的设计规划活动，学术界也出现了不少专题讨论。然而，却鲜见对这一重要的文化遗产进行梳理、辨析、厘晰，当然也就难以以"文化自觉"的态度，实事求是的方式进行继承，开发上自然也会出现一些问题，特别是绝对化倾向。

事实上，在耕读传统这一文化遗产中存着多种相互"撕裂"的因素，这些因素不独与历史传统有关，亦与中国村落政治，特别是宗法制度有关。所以，我们在继承和发扬这一传统时应，"回归"——回到这一传统的本真和本相；"弥合"——根据新时代的需要进行辨析和改造；"传承"——在此基础上进行创新性继承和发展。只有做好这些工作，才能更好地发扬这一文化传统。

耕读传统是生长在以农耕文明为背景的"文化土壤"中，中国的传统农业是所谓的"小农经济"，这不假，但对于这一问题，我们应该要有历史性的综合判断。有一种观点认为："小农经济意识依然是当下农民观念中的主流意识。现在的中国乡村虽然进入了21世纪，但农民的思想观念并没有随着时代的进步而做到真正意义上的与时俱进。相反，一些陈旧的小农经济意识依然是目前农民观念中的主流意识。所谓小农经济意识，就是小富即安，不思进取的思想观念，在行为上则表现为自私、愚昧、怯弱、散漫、保守和封闭。这种小农经济意识，也称为'农民意识'。"① 这样的观点完全不可接受。如果真是这样的一幅图景，那么，中国今天的经济奇迹靠谁创造？农民仍然是中国的主体，这是一个迄今没有改变的事实。中国的精英，如工程技术人员、知识分子，拿出他们的家谱、族谱便一目了然，他们大多数都是耕读传统养育出来的，只是时间的早晚而已。以袁隆平为例，他的身上闪烁着中国知识分子的典范性光芒；而袁隆平家族那一支脉，在明代的时候落脚在江西德安县南郊坡上的青竹畈，在那里世代务农。他的家世和他本人皆没有离开小农经济土壤中的"耕读传统"。

对于中国的"小农"作为家庭的生活、生产单位和经济单位，黄宗智的总结相对客观：

> 共产党革命胜利前，中国的小农具有三种不同的面貌。首先，是在一定程度上直接为自家消费而生产的单位，他在生产上所作的抉择，部分地取决于家庭的需要。在这方面，他与生产、消费，工作和居住截然分开的现代都市居民完全不同。其次，他也像一个追求利润的单位，因为在某种程度上他又为市场而生产，必须根据价格、供求、成本和收益作出生产上的抉择。在这方面，小农家庭的"农场"也具备一些类似资本主义的特点。最后，我们可以把小农看作一个阶级社会和政权体系的成员；其剩余产品被用来供应非农业部门的消费需要。②

这样的描述，客观地将我国传统的"小农"置于一个既需要面对生活和生计的基本需求，又需要面对不断变化和变迁的自然与社会的双重压力，并不断地努力进取，以使得整个家庭，乃至家族成员能够过上更好的生活。

---

① 孙君、廖星臣编著：《农理：乡村建设实践与理论研究》，中国轻工业出版社2014年版，第136页。

② [美]黄宗智：《明清以来的乡村社会经济变迁：历史、理论与现实》，法律出版社2017年版，第3页。

对于这样的"小农经济单位"所形成的"农民意识",不是简单地,居高临下地给予诸如"自私、愚昧、怯弱、散漫、保守和封闭"等负面评价;相反,我们更愿意以"勤劳、任劳任怨、务实、诚实、节俭、克己、遵守自然节律"等评价他们。他们也有理想,也在进取,他们一面在土地上耕作,一面读书,形成了中国式的小农经济的耕读传统。而且,整体上说"我们"都是从"他们"中来的。

不言而喻,"耕读"作为农耕文明的一种文化表述和图景,生动地反映了乡土历史的实情和实景。"读"的歧义少,与今日的意思起伏不大。《说文解字》释:"读,诵书也。从言賣声。"而"耕"者,文字分类为"田族";由"耒"(农具)与"井"(田)组合而成。①《说文解字》释:"耕,犁也。从耒,井声。一曰古者井田。"对于这一说法,有些学者持谨慎的态度,许倬云说:"中国古代有无井田确切性质,至今是纷挐难决的问题,自从《孟子》提起井田制度的构想以后,学者一直在努力弥缝各种相互抵触的叙述。"② 这也反映在对"耕"的阐释上;日本学者白川静认为,"耕"的正字为"畊";而学术界认为"耕"等于"耒"加"井田"的假设未能得到证实。由于缺乏古代原始字形资料,目前无法确知"耕"与"畊"的构成原委。③"耕"字在甲骨文中未见,从目前的文字资料看,始见于篆文。不过,无论"耕"的最原始的本义是什么,都不妨碍对这一个字意会语义:耕作、耕种、耕田。从其造字字形看,已经进入到了牛耕的时代,即农耕文明已经进入到了用牛替代人耕于木耒的时代。

中国自古讲究"天时地利人和"。所谓"天时",指以"天"为"时节"依据,并与地候相和。故"(时)辰"有天辰和地辰,二者相辅相成。天辰是星象,地辰是农具、蛰虫。而"大辰星"即以"辰"命之,可知其之重要。《公羊传·昭公十七年》云:"大辰者何?大火也。"《尔雅·释天》:"大辰,房心、属也。"郭璞注:"龙星明者以为时候,故曰大辰。大火,心也,在中最明,故时候主焉。"即主春时、农时。《说文》:"晨,房星,为民田时者。""辰者,农之时也。故房星为辰,田候也。"有的

---

① 谷衍奎:《汉字源流字典》,语文出版社 2010 年版,第 977 页。
② 许倬云:《求古编》,商务印书馆 2014 年版,第 123 页。
③ [日]白川静:《常用字解》,苏冰译,九州出版社 2010 年版,第 138 页。

学者认为，辰如龙象。而如果错失农时，便为大错；亦即耻辱，《说文》释之："辱，耻辱也，从寸在辰下。失农时，于封疆上戮之也。"辱从辰，辰为农时，误失农耕季节，即观天象的失误，将影响一年的生计，所以把失职者杀掉。①

如果上述考述得以成立，那么，古代的耒、耜、犁等重要农具不仅存在着一个由人力向畜力发展的演化轨迹，还透露出了"天时—地利—物候"之间的具象性关系。当我们重审"耕犁形具—大辰星象—龙的形象"之间的关系时，我们似乎有了蓦然醒悟的感觉。仅从农具所契合的"天时、地利、人和"的精神中，人们更为真切地看到了具象性的"耕"中的复合性文化因子。

那么，**耕读**应该包含哪些基因？或耕读的原型包含了哪些内容？公元2世纪时崔寔所编撰的《四民月令》②的残篇中为人们提供了一个地主、乡绅在农村的生活场景，以及活动所遵循的方法和时间，为人们提供了一幅古代"耕读"雏形的参本。其内容大致分为 8 类：1. 教育祭祀和社交活动；2. 不同时令的农活；3. 关于蚕桑、衣服裁制、洗染、缝补等；4. 饮食制作、酿造和食物储存；5. 房舍修建和水利建设；6. 野生植物，特别是草药的采集；7. 家什的保养维护；8. 诸如卫生用品等杂项什物的买卖。《四民月令》描述了一个农业庄园在不同季节所从事的活动。汉代的农事活动大致包括：牧养牲畜、采摘果实、捕鱼打猎，还有买卖交易等。在一个大的农户活动中，他们和他们的家属除了是农民之外，还是木匠、泥瓦匠、织工、裁缝以及商贩。这种自耕农的小规模经济以保证"自给自足"的生活。③当然，在这个"耕读"的版本中，还没有明显地参入由科举制度所制定的"读"的范式和内容。作为历史常识，汉代到汉武帝开始，接受董仲舒"罢黜百家、独尊儒术"的建议，先是在朝廷里面以儒家为独尊，进而逐渐向民间扩展。而《四民月令》可以说还只是一个农民生活的场景。这个范本为人们提供了一个耕读的"原始版"——"耕—读"更为自然、融洽、平易、朴素、

---

① 参见郑重《中国古文明探源》，东方出版社 2016 年版，第 260—261 页。
② "四民"指士子、农民、手工艺者和商人，参见[美]许倬云《汉代农业——中国早期农业经济的形成》，程农等译，江苏人民出版社 2012 年版，第 131 页。
③ 同上书，第 65 页。

务实的乡村生活景象。

正如《四民月令》"耕读传家"雏形的"原始版本"所记述的那样，士绅和农民已然有了等级的划分，主家的家长都是受过教育的士绅，每逢年节，他们要向地方官员、教师和他的上司问候请安；他要参加适合其社会地位的宗族聚会、祖宗祭祀，男子的成年加冠等仪式。他的子女都受到良好教育。除此之外，他们还是地方上的首领，负责照顾穷人特别是其家族成员，还要组织、武装当地的男丁以提防盗匪。宗族力量很强大，每当重要节日，同一曾祖父的后代都会聚集一堂，共度佳节并祭拜祖先。宗族成员在困难的时候会得到同宗族人的优先救济。《四民月令》很清楚地提示出一个血缘集团因其拟具有的政治联系、经济实力和内部团结而对一个广大区域中的居民可能产生的潜在影响力。所描述的情形代表了数千个散布在汉代中国各个州郡的精英家族。而这也是儒家伦理的地方性实践。① 而在乡村自治的基本格局中，地方精英认为他们在实践儒家学说和传统礼教。② 不过，那时所"读"的四书五经的形制还没有那样僵化。

我国古代的耕读传统除了所包含的"基因"外，还有相应的季时划分，王祯《农书》孝弟力田篇作如是说：

> 古者，田有井，党有庠，遂有序，家有塾。新谷既入，子弟始入塾，距冬至四十五日而出。聚则行射饮，正齿位，读教法；散则从事于耕，故天下无不学之农。《诗》曰："黍稷薿薿，攸介攸止，烝我髦士。"即汉力田之科是也已。
>
> （译文：古时代，田有井田；党里有庠，遂里有序，家里有塾。新谷收入之后，青少年开始入塾读书，到冬至前四十五日出塾。聚会的时候，举行射礼，乡饮酒礼，按年齿排定席次，学习教法；分散的时候，就去地里耕作，所以天下没有不读书的农人。《诗经》说："黍子、谷子好茂盛啊，连宅旁空地都葱葱秀秀，这人呀便成为庄稼能

---

① [美]许倬云：《汉代农业——中国早期农业经济的形成》，程农等译，江苏人民出版社2012年版，第57—61页。
② 同上书，第60页。

手。"汉代田力的科比,就是这样来的。)[①]

这段记述,生动地反映了我国古代(汉代)的耕读场景。虽然在后来乡土社会的变迁中,具体的耕读情形发生了变化,不同地方的情形也略有差异,但耕读基因一直在延续,没有中断。

第二节 弥合:耕读传统中被撕裂的因素

毫无疑义,"耕读"作为中华文明的农耕传统,学界皆有共识。然而,对于"耕读传统"的产生及原型,学术界有不同的看法,李存山认为:"中华民族的先民在伏羲和神农之世,就已从渔猎生产逐渐进化到了农业文明。在尧、舜时期,就已经有了崇尚人伦道德的价值取向;至迟在夏、商、周三代,中国就已经有了以'明人伦'为宗旨的学校教育。农业文明加上以'明人伦'为主的学校教育,就是中华民族和中国文化的耕读传统。"[②] 多数学者认为"耕读体系"肇源于春秋百家争鸣时期,至汉文帝时期创建成"耕读型"国家,此后的历代王朝沿袭其为治国方略,渐渐发展,尤以唐朝、宋朝为兴盛,至清末逐渐没落。这就是说,中华民族的耕读文化传承了两千多年,并成为传统士人立命之本。[③] 笔者对此说并非不同意,只是认为很不充分。我们相信,中国的"耕读史"可以从中国的文字文献中找到相应的表述和记述,却难以以这些文字表述为终极依据。很多因素要到农耕中去寻找。

在我国,麦作文明和稻作文明的起源问题有不同的说法,随着新的考古材料不断被发掘出土,使得最终的定论难以确定。较近的材料是:1992年,中美两国的农业科学家在江西调研,"美方于1996年及1998年已发

[①] (元)王祯撰,缪启愉、缪桂龙译注:《农书译注》(上),齐鲁书社2009年版,第26—27、31页。
[②] 李存山:《中华民族的耕读传统及其现代意义》,《中国社会科学院研究生院学报》2017年第1期。
[③] 参见梁媛《文化传承视野下的新耕读教育模式论》;文丰安《新耕读文化的现实困境及发展途径》,《重庆社会科学》2017年第8期。

第二十八章 回归 弥合 传承：新耕读传统中的家园遗产

表两次报告，证实长江中游是世界栽培稻及稻作农业的摇篮，江西万年仙人洞等遗址的居民距今一万六千年前已以采集的野生稻为主要粮食，至晚距今九千年前被动定居的稻作农业业已开始"①。最近在媒体上又报道湖南有了考古新发现，据说可将稻作文明前推至14000—18000年，未见最后证实。无论我们采用哪一种数据，都远比文字记载的"耕读传统"起始时间早得多，如果我们将"读"推往"前读书时代"，即将其视为"学习""知识"，而不只是以"文字"为媒介的"读"（诵书），结论就要远推至史前。此外，作为一种特殊的、以农耕文明为背景的、中国特色的农业遗产，演化成为人们最为普遍的一种生活生活场景和状态——"耕读并举""半耕半读""耕读传家"等。这必然包含了更为广阔的领域，比如，亦可将"耕读"延伸到不同的阶层、生业等，如《孟子》曰："士之仕，犹农夫之耕也。"故"不耕不可。"② 由是可知，无论"耕读"关系如何，它都已经成为中华文明重要的、复合性文化遗产。对于这一份遗产，今天，大多数人以囫囵的方式解之、续之，或作"文化资源"，或作"文化符号"，或作"文化品牌"，而不作历史的分析和深度的考释。以历史的演化线索观之，我国的"耕读传统"既具有政治道德伦理、知识融汇的"立基"之功德教化作用，又表现出等级分化、尊士卑农的"撕裂"矛盾与悖论。以下几个是需要特别厘清的方面：

1. 总体上说，中华文明在类型上属农耕文明。其特点是：以土为重，以农为本。"社稷"乃国家之相。农耕者重"土"；"社"为浓缩。"社"者，古人以土地滋育万物，立社祭祀。"社"在谱系上的神圣性，亦与"英雄祖先"相配合。古代有"后土为社""禹劳天下而死为社"等说法。"社"故神圣祭祀和祭祀场所，也演化成公众聚会的地方。《诗经》中也有西周时用粮食、牺牲祭社祈求甘雨和丰收的篇章。春秋时代遇到日食、水灾亦祭祀于社。这些故事皆表明中国以农耕为本。换言之，"耕读传统"以"社稷"为"家国天下"之本位。然而，"**农本/农贫**"的情状一直存在着。

---

① 何炳棣：《黄土与中国农业的起源》，中华书局2017年版，第1页。
② （北朝）贾思勰：《齐民要术》，缪启愉等译注，上海古籍出版社2009年版，第35页。

2. 农本、农正（政）传统表明中国的政治体制生长在"土地"之上，等级制度也因之建立；农民则一直处在社会的底层，迄今未能彻底改观。"读"与"劳心"相属，"耕"与"劳力"相依——"劳心者治人，劳力者治于人"（《孟子·滕文公章句上》），"耕读"恰好在二者之间建构出了"**劳心/劳力**"二元对峙的社会等级价值图景，并反映在了"王制"中。《礼记·王制》云：

> 王者之制禄爵，公侯伯子男，凡五等。诸侯之上大夫卿，下大夫，上士中士下士，凡五等。天子之田方千里，公侯田方百里，伯七十里，子男五十里。不能五十里者，不合于天子，附于诸侯曰附庸。天子之三公之田视公侯，天子之卿视伯，天子之大夫视子男，天子之元士视附庸。
>
> 制：农田百亩。百亩之分：上农夫食九人，其次食八人，其次食七人，其次食六人；下农夫食五人。庶人在官者，其禄以是为差也。诸侯之下士视上农夫，禄足以代其耕也。中士倍下士，上士倍中士，下大夫倍上士；卿，四大夫禄；君，十卿禄。次国之卿，三大夫禄；君，十卿禄。小国之卿，倍大夫禄，君十卿禄。①

3. 社会等级差距也体现在乡土社会的治理问题上。我国历代乡村治理，多以"自治"为主，官家的治理，多以贡赋为主要目的，这种关系反映在同一片土地上的"**剥削/被剥削**"实况，并贯彻在了保甲制度中。即使到了清代，国家基层组织体系的主要形式是保甲和里甲组成：

> 清廷实行保甲政策，遍于全国，始于顺治，初为总甲制，继为里甲制，皆十户一甲，十甲一总，城中曰坊，近城曰厢，在乡曰里，康熙四十七年申令十户立一牌头，十牌立一甲头，十甲立一保长。

保甲虽然起源早，但直到清朝才正式采行。一些历史学家认为，保

---

① 《礼记·王制》，张树国点注，青岛出版社2009年版，第54—55页。

甲的雏形始于《周礼》，但真正作为地方行政的控制系统，到清朝才算完备。① 无论是保甲还是里甲，事实上都以"田土"为依据。需要辨析的是，古代国家的基层管制和管理体系与帝国官僚体制有着本质的不同，由于国家需要通过税赋、纳贡等方式从农民那儿获取，对三农的掌控自然在任何朝代都存在。然而，对于广大"乡野"，国家的掌管是有限的。换言之，官家以贡赋为主要目的管理，往往将自给自足的小农经济挤压到了极其艰难的境地。

4. 耕读传统也反映在知识体制中的巨大背离。在广大的乡土社会里，"读"皆为"四书五经"，读书以考取功名为家族荣耀，借此流芳百世。所读经学罕见与提高农民生活、提升农业效率、改善农村环境为内容者。换言之，耕读传统中的**体/用**分离严重。笔者近期率队前往江西省泰和县蜀口洲村落调研，参观了欧阳宗祠，观览了《欧阳家族谱》，曰：

> 蜀江欧阳氏文献史籍记载甚矣。欧阳氏宗人族裔蕃衍昌盛，分布祖国海内外难以悉计，而且忠孝节义，理学奕世，光岳正气，流芳千古。蜀江宗祠古风长存。"五经科第""朝天八龙""二十一进士""父子进士""兄弟尚书""鸣阳三凤""奕世翰林"，名匾高悬，丰碑林立，与日星同辉，和天地共存，充分显示蜀江欧阳氏的辉煌历史。②

一个普通的乡村，历史上出了那么多经国济世之才，令人尊敬、景仰，却罕见科举精英们以知识、技能、田功、增产等回报桑梓。也就是说，他们的确是国家的栋梁之材，在宗族内除了光宗耀祖外，他们所"读"的书，所学的知识，基本上与"耕"无关。

5. 众所周知，在传统的乡土社会里，真正的村落是自治的。只要是一个社会群体单位，就有秩序，有秩序就需要维持，维持秩序需要治理，我们无妨将"耕读传统"视为一种维持乡土社会秩序的力量。"统治如果是

---

① 参见萧公权《中国乡村——19世纪的帝国控制》，九州出版社2018年版，第38页。
② 彪彤二宗修欧阳宗谱理事编委会撰《欧阳氏宗谱》第一本，2004年，第18—19页。

指社会秩序的维持,我们很难想象一个社会的秩序可以不必靠什么力量就可以维持",而"乡土社会秩序的维持,在很多方面和现代社会秩序的维持是不相同的",费孝通先生将乡土社会的治理方式称为"无治而治"——"礼治秩序"。"礼和法在不相同的地方呈现和凸显维持规范的力量。法律是靠国家的权力来推行的,而礼却不需要这有形的权力机构来维持。维持礼这种规范是传统。"① 这样,"**礼制/法制**"构成了"同意权力"与"横暴权力"之间相应差异。② 虽然国家统治中也突出礼制,却与乡土社会有天壤之别。

以"耕读传统"论,"读"者,儒家礼教之大义,礼治乡里,乃"读"之最大福泽。只是,乡土社会的治理,非全靠"礼治"可以通行,"乡土知识、民间智慧"同样起到了巨大的作用。事实上,"村庄所具有的作为一个村庄的道德稳固性,事实上最终基于其保护和养育村民的能力。只要村庄成员资格在紧急情况下是重要的,乡村规范和习惯的'小传统'就博得广泛接受"③。所以,维持村落的道德稳固性至为重要,村落的道德稳固性又靠"小传统"的支撑;村落的"小传统"能够长久地持续下去,又需要有相应的村落自治。因此,以"读"之"礼"传家,有作用,却有限。至少,农夫的生计、生产和生活与"读"的关系甚远。

第三节　传承:新耕读传统中的家园遗产

毫无疑义,当我们把中华民族农耕文明背景下的"耕读传统"视为一份重要的、祖先留给我们的、必须继承,而且必须传承好的文化遗产,以配合当今的发展变化,使之成为一种"新耕读传统",就必须对耕读传统产生的土壤、本质特征、存续方式、演变情况等有所了解,有所分析,进

---

① 费孝通:《乡土中国　生育制度》,北京大学出版社1998年版,第48—50页。
② 同上书,第59—60页。
③ [美]詹姆斯·C. 斯科特:《农民的道义经济学:东南亚的反叛与生存》,程立显等译,译林出版社2013年版,第55页。

而扬弃,以留取"精华",去其"糟粕"。这也是我们这一代(学)人的责任和使命。

在"耕读传统"中,宗族是一个最重要的社会群体单位,表明大家不是外人,是同祖同宗的"族人"。"族"基本上是一个地缘群体,有的学者认为,"族"是一种社会组织,拥有一个共同的祖先。对于同一个宗族群体而言,"宗族的最大功能,是使人知道自己的来源,知道自己与别人的关系,知道人与人之间的辈分,这就是道德"①。在传统的村落政治中,宗族给乡村带来了一种特殊的,无可替代的凝聚力,这是其他因素所无法提供的,虽然近代以降,宗族重建会在乡村的传统结构中增加某些新的成分,但绝不会从根本上改变现在的秩序性质。② 根本原因在于中国的乡土村落,特别是汉族村落——从"开基"(开创)到延续、繁衍,其根本的动力机制就来自于宗族。我国传统村落的重要特征之一,是以姓氏命名村落。换言之,血缘、亲缘与地缘构成了事实上的"家园共同体",这也是"耕读传统"中的基本和基础因素。

"家园共同体"的范畴和范围的"边界"关系,确立了多重关系的认同机制。宗族与乡村之间的关系密切而简单,乡村里占大多数的农业人口,流动性不强,血缘纽带保持得紧密。乡村的繁荣与强大的宗族组织之间形成了一个荣辱与共的关系体。当然,维持和维系这个关系体的最重要因素是经济。经济发展不达到一定程度,乡村就不能形成,任何规模的宗族也不能维持。③ 比如在广东的凤凰村,宗族是一个单系的亲属群体,除了一些来做生意的外姓人之外,村里所有的人都是同一宗族的成员。一个男子一旦成为宗族成员就会永远都是(实际上,有人因触犯族规而被逐出族)。凤凰村是一个父系的宗族,通过男性来追溯世系,因此也是单系继嗣的群体。一个人一旦出生在一个宗族,就是离村远走他乡,也脱离不了宗族。④ 总体上说,在中国的汉族乡村,乡土社会与族化制度形成了一种真正意义

---

① 钱杭、谢维扬:《传与转型:江西泰和农村宗族形态——一项社会人类学的研究》,上海社会科学院出版社1995年版,第28页。
② 同上书,第30页。
③ 萧公权:《中国乡村——19世纪的帝国控制》,九州出版社2018年版,第383—391页。
④ [美]丹尼尔·哈里森·葛学溥:《华南的乡村生活——广东凤凰村的家族主义社会学研究》,周大鸣译,知识产权出版社2006年版,第117页。

上的"家园共同体",而在乡村所形成的"耕读传统"也很自然地属于"家园遗产"的常规化活动。

归纳族化功能的特点,可以表述为:(1)族化是村落家族使家族成员增加认同和向心力的必要活动;(2)族化也是村落家族为获取生存资源保证家庭整体性所必需的活动;(3)族化有"宗教"、礼教、耕教与文教四种形式。前两者基本上合二为一,继续存在,后两者逐渐由社会体制所取代,尽管程度不高,但已超出村落家族所能达到的极限;(4)族化的核心价值是以孝为主的宗族秩序观念,族化的主要目的之一是使家族内部秩序能够绵延;(5)族化活动呈现出两种趋势,有些地方弱化了,有些地方强化了;总体上弱化了,局部上强化了。① 耕读传统——无论是从性质上,还是功能上,都是乡土社会宗族主导下的一种生存和延续方式。

即便到了当代,"两委"落到了村落基层,宗族势力早已衰弱,但仍然无法改变宗族这样的人群结构的事实。而乡村的秩序、道德、伦理、教育、社会活动等大都离不开祭祖、编修族谱、宗祠、乡村公共事务、与相邻村落建立关系等,古代还有自卫防御等功能。王沪宁认为,我国目前村落家族的情况,从结构到功能的总体方面,在当今的情势下,是如何保持家族文化的延续,保证族员的情感认同与向心力。当前,村落家族文化正处在历史的演变之中,它已经脱离了村落家族文化原型的某些基质,向着现代社会的基质演进。在现代中国,村落家族文化呈现为双重的运动:一方面,村落家族文化受历史运动总趋势的推动,逐步走向消解;另一方面,现代中国社会的某些因素,当代社会经济条件的某些因素,又可产生强化村落家族文化的客观和主观愿望。②

乡土社会的宗族势力并不仅体现在"乡治"的秩序和管理上,在宗族文化方面更为具体而充分。每个古村都会见到祠堂、宗族宗谱,这些都是普通百姓生活的真实记载与展现。儒家文化正是通过宗族文化渐渐渗透到每个村民思想中的,乡规民约、家规家训都教导人们礼义廉耻四维,仁义

---

① 王沪宁:《当代中国村落家族文化——对中国社会现代化的一项探索》,上海人民出版社 1991 年版,第 138 页。

② 同上书,第 147 页。

礼智信五常。① 这一切也都会反映和体现在"读"（乡学、教育）——教化和教育体系之中。古代的"乡学"主要是一种私塾性的教育，随着时代的推移，"乡学"逐渐变得多样，形成一个集官方、民间和个人多种复杂因素的概念。在清代，乡学包括书院、社学和义学三种类型。对学生进行系统教育，由清政府建立或经过其批准的各类学校，可以分为两大类："官学"（官办学校）和"学校"（非官办学校）；义学（慈善学校）和社学（乡村或大众学校）。书院起源于唐朝时期。②

值得一提的是"义学"，义学也称"义塾"，是指中国旧时靠官款、地方公款或地租设立的。义学的招生对象多为贫寒子弟，免费上学，大多教学是启蒙性的知识，与"社学"有相似之处。二者的概念边界在不同的时期、地方，于不同的人在认知定义上不尽相同，不管社学和义学之间到底有什么区别，它们的基本目的实质上是相同的：尽可能把更多的人置于儒学思想的范畴内，尤其是那些地方精英和领袖。萧公权先生为我们提供了清代一些地方"乡学"的情况：在河南一个县合计有超过120多所社学。在广东清远县，由乡人集资创办了21所社学。规模较大的宗族，有时也创办乡学。其中一个著名的例子发生在广东花县平山墟，江姓、梁姓、刘姓和危姓等宗族（其成员在该村总人口8000人中占绝对多数，）联合创办了联云社学。绅士们也对创办社学表现出深厚的兴趣。③ 翻开中国近代教育史，特别是由"私"而"公"的演变中，无数的精英个体参与了这一教育转型；他们无不与"宗族—乡学"情结有涉。

如上所述，传统的耕读传统有一个弊病，即"耕"与"读"的契合力较弱。在传统的耕读形制中，"读"的是圣贤书，农书不在其列。"读"的目标是"仕途"，是宗族荣耀，罕见"读"农业方面的书，鲜见与"耕"发生关系。因此也频繁出现某一个村落出了"大官"，宗族因此长时期地"显耀""显贵"，家族骤然就不一样了。可是，农业生产却一直保持原样。这是耕读传统的巨大悖论。

鉴于诸上，笔者对"新耕读传统"作为范式及要素罗列于此：第一，

---

① 参见王维、耿欣《耕读文化与古村落空间意象的功能表达》，《山东社会科学》2013年第7期。
② 萧公权：《中国乡村——19世纪的帝国控制》，九州出版社2018年版，第278—279页。
③ 同上书，第284页。

在"耕读传统"基础上的继承与创新,尤其是"天时—地利—人和"的价值观,以"**生态优先**"为原则保护好乡土社会的文化遗产。第二,将"读"与"新三农"相结合,除了尊重、体恤、扶持"三农"外,还包括"**知识引入**",使农业产生新的生存、生产的持续性能力,特别要建立农业产业化机制,新的知识与技术必须加力引导。第三,在扬弃的基础上,保留和传承具有中华农耕文明特点与特色的"礼"的文化景观。中国素有"礼仪之邦"之称,而"**礼制社教**"的最基层落实是广大乡村。中国在任何时候,都不能沦为"无礼之邦"。第四,"力"的发轫。在甲骨文里,力"乃原始农具之耒形,殆以耒耕作须有力,故引申为力气之力"①。今之力量,故以农业、农耕为基础,向更加广阔的领域拓展发力,形成新的、创新性、符合现代社会的"**力道形制**"。第五,发扬耕读传统中"义"(仁义、公理、慈善、义举等)的精神,②特别在经济和商业社会里,"义"不独有"勇",还有"仁""慈""德"等——"**尚义精神**"。"精准扶贫"何妨视为义举,只是我们要强调的是,"义"除了国家行为外,更需要体现和实践于民间。第六,突出耕读传统中"宗族—家族"家园遗产,并注入新的内涵:既保持乡村中的传统格局,又在"家园遗产"中注入、加入"**家园—家国**"的新价值、新内容和新取向,提升爱国爱家的价值观。

---

① 徐中舒主编:《甲骨文字典》,四川辞书出版社2016年版,第1478页。
② 《记住乡愁》第二季第十一集记录了浙江省金华市郑宅镇的东明村的耕读传统中的"尚义"精神,值得借鉴。

第二十九章 乡村振兴战略中"新耕读传家"的家园遗产

第一节 释义耕读

"耕读"乃"农耕"与"读书"广义上的并称。"耕读"依照字面上的意思,就是农作与读书。有的学者从字面意思将中西方的两个词字进行梳理比照。在英语中,agrarian、agricultural、rural 三词都包含"农"的意思。根据字典意思,agrarian 强调土地的,尤指耕地的,土地所有权的;agricultural 指农学、农业、农事、农耕诸含义;rural 泛指乡下的、农村的、田园的、地方的、农业的等多种含义。至于"读",就是诵读。有人认为"耕读既是一种生存状态,又是一种生存方式。而且我们以为,耕读文化的主体应该是从孔子算起,中国文化传统中的'士'和西方学人所刻画的'知识分子'的基本性格极其相似"[①]。

这样的附会笔者总体上是不认同的。从道理上说,中国既是传统的农耕社会,又是礼教社会,在这样的历史脉络中,强调耕读文化是自然的、符合逻辑的,并由此演化成为人们最为普遍的认知价值,也形成了最为普通的生活状态——"耕读并举""半耕半读""耕读传家""晴天耕作、雨天读书"等。但"耕"不只是下田耕作,泛指包含农耕基础上的所有生

---

① 参见何发甦《江西耕读文化研究》,《农业考古》2015 年第 1 期。

产活动，如渔、樵、采、集、殖、织等；"读"亦不只指简单的读书，泛指包含着整个有关道德礼义、教化伦理的全部内容，如教育、科举、孝悌、祭祀、红白喜事等。"耕读"与其说是具体行为，不如是指文明价值。换言之，"耕读"关涉传统的"知"与"行"的关系，也是在人们求知过程中对"事"与"物"的认知性实践的具体化。① 虽然，中国古代的知识分子在二者的结合方面，尤其是将"耕读"当作"实践—知识"的共同体看待仍欠完美，传统的士绅将二者分离的情势还很严重，但耕读传家无疑是社会伦理的道德追求和道义宣传的正面主张。当下，我们正在进行"乡村振兴战略"，必然面临着继承这一农耕文化遗产的情形，也将面对如何在这一传统的基础上进行厘晰、辨析、改造、适用和创新，毕竟，中国的知识分子总体上都与耕读传统存在着"血脉"上的关联。

在我国，"耕"的语义、符号、指喻和价值远非西式之农作可以囊括。某种意义上说，它是中华文明之"照相"，是天时地利人和之"合影"，也是家国社稷历史之"缩影"。单是"耕"就不简单，与天象之大辰星有关，指喻"农详"；② "耕"，文字分类为"田族"；由"耒"（农具）与"井"（田）组合而成。③《说文解字》释："耕，犁也。从耒，井声。一曰古者井田。"井田制曾经是中国古代提倡和记述过的一种土地制度。关于井田制史料和依据，甲骨文字形、《孟子》《周礼》等古籍中均有记载。

一般认为井田制是这样划分的：每长一里，宽一里的土地为一井，计九百亩，八家农户居住其中。中央一百亩为公田，八家合种，划出其中部分土地作为公用菜地、水井和宅地。四周八百亩，每家耕种一百亩，为私田。井田制规定了农户必须先合力耕种公田，然后才能在私田劳作，而且井内各家要共同生活，互相扶持。井田制是奴隶社会中进行分封、赏赐和计算俸禄的依据。④ 对于"耕"的农作行为，《齐民要术》有过枚举：

---

① 参见[德]薛凤《工开万物——17世纪中国的知识与技术》，吴秀杰等译，江苏人民出版社2015年版，第268—269页。
② 参见彭兆荣《生生遗续 代代相承——中国非物质文化遗产体系研究》，北京大学出版社2018年版，第282—284页。
③ 谷衍奎：《汉字源流字典》，语文出版社2010年版，第977页。
④ 钟祥财：《中国农业思想史》，上海交通大学出版社2017年版，第4页。

魏文侯曰:"民春以力耕,夏以强耘,秋以收敛。"

《杂阴阳书》曰:"亥为天仓,耕之始。"①

《吕氏春秋》曰:"冬至后五旬七日昌生。昌者,百草之先生也,于是始耕。"高诱注曰:"昌,昌萍,水草也。"

《淮南子》曰:"耕之为事也劳,织之为事也扰。扰劳之事而民不舍者,知其可以衣食也。人之情,不能无衣食。衣食之道,必始于耕织。"②

虽然,"井田制"作为农作制度历史上是否真正实行过,学界有不同的看法,此不赘述。但无论这种农耕制度是否历史性地"落实",都无妨"井田",或——"井"与"田"之于农耕文明的根本之相、基本作用和隐喻价值。"井"在文字上属于"邑族"。《说文解字》:"井,八家一井。象沟韩形罋之象也。古者伯益初作井。凡井之属皆从井。"似与井田制如出一辙。"井"与"村"相属,古指人口聚居的自然村邑,亦与"家"相属,指人们聚集的自然村邑,如"乡井"。《易·井》云:"改邑不改井。"换言之,"乡"在中国传统社会里与"井"同构。"背井离乡"仿佛没有井,失去了田,就没有了家,乃悲催之象。

第二节 认知耕读

"耕者有其田",这不仅是农耕文明的背景和基础,也是中国耕地制度的现实与逻辑。③ 无田便无耕。甲骨文中的"田"字符号有不同的写法,使用上也不一致。对于田在甲骨文卜辞用法上的差异,陈梦家的解释是:"由于文例的比较,可知它们只是因时代而写法小有差异。卜辞田猎与种田之田无别,惟武乙卜辞将种田之田加笔画成'區田'之形,但只行

---

① "天仓":星名,即胃宿。《史记·天官书》:"胃为天仓。"唐张守节《正义》:"胃主仓廪,五谷之府也。"《礼记·月令》正月"元辰"天子耕籍田,唐孔颖达疏:"耕用亥日。""正月亥为天仓,以其耕事,故用天仓。"(原注)

② (北朝)贾思勰:《齐民要术》,缪启愉等译注,上海古籍出版社2009年版,第35页。

③ 参见张路雄《耕者有其田——中国耕地制度的现实与逻辑》,中国政法大学出版社2012年版。

了一时。"① 对于"田"的意思的解释,《说文解字》曰:"田,陈也。"《释名·释地》:"已耕者曰田。"《管子》:"后稷为田。"《甲骨文字典》释:"象田猎战陈之形,古代贵族有囿以为田猎之所,囿有沟封以为疆界,故此古代之封疆,必为方形。而殷代行井田制,其井田之形亦必方形,此井田乃农耕之田,已非田猎之所。"② 学者们对这一形态发表了不同的观点:郭沫若认为其为场圃;戴裔煊释之为"井";杨树达认为其为"矿";胡厚宣释作田等。③ 无论这一文字的本义是什么,"井"和"田"乃农耕文明背景下的"家园"的形象;同时,"井田"也反映出了中国古代的宇宙观"天圆地方"的形貌。

"耕读"中的"耕"除了人们所理解的农作行为外,还应包含"所耕之田"和"以田为范"的农耕制度。在中国,"田"是历代农业政治组织和管理制度的"本相"——所有的土地与社会关系皆与之有涉,或以"田"为本进行的各种改换。春秋时代,齐国就有在郊内以五家为轨,轨十为里,里四为连,连十为乡;郊外三十家为邑。秦代之商鞅变法,五家为伍,设伍老;两伍为什,立什长;十什为里,置里正。秦代实行郡县制,县下普遍设立乡、里两级基层组织。汉代各官方机构都立有社,建里社,改里正为里社合一。唐、宋时代,乡社盛行,乡社组织和活动更为活跃。特别是宋代理学盛行,讲学之风大盛,科举制发展,农村中读书的人多了起来,举办或控制社学,传习孔孟之道,摒弃非圣之书,将"耕与读"更紧密地结合在一起。此后,"耕读传统"定型推展,深刻地影响了中华传统文明。由上述可知,"耕读传家"这一中华民族的农耕文明,兼具**认知—知识—表述—实践**的文化体系。这一体系并非一蹴而就,而是经过不同时代,特别是与古代科举制度的演变交错在一起。但是,无论从"相"抑或从"本"而论,皆以"田土"为基理。

在中国的广大乡村,尤其是汉族村落,即费孝通先生据说的"乡土本色"中,④ 宗族基层的族群单位,而家庭总是最基本的抚育社群,在这样

---

① 陈梦家:《殷虚卜辞综述》,中华书局1988年版,第537页。
② 徐中舒主编:《甲骨文字典》,四川辞书出版社2016年版,第1466—1467页。
③ 参见胡厚宣、胡振宇《殷商史》,上海人民出版社2008年版,第240页。
④ 费孝通:《乡土中国 生育制度》,北京大学出版社1998年版,第6页。

的社会里,"耕种活动里分工的程度很浅,至多在男女间的一些分工,好像女的插秧,男的耕地等。这种合作与其说是为了增加效率,不如说是因为在某一时间男的忙不过来,家里人出来帮忙罢了"①。在这样的社会里,宗族在基层社会起着社会管理的重要作用,几乎每个乡村都有宗族祠堂和宗族运作管理体制。在宗法制的传统农村里,"耕读传家"是人们根深蒂固的生活理想。宗族教育是宗族事务的一件大事,每个宗族都期望自己的族人有读书人,能出个秀才、举人或者状元,所以私塾、学堂、书院在乡村是普遍的。"耕为本务,读可荣身""读而废耕,饥寒交至;耕而废读,礼仪遂亡"等家训教化都反映了古代耕读文化在乡村的兴盛,也反映了耕读之家的文化传统与传家寄托。耕是衣食来源,是仰侍父母、俯畜妻子的立足之本;读是入仕之阶,是修身、齐家、治国、平天下的必经之路。教化民风。"百艺莫如耕读好,千金难买子孙贤"。有些古村落中的书院、义塾、读书楼、文昌阁、进士碑等设施都是村中学龄儿童接受教育的地方,是耕读之读的主要场所之一。②

第三节 耕读与宗族

对于宗族在乡村组织结构里的作用,虽然不同的地方存在着差异,但其组织功能却是汉族村落中最重要的,并延伸到整个村落伦理体系之中。钱杭、谢维扬对江西泰和的乡村宗族做了细致的调查,宗族的作用如地方贤达说:"宗族的最大功能,是使人知道自己的来源,知道自己与别人的关系,知道人与人之间的辈分,这就是道德。"③ 即使是在今天,宗族重建虽然会在现在的乡村抗秩序中增加某些新的成分,但绝不会从根本上改变现在的秩序性质。④ 泰和人由于重视文化修养,所以他们热衷于宗族传统,很少发生

---

① 费孝通:《乡土中国 生育制度》,北京大学出版社1998年版,第8页。
② 参见王维、耿欣《耕读文化与古村落空间意象的功能表达》,《山东社会科学》2013年第7期。
③ 钱杭、谢维扬:《传统与转型:江西泰和农村宗族形态——一项社会人类学的研究》,上海社会科学院出版社1995年版,第28页。
④ 同上书,第30页。

地方上的破坏事件。泰和无村无族、无族无祠。大宗祠、小宗祠、总祠、家庙，系统支派严整，源流谱系清晰，活动频繁，管理有序，是泰和乡间文化生活的一大景观，也是泰和农村宗族活动发生和发展的一个重要条件。[①] "房"是宗族结构中一个初级的组织范畴。凡是有关宗族财产的分割，家庭生活团体的分化，祀产利润的分配，年老父母的轮流供养，祀产的值年管理，祭祀义务的分摊，以及其他涉及宗族权利义务的事务，都以"房"为单位处理。

一般来说，"宗族"中的"宗"指的是群体内部的成员有着共同的祖宗；而"族"的旗号是在与外族发生关系时使用的，在族内使用的是"房"，它区别的是本族内不同的支系，以及每个族人不同的系谱归属。宗族的整体利益是在与异姓宗族发生冲突时体现的，而大量的，与每个族人切身相关的利益，往往不是所谓整体利益，而是宗族内部分房支的利益。"房"与"世"的关系是："世"即"世代"，侧重于的"竖"的传承关系，同一辈分的人称为一，而"房"则侧重于血缘"横"的分化关系。在同一父之下，每一子可成立一房；长子为长房，次子为二房；房的数量与子的数量有关。在宗族谱系上，平行的各房都独立成为一系，各自延续下去。[②] 在汉族村落，特别是最先到来的时候的人被称为"开基祖"，这种村落的开初形制是由单一姓氏开发的，群体保持着一个"同宗同族"的关系，因此也可以称这样的村落为一个共同的家园，既包含着一个大的宗族，也包含着具体的家庭。

从这个意义上说，所谓"耕读传家"也自然成为"宗族—家族"的地方性实践。"耕"——主要满足以宗族为基本构成的人群共同体的生养、生计、生产和生活为目标；"读"——主要以儒家伦理为内容的"礼制"，由此构成乡土性的社会秩序。在传统的汉族乡土社会里，家族主义构成了社会分析的基本视角，以广东的凤凰村为例，无论是过去还是现在，血缘是亲属关系、职责、权力、态度和价值的基本决定因素。村落生活的所有事务都与血缘有关。血缘是村落世界讨论的主题，也决定了理论社区的范围。在乡村生活中，"孝"与"祖先崇拜"是两个重要伦理视角，"孝与祖先崇拜的根本区

[①] 钱杭、谢维扬：《传统与转型：江西泰和农村宗族形态——一项社会人类学的研究》，上海社会科学院出版社 1995 年版，第 21 页。

[②] 同上书，第 62—64 页。

别:前者主要关注的是活着的人,次要关注的是去世的人;而祖先崇拜则反之"①。这样也就构成了一个完整的"家园遗产",既形成祖先崇拜的祭祀关系,又形成了现实社会关系以"孝"为核心的现实关系。

在这样的背景下,"读",即在教育方面,也就超越了简单的读书以获得知识、求取功名的单一追求,而具备了更为广泛的意义。仍以广东的凤凰村为例,村民很重视教育,在整个村落的价值追求的目标和理想中,学而优则仕是首要的价值观。村民们自认为他们有风水显灵,因而出了较多成功的学者。依村民的观点,风水有相当重要的作用,风水也促进了村落多出文人和取代村落政治的努力以及支持"来世报应"。一般来说,教育的努力是充满希望的,每一位考生都被认为有好机会通过科举考试,这又促进了村里人的追随。村领导人总是支持改革教育设施就不足为奇了。村里建立自身的承诺,只要显示出读书天赋,不论贫富,保证为每个男孩提供教育机会。但女孩不享受这种权力。一个出生贫苦的孩子成功地奋斗取得官位,可以将其家族从赤贫的深渊解救出来。在一次科举结束后,村里建发一座特别的建筑——"儒林第"(书院)。在那些日子里,至少是1911年以前,一些成功的学者在村里会见和面授孩子。旧式学校的课程包括阅读和背诵古文、书法和珠算课。随老师的意志安排课程。②

第四节 耕读基因

当今,村落家族文化发生的最重要的变革之一,是社会政治体制对村落共同体的渗透,在村落共同体的居地上,出现了以公共权威为基础的正式结构。王沪宁认为,这种新的结构与村落家族的结构呈交叉状态。在相当长的一段时间内,正式结构强而有力地介入进村落共同体,并将村落家族固有的结构压制下去,甚至将其打破……这一历史过程的结果,便表现

---

① [美]丹尼尔·哈里森·葛学溥:《华南的乡村生活——广东凤凰村的家族主义社会学研究》,周大鸣译,知识产权出版社2006年版,第113页。
② 同上书,"教育与学校"部分。

第五部分 乡村振兴

出现在的格局：正式结构与村落家族结构的重合。不同地区的差异在于：哪一种结构为主，或者平分秋色。我们看到，从形式上说，大部分村落家族都被包罗到正式结构的主流中来。新政治在以下几个方面冲击了村落家族结构：1. 建立完整的自下而上的社会政治体制；2. 新政治体制掌握了资源的分配权；3. 新政治体制通过政治和经济的强制，改变了村落家族结构存在的环境和条件；4. 以行政区划代替了以族居为基础的宗族区域；5. 以新的生产方式冲破了传统的生产组织方式；6. 以新的意识形态和价值观念替代传统的家族观念；7. 以现代的司法规范和程序代替了传统的家族规范。[①]

随着时代的变迁，特别是国家的治理下沉到村落，宗族传统也随之没落。在这种情况下，中国的广大农村在社会政治结构方面存在着两个基本的面向，一方面继承了数千年来遗留下来的农耕文明的文化，而乡村的人群共同体的基本构造并没有因为"两委"的到来而使村落群体发生改变，"耕读传家"也伴随着宗族—家族的繁荣、破落，或延续或衰落。另一方面，作为传统文明的因子，新的乡村格局决定了传统的家族共同体在新的形势下面临着转型与转变。其中有些因素仍然存续，有的因素随之消失，有的因素经过改造和适应产生新质，或上升为"升级版"。为此，我们罗列了耕读传统的文化基因图：

（以家族共同体为基础）
↓

祭祀	农事	教育	时令	分工	饮食	什物	保卫	医卫	救济	公务	买卖	副业	外协
↓	↓	↓					↓				↓		↓
祖社祭祀	田作农事	培养子女	二十四节气				男耕女织				食物制贮		工具维修
保卫家园	中草采集	救济贫困	公共事物				市场交易				兼顾副业		外联邻里

图43　耕读传统文化基因图列

---

① 参见王沪宁《当代中国村落家族文化——对中国社会现代化的一项探索》，上海人民出版社1991年版，第151—152页。

我们之所以将传统的"耕读传家"确认为家园遗产，除了其呈现家族—家族的人群共同体的背景之外，还深刻地潜匿着中华农耕文明的"基因"。任何"基因"，包括文化基因，都存在着延续和变异的可能性，毕竟其需要面对不同的环境变化、时代变迁和社会变革的适应和考验。事实上，耕读传统并不意味着它没有应对和适应新形势的变化，恰恰相反，耕读传统经历了数千年的演化、变异和延续，说明这一传统已经承受了大量和多样变迁的历史发展，形成了保持和适应的"自在化机制"——既可以坚守需要存续的范本，又可以根据语境的变化进行调适。面对今日之形势，耕读传统中的许多因子需要根据新的形势，如何继续发挥这一机制的能动性，比如农业的产业化、城乡的一体化、乡村城市化、旅游示范村、乡村文化和文物从"传家宝"形式向公共博物馆开发等，这一切都必须建立在**尊重农民的主体性和自主性、考虑三农的前途和利益、保护传统的文化价值与认同**的基础之上。

第五节　新耕读

当今，我国正在推行"乡村振兴战略"，作为农耕文明最重要的文化遗产，自然要在新的历史语境中产生**坚守与变革**的双重性。我们当然要促使这种坚守/变革朝着更为积极的方向发展。具体的做法是：充分征求当地民众的意见，充分考虑工程给地方民众带来的实惠，使其具有当今田园城市的中国特色。鉴此，我们耕读传统的挖掘要做到以下几个对接：

1. 耕作传统对接"乡村振兴"战略
2. 耕读传统对接"生态优先"主旨
3. 耕读传统对接"城乡一体"示范
4. 耕读传统对接"全域旅游"形势
5. 耕读传统对接"红色遗产"资源
6. 耕读传统对接"区域特色"原则

7. 耕读传统对接"记住乡愁"本色
8. 耕读传统对接"教育为本"理念
9. 耕读传统对接"产业升级"实践
10. 耕读传统对接"商业利润"驱动

无须讳言,在耕读传统的形制中,也包含着内在"矛盾"的因子和"撕裂"的因素,其中之一,是我国传统的农民的"文盲"情状,对相关和相应知识的严重欠缺,都与传统的"耕读传统"有关。新知识的技术的缺乏,致使农业总体上停留在相对低的生产效率上。不言而喻,在土地不变的情况下,如何使得农业更有活力,更具有生产的效益,知识是一个重要依据。关于知识是生产的一个源泉自古以来都被强调着。在西方,相关的论述很多,如"资本大部分是由知识和组织所构成了""知识是我们生产的最有力的发动机"。要想把现代农业生产力扩展到大部分仍然为传统农业所束缚的国家,就要重视这一主张。① 然而,传统的农村教育——无论是资本投入、社会资源、人才配置、组织指导等都相对贫乏,如何将其与当代的社会变迁和需求相适应是一项重要的工程。

今天,新耕读传统必然与农业经济产业化、商业化相结合,在价值系统中,这是一个需要全面超越的地方。因为,在传统的"耕读传家"中,由于打上深厚的儒家伦理,家族生计又以自给自足为模式,商业不为所重。许倬云认为,以农耕文明为背景的传统农业伦理中和历史变迁的线索中,商贾作为一种社会经济生活方式,一直处于不稳定的社会价值之中;而且商业交换又常常与城市的发展相伴随;有些形成了政治斗争。早在公元前5世纪到3世纪的动乱年代中,社会一直处在以城市生活为中心的社会价值,而不是以乡村为基础的经济,两种社会价值——以农耕为基础的乡村生活方式和以商贸为基础的城市生活方式"对政治权威形成了威胁"。② 农商矛盾也成为社会中的重要选项,汉文帝时期,由于农业生产力相对低下,

---

① 参见[美]西奥多·W. 舒尔茨《经济增长与农业》,郭熙保译,中国人民大学出版社2015年版,第68页。
② [美]许倬云:《汉代农业——中国早期农业经济的形成》"导论",程农等译,江苏人民出版社2012年版,第1页。

不少农民弃农经商,政治家贾谊专门上奏皇帝,让人民返回农业,确保粮食储备,加强农业生产。① 农商之间是否和谐相处,历来成为中国历史,特别是经济社会发展的方向标,及至今日依然如此。

其实,经商与务农并不悖——无论是社会分工还是城乡流通都是如此。历史上之所以会造成"重农轻商"的观念,实为社会价值之主导所致。笔者认为,中国能有今日之崛起,其根由在于传统农耕传统中务实、勤劳、刻苦的品质。这些品质恰恰来自于"中式"农耕文明。那些以为单纯经商致富的观念,即所谓"士而成功也十之一,贾而成功也十之九"的说法只是表面现象。"耕读"已经将这些内容都囊括其中,即"耕读"传统的文化基因中也包含着"诸业"的交换事业和活动。那种认为经商与务农之天然矛盾,其实是对中国耕读传统的误解与误会。许倬云在总结汉代农业社会时说:"这是一个农业的社会,但却是重商性的农业的社会。它将个体农民编织进了一个庞大的经济网络里。这种格局与普遍所认为的那种由无数分散的、孤立的、自给自足的农户细胞所构成的古代中国农业社会的图景相去甚远。具有吊诡意味的是,在这种重商性农业里,资本积累几乎不可能走得很远。在各种因素的促进下,商业性城市中心逐渐达到了空前的繁荣。"②

有着"美国有机农业运动《圣经》"之称的《四千年农夫:中国、朝鲜和日本的永续农业》中有这样的段落:"在中国,无论走到哪里,一般劳动人民,如果是有工作的,都普遍表现出幸福和满足的样子,他们的身体状态显得都很好……在我们的旅途中,这里总给我们一种印象:在中国,每个人都很忙,或者随时准备展开忙碌的活动。像我们这样徒步到处游走的人很少,我们怀疑这个国家是否存在哪怕一个游手好闲的人。"③ 笔者相信这样的描述是真实的,但是,作者富兰克林·金并却不知道形成这一幅图景的背景根据是什么?若要我说:耕读传统。西方任何与"农""读"有关的字眼都与我国的耕读传统相去甚远。

---

① [美]许倬云:《汉代农业——中国早期农业经济的形成》"导论",程农等译,江苏人民出版社2012年版,第13页。
② 同上书,第150页。
③ [美]富兰克林·H.金:《四千年农夫:中国、朝鲜和日本的永续农业》,程存旺等译,东方出版社2017年版,第98页。

第三十章　走回"三野"
——荒野　原野　田野

今天，全世界都在讲"生态"。我国更是提出了"生态优先"的口号。"生态"在很大程度上与"自然"有关。什么是"自然"？一言难尽，但有一种认识相对具有共识性：自然是"人工"的对立面。如果我们将这一认知理念与"城乡"对照，那么，乡村更接近自然，城市更靠近人工。当今社会迅猛发展，尤其是城镇化的快速扩张，致使大量村落消失。不言而喻，"自然"也在随之消失。中国的社会，本质上说是"乡土社会"，我们在骨子里填满了"乡土性"。在很短的时间内，忽然眼前出现了林立的高楼，我们确实感到欣喜，但理性告诉我们，那是人工的景观。不仅我们这一代很快会有压抑感，我们子孙更会有逃离感，因为，从人的天性看，人是自然之种，必定会更愿意紧靠自然，他们或许会重新喊出"返回自然"的呼声。其实就在今天，欧美的城里人已经开始了重返自然的行动，他们努力在寻找"三野"，乡村旅游成了他们一种选择。

第一节　荒野之诉

世界上有一种被推广和模仿的人类遗产，叫作"国家公园"（National Park）。这一种自然遗产的保护模式是由美国人"发明"的；而立基于这一遗产模式中的基本和基础，概括起来就是一个概念："荒野"（wilderness）——荒野是美国文化的一项基本构成，利用物质荒野的原材料，美国人建立了一种文明。他们试图用荒野的观念赋予文明一种身份和意义。① 从 wilderness 的词源构造可知，"will"（意志、决心），带有一种我行我素、坚决的意思。这个词用于自然界和其他生命形式，包含着自然和形态以及不受控制的动物等。② 美国荒野网的定义如下：荒野是这样一片土地超越了边疆的天然土地，是促进国家成长与塑造民族性格的土地。荒野是这样的一片土地是一个能够规避文明，可与地球再次结合，并且可以发现自然疗法、价值和意义的难得天然地方。美国 1964 年《荒野法》(*Wilderness Act*)把荒野定义为："是指地球及其生命群落未受人为影响、人类到此只为参观而不居留的区域。"③ 事实上，人们对于"荒野"的理解，无论是从历史的角度，还是从文化多元的角度，得出来的结论是不一样的。我们更愿意将"荒野"视为一种对自然原始状态的最大赞赏和礼遇，不试图在"荒野"定义上形成完全共识。韦洛克在回答"何谓荒野？"时曾经这样总结：1. 神圣创生地；2. 物种保护地；3. 印第安人的荒野观；4. 清教徒的荒野观；5. 创建没有印第安人踪影的荒野。④

当然，美国人能够将"荒野"视为一种社会思想和历史财富，与美国在历史发展过程中的情形有关，特别是与其相关的自然保护运动和思想。在 19 世纪末叶，三种相互关联的运动——保育主义（Conservationism）、⑤ 城市环保主义以及保存主义（Preservationism）——的发展是为了应对由于人口增长、市场国际化和工业化而引发的自然资源消耗、乡村地区土地受

---

① ［美］罗德里克·弗雷泽·纳什：《荒野与美国思想》"序言"，侯文蕙等译，中国环境科学出版社 2012 年版，第 1 页。

② 同上书，"绪论"，第 1—2 页。

③ 参见王辉等《美国荒野思想与美国国家公园的荒野管理》，《资源科学》2016 年第 38 卷第 11 期。

④ ［美］托马斯·韦洛克：《创建荒野：印第安人的迁徙与美国国家公园》，载《中国历史地理论丛》2009 年第 24 卷第 4 辑。

⑤ 保育运动，亦称自然保护运动，是政治、社会以及在某种程度上的科学运动，主张保护自然资源，包括生物种类及其未来的生存环境。早期自然保护运动涉及渔业和野生动物管理、水、土壤保护和可持续利用的林业。当代自然保护运动已从早期强调对自然资源可持续利用和荒野区域保护，扩展到保护生物多样性，有学者认为自然保护运动是影响深远的环境运动的一部分。引自［美］托马斯·韦洛克《创建荒野：印第安人的迁徙与美国国家公园》中的原注——笔者注。

损以及城市病等问题。三者殊途同归。① 当美国的经济快速发展,美国人在富裕起来的同时,他们开始面对许多难题,他们在"荒野"似乎找到了一种出路和慰藉,很多富裕的美国人给出的答案是"荒野崇拜",这是一种在全国范围内盛行的对荒郊野外生活体验的迷恋之情。很多人认为周末的荒野经历能使美国的价值观和制度得以保持延续,使青年一代充满活力,并且为那些寻找顿悟的人们提供审美体验。户外运动的爱好者们力图通过儿童组织把这些价值观灌输给孩子。②

在美国的移民文化中,"新大陆的欧洲发现者和居民在横越大西洋之前就已经熟悉荒野了"③。这也成为美国文明和文化,特别是遗产价值的基本定位。某种意义上说,美国是一个"拓荒"的国家,特别在拓荒的初期,"拓荒者们的处境和态度促使他们在讨论文明的实现时使用军事上的比喻",诸如"征服""镇压"等。④ 然而,欧洲的浪漫主义思潮对荒野的赞美,成了一种时代的价值。其实,在欧洲浪漫主义之前的启蒙运动,特别是以卢梭为代表的"返回自然"理想,"自然"与野性的、原始的状态联系在一起,当然包括了早期人类学研究中据说的"野蛮(人)";从而使得 savage(野蛮)与 wild(野)联系在了一起。只是在定位上完全不同,以卢梭为代表的将其定位为"高贵的野蛮人"。⑤

随着浪漫主义的兴起和传播,到了 19 世纪中叶,一些美国人也开始赞美荒野,感叹荒野自然的壮美。在浪漫主义者看来,连绵的群山、幽暗的森林、汹涌的海洋等,也是上帝的杰作。比之人工斧凿痕迹明显的城市,"荒野是上帝借以展示其力量和卓越的最畅通的媒介"⑥。而当欧洲人正在为他们正在逐渐失去的荒野感到痛苦和惋惜时,浪漫主义更青睐荒野自然的自由、新奇与刺激,而不是祥和、富足和井然有序的田园乡村,更不消说铺

---

① [美]托马斯·韦洛克:《创建荒野:印第安人的迁徙与美国国家公园》,《中国历史地理论丛》2009 年第 24 卷第 4 辑。
② 同上。
③ [美]罗德里克·弗雷泽·纳什:《荒野与美国思想》,侯文蕙等译,中国环境科学出版社 2012 年版,第 7 页。
④ 同上书,第 23 页。
⑤ Ellingson, T., *The Myth of the Noble Savage*, Berkeley: University of California, 2001, p.xiii.
⑥ [美]罗德里克·弗雷泽·纳什:《荒野与美国思想》,侯文蕙等译,中国环境科学出版社 2012 年版,第 43 页。

张奢华和乌烟瘴气的文明城市。这样的观念和思想传播到大西洋彼岸，美国人欣喜地发现，原来荒野还可以成为新大陆得天独厚的财富。① 于是"保留荒野"也就成了一种价值实践的口号。②

当这一口号被用于自然遗产的范畴时，"国家公园"的产生也就水到渠成。虽然美国的国家公园的历史，特别是纠缠其中的历史观念、价值以及法律适用有着大幅的变迁，比如早期的国家公园理念认为，在国家公园范围内，不能有人的生活场景，这导致了驱逐原来生活在国家公园的印第安部族的事件发生。据学者调查，"截至1992年，美国国家公园局下辖的367个保护单位中，至少有85个与印第安部落有关……如果只聚焦于该体系中被誉为'皇冠上的明珠'的国家公园，其相关度便是百分之百"③。然而，美国早期的国家公园创建、立法以及管理，都"无一例外地忽视了印第安人的权利和利益"。④ 印第安人几乎完全丧失了支配自己命运的权利，被视作国家公园的破坏者，最终难逃被驱逐的命运。⑤ 在美国社会精英看来，国家公园是建立在无主土地上的荒野保护区。但实际上，这些地方大都是千百年来印第安人繁衍生息的家园，他们因为国家公园而被迫离开自己的家园。比如位于美国西部加利福尼亚州，内华达山脉西麓的优胜美地国家公园（Yosemite National Park），今天仍然可以看到印第安人的居住遗址。原来在美国黄石公园内的印第安人也遭到了驱逐的命运。⑥ 后来，人们修正了这一看法。再比如，原来在保护区内不允许有大规模人的生产活动，而在1980年美国通过了一个法案，允许在国家公园范围内进行石油勘探活动。⑦ 这令许多自然保护主义者们不满；这一事件说明了国家公园的

---

① 叶海涛：《论国家公园的"荒野"理据》，《江海学刊》2017年第6期。
② [美]罗德里克·弗雷泽·纳什：《荒野与美国思想》，侯文蕙等译，中国环境科学出版社2012年版，第90页。
③ [美]罗伯特·H. 凯勒、迈克尔·F. J. 图雷克：《美国印第安人与国家公园》（Robert H. Keller, Micheal F. Turek, *American Indians and National Parks*）"前言"，亚利桑那大学出版社1998年版，第 xiii 页。
④ [美]罗伯特·B. 基特尔：《完好无损地保护：美国国家公园思想的演变》（Robert B. Keiter, *To Conserve Unimpaired: The Evolution of the National Park Idea*），岛屿出版社2013年版，第121页。
⑤ 参见高科《美国国家公园构建与印第安人命运变迁——以黄石国家公园为中心（1872—1930）》，《世界历史》2016年第2期。
⑥ 同上。
⑦ [美]罗德里克·弗雷泽·纳什：《荒野与美国思想》，侯文蕙等译，中国环境科学出版社2012年版，第274页。

理念和保护原则并非一蹴而就。但无论如何,"荒野"一直扮演着这一价值观延续的主角。

第二节 原野放歌

如果说"荒野"是指尽可能地排除"人工""人为"的因素,最大限度地保存原始自然的状态,那么,"原野"则指相对较少人工化的自然状态,或特指城市郊野的地带。网络释:古人称城市到乡村之间的过渡带为"郊";称乡村田园到山林之间的过渡带为"野",与之近义词为旷野。在很多情况下,原野多指乡村自然景色。这也是古代诗人放歌美文的地方,信手几例:

归园田居·其一
(东晋)陶渊明

少无适俗韵,性本爱丘山。
误落尘网中,一去三十年。
羁鸟恋旧林,池鱼思故渊。
开荒南野际,守拙归园田。
方宅十余亩,草屋八九间。
榆柳荫后檐,桃李罗堂前。
暧暧远人村,依依墟里烟。
狗吠深巷中,鸡鸣桑树颠。
户庭无尘杂,虚室有余闲。
久在樊笼里,复得返自然。

过故人庄
(唐)孟浩然

故人具鸡黍,邀我至田家。

绿树村边合，青山郭外斜。
开轩面场圃，把酒话桑麻。
待到重阳日，还来就菊花。

下终南山过斛斯山人宿置酒
（唐）李白

暮从碧山下，山月随人归。
却顾所来径，苍苍横翠微。
相携及田家，童稚开荆扉。
绿竹入幽径，青萝拂行衣。
欢言得所憩，美酒聊共挥。
长歌吟松风，曲尽河星稀。
我醉君复乐，陶然共忘机。

在这方面，西方最有名的浪漫主义代表被称为"湖畔派诗人"，主要代表人物是华滋华斯、柯勒律思和骚塞。他们的诗歌以反映英国湖区的旷野景色而著名。许多人没有注意到，湖畔诗歌大多始于诗人散步时的沉思之作。他们的诗歌美学一方面成为自然的特殊景观，另一方面也是行走的生命体验，可惜这一点往往为人所忽略。华滋华斯生命中最重要的时光都是在湖畔散步和写作。所以，浪漫主义文学的另一个传统，就是"走在原野中"。伟大的诗人与原始风貌往往是两者共同书写的杰作。霍斯金斯在《英格兰景观的形成》一书的第一章第一段话是这样表述的，值得玩味："诗人往往成了优秀的地形学者，华滋华斯的《湖区揽胜》就是一本写得非常好的旅行指南。"[1]

"湖畔派诗人"代表人物华滋华斯完全是一个用腿走出诗歌的诗人。据说华滋华斯以这双腿走了一百七十五万英里——这不是简单的成就。他从走路中得到一辈子的快乐，我们则得到最优异的文字。[2] 华滋华斯几乎每天都在行走，他用他特殊的方式体验自然、社会和人生，也形成了他独

---

[1] ［英］W. G. 霍斯金斯：《英格兰景观的形成》，梅雪芹等译，商务印书馆2018年版，第14页。
[2] ［美］雷贝嘉·索尔尼：《浪游之歌——走路的历史》，刁筱华译，台北麦田出版2001年版，第131页。

第五部分 乡村振兴

特的思维和写作方式。他的行走与他的诗作同行:

> 这真快乐呀,我与自然同行,
> 　不与群居生活的丑陋。

他甚至直截了当地说:

> 　我爱公路:少有的景色,
> 那更使我高兴——这类事物有力量,
> 自童年以来,一直对我的想象力起作用,
> 　当他的魔力对我日增,
> 　我的脚踏上一光秃陡坡,
> 　　像进入永恒的向导,
> 　进入未知、无边际的事物。

1770 年,华滋华斯出生在湖区北部的库克茅斯(Cookemouth),他的整个童年就是在湖区度过,湖区对他一生的影响可谓是决定性的。这在他写给他的挚友柯勒律思的诗中(*The Poem to Coleridge*)中把湖区的生活经历视为"诗人心灵的成长"。在他的代表诗作之一的《序曲》中有这样的诗句:

> 　　我选择漫游的云,
> 　　当我的向导,
> 　　我不会迷路。

柯勒律思则在十年间,即 1794—1804 年在湖畔有过近乎狂热的行走历史,并反映在他这个时期的诗歌里。有意思的是,在他的这一段旅行过程中,还与他后来的妹夫,也是湖畔派诗人骚塞一起旅行。他与华滋华斯有过几年的旅行合作,柯勒律思的著名诗作《古舟子咏》(*Rime of the Ancient Mariner*)就是行走的写照。虽然他们之间的友谊后来出现了裂痕并最终决

裂，两个诗人的湖畔行游却留下了杰出的华章。18世纪，欧洲浪漫主义时期，也是欧洲诗人徒步旅行蔚然成风的时期，我们知道，英国除了"湖畔诗人群"热衷于旅行外，像拜伦、雪莱等也热爱旅行。而在欧洲大陆，以法国为代表的作家、诗人们继承了启蒙主义时期的学风，尤其以卢梭为代表的自然旅行的风尚，同样也在用两脚思考，用两脚写作。于是，旅行作为一个"消失的主题"，与文学创作之间的关系被重新拾掇并加以讨论。

行走的主题与文学的母题到了19世纪下半叶20世纪初的历史时段里，出现了一种漫游的形式，它不是严格意义上的旅行文学，却沿袭了它的外壳。最有代表性的是英国女作者伍尔芙和爱尔兰作家乔伊斯。《黛洛维夫人》（*Mrs. Dalloway*）和《尤里西斯》（*Ulysses*）被认为是红极一时的"意识流"文学和文体的代表作，尤其是后者。如果我们把行走的身体与思想的启发置于一畴，人们会有蓦然回首之感，于是，"意识流"恰好满足人们行走中不断变幻的观景流动这样一种文体。这大约是一直以来多数从事"意识流"文学的研究者们所未曾注意到的。

第三节 物我田野

如果说"荒野"指的是没有受到人类侵扰的原始状态，"原野"指保持着相对自然的形貌的话，那么，"田野"则主要指人类农业耕作——根据自然节气而劳作的田园。人、物、自然以一种融洽的方式结合在一起。虽然农业本身包含着科技的因素，比如驯化——农业的西文 agriculture 就包括了改造、驯化的因素。但"自然"和"自然规律"是基本遵循的原则。中国的传统农耕文明正是这一原则的忠实践行者。

在我国，"野"在文字学上为"土"族。《象形字典》释，甲骨文即（山林）加（土，耕地），表示古人在其中开垦田地的山林。金文承续甲骨文字形，将甲骨文字形中的明确为"土"（耕地）。籀文加"予"（通过），表示"野"是耕地与森林之间的"过渡"地带。篆文即（里，田园）加上（予，通过），省去"林"增加"田"，表示田园人烟与蛮荒森林之间的过渡。造字本义：从田园到山林之间的过渡地带。《说文解字》："野，郊外也。从里，予声。"《说文解字》又释："邑外谓之郊，郊外谓之野。"简言之，"野"从"土"，是与农村田地相融，与城市相对的广大乡土地带。

所以，在田园劳作的人就是指农民。《周礼·地官·遂人》："凡治野，以下剂致甿，以田里安甿，以土宜教甿稼穑，以兴锄利甿，以时器劝甿，以疆予任甿，以土均平政。"《说文解字》释："甿，田民也。"正是农民的适当解释。①而对于田畴的分布和农作形态，《周礼·地官·遂人》："凡治野，夫间有遂，遂上有径；十夫有沟，沟上有畛；百夫有洫，洫上有涂；千夫有浍，浍上有道；万夫有川，川上有路，以达于畿。"这就是我国古代田野形制与景致。

尽管田野也包含着人工的因子，却保持着与自然的密切关系和接近形态。法国博物学家布封在他的《自然史》中有一节使用了这样的标题："人类出现后，发现并改造着大自然"，其中讲到了中国："科学催生的有用的那些技艺被保留下来；随着人口的不断增多，不断稠密，土地的耕作变得更加重要……古老的中华帝国首先崛起，几乎与之同时，在非洲、亚特兰蒂斯帝国也诞生了；亚洲大陆的那些帝国、埃及帝国、埃塞俄比亚帝国也相继地建立起来，最后，作为欧洲文明的存在的功臣罗马帝国也建立。人类的力量与大自然的力量相结合，并且扩展到地球的大部分地区至今只不过将近三千年的时间。"②如果我们认可这样的评述，那么，中国传统农业便可以说是"保持自然形貌"的典范。在这漫长的过程中，"野生"与"驯化"是一个互为你我的过程。

植物的情形也相仿。众所周知，史前是人类的童年期，却占据了人类历史 99.99% 以上的时间。中国史前遗址发现的采食植物遗存十分丰富，有菱角、橡子、薏苡、大麻子、野生稻、芡实、槐树子、栗、梅、杏梅、杏、李、野葡萄、樱桃、桃、柿、枣、酸枣、榆钱、核桃、山核桃、胡桃楸、朴树子、榛子、松子、梨、山楂、南酸枣、甜瓜、大豆、橄榄等。这些采食遗存中，可以直接食用的水果和坚果应该是最先被食用的。新石器时代

---

① 杨向奎：《宗周社会与礼乐文明》（修订本），人民出版社1997年版，第192页。
② [法]布封：《自然史》，陈筱卿译，译林出版社2013年版，第201页。

遗址早、中期的采食品中富含淀粉的果实比例很大，说明当时采集野生植物的主要目的，是补充主粮的不足。新石器时代晚期，这种情况逐渐发生了改变。① 我国现存可资为据的食物记录的文献资料，主要是农业时代的情形。传统的社会生产方式、政治组织形式以及伦理秩序建立在"以农为本"的基础之上，"因为农业生产者靠天吃饭，必须十分注意自然的因素，而人与天是合作的关系，人与自然之间只当有共生与协调"②。"靠天吃饭"更积极的表述应为"天地之养"。这句话真切地说明人的生计和生活靠天地自然滋养，其中的标示性价值为："野趣—自然"与"天地之养"。

乡村景观与城市景观、人工景观所不同者，大抵是与自然相和谐的整体观念，这也是"物我合一"的形象再现。其中自然生长的"野生"植物、野花等是一个最外在的景致；即便是农民种植的植物花草也是生长在自然环境中的，而不是城市中温室栽培的。在这里，"自然"是一个限度性概念，完全彻底的"自然"，指的是那种"荒野"，即没有任何人为、人工的痕迹，是一个"野兽出没的地方"③。而乡土社会中的"自然"其实是经过了人类"驯化""嫁接"的技术。农业在人类文明的过程中已经有了很久远的历史。驯化"指一个颇为单向性的术语——我们的语法又在起作用了。这个术语给人一种错误的印象，好像就是我们在起作用。我们自动地把驯化理解为我们对其他物种所做的事情，然而，同样的意义是将此理解为某些植物和动物对我们所做的事情，是它们为了实现自己的利益而采取的进化策略"④。也就是说，人与动植物在历史协作中实现着"互为进化"的过程。而据说真正的驯化是一直等到中国人发明了嫁接之后的事情。⑤ 这或许需要特别加注。

我们所说的田野景观，毋宁说是一种实景。而田园景观便逻辑性地栖息于

---

① 参见俞为洁《中国食料史》"序"，上海古籍出版社2011年版，第10—11页。
② 许倬云：《中国古代文化的特质》，经联出版事业股份有限公司2006年版，第58页。
③ [美]罗德里克·弗雷泽·纳什：《荒野与美国思想》"绪论"，侯文蕙等译，中国环境科学出版社2012年版，第2页。
④ [美]迈克尔·波伦：《植物的欲望：植物眼中的世界》，王毅译，上海世纪出版集团2005年版，第4页。
⑤ 同上书，第26页。原文为："真正的驯化一直等到中国人发明了嫁接之后。公元前2000年的某个时候，中国人发现从一种想要的树上切下来一段树枝可以接到另外一种树的树干上，一旦'进行'了这种嫁接，在结合处长出来的树木长成的果实，就会分享其父母的那些特征。"

土地之上；归根结底，土地是根本。费孝通在《江村经济：中国农民的生活》中有这样一段话：

> 土地，那相对的用之不尽的性质使人们的生活有相对的保障。虽然有坏年景，但土地从不使人们的生活的幻想在破灭，因为丰收的希望总是存在，而且这种希望是常常能实现的。如果我们拿其他种类的生产劳动来看，就会发现那些工作的风险要大得多。一个村民用下面的语言向我表述了他的安全感：地在那里摆着，你可以天天见到它。强盗不能把它抢走。盗贼不能把它偷走。人死了地还在。占有土地的动机与这种安全感有直接关系。那个农民说：传给儿子最好的东西就是地，地是活有家产，钱是会用光的，可地是用不完的。①

农村的田园是土地生产、生计和生活的有机构造，"土地"被文化加以多元化表述：因为土地是"三农"的最终和最后的兑现，所以被神化和神话。无论是"社"还是"后土"。人们常把"乡下人"说成"老土"，殊不知，它是"物我同化"的形象表述。诚如费孝通先生所说："农业和游牧或工业不同，它是直接取资于土地的。游牧的人可以逐水草而居，飘忽无定；做工业的人可以择地而居，迁移无碍；而种地的人却搬不动地，长在土里的庄稼行动不得，侍候庄稼的老农也因之像是半身插入了土里，土气是因为不流动而发生的。"②

所以，在中国传统村落的景观中，如果是对田园的讴歌，那么，它既是现实的，又是浪漫的。因为，田园是家园，我在家园中。

第四节　田园牧歌

"田园牧歌"作为一种特殊的田园景观表述范式，原本是乡村自然情

---

① 费孝通：《江村经济：中国农民的生活》，上海人民出版社2006年版，第125—126页。
② 费孝通：《乡土中国　生育制度》，北京大学出版社1998年版，第7页。

景的呈现。然而，在今天，"田园"与现代化同趋，而"现代化"意味着科技因素和元素越来越多，意味着人工、人为的因素和元素也越来越多，某种意义上说，与"自然"渐行渐远。但村落与城市相比，田园仍然是人们向往自然的一种方式。因为田园本质上就是自然的情状，因为它靠土地最近，因为它本身就是土地的一部分。又由于城市化的强势扩张，使得城里人接近自然、靠近自然、走近自然也越来越成为一种奢侈。所以，田园牧歌一方面是对传统"桃花源"式自然景色的赞赏，又带有明显的"怀旧"情结。在西方（其实在中国也开始出现），"田园牧歌"也是对城市喧嚣的一种逃避。① 在现代化的狂涛中，人们或许会质疑，真正的"田野"还在吗？"牧歌"还有吗？古代文人骚客笔下的那份自然优雅的"牧童遥指杏花村"的景观还在吗？那种"采菊东篱下，悠然见南山"的悠然还有吗？

其实，即使是在古代，"牧歌是一种方式，借此人们可想象自己逃避都市或宫廷生活的压力，躲进更加单纯的世界之中，或者也可以说是躲进一个苦心孤诣构想出来的、与城市复杂社会形成对照的单纯的世界里去"②。"黄金时代的牧歌服务于怀旧和乌托邦的目的。怀旧牧歌的感情冲动与对儿童时代理想化的记忆有关"③。由此，将牧歌作"如画式"娓娓诉说者大多为闲逸之人，他们将"理想美"与文学、艺术中的场景和情景相融汇，④陶醉于自制的美景之中。在西方，以"如画美"的"牧歌"情结为主题的，大都与风景画的历史遭遇有关——无论是在艺术范围还是社会领域。但诗人和艺术家们借此逃遁的情形，中西方倒有相似之处。虽然，每一个人心目中的"田园牧歌"都不一样，因为这种带有"离骚"式的激奋和"诗意"的逍遥，一般都有前提，这就是个人的际遇。

这里涉及一种"看法"，即如何看的问题。在很多人的眼里，农村是肮脏的，农村是落后的，农民是愚昧的，农村是"帮扶"对象，这种观念迄今还在。如果以"金钱""文字"和城市生活为"进步"为前提来判断，

---

① [美]W. J. T. 米切尔：《风景与权力》（*Landscape and Power*），杨丽等译，译林出版社2014年版，第23—25页。
② [英]马尔科姆·安德鲁斯：《寻找如画美：英国的风景美学现旅游，1760—1800》，张箭飞等译，译林出版社2014年版，第6页。
③ 同上书，第8页。
④ 同上书，第56页。

那或许是这样的,但如果以"自然"为原则来判断,我们可以瞬时给出完全相反的事实:从自然方面说,农村是生态的,农村生活是接地气的,农村的空气是洁净的,农村的食品是安全的,农村有鸟语花香,农村有小桥流水;从社会属性看,农民是淳朴的,农村的人际关系是暖的,农村交流空间是多维的,村落是一个大家庭,传统的亲情还在,互助传统也还在;从生活和生产方面看,农村的生活节律是稳健的,是与时节相契合的,生产是按节气和月令进行,不浮躁、不焦虑;从经济方面看,只要靠着土地,生计总是自足的,衣食总是无忧的("农桑"管吃管穿),人们可以最大限度地靠自己,而不需要靠别的什么。这也是中国传统农村的实况,并无粉饰,可见重要的是取决于"怎么看"。至于农夫的哲学问题——对于"生死问题"的终极态度,看一看《农夫哲学:关于大自然与生死的沉思》就会有深刻的印象,因为农夫每一天都在助产新生命,每一天都在送别死亡。生死在他们眼里是最为平常的自然现象。①

在中国,田园牧歌般传统乡村景观着实不少,不同的族群、不同的区域、不同的自然环境、不同的文化都会赋予这种类似"桃花源"的乡村景观。比如古代文人对稻田的经营的赞美,"小农经济与各种江南的地貌的结合,孕育当时陆游、范成大的田园诗歌"②。与城市相比,农村有水有山,有情有景。古代就有"小桥流水人家"的景致,虽是悲愁,却是别有韵味。这首马致远的小令"枯藤老树昏鸦,小桥流水人家,古道西风瘦马。夕阳西下,断肠人在天涯",以景寄情,排除作者的情怀场景,用来形容乡土村落景观亦贴切。

文人骚客将田野牧歌理想化、文学化有一个原因,是将诗歌从现实场景中分离开来。我们完全相信,类似的田园牧歌的风光、风土和风景,原来就是从村民、农民甚至农妇那儿咏唱出来的,根本无需被"误解"为文人之作。法国学者葛兰言说:"诗人在描写人类情感时,常常借助自然界的景象,这是我们熟悉的做法。当以爱情为主题时,基本上都用风景作背

---

① [美]吉恩·洛格斯登:《农夫哲学:关于大自然与生死的沉思》,刘映希译,广西师范大学出版社2016年版。
② 王建革:《19—20世纪江南田野景观变迁与文化生态》,载《"农业技术与文化遗产"国际学术研讨会论文集》(未刊稿),第12页。

景，而且，传统的做法是，田园诗应该借助乡野景象来精雕细琢，那么，《诗经》的诗人们将这些田园主题包含在诗歌里面，这是否仅仅出于修辞上的考虑？"① 葛氏的问题涉及了一个首先需要厘清的界线，即《诗经》中的诗歌是文人的作品吗？比如《野有蔓草》（郑风）二十：

> 野有蔓草，野间长满了蔓草，
> 零露漙兮，草上坠满了露珠，
> 有美一人，一位英俊的少年，
> 清扬婉兮，长着美丽的眼睛，
> 邂逅相遇，我们偶然中相遇，
> 适我愿兮。正是我所期待的。

这是一首在特定的农季约会的情歌，其中特殊的时间似乎说明仲春时节，引《周礼》可证："仲春之月，令会男女之无夫家者。"② 农村男女相会奔情，与农时必有关系，故可以认为这是劳动人民自己的诗歌。公子小姐的相会根本无须迁就于农时。事实上，《诗经》中的多数诗作，尤其是"风"，多为劳动人民的作品，只不过经过文人的"采风"、修辞。至于"文学家把田园主题视为**历法时谚**，对此我们无须感到诧异，这一看法极为支持对诗歌所作的道德诠释"③。对这样的言说，后续的评述必是言人人殊。

诚如顾颉刚所说："诗在早年不过民间风谣，等诸今时之《山歌》《五更》。或者古时王者以为民意之所表现，因巡狩之便，向四方侯国征集：其善者，歌于朝庙，舞于乡国，于娱乐之外稍寓劝惩之意。盖人类于文艺之欣赏与真、美、善之爱好，古今中外所同然，见其美即见其善，见其善即见其恶，如是由文艺之欣赏进而走向善恶之劝惩，本很自然之事。况经孔子删订，遂为儒家经典。孔子之后，儒者究微言大义，如是知三百篇之兴诗实与之一般无二；独深解兴诗，附会义理，岂不为古人笑。"④ 如此线

---

① [法]葛兰言：《古代中国的节庆与歌谣》，赵丙祥等译，广西师范大学出版社2005年版，第38页。
② 同上书，第25—26页。
③ 同上书，第39页。
④ 顾颉刚：《史迹俗辨》，钱小柏编，上海文艺出版社1997年版，第18页。

索，循迹可知晓"牧歌"原本出自于"田园"，诗歌原来兴盛于乡土、民间，[①] 何必非得经院化的文绉绉。

第五节　找寻农家乐

乡村生活的场景，无论它被描绘成什么样子，它相对的稳定与"静止"无形之中成了与城市特性——移动的对照。某种意义上说，前者代表着传统，后者代表着现代。然而，对于城镇化加速的现代社会而言，"静止的乡土"在"移动的城市"的影响下，一方面，也被动地加速了移动性；另一方面，传统的田园牧歌作为景观，也携带着乡土传统的秉性和因子，加入了移动的行列。田园牧歌也在这种城镇化发展的背景下，表现出特定的乡土价值和意义。[②] 换言之，对于传统相对的"静止"而言，"田园牧歌"是一种实景的描绘；在移动性加速的背景之下，"田园牧歌"于是成为寄托于"曾经"的美好记忆。这是"乡愁"——记忆中静止的田园牧歌在现代化"动车"的轰鸣声中成为蒙太奇般的图景。

如果自然是人们寻找的对象——一种越来越强烈的内心意愿的话，那么旅游、旅行便成为现代人最佳的弥补方式。现代景观中的"动景"，已然羼入现代属性"移动性"（mobility），毫不留情地将所有既往的事务、价值、记忆都拖入移动之中。特别是人群的移动，尤指大众旅游——在城市化进程中，移动不仅成了各种信息、人员、物流、资本交换的常态，也将传统的田园景色纳入整体的社会发展的轨迹之中。"城—乡"对走成为一种常态化的社会现象：乡村的人往城市里涌，尤其是年轻人，他们去打工，去求学，去赚钱，去体验现代生活；城里人也大量涌向乡村，去体验传统的田园生活，去感受自然，甚至出现了返回乡村生活的情形。以英国为例，第二次世界大战以后，从城市到乡村旅游已经成为英国人最流行的休闲和

[①] 参见徐新建《民歌与国学：民国早期"歌谣运动"的回顾与思考》，花木兰文化出版社2014年版。
[②] Rapport, N. and J. Overing, *Social and Cultural Anthropology: The Key Concepts*, London and New York: Routledge, 2000, p.315.

娱乐方式。1979年，有3700万人至少到乡村旅游一次；迄1994年，每年到乡村旅游的人已然超过了10亿人次。乡村生活已经成为城市人生活的一部分，乡土景观也因此成为更大范围的"永久性遗产景观"。①

这样的情形必然带来许多社会因素和需要的讨论话题，比如，西方传统的"城/乡"二元所产生的相互"对走"的景观，而且移动频率越来越快。有的学者因此认为，我们不应该执着于"城市/乡村"，而要代之于"中心/边缘"。② 其实，在西方社会，城市中心、乡村边缘一直就是社会结构的范式，只是，在现代的背景之下，城乡在相互走近，城乡的边界也在不断地被打破。以英国为例，"乡村主义"和"城市主义"已经不再意味着生活方式的差异了，③ 它事实上变成了一种生活的时尚。只是，如果持"乡村主义"——以传统的乡村生活为诗意的、静止的、理想的生活场景的话，那么，随着移动性的加速，城市化"猛兽般"扩张，田园便成了"**乡愁景观**"。当然，如果任由凌驾性城市"帝国景观"的泛滥，④ 导致传统的乡土景观成为霸道的城镇化工程的牺牲品或婢女。那么，乡土景观就只能最终沦为"**乡怨景观**"。

现代旅游对于乡土景观的"刻意"重视和"重新"回归，原因多种多样：诸如对乡土的依恋如"回家看看"一般，对城市的"囚徒"生活的厌倦和逃离，对自然设身处地的亲身感受，对曾经"慢生活"的怀旧体验；对儿时记忆中"美如画"时光的重温，对自然食物的放心品味，等等，这些都构成了大众旅游的"乡野之趣"。这或许是"田园牧歌"现实版本。重要的是，农家乐一直在，它不是当下乡村旅游的"农家乐"的简单和简陋的场景，也不是为了游客而人为建造的场所，它是传统"三农"的固有形态和景观。

随着移动属性的出现和大众旅游的到来，乡土社会的节奏骤然"被提速"。虽然被动，但我们有理由相信，乡土社会包含着自主性"加速"的

---

① Rapport, N. and J. Overing, *Social and Cultural Anthropology: The Key Concepts*, London and New York: Routledge, 2000, pp.315-316.
② Grillo, R., *Introduction*, In Grillo, R.(ed.), "*Native*" and "*State*" *in Europe*, London: Academic Press, 1980, p.15.
③ Rapport N. and Overing J., *Social and Cultural Anthropology: The Key Concepts*, London and New York: Routledge, 2000, p.318.
④ 参见俞孔坚《回到土地》，生活·读书·新知三联书店2014年版，第133—134页。

特质，因为中国文化是务实性的。旅游作为一个"全球最大的产业"（the biggest industry in the world）① 进入传统的乡村，不少村落也以"主动"的姿态迎接大众旅游的到来。这对于传统的乡土社会是一个巨大的机遇和挑战。游客的到来，传统的"五生"（生态、生命、生养、生计、生业）常态发生改变。② 这与其说是一种被动，不如说是"转型"。但我们相信，农家乐作农耕文明的常态总是伴随着"三农"。换言之，只有"三农"还在，农家乐就在。

也正因为如此，对于中华文明而言，"乡土"是我们最大宗的文化遗产。对于游客而言，乡土成为人们通过对特殊"遗产"的观赏和体认使人们获得"怀旧"的感受。③ 乡土社会在现代旅游中也扮演着一种角色——被想象为"我们的过去"。对现代游客而言，它具有其他景观无可替代的吸引力。这种形象特别适合游客的怀旧，或为逃避现代都市喧嚣而进行的一种选择。今天城市生活的紧张和快节奏，无论是短暂的休憩，逃避的策略，还是生活的调剂，自然的情调，乡土旅游成为现代人特殊的体习方式。

回到我国当下田园牧歌般的乡土景观。如果我们不刻意于文人诗意的个性化排遣，而是着重于人与土地的亲和关系，那么，这种亲和力能够在与自然时节相配合的神奇转换和变化中产生足够的能量，并以此产生转换和变化所带给人们景色、景观"如画美"的享受，那么，田园牧歌便可以理解为人民在自己土地家园所吟唱的情歌。如果有一天我们失去了土地，现代城市的水泥高墙或许再也无法唤回田园牧歌的悠扬声。

第六节　到乡野去

在今天这样复杂的背景下，我们之所以格外强调村落生态的重要性，

---

① 参见彭兆荣《旅游人类学》，民族出版社2004年版。
② 参见彭兆荣《重建中国乡土景观》，中国社会科学出版社2018年版。
③ Urry, J., *The Tourism Gaze* (second edition), London/Thousand Oaks/New Delhi: Sage Publications, 2002, p.85.

是因为村落构成了乡土社会的"基本细胞"。而"乡村旅游"正是对村落生态产生了直接影响与作用。众所周知，村落的形成是自然的，其原生形态表现为族群与环境的有机结合。一群人（一个氏族、部族或亚部族——部族分支）随着生存、繁衍和发展，原先的环境和资源已经无法满足他们不断扩大的需要，遂重新寻找适合生存的环境。所以，亲属制度（kinship）与遗产构成了乡村社会结构的内部纽带。"使用亲属制度这样一个指喻作为一群人的关系模式，以表示过去和现在，联盟与继嗣，继承与占有等。"①亲属制度与遗产的关系确认了人群、族群与生活环境构成了特殊的人文生态。也就是说，乡村是"家"的最广泛指喻的实景。

村落生态主要指人群与环境的相处状态。虽然环境（特别是自然生态）在生成、生长上纯属地理、地质、地貌等"地学"原理，但当它们被人类所认知、所改造，其资源被人类所享所用的时候，就成了所谓"建构的环境"（built environment），成了嵌入人文性的一种存在表述。在这个"建构的环境"中，生态结构和土地无一不被人类所选择、检验和诠释，即用文化建构的认知对环境进行"建造"，以使之成为人们接受的形式。而建构的意义完全在于参与活动的地方人民。正因为如此，有的学者将这种人文自然生态比喻为"象征性财产"（symbolic estate），并成为跨文化、亚文化的一种划分。②

不同的地方社会生成出一整套独特的地方知识体系，并为地方人群所信奉和遵守。在"原生纽带"（primordial tie）中，人们不仅把同一个自然环境中与自己关系密切的物种视为"同类"，更有甚者，将它们"神灵化"加以崇拜，并认同于一种"虚拟的血缘关系"（fictive kinship）——把自然界的某种生物（包括动植物等）视为"出自同一祖宗"，大抵与人类学研究中"图腾"（意为"他的亲族"）相吻合。原始的亲属组织与这些种类共同承担起维护和保卫自己"生态家园"的使命。比如在苗族古歌中"枫树妈妈"就被一些支系的苗人当作祖先，迄今在西南许多苗族村寨的村口仍可看到"枫树妈妈"守护村寨的身影。这一风俗也被收录到英国

---

① Graburn, H. N., *Learning to Consume: What is Heritage and When is it Tradition*? In Alsayyad, N. (ed.), *Consuming Tradition, Manufacturing Heritage*, London: Routledge, 2001, p.69.

② Farber, B., *Kinship and Class: A Midwestern Study*, New York: Basic books, 1971.

古典人类学家弗雷泽的巨著《金枝》里。这些由"虚拟血缘关系"演变的风俗揭示了原始生态朴素的哲理，地方民众由此产生对生态的"自然崇拜"和地方性"家园意识"，它构成了村落生态的基本关系和秩序。与其说这是一条村落生态纽带，还不如说是一个自然的辩证法。同时也意味着，自然与人类所形成的生命共同体，致使人类虔诚地将自然、自然现象、自然物种同视为自己有祖宗而膜拜之。而乡村无疑是这样的"人化自然"最忠实的留守地。

乡村，在过往的任何历史时段/我们也相信，在未来的时间里，都是"三野"的最佳汇合处、集结地。如果你喜欢自然，如果你想感受生态的魅力，那么，回到乡野中去！

参考文献

（外文以作者姓氏字母、中文以拼音为序）

一　西文部分

Barfield, T.(ed.), *The Dictionary of Anthropology*, MA(USA): Blackwell Publishing Ltd., 1997.

Barth, F., *Ethnic Groups and Boundaries: the Social Organization of Culture Difference*, Boston: Little, Brown and Company, 1969.

Bazin, Claude-Marie, *Industrial Heritage in the Tourism Process in France*, In Lanfant, M., Allcock, J. B. and Bruner, E. M. (ed.) *International Tourism: Identity and Change*, London: Sage Publications Ltd., 1995.

Bell, C., *Ritual Theory, Ritual Practice*, New York & Oxford: Oxford University Press, 1992.

Byron, C., Nelson *The Deluge Story In Stone——A History of the flood theory of Geology*, Minneapolis: The Division of Bethang Fellowship, Inc., 1968.

Berger, J., *And our Faces, My Heart, Brief as Photos*, London: Writers & Readers, 1984.

Bloch, M., *French Rural History: an Essay on its Basic Characteristics*, California: University of California Press, 1966.

Boniface, P. & P.J.Fowler, *Heritage and Tourism in "the global village"*, London and New York: Routledge, 1993.

参考文献

Buckley, James M. and W. Littmann, Viewpoint: a contemporary Vernacular Latino Landscapes in California's Central Valley in *Buildings & Landscapes*, Fall 17, No.2, 2010.

Chatterjee, P., *The Nation and Its Fragments*, New Dehi, New York: Oxford University Press, 1999.

Climo, J. J. & Cattell, M. G. (ed.), *Social Memory and History*: *Anthropological Perspectives*, New York/Oxford: Altamira Press, 2002.

Douglas, M., The Idea of Home: A Kind of Space, In *Social Research*, 1991, 58, 1.

Eliade, M., *Images and Symbols* (Trans. by Mairet, P.), Princeton: Princeton University Press, 1991.

Ellingson, T., *The Myth of the Noble Savage*, Berkeley: University of California, 2001.

Farber, B., *Kinship and Class: A Midwestern Study*, New York: Basic books, 1971.

Featherstone, M. (ed.), *Global Culture*, *Nationalism*, *Globalization and Modernity*, London: Sage Publications, 1990.

Frazer, J. G., *The Golden Bough*: *A Story in Magic and Religion*, New York: the Macmillan Company, 1947.

Gellner, E., *Nations and Nationalism*, Ithaca, New York: Cornell University Press, 1983.

Geertz, C., *Agricultural Involution*, Berkeley: University of California Press, 1963.

Graburn, H. N., Learning to Consume: What is Heritage and When is it Tradition? In AlSayyad, N. (ed.), *Consuming Tradition*, *Manufacturing Heritage*, London: Routledge, 2001.

Grillo, R., Introduction, In Grillo, R.(ed.), "*Native*" *and* "*State*" *in Europe*, London: Academic Press, 1980.

Guibernau, M. and Rex, J., *The Ethnicity Reader*: *Nationalism Multiculturalism and Migration*, Cambridge: Policy Press, 1997.

Harrison, D. & Hitchcock, M. (ed.), *The Politics of World Heritage*, Clevedon/Buffalo/Toronto: Channel View Publications, 2005.

Hirsch, E. and M. O'Hanlon (ed.), *The Anthropology of Landscape*: *Perspectives on Place and Space*, Oxford: Oxford University Press, 1995.

Harrod, R.F., *Towards a Dynamic Economics*, London: Macmillan & Co., 1948.

Hugill, P. J., Review: Discovering the Vernacular Landscape, *Annals of the Association of American Geographers*, 1986, 76 (3).

Jackson, John B., *Many Mansions*: *Introducing Three Essays on Architecture*, Landscape Winter, 1952, 1 (3).

Kenny, M. L., Deeply Rooted in the Present, In Laurajane Smith and Natsuko Akagawa (ed.) *Intangible Heritage*, London and New York: Routledge, 1987.

Kluckhohn, C., *Anthropology and the Classics*, Rhode Island: Brown University Press, 1961.

Kulp, Daniel H., *Country Life in South Chin*: *the Sociology of Familism*, *Volume I Phenix Village*, New York: Columbia University Press, 1925.

Leach, E., *Social Anthropology*, London: Fontana Press, 1982.

Lowenthal, D., *Possessed by The Past*: *The Heritage Crusade and the Spoils of History*, New York: The Free Press, 1996.

Lowenthal, D., *The Heritage Crusade and the Spoils of History*, Cambridge: Cambridge University Press, 1997.

MacCannell, D., *The Tourist*: *A New Theory of the Leisure Class*, Berkeley: University of California Press, 1999 [1976].

Melissa M. Bel., Unconscious Landscapes: Identifyingwith a Changing Vernacular in Kinnaur Himachal Pradesh, India in *Material Culture*, Vol.45, No.2, 2013.

Murdock, G.P., *Social Structure*, New York: The Free Press, 1965.

Popkin, S., *The Rational Peasant*: *The Political Economy of Rural Society in Vienan*, Berkeley: University of California Press, 1979.

Rapport, N. and Overing J., *Social and Cultural Anthropology The Key*

Concepts, New York: Routledge, 2000.

Redfield, R., *The Little Community, and Peasant Society and Culture*, Chicago: Chicago University Press, 1960.

Relph, E., *Place and Placelessness*, London: Pion, 1976.

Sahlins, M., *Islands of History*, Chicago: The University of Chicago Press, 1985.

Skinner, G. W., *Marketing and Social Structure in Rural China*, Journal of Asian Studies, 1964-65.

Tanner-Kaplash, S., *The Common Heritage of all Mankind. A Study of Cultural Policy and Legislation Pertinent to Cultural Objects*, Unpublished Ph. D dissertation, Department of Museum Studies, University of Leicester, 1989.

Tawney, R. H., *Land and Labor in China*, Boston: Beacon Press, 1932.

Turner, T. S., Transformation, Hierarchy and Transcendence: A Reformulation of Van Gennep's Model of the Structure of Rites of Passage, In Sally F. Moore and Barbara G. Myerhoff (ed.), *Secular Ritual*, Amsterdam: Van Gorcum, 1977.

Turner, V. W., *The Forest of Symbol*: *Aspects of Ndembu Ritual*, Ithaca, New York: Cornell University Press, 1967.

Turner, V. W., *The Anthropology of Performance*, New York: PAJ Publications, 1987.

Urry, J., *The Tourism Gaze* (*second edition*), London/Thousnad Oaks/New Delhi: Sage Publications, 2002.

Williams, R., *Keywords*: *A Vocabulary of Culture and Society*, New York: Oxford University Press, 1983 [1976].

Wilson C. & Groth P., *Everyday America*: *Cultural Landscape Studies after J. B. Jackson*, California: University of California press, 2003.

二 汉译部分

[美]阿兰·邓迪斯：《民俗解析》，户晓辉编译，广西师范大学出版社 2005

年版。

[意]阿丽切·皮丘基安德烈·安杰利：《即将消失的世界——海岛人类学笔记》，刘湃等译，新星出版社 2018 年版。

[英]埃比尼泽·霍华德：《明日的田园城市》，金经元译，商务印书馆 2010 年版。

[英]埃里克·霍布斯鲍姆：《民族与民族主义》，李金梅译，上海人民出版社 2000 年版。

[美]艾兰：《早期中国历史、思想与文化》，杨民等译，商务印书馆 2011 年版。

[美]爱德华·W. 萨义德：《东方学》，王宇根译，生活·读书·新知三联书店 1999 年版。

[法]爱弥尔·涂尔干、马塞尔·莫斯：《原始分类》，汲喆译，上海人民出版社 2000 年版。

[法]安德烈·纪德：《人间食粮》，陈阳译，云南人民出版社 2017 年版。

[日]白川静：《常用字解》，苏冰译，九州出版社 2010 年版。

[希]柏拉图：《理想国》，载《文艺对话集》，朱光潜译，人民文学出版社 1980 年版。

[英]班纳迪克·安德森：《想象的共同体：民族主义的起源与散布》，吴睿人译，时报文化出版企业股份有限公司 1999 年版。

[英]彼得·甘西：《反思财产：从古代到革命时代》，陈高华译，北京大学出版社 2011 年版。

[法]布封：《自然史》，陈筱卿译，译林出版社 2013 年版。

[日]池田雄一：《中国古代的聚落与地方行政》，郑威译，复旦大学出版社 2017 年版。

[美]D. 盖尔·约翰逊：《经济发展中的农业、农村和农民问题》，林毅夫等编译，商务印书馆 2017 年版。

[日]大贯惠美子：《作为自我的稻米：日本人穿越时间的身份认同》，石峰译，浙江大学出版社 2015 年版。

[美]大卫·科泽：《仪式、政治与权力》，王海洲译，江苏人民出版社 2015 年版。

参考文献

[美]戴维·莫利等：《认同的空间》，司艳译，南京大学出版社 2001 年版。

[美]丹尼尔·哈里森·葛学溥：《华南的乡村生活——广东凤凰村的家族主义社会学研究》，周大鸣译，知识产权出版社 2006 年版。

[英]E. 霍布斯鲍姆、T. 兰格：《传统的发明》，顾杭等译，译林出版社 2004 年版。

[英]弗里德曼：《中国东南的宗族组织》，刘晓春译，上海人民出版社 2000 年版。

[法]福柯：《知识考古学》，谢强等译，生活·读书·新知三联书店 1998 年版。

[美]富兰克林·H. 金：《四千年农夫：中国、朝鲜和日本的永续农业》，程存旺等译，东方出版社 2017 年版。

[法]葛兰言：《古代中国的节庆与歌谣》，赵丙祥等译，广西师范大学出版社 2005 年版。

[美]古塔、弗格森：《人类学定位——田野科学的界限与基础》，骆建建等译，华夏出版社 2005 年版。

[美]韩森：《开放的帝国：1600 年前的中国历史》，梁侃等译，江苏人民出版社 2009 年版。

[美]何炳棣：《黄土与中国农业的起源》，中华书局 2017 年版。

[日]和辻哲郎：《风土》，陈力卫译，商务印书馆 2018 年版。

[美]亨利·戴维·梭罗：《种子的信仰》，陈义仁译，湖南文艺出版社 2019 年版。

[法]亨利·法布尔：《昆虫记》，陈筱卿译，人民教育出版社 2019 年版。

[日]后藤久：《西洋住居史：石文化与木文化》，林静颛译，清华大学出版社 2011 年版。

[美]黄宗智：《华北地区的小农经济和社会变迁》，中华书局 1985 年版。

[美]黄宗智：《明清以来的乡村社会经济变迁：历史、理论与现实》，法律出版社 2017 年版。

[美]吉恩·洛格斯登：《农夫哲学：关于大自然与生死的沉思》，刘映希译，广西师范大学出版社 2016 年版。

[英]吉尔伯特·怀特：《塞尔伯恩博物志》，梅静译，上海文化出版社 2019

年版。

[德]卡尔·魏特夫（K. Wittfogel）：《东方专制主义》，徐式谷等译，中国社会科学出版社1989年版。

[美]克利福德·格尔兹：《尼加拉：十九世纪的巴厘剧场国家》，赵丙祥译，上海人民出版1999年版。

[美]克利福德·吉尔兹：《地方性知识》，王海龙、张家瑄译，中央编译出版社2004年版。

[美]雷贝嘉·索尔尼：《浪游之歌——走路的历史》，刁筱华译，麦田出版2001年版。

[德]雷德侯（Lothar Ledderose）：《万物：中国艺术中的模件化和规模化生产》，张总等译，生活·读书·新知三联书店2005（2010）年版。

[美]李丹：《理解农民中国——社会科学的案例研究》，张天虹等译，江苏人民出版社2009年版。

[美]理查德·鲍曼：《作为表演的口头艺术》，杨利慧等译，广西师范大学出版社2008年版。

[瑞典]林西莉：《汉字王国》，李之义译，生活·读书·新知三联书店2007年版。

[日]芦原义信：《街道的美学》，尹培桐译，百花文艺出版社2006年版。

[美]鲁道夫·P. 霍梅尔：《手艺中国：中国手工业调查图录（1921—1930）》，戴吾三等译，北京理工大学出版社2012年版。

[美]路易斯·亨利·摩尔根：《古代社会》上册（新译本），杨东莼等译，商务印书馆1977年版。

[美]罗德里克·费雷泽·纳什：《荒野与美国思想》，侯文蕙等译，中国环境科学出版社2012年版。

[德]罗曼·赫尔佐格：《古代的国家：起源与统治形式》，赵蓉恒译，北京大学出版社1998年版。

[英]马尔科姆·安德鲁斯：《寻找如画美：英国的风景美学与旅游，1760—1800》，张箭飞等译，译林出版社2014年版。

[美]马克·B. 陶格（Mark B. Tanger）：《世界历史上的农业》，刘健、李军译，商务印书馆2015年版。

[美]马歇尔·萨林斯：《石器时代经济学》，张经纬等译，生活·读书·新知三联书店 2009 年版。

[美]迈克尔·波伦：《植物的欲望：植物眼中的世界》，王毅译，上海世纪出版集团 2005 年版。

[英]梅因：《东西方乡村社会》，刘莉译，知识产权出版社 2016 年版。

[美]莫里斯·弗里德曼：《中国东南的宗族组织》，刘晓春译，上海人民出版社 2000 年版。

[美]濮德培：《万物并作：中西方环境史的起源与展望》，韩昭庆译，生活·读书·新知三联书店 2018 年版。

[英]R. J. 约翰斯顿：《哲学与人文地理学》，蔡运龙等译，商务印书馆 2010 年版。

[法]让-皮埃尔·韦尔南：《希腊的思想起源》，秦海鹰译，生活·读书·新知三联书店 1996 年版。

[美]施坚雅：《中国农村的市场和社会结构》，史建云等译，中国社会科学出版社 1998 年版。

[日]速水佑次郎、[美]弗农·拉坦：《农业发展：国际前景》，商务印书馆 2018 年版。

[英]汤普森：《文化帝国主义》，冯建三译，上海人民出版社 1999 年版。

[美]唐纳德·L. 哈迪斯蒂：《生态人类学》，郭凡等译，文物出版社 2002 年版。

[英]W. G. 霍斯金斯：《英格兰景观的形成》，梅雪芹等译，商务印书馆 2018 年版。

[美]W. J. T. 米切尔：《风景与权力》，杨丽等译，译林出版社 2014 年版。

[美]巫鸿：《礼仪中的美术》，生活·读书·新知三联书店 2005 年版。

[美]巫鸿：《武梁祠：中国古代画像艺术的思想性》，柳杨等译，生活·读书·新知三联书店 2010（2006）年版。

[美]西奥多·W. 舒尔茨：《改造传统农业》，梁小民译，商务印书馆 2006 年版。

[美]西奥多·W. 舒尔茨：《经济增长与农业》，郭熙保译，中国人民大学出版社 2015 年版。

[美]夏维东：《上古迷思：三皇五帝到夏商》，广西师范大学出版社 2019 年版。

[美]许倬云：《汉代农业——中国早期农业经济的形成》，程农等译，江苏人民出版社 2012 年版。

[美]许倬云：《求古编》，商务印书馆 2014 年版。

[美]许倬云：《中国古代文化的特质》，经联出版事业股份有限公司 2006 年版。

[德]薛凤：《工开万物——17 世纪中国的知识与技术》，吴秀杰等译，江苏人民出版社 2015 年版。

[美]易劳逸：《家庭、土地与祖先》，苑杰译，重庆出版社 2019 年版。

[美]尤金·N.安德森：《中国食物》，马嬿、刘东译，江苏人民出版社 2003 年版。

[以色列]尤瓦尔·赫拉利：《人类简史：从动物到上帝》，林俊宏译，中信出版集团 2017 年版。

[美]约翰·奥莫亨德罗：《像人类学家一样思考》，张经纬等译，北京大学出版社 2017 年版。

[美]约翰·布林克霍夫·杰克逊：《发现乡土景观》，俞孔坚等译，商务印书馆 2015 年版。

[美]约翰·罗宾斯：《食物革命》，李尼译，北方文艺出版社 2011 年版。

[美]詹姆斯·C.斯科特：《国家的视角——那些试图改善人类状况的项目是如何失败的》，王晓毅译，社会科学文献出版社 2017 年版。

[美]詹姆斯·C.斯科特：《农民的道义经济学——东南亚的反叛与生存》，程立显等译，译林出版社 2013 年版。

[英]詹姆斯·费尔格里夫：《地理与世界霸权》，浙江人民出版社 2017 年版。

[美]詹姆斯·克利福德乔治·E.马库斯编：《写文化——民族志的诗学与政治学》，高丙中等译，商务印书馆 2006 年版。

[美]张光直：《考古学专题六讲》，文物出版社 1986 年版。

[美]张光直：《商文明》，生活·读书·新知三联书店 2013 年版。

[美]张光直：《中国青铜时代》，生活·读书·新知三联书店 2014 年版。

[美]张光直：《中国文化中的饮食——人类学与历史学的透视》，郭于华译，载[美]尤金·N.安德森《中国食物》附篇一，马嬿、刘东译，江苏人

民出版社 2003 年版。

[日]竹中久二雄:「農を'生命'の産業として考える」,東京学陽書房 1990 年版。

[日]祖田修:《近现代农业思想史——从工业革命到 21 世纪》,张玉林等译,清华大学出版社 2015 年版。

[日]祖田修:《农学原论》,东京岩波书店 2000 年版。

三 典籍部分

陈奇猷撰:《吕氏春秋校释》,华正书局 1985 年版。

(清)陈启元:《蚕桑谱》,广西师范大学出版社 2015 年版。

(清)段玉裁:《说文解字注》,上海古籍出版社 1981 年版。

(三国)管辂:《管式地理指蒙》,齐鲁书社 2015 年版。

《后汉书·祭祀志》,中华书局 1965 年版。

(北朝)贾思勰:《齐民要术》,缪启愉等译注,上海古籍出版社 2009 年版。

黎翔凤撰:《管子校注》,中华书局 2004 年版。

(民国)刘锡蕃:《岭表纪蛮》,《亚洲民族考古丛刊》第五辑,台北南天书局有限公司 987 年版。

马如森:《商周铭文选注译》,上海大学出版社 2013 年版。

毛亨传,郑玄笺,孔颖达疏:《毛诗正义》,北京大学出版社 1999 年版。

戚良德等点注:《孟子》,青岛出版社 2009 年版。

(清)邵晋涵:《尔雅正义》卷 7,清乾隆五十三年面水层轩刻本。

(汉)司马迁:《史记》,中华书局 1959 年版。

(明)宋应星:《天工开物》,潘吉星译注,上海古籍出版社 2008 年版。

王平、李建廷编著:《说文解字标点整理本》,上海书店 2016 年版。

王玉德、王锐编著:《宅经》,中华书局 2011 年版。

王云五主编"古籍今注今译系列"之《尚书·禹贡》,屈万里注释,新世界出版社 2011 年版。

(元)王祯:《王祯农书》,浙江人民美术出版社 2015 年版。

（元）王祯撰，缪启愉、缪桂龙译注：《农书译注》，齐鲁书社 2009 年版。
《新编说文解字大全集》编委会编：《新编说文解字大全集》，中国华侨
　　出版社 2011 年版。
杨伯俊编著：《春秋左传注》，中华书局 1981 年版。
（清）姚延銮：《阳宅集成》，台湾武陵出版社 1999 年版。
（西晋）张华：《博物志》，重庆出版社 2007 年版。
张树国点注：《礼记》，青岛出版社 2009 年版。
（汉）郑玄注，（唐）贾公彦疏：《周礼注疏》，上海古籍出版社 2010 年版。
（汉）郑玄注，（唐）贾公彦疏：《礼记正义》，中华书局 1980 年版。
周民：《尚书词典》，四川人民出版社 1993 年版。

四　著作部分

艾兰、汪涛、范毓周主编：《中国古代思维模式与阴阳五行说探源》，江苏
　　古籍出版社 1998 年版。
柏芸：《中国古代的农具》，中国商业出版社 2015 年版。
陈国强主编：《文化人类学词典》，浙江人民出版社 1990 年版。
陈梦家：《殷虚卜辞综述》，中华书局 2008（1988）年版。
陈梦家：《中国文字学》（修订本），中华书局 2011 年版。
陈其南：《家族与社会——台湾与中国社会研究的基础理念》，台湾联经出
　　版事业公司 1990 年版。
陈戍国：《先秦礼制研究》，湖南教育出版社 1991 年版。
陈戍国：《中国礼制史（秦汉卷）》，湖南教育出版社 2002 年版。
陈垣编纂：《道家金石略》，《重修大宁宫记》，文物出版社 1988 年版。
丁山：《中国古代宗教与神话考》，上海辞书出版社 2011 年版。
斐安平：《长江流域稻作文化》，湖北教育出版社 2004 年版。
费孝通、张之毅：《云南三村》，社会科学文献出版社 2006 年版。
费孝通：《费孝通文集》第 1—13 卷，群言出版社 1999 年版。
费孝通：《行行重行行：乡镇发展论述》，宁夏人民出版社 1992 年版。
费孝通：《江村经济：中国农民的生活》，上海人民出版社 2006 年版。

参考文献

费孝通：《乡土中国　生育制度》，北京大学出版社 1998 年版。
冯尔康等：《中国宗族史》，上海人民出版社 2009 年版。
复旦大学文史研究院编：《都市繁华：一千五百年来的东亚城市生活史》，中华书局 2010 年版。
傅熹年：《中国古代建筑概说》，北京出版社 2016 年版。
高升荣：《明清时期关中地区水资源环境变迁与乡村社会》，商务印书馆 2017 年版。
葛荣玲：《景观的生产：一个西南屯堡村落旅游开发的十年》，北京大学出版社 2014 年版。
葛兆光：《宅兹中国：重建"中国"的历史论述》，中华书局 2012 年版。
顾颉刚：《古史辨》，上海古籍出版社 1982 年版。
顾颉刚：《史迹俗辨》，钱小柏编，上海文艺出版社 1997 年版。
关传友：《风水景观——风水林的文化解读》，东南大学出版社 2012 年版。
韩茂莉：《十里八邨：近代山西乡村社会地理研究》，生活·读书·新知三联书店 2017 年版。
郝平：《丁戊奇荒：光绪初年山西灾荒与救济研究》，北京大学出版社 2012 年版。
贺雪峰：《治村》，北京大学出版社 2017 年版。
胡厚宣、胡振宇：《殷商史》，上海人民出版社 2008 年版。
华德公编著：《中国蚕桑书录》，农业出版社 1990 年版。
黄树民：《林村的故事——一九四九年后的中国农村变革》，生活·读书·新知三联书店 2002 年版。
黄雅峰：《汉画图像与艺术史学研究》，中国社会科学出版社 2012 年版。
黄应贵主编：《空间、力与社会》，中研院民族研究所 1995 年版。
黄应贵主编：《时间、历史与记忆》，中研院民族研究所 1999 年版。
惠富平：《中国传统农业生态文化》，中国农业科学技术出版社 2017 年版。
《开弦弓村志》编纂小组编：《开弦弓村志》，江苏人民出版社 2015 年版。
李根蟠：《中国古代农业》，商务印书馆 2005（1998）年版。
李济：《中国早期文明》，上海人民出版社 2017 年版。
李如森：《中国古代铸币》，吉林大学出版社 1998 年版。

李申：《道与气的哲学：中国哲学的内容提纯和逻辑进程》，中华书局 2012 年版。

李泰棻：《方志学》，商务印书馆 1935 年版。

李学勤主编：《中国古代文明与国家形成研究》，云南人民出版社 1997 年版。

李学勤主编：《字源》，天津古籍出版社 2015 年版。

梁庚尧：《南宋的农村经济》，新星出版社 2006 年版。

梁漱溟：《乡村建设理论》，商务印书馆 2015（1937）年版。

梁思成：《中国建筑史》，生活·读书·新知三联书店 2011 年版。

林耀华：《金翼：中国家族制度的社会学研究》，庄孔韶等译，生活·读书·新知三联书店 1989 年版。

刘宝山：《黄河流域史前考古与传说时代》，三秦出版社 2003 年版。

刘兴林：《历史与考古——农史研究视野》，生活·读书·新知三联书店 2013 年版。

楼庆西：《乡土景观十讲》，生活·读书·新知三联书店 2012 年版。

罗平汉：《农村人民公社史》，人民出版社 2016 年版。

吕思勉：《中国文化史》，新世界出版社 2016 年版。

马书田：《中国民间诸神》，团结出版社 1997 年版。

孟世凯：《甲骨文辞典》，上海人民出版社 2009 年版。

孟宪文：《中国纺织文化概论》，中国纺织出版社 2000 年版。

南喜涛：《天水古民居》，甘肃人民出版社 2007 年版。

潘伟：《中国传统农器古今图谱》，广西师范大学出版社 2015 年版。

彭林：《中国古代礼仪文明》，中华书局 2013 年版。

彭世奖：《中国农业：历史与文献研究》，世界图书出版公司 2016 年版。

彭兆荣：《边际族群：远离帝国庇佑的客人》，黄山书社 2006 年版。

彭兆荣：《旅游人类学》，民族出版社 2004 年版。

彭兆荣：《人类学仪式理论与实践》，民族出版社 2007 年版。

彭兆荣：《生生遗续 代代相承——中国非物质文化遗产体系研究》，北京大学出版社 2018 年版。

彭兆荣：《文学与仪式：文学人类学的一个文化视野》，北京大学出版社 2004 年版。

彭兆荣：《遗产：反思与阐释》，云南教育出版社 2008 年版。

彭兆荣：《饮食人类学》，北京大学出版社 2013 年版。

彭兆荣：《中国艺术遗产纲要》，北京大学出版社 2017 年版。

彭兆荣：《重建中国乡土景观》，中国社会科学出版社 2018 年版。

彭兆荣等：《天下一点：人类学"我者"研究之尝试》，中国社会科学出版社 2016 年版。

彭兆荣等：《渔村叙事——东南沿海三个渔村的变迁》，浙江人民出版社 1998 年版。

彭兆荣主编：《文化遗产学十讲》，云南教育出版社 2012 年版。

钱成润等：《费孝通禄村农田五十年》，云南人民出版社 1995 年版。

钱杭、谢维扬：《传统与转型：江西泰和农村宗族形态——一项社会人类学的研究》，上海社会科学院出版社 1995 年版。

钱杭：《血缘与地缘之间：中国历史上的联宗与联宗组织》，上海社会科学院出版社 2001 年版。

钱穆：《黄帝》，生活·读书·新知三联书店 2005 年版。

钱穆：《中国文化史导论》（修订本），商务印书馆 1996（1994）年版。

饶玖才：《〈传承与转变〉渔业、农业》上、下册，香港天地图书有限公司 2017 年版。

邵学海：《先秦艺术史》，山东画报出版社 2010 年版。

沈关宝：《一场静悄悄的革命》，上海大学出版社 2007 年版。

石声汉：《中国古代农书评介》，农业出版社 1978 年版。

史宗主编：《20 世纪西方宗教人类学文选》，上海三联书店 1995 年版。

孙常叙：《耒耜的起源及其发展》，上海人民出版社 1964 年版。

孙君、廖星臣编著：《农理：乡村建设实践与理论研究》，中国轻工业出版社 2014 年版。

孙君：《农道：没有捷径可走的新农村之路》，中国轻工业出版社 2011 年版。

泰祥洲：《仰观垂象——山水画的观念与结构研究》，中华书局 2011 年版。

佟裕哲、刘晖编著：《中国地景文化史纲图说》，中国建筑工业出版社 2013 年版。

汪宁生：《古俗新研》，敦煌文艺出版社 2001 年版。

王尔敏:《先民的智慧:中国古代天人合一的经验》,广西师范大学出版社 2008 年版。

王沪宁:《中国村落家族文化——对中国社会现代化的一项探索》,上海人民出版社 1991 年版。

王明珂:《华夏边缘:历史记忆与族群认同》,允晨文化实业股份有限公司 1997 年版。

王铭铭:《村落视野中的文化与权力:闽台三村五论》,生活·读书·新知三联书店 1997 年版。

王铭铭:《社区的历程:溪村汉人家族的个案研究》,天津人民出版社 1996 年版。

王其享等:《风水理论研究》第 2 版,天津大学出版社 2005 年版。

王清华:《梯田文化论——哈尼族生态农业》,云南大学出版社 2011 年版。

王日根主编:《曾厝垵村史:中国最文艺渔村》,海峡文艺出版社 2017 年版。

王莎莎:《江村八十年:费孝通与一个江南村落的民族志追溯》,学苑出版社 2017 年版。

王同惠、费孝通:《花篮瑶社会组织》,江苏人民出版社 1985 年版。

王毓瑚:《中国农学书录》,中华书局 1957 年版。

王震中:《中国文明起源的比较研究》,中国社会科学出版社 2013 年版。

王中俊编著:《农具之光:从千耦其耘到个体独耕》,陕西新华出版传媒集团、未来出版社 2018 年版。

文史知识编辑部编:《古代礼制风俗漫谈》,中华书局 1986 年版。

乌丙安:《中国民俗学》,辽宁大学出版社 1985 年版。

吴良镛:《中国人居史》,中国建筑工业出版社 2014 年版。

肖文评:《白堠乡的故事:地域史脉络下的乡村社会建构》,生活·读书·新知三联书店 2011 年版。

徐世荣:《土地正义》,远足文化出版有限公司 2016 年版。

徐喜辰:《井田制度研究》,吉林人民出版社 1982 年版。

徐新建:《民歌与国学:民国早期"歌谣运动"的回顾与思考》,花木兰文化出版社 2014 年版。

徐中舒主编：《甲骨文字典》，四川辞书出版社 2014 年版。
徐中舒：《古器物中的古代文化制度》，商务印书馆 2015 年版。
许进雄：《许进雄古文字论集》，中华书局 2010 年版。
许进雄：《中国古代社会：文字与人类学的透视》，中国人民大学出版社 2008 年版。
薛浩然主编：《香港农业的复兴》，利源书报社 2015 年版。
闫兴潘：《汉字吕的农具》，人民出版社 2018 年版。
严火其：《传统文明　传统科学　传统农业》，江苏人民出版社 2016 年版。
晏阳初：《平民教育与乡村建设运动》，商务印书馆 2014 年版。
杨宽：《古史新探》，中华书局 1965 年版。
杨宽：《西周史》，上海人民出版社 2003 年版。
杨骊、叶舒宪编著：《四重证据法研究》，复旦大学出版社 2019 年版。
杨向奎：《宗周社会与礼乐文明》（修订本），人民出版社 1997 年版。
叶舒宪、唐启翠编：《儒家神话》，南方日报出版社 2011 年版。
叶舒宪：《亥日人君》，陕西人民出版社 2008 年版。
叶舒宪：《中华文明探源的神话学研究》，社会科学文献出版社 2015 年版。
叶舒宪主编：《重述神话中国》，上海交通大学出版社 2018 年版。
叶子林：《港农·讲农》，天地图书有限公司 2018 年版。
袁宣萍、赵丰：《中国丝绸文化史》，山东美术出版社 2009 年版。
曾纪泽：《曾纪泽日记》，岳麓书社 1998 年版。
曾雄生：《中国稻史研究》，中国农业出版社 2018 年版。
于省吾：《甲骨文字释林》，商务印书馆 2012（2000）年版。
俞孔坚：《回到土地》，生活·读书·新知三联书店 2016 年版。
俞为洁：《中国食料史》，上海古籍出版社 2011 年版。
张绪球：《长江中游新石器时代文化概论》，湖北科学技术出版社 1992 年版。
赵诚：《甲骨文简明词典》，中华书局 2009 年版。
赵尔巽、柯劭忞等：《清史稿》，中华书局 1977 年版。
赵静蓉：《怀旧——永恒的文化乡愁》，商务印书馆 2009 年版。
赵林：《殷契释亲：论商代的亲属称谓及亲属组织制度》，上海古籍出版社 2011 年版。

赵世瑜：《狂欢与日常：明清以来庙会与民间社会》，生活·读书·新知三联书店 2002 年版。

赵汀阳：《天下体系：世界制度哲学导论》，中国人民大学出版社 2011 年版。

郑振满：《明清福建家族组织与社会变迁》，中国人民大学出版社 2009 年版。

郑重：《中国古文明探源》，东方出版社 2016 年版。

钟祥财：《中国农业思想史》，上海交通大学出版社 2017 年版。

周星：《乡土生活的逻辑——人类学视野中的民俗研究》，北京大学出版社 2011 年版。

朱云云、姚富坤：《江村变迁：江苏开弦弓村调查》，上海人民出版社 2010 年版。

朱自清：《经典常谈》，云南出版集团、云南人民出版社 2015 年版。

庄英章：《家庭与婚姻》，台北："中研院"民族学研究所 1994 年版。

庄英章：《家族与婚姻：台湾北部两个闽客村落之研究》，台北："中研院"民族学研究所 1994 年版。

邹洲主编"云南传统村落保护计划系列丛书"之《诏彝蒙舍》，云南出版集团、云南美术出版社 2018 年版。

五 论文部分

艾红玲：《清代籍田祀先农之礼考察》，《鸡西大学学报》2013 年第 6 期。

曹锦炎：《甲骨文中的蚕桑丝帛》，《古今丝绸》1995 年第 1 期。

曹树基：《〈禾谱〉及其作者研究》，《中国农史》1984 年第 3 期。

曹树基：《〈禾谱〉校释》，《中国农史》1985 年第 3 期。

常建华：《乡约往事——从杨开道〈中国乡约制度〉说开去》，《读书》2016 年第 9 期。

陈二峰：《论汉代的籍田礼》，《南都学坛》2009 年第 3 期。

陈庆德：《农业社会和农民经济的人类学分析》，《社会学研究》2001 年第 1 期。

陈义勇、俞孔坚：《美国乡土景观研究理论与实践——〈发现乡土景观〉导读》，《人文地理》2013 年第 1 期。

陈昱文：《耒耜类家具的命名及相关问题探究》，《农业考古》2014 年第 1 期。

参考文献

程薇：《传世古文尚书〈说命〉篇重审——以清华简〈傅说之命〉为中心》，《中原文化研究》2015年第1期。

邓渭亮：《"帝王与耒耜"图像研究——试论耒耜的仪式性》，《艺术教育》2017年第4期。

费达生：《吴江开弦弓村生丝制造之今夕观》，《苏农》1930年第1卷第5期。

费达生：《我们在农村建设中的经验》，《独立评论》1933年第73期。

费孝通：《简述我的民族研究的经历与思考》，《中央民族大学学报》2000年第1期。

高二旺：《魏晋南北朝时期耕籍礼的特征与功能初探》，《农业考古》2008年第3期。

高国金：《民国农业文化遗产调查与保护研究》，《山东农业大学学报》2016年第4期。

高国金：《〈蚕桑备览〉考释》，《农业考古》2017年第1期。

高科：《美国国家公园构建与印第安人命运变迁——以黄石国家公园为中心（1872—1930）》，《世界历史》2016年第2期。

葛兴燕：《哈尼梯田与龙脊梯田的形成利用探讨》，《现代农业科技》2015年第6期。

顾海芳：《桑的文化蕴涵》，《牡丹江大学学报》2010年第6期。

韩敏：《人类学田野调查中的"衣食"民俗》，载周星主编《民俗学的历史、理论与方法》，商务印书馆2006年版。

何发甦：《江西耕读文化研究》，《农业考古》2015年第1期。

侯惠珺等：《基于生态恢复和文化回归的梯田景观格局重建——以菲律宾科迪勒拉高山水稻梯田景观复兴为例》，《生态学报》2016年第1期。

胡厚宣：《殷代蚕桑和丝织》，《文物》1972年第11期。

侯书勇：《〈释祖妣〉与〈耒耜考〉之比较研究》，《郭沫若学刊》2013年第1期。

黄宇鸿：《〈说文〉中古代农牧渔猎文化钩沉》，《钦州师范高等专科学科学报》2002年第4期。

季羡林：《"天人合一"新解》，《传统文化与现代化》创刊号，中华书局1993年版。

金其铭:《试论文化景观》,《南京师大学报》(自然科学版)1987年第10期(增刊)。

李白:《周代籍田礼考论》,《农业考古》2012年第3期。

李存山:《中华民族的耕读传统及其现代意义》,《中国社会科学院研究生院学报》2017年第1期。

李根蟠:《"古今中外法"与农业遗产研究杂谈》,《农史研究》2013年第1期。

李建纬:《成器之道——中国先秦至汉代对黄金的认识与工艺技术研究》,《"国立"台北艺术大学美术学报》2011年第4期。

李培林:《巨变:村落的终结——都市里的村庄研究》,《中国社会科学》2002年第1期。

李鹏波、雷大朋、张立杰、吴军:《乡土景观构成要素研究》,《生态经济》2016年第7期。

李学勤:《力、耒与踏犁》,《农业考古》1990年第2期。

梁媛:《文化传承视野下的新耕读教育模式论》,《重庆社会科学》2017年第8期。

林沄:《耒,东亚最古老的农具》,《经济社会史评论》2016年第1期。

凌纯声:《中国古代神主与阴阳性器崇拜》,《民族学研究所集刊》1959年第8期。

刘黎明、李振鹏、张虹波:《试论我国乡村景观的特点及乡村景观规划的目标和内容》,《生态环境》2004年第3期。

刘丽婷:《徐中舒〈耒耜考〉的当代价值与历史局限》,《农业考古》2015年第6期。

刘潞:《〈祭先农坛图〉与雍正帝的统治》,《清史研究》2010年第3期。

刘晓峰:《二十四点节气的形成过程》,《文化遗产》2017年第2期。

留虹:《三十六禾词——皇帝亲耕时的欢乐乐章》,《紫禁城》2005年第2期。

陆学艺:《当前农村形势和社会主义新农村建设》,《江西社会科学》2006年第4期。

马威等:《农业人类学发展五十年》,《华中农业大学学报》2010年第4期。

梅映雪：《传统工艺造物文化基本范畴述评——传统工艺美学思想体质的再思考》，《美术观察》2002年第12期。

闵庆文、孙业红：《农业遗产的概念、特点与保护要求》，《资源科学》2009年第6期。

闵庆文：《关于"全球重要农业文化遗产"的中文名称及其他》，《古今农业》2007年第3期。

莫金山：《金秀大瑶山考察对费孝通一生学术研究的影响》，《广西民族研究》2005年第3期。

宁镇疆：《周代"籍礼"被议——兼说商代无"籍田"及"籍礼"》，《中国史研究》2016年第1期。

庞乾林等：《稻文化的再思考1：无粮不稳之稻与社稷》，《中国稻米》2013年第3期。

庞乾林等：《稻文化的再思考12：稻与汉字和艺术：从物质到精神——中国精神的探讨》，《中国稻米》2015年第5期。

庞乾林等：《稻文化的再思考4：稻与粮政——改革开放前》，《中国稻米》2014年第2期。

彭兆荣：《论民族作为历史性的表述单位》，《中国社会科学》2004年第2期。

彭兆荣：《实验民族志语体》，《读书》2002年第9期。

彭兆荣：《线路遗产简谱与"一带一路"战略》，《人文杂志》2015年第8期。

彭兆荣：《遗产政治学在现代语境中的表述与被表述关系》，《云南民族大学学报》2002年第2期。

钱杭：《中国当代宗族的重建与重建环境》，《中国社会科学季刊》（香港）1994年第1期。

钱杭：《宗族建构过程中的血缘与世系》，《历史研究》2009年第4期。

钱同舟：《"万物并作"与"天人合一"：先秦生态美学思想及启示》，《学术交流》2010年第9期。

屈册、张朝枝：《谁的遗产——元阳梯田旅游经营者遗产认同比较》，《热带地理》2016年第4期。

厦东宇：《浅谈耒耜》，《农村·农业·农民》（与中国农业博物馆合办）2013年第5期。

沈克：《王祯〈农器图谱〉中图像的美术价值》，《美术史研究》2006年第3期。

宋兆麟：《从棍棒到耒耜》，《化石》1982年第2期。

萧巍：《从出土文物看我国古代纺织技术》，《丝绸之路》2012年第6期。

孙常叙：《耒耜的起源和发展》，《东北师范大学科学集刊》1956年第2期。

田沐禾：《"家"与"豕"：文字与人类学的探析》，《百色学院学报》2015年第2期。

童明：《家园的跨民族译本：论"后"时代的飞散视角》，《中国比较文学》2005年第3期。

童潜明：《我国古代三大梯田的共性以及紫鹊界梯田的特有性》，《山川地理》2006年第4期。

童玉娥等：《中日农业遗产保护利用比较与思考》，《世界农业》2017年第5期。

[美] 托马斯·韦洛克：《创建荒野：印第安人的迁徙与美国国家公园》，《中国历史地理论丛》2009年第24卷第4辑。

王根富：《农具的分化与文明的起源》，《农业考古》2005年第1期。

王辉等：《美国荒野思想与美国国家公园的荒野管理》，《资源科学》第38卷第11期。

王健：《汉代祈农与籍田仪式及其重农精神》，《农史研究》2007年第2期。

王清华：《红河哈尼梯田生态及景观的现代修复》，《思想战线》2016年第2期。

王茜龄等：《桑文化价值浅析》，《蚕学通讯》2012年第1期。

王睿：《〈诗经〉中"籍田礼"研究》，《现代语文》2017年第1期。

王世仁：《记后土庙貌碑》，《考古》1963年第5期。

王维、耿欣：《耕读文化与古村落空间意象的功能表达》，《山东社会科学》2013年第7期。

王子今：《上古地理意识中的"中原"与"四海"》，《中原文化研究》2014年第1期。

魏永康：《报本开新：战国秦汉时期的先农信仰研究》，《民俗研究》2014年第2期。

参考文献

温铁军：《"三农"问题：世纪末的反思》，《读书》1999 年第 12 期。

文丰安：《新耕读文化的现实困境及发展途径》，《重庆社会科学》2017 年第 8 期。

星全成：《民主改革前藏族部落组织制度》，《青海民族研究》1997 年第 3 期。

徐喜辰：《"藉田"之"国"中"公田"说》，《吉林师范大学学报》1964 年第 2 期。

徐义强、李凯冬：《农业文化遗产红河哈尼梯田保护与开发刍议》，《农业考古》2013 年第 1 期。

徐勇：《农民的理性扩张——"中国奇迹"的创造主体分析》，《中国社会科学》2010 年第 1 期。

徐中舒：《耒耜考》，《农业考古》1983 年第 1 期。

徐中舒：《耒耜考续》，《农业考古》1983 年第 2 期。

许兆昌、张亮：《周代籍礼"风土"考》，《吉林大学学报》2012 年第 3 期。

许智宏：《为什么要研究转基因》，《人与生物圈》2018 年第 6 期。

阎文儒、阎万石：《唐陆龟蒙"耒耜经"注释》，《中国历史博物馆馆刊》1980 年第 00 期。

杨豪中：《艺术与景观》，《中国园林》2010 年第 1 期。

杨晰智：《武梁祠汉画像石"神农扫耒图"研究》，《农业考古》2014 年第 3 期。

杨燕民：《中国古代藉田仪式种种》，《内蒙古社会科学》1990 年第 6 期。

姚春敏：《从方志看清代后土信仰分布的地域特征——以山西地方志为中心》，《兰州学刊》2011 年第 1 期。

颜昌盛、汪睿：《民国时期农村经济问题研究——以〈乡村建设〉为考察对象》，商务印书馆 2018 年版。

游修龄：《中韩出土古稻引发的稻作起源及籼粳分化问题》，《中国文物报》2002 年 3 月 22 日。

岳邦瑞、郎小龙、张婷婷、左臣：《我国乡土景观研究的发展历程、学科领域及其评述》，《中国生态农业学报》2012 年第 12 期。

张多：《遗产化与神话主义：红河哈尼梯田遗产地的神话重述》，《民俗研究》2017 年第 6 期。

张磊：《〈識簋〉"司土（徒）"职掌研究》，《齐鲁学刊》2011年第5期。
张荣：《以介休后土庙为例探讨文物保护规划中历史环境保护的研究》，《建筑学报》2009年第3期。
张小军：《象征资本的再生产——从阳村宗族论民国基层社会》，《社会学研究》2001年第3期。
赵红梅：《罗尔斯顿"荒野"三题》，《鄱阳湖学刊》2017年第1期。
赵佩霞、于湛瑶：《中国重要农业文化遗产中梯田类遗产的保护研究》，《古今农业》2018年第3期。
赵旭东：《八十年后的江村重访——王莎莎博士所著〈江村八十年〉书序》，《原生态民族文化学刊》2016年第4期。
曾雄生：《〈告乡里文〉：传统农学知识建构与传播的样本——兼顾与〈劝农文〉比较》，《湖南农业大学学报》（社会科学版）2012年第13卷第3期。
周昕：《石器时代非石质农具》，《古今农业》2001年第3期。

六　其他部分

李畅：《乡土聚落景观的场所性诠释——以巴渝沿江场镇为例》，博士学位论文，重庆大学，2015年。
《联合国教科文组织保护世界文化公约选编》，法律出版社2006年版。
陆邵明：《留住乡愁》，《人民日报》2016年7月24日第5版。
《庙港镇志》编纂委员会：《庙港镇志》，浙江大学出版社2002年版。
《"农业技术与文化遗产"国际学术研讨会论文集》（上海大学，未刊稿）。
山西省史志研究院编：《山西旧志二种》，清宣统《山西乡土志》，中华书局2006年版。
唐兰：《再论大汶口文化的社会性质和大汶口陶器文字》，《光明日报》1978年2月23日。
吴江区统计局编：《吴江区统计年鉴》，2012年。
吴江市地方志编纂委员会：《吴江县志》，江苏科技出版社1994年版。
厦门市地方志编纂委员会办公室整理：《厦门市志（民国）》，方志出版

参考文献

社 1999 年版。

厦门市地方志编纂委员会办公室整理：《厦门志》（清道光十九年），鹭江出版社 1996 年版。

（清）薛起凤主纂：《鹭江志》（整理本），江林宣、李熙泰整理，鹭江出版社 1998 年版。

赵敏（文），Studio Precht（图）：《城市赋能——垂直农场》，《航空》（中国南方航空客舱杂志）第 307 期。

《中国重要农业文化遗产申报书编写导则》和《农业文化遗产保护与发展规划编写导则》的通知（农办企〔2013〕25 号）公报。

卓玛草：《甘南玛曲欧拉部落的形成及其组织制度研究》，硕士学位论文，中央民族大学，2016 年。

日本宫内厅官网

http://shosoin.kunaicho.go.jp/ja-JP/Treasure?id=0000014719.

http://www.icomoschina.org.cn/news.php?class=411.

http://ic.galegroup.com/ic/bic1/MagazinesDetailsPage/.

http:// www.thepaper.cn/newsDeta-il_forward.

http://whc.unesco.org/archive/routes94.htm#annex3.

后　　记

在过去的近十年中，随着我国"城镇化"的扩展，农业产业化调整并升级，农村人口大量转移，农民收入增加并逐渐富裕；然而，也存在农业萎缩、耕地减少等问题。为支持农村发展党中央于两年前提出了"乡村振兴战略"。

笔者为了响应乡村振兴这一战略，再一次回到乡土，更深入地了解我国"三农"的现状。为此，我跑了数十个村落和村寨：从北京郊县跑到了中原腹地（山西、陕西），从大西南的云贵高原（云南、贵州、重庆、广西、四川、西藏）跑到了大西北的青藏高原（甘肃、青海、宁夏、内蒙古、新疆），从海边的厦门跑到海拔四千米以上的青海果洛，从边境上的村庄跑到深山里的聚落，从沿海渔村跑到了西部民族村寨……去了解农业，去观察农村，去体察农民，去感受城乡差异。

很多时候，我和我的团队是一个集约性的工作组。他们是一大批优秀的学者、同行，他们多数是中青年，其中不少是我培养的博士和硕士研究生，以及那些叫我"师父"的弟子。他们在不同场合听到我的演说、评说、诉说之后，都表示愿意加入团队。由于没有专门机构，无法接受、答应更多的有意加入的自愿者，真正加入的只是其中的一小部分。我也有意识地请一些其他专业的学者加盟。我明白，研究农业，不是单一学科可以胜任和完成的。

在团队调研中，我深感对农业知识的欠缺是研究的重要阻碍，所以，这一阶段我也开始学习农业知识；特别是在《重建中国乡土景观》（2018年

后　　记

由中国社会科学出版社）等著述出版后，我更是集中阅读了一批农业书籍和资料。毕竟缺乏农业知识，特别是其专业和理论方面的知识，对了解农业来说是一个不小的屏障。于是，我开始找渠道获取资料，从中国古代的农书到当代西方的相关书籍，当然也包括我国农业专家的著述，都有涉猎。我深知，以我的年龄和身体状况，要在农业知识上到达专业的高度和深度，为时已晚，但我努力去做。对自己而言，努力了，就好了。至少，我可以尽可能地从人类学的角度和视野进入，这对其他专业的学者或许具有一定的启发性。

我非农业专家，尽管我从小在农业大学的大院里长大。我父亲是福建农业大学（原福建农学院）教授，从小我就在农学院的水田里摸泥鳅、捉鱼，爬树上摘果子。看过各种实验田里栽种的秧苗。我做过"知青"，下过乡，当过生产队副队长，主管过农务。还记得在我的任期内，生产队粮食增产了。我还被选为福建省优秀知识青年代表，省报记者到田间地头来采访我。可以说，20世纪70年代南方农村和稻作农田中的活我大都干过，犁田、插秧、耙草、施肥、打谷、种菜、养猪、养鸭，还有当时被称为"副业"的一些主要行当。

尽管如此，要从理论的高度触及、深入农业，我还只是"学者"（不断学习之人——这是我对"学者"的理解）。书中提出的观点也只是我近几年的粗浅研究，我还会继续研究下去。不当之处，诚请方家、专家、读者指教。感谢帮助过我的农民朋友，我的父老乡亲（老表）；感谢支持、理解我的同行学者；感谢所有与我同行的朋友和弟子。本书的部分章节得到朋友和弟子们的特别帮助和协助：张颖提供日本方面的材料，王莎莎提供江村材料，桑日麻（金银，藏族，果洛州总工会文化工作者）、红星央宗（藏族，我的博士研究生）提供藏族方面的材料等。在此一并致谢。

彭兆荣

初稿：2019年2月11日（大年初七）于厦门大学

定稿：2019年9月1日于昆明